湖北省教育厅哲学社会科学重大项目（15ZD035）

汉冶萍公司 与政府关系研究

左世元 著

中国社会科学出版社

图书在版编目(CIP)数据

汉冶萍公司与政府关系研究/左世元著．—北京：中国社会科学出版社，
2016.7

ISBN 978 - 7 - 5161 - 8111 - 9

Ⅰ.①汉… Ⅱ.①左… Ⅲ.①汉冶萍煤铁厂矿公司—关系—国家
行政机关—研究—中国 Ⅳ.①F426.31

中国版本图书馆 CIP 数据核字(2016)第 099840 号

出 版 人	赵剑英
选题策划	郭沂纹
责任编辑	耿晓明
责任校对	周 昊
责任印制	李寡寡

出 版	中国社会科学出版社
社 址	北京鼓楼西大街甲 158 号
邮 编	100720
网 址	http://www.csspw.cn
发 行 部	010 - 84083685
门 市 部	010 - 84029450
经 销	新华书店及其他书店

印刷装订	三河市君旺印务有限公司
版 次	2016 年 7 月第 1 版
印 次	2016 年 7 月第 1 次印刷

开 本	710 × 1000 1/16
印 张	19.5
插 页	2
字 数	331 千字
定 价	68.00 元

凡购买中国社会科学出版社图书,如有质量问题请与本社营销中心联系调换
电话:010 - 84083683

目　录

图表目录

序

　　左世元博士持其近著《汉冶萍公司与政府关系研究》一书的定稿索序，被我延宕数月之久，由于我虽已退休赋闲，但两三年来仍在忙着偿还所欠文债，当然这不是主要原因。记得两年多以前，世元持其处女作的书稿《近代中国政派之对日态度及策略研究（1871—1937）》索序时，我大概只花了一周的业余时间就尽快交差了。那是因为世元的第一本书稿基本上由我指导他撰写的博士论文扩充深化而成，我对该书稿所涉内容较为了解且有兴趣，而且对书稿的质量心中有底。而这次的情况却有所不同。

　　世元获得博士学位之后，在湖北理工学院任教，研究方向略有变化，他利用当地大冶钢厂和铁矿（均为当年汉冶萍公司的核心部分）的地理近便和相关资料，做起了汉冶萍的历史研究，仅仅三四年，就发表了多篇论文，并拿出了这本二三十万字的书稿，我既赞赏他的勤奋用功，又难免心存疑问。

　　这是因为，诞生于洋务运动后期的汉阳铁厂（后来发展改制为汉冶萍公司），不仅是中国也是整个东亚地区出现最早、规模最大的近代煤铁企业，一度曾经是中国工业现代化的象征性标识。但它时乖运蹇，从规划和开工之时起就一直问题丛集，建成后危机不断，企业性质屡变，生产时辍时续，到1938年日军攻陷武汉之前更匆忙拆解西迁。汉冶萍公司这部曲折的历史基本上可说是失败的结局，很容易引起世人的瞩目。而且除了该公司留存有丰富的档案资料之外，更有见于张之洞文集，盛宣怀档案，中、日政府档案和报纸杂志的记载，相关资料足称丰富，故有不少史家的研究成果已经摆在那里。大约二十年前我承担撰写《湖北通史·晚清卷》，写到张之洞开办汉阳铁厂时，就检索过汉冶萍公司原股东之一——叶景葵的《卷庵剩稿》，全汉昇的《清末汉阳铁厂》和《汉冶萍公司史略》，刘明汉的《汉冶萍公司志》，还有中国近代史名家陈旭麓先生主编的史事长编性质的《汉冶萍公司》一、二卷。而论文方面即使仅取写到清末为止者，总数不下数十篇，其中涉及张之洞汉阳铁厂规划的得失,铁厂资金筹措与朝廷各派的纷争,铁厂借用洋债洋匠的是非,铁厂的产品和销路,铁厂的性质由官办、官督商办到完全商办的变化,以及由汉阳铁厂发展为汉冶萍公司等诸多问题都有讨论,尤其是日本如何通过借款和外交手段,终于逐步攫取了汉冶萍的权利一事,更成关注焦点。自那以后近二十年,有关汉冶萍的研究论文又增加了一倍以上,而在著作方面,最显著的是研究经济史尤其是关注汉冶萍数十年的代鲁先生在2013年出版了《汉冶萍公司史研究》。因此我接过书稿后的第一个想法是,在汉冶萍的既有研究如此之多的情形下,一个从事史学研究未久,而具体到研究汉冶萍才三四年的高校青年教师的专题论著,会不会只是一个徒有学术研究之名的碎片或泡沫?

利用春节期间的闲暇,我把世元的书稿仔细通读了一遍,结果不仅消除了我的疑虑,而且从内心发出了一声"好"!好在哪里?最突出的成功之处是问题意识抓得准确。包括汉冶萍在内的中国近代企业,绝大多数办得不成功或者过早夭折,原因太多太多,诸如外部有强势外资挤压甚至入侵强占,内部有政权更迭和战争破坏,还有企业资金匮乏,决策失误,管理不善,产品质量不佳打不开市场,等等,不一而足。但我和世元都认为,在后发展国家要发展民族工业,一个前提条件是本国政府对外能够保护国民的生命和财产安全,对内政策法规健全且执行有力,才能给无论是官办还是民营的企业提供一个有利于创业、经营、发展的大环境,形成一个公平公正、开放有序的市场,显然这个责任只有政府才能承担。存在半个多世纪的汉冶萍,经历了清政府、南京临时政府、袁世凯和北洋军阀政府、国民党政府四个时段,最后还经历了日本侵略军的部分强占。每一次的政府更迭都伴随着战争的破坏和企业所有权变动的威胁,于是无论"官办"还是"民营"企业都会处于风雨飘摇之中。

但是政府更迭给汉冶萍造成的冲击还算"偶然",因而不是本次讨论的重点,世元着力更多的是通过对相关制度、政策法规乃至人际关系的考察,分析每个时段中带有"必然性"的"政企关系"。而这当中有一个生动的例子,可以体现近代政企关系的扭曲:清王朝和张之洞"官办"的汉阳铁厂建成后不到三四年,就因规划不周,设备和煤铁原料不匹配,以及衙门作风而赔累不堪,被迫交给盛宣怀主持招商,"官督商办",不久更扩充股本,改制为完全商办的汉冶萍公司。亦官亦商、长袖善舞的盛宣怀,利用其铁路总公司督办的身份,为铁厂的产品确保销路而把汉冶萍盘活,不久又因政治对手袁世凯在"挹注"资金上釜底抽薪而陷入困境。1908 年后袁世凯被皇室亲贵逐出朝廷，而此时盛宣怀却官运亨通，由分工管理轮、电、铁路的邮传部右侍郎升任邮传部尚书，于是 1909—1911 年辛亥革命发生之前这三年，恰恰成了汉冶萍公司盈利最多的黄金时代。政治的波云诡谲，官员的弄权"寻租"，企业与官场的扭曲关系，成为制约近代企业生存和发展的痼疾，由此可见一斑。

还有，该书稿所运用的第一手资料之多，也值得肯定。从最早在 20 世纪二三十年代出现的报刊文章，到最近几年才出版的专著；从中国方面整理出版的有关汉冶萍的资料和档案，到日本的有关外交文书和交涉函电……世元都尽力搜求，然后披沙沥金，精准采用。故无论对于宏观问题的分析，还是具体细节的诠释，都能言之有据，言之成理。

前面说到，世元投身汉冶萍历史研究为时不过四五年，在每周给本科生授课十多节的工作之余，致力于研究工作，不仅发表多篇论文，现又即将出版这本颇富新意的专著，实在难能可贵！世元的工作成绩，坚定了我历来对教学与科研关系的一贯看法：高校教师应该教学科研齐头并进，关键在于自己有无强烈的创新追求，而且能否抓紧时间扎实行动。

罗福惠
丙申年春节后五日于武昌桂子山

前　言

汉冶萍是晚清洋务派殿军人物张之洞举办的近代中国乃至远东地区最大的钢铁煤联营企业，在中国近代史和近代工业史上均占有重要地位。自1890年张之洞创办汉阳铁厂（汉冶萍的前身）起，因钢铁事业为中国首创，故其前途和命运就一直为当时社会各界所关注。①晚清民国时期，有关汉冶萍的文章大量出现于当时的报纸杂志上，甚至还有一些专著，如公司自编的《汉冶萍厂矿有限公司图说》、叶景葵的《述汉冶萍产生之历史》、顾琅的《中国十大矿厂调查记》、吴景超《汉冶萍公司的覆辙》、丁格兰（美）《中国铁矿志》等。从总体而言，诸多的文章和报告均算不上专门的学术研究，但为后来汉冶萍公司的研究提供了大量可资借鉴的资料。

1949年后，随着对汉冶萍及与其相关的重要人物如盛宣怀、郑观应等档案资料的整理和出版，中外史学界对汉冶萍的研究无论广度还是深度，数量还是质量均有了很大的推进，主要集中于：

（一）对汉冶萍发展历史的研究：美国学者费维恺②及中国台湾（香港）学者全汉昇③详细探讨了汉阳铁厂在官办、官督商办和商办三个时期的资金筹措、燃料供应、产品销路、经营管理及与政府和日本的关系；林援森④、郑润培⑤等以中国大陆出版的资料为主，从企业史的角度对汉冶

---

① 相关综述参见李江的《百年汉冶萍公司研究述评》，载《中国社会经济史研究》2007年第4期和李玉勤的《晚清汉冶萍公司体制变迁研究》，中国社会科学出版社2009年版，第16—21页。

② ［美］费维恺：《盛宣怀（1844—1916）和官督商办企业》，虞和平译，中国社会科学出版社1990年版。

③ 全汉昇：《汉冶萍公司史略》，香港中文大学出版社1972年版。

④ 林援森：《中国近代企业史研究——汉冶萍公司个案分析》，中国经济史研究会、书识会社有限公司2003年版。

⑤ 郑润培：《中国现代化历程——汉阳铁厂（1890—1908）》，新亚研究所、文星图书有限公司2003年版。

萍的发展历史进行专题研究，视野独到。大陆学者刘明汉等以"志"的形式对汉冶萍公司的创建、发展、生产经营、管理及与政府和日本的关系等作了较为全面的叙述。张国辉从宏观角度论述了汉冶萍创建、发展和历史结局；张后铨的《汉冶萍公司史》[①] 以汉冶萍发展历史为线索，对其官督商办体制、股份制结构、管理结构、与湖北及中央政府的关系等进行了全面论述，并提出了许多有见地的观点。

（二）与汉冶萍发展密切相关人物的研究：赵葆惠《张之洞与汉阳铁厂》[②]；康树欣《张之洞与汉冶萍公司》[③]；代鲁《张之洞创办汉阳铁厂的是非得失平议》《汉冶萍公司的钢铁销售与我国近代钢铁市场（1908—1927）》[④]；袁为鹏《清末汉阳铁厂厂址问题新解》《张之洞与湖北工业化的起始：汉阳铁厂"由粤移鄂"透视》《盛宣怀与汉阳铁厂（汉冶萍公司）之再布局试析》《经济与政治之间：张、李之争与汉阳铁厂之厂址决策》[⑤] 等；李海涛《李维格与汉冶萍公司述论》《张之洞选购汉阳铁厂炼钢设备时盲目无知吗》[⑥]；王旭《盛宣怀与汉冶萍》[⑦] 等对张之洞、盛宣怀、李维格等在创办、建设汉冶萍过程中的决策、成效及得失等。

（三）汉冶萍公司失败的原因。汪熙《从汉冶萍公司看旧中国引进外资的经验教训》[⑧]、车维汉《论近代汉冶萍公司的衰败原因》[⑨]、尹承国《论汉冶萍公司经营失败的内在因素》[⑩]、田鸿钧《张之洞兴建汉阳铁厂的

---

① 张后铨：《汉冶萍公司史》，社科文献出版社 2014 年版。

② 赵葆惠：《张之洞与汉阳铁厂》，载《齐鲁学刊》1988 年第 2 期。

③ 康树欣：《张之洞与汉冶萍公司》，载《历史教学》1989 年第 5 期。

④ 代鲁：《张之洞创办汉阳铁厂的是非得失平议》，载《中国社会经济史研究》1992 年第 3 期；《汉冶萍公司的钢铁销售与我国近代钢铁市场（1908—1927）》，载《近代史研究》2005 年第 6 期。

⑤ 分别见袁为鹏《清末汉阳铁厂厂址问题新解》，载《中国历史地理论丛》2000 年第 6 期；《张之洞与湖北工业化的起始：汉阳铁厂"由粤移鄂"透视》，载《武汉大学学报》（人文科学版）2001 年第 1 期；《盛宣怀与汉阳铁厂（汉冶萍公司）之再布局试析》，载《中国经济史研究》2004 年第 4 期；《经济与政治之间：张、李之争与汉阳铁厂之厂址决策》，载《学习与实践》2006 年第 12 期等。

⑥ 李海涛：《李维格与汉冶萍公司述论》，载《苏州大学学报》2006 年第 2 期；《张之洞选购汉阳铁厂炼钢设备时盲目无知吗》，载《武汉科技大学学报》（社会科学版）2010 年第 5 期等。

⑦ 王旭：《盛宣怀与汉冶萍》，中国社科院研究生院 2010 年硕士学位论文。

⑧ 汪熙：《从汉冶萍公司看旧中国引进外资的经验教训》，载《复旦学报》1979 年第 3 期。

⑨ 车维汉：《论近代汉冶萍公司的衰败原因》，载《辽宁大学学报》1990 年第 2 期。

⑩ 尹承国：《论汉冶萍公司经营失败的内在因素》，载《江西财经学院学报》1984 年第 2 期。

教训》①、李玉勤《清末汉冶萍公司短暂繁荣述论》②、曾哲《从汉冶萍公司兴衰看晚清宪政缺失与悲情》③、周佳佳《从汉冶萍公司的兴衰看晚清宪政的缺失》④、刘德军《汉冶萍公司经营失败原因再审思》⑤、朱荫贵《试论汉冶萍发展与近代中国资本市场》⑥ 等对汉冶萍公司经营失败的内在和外在原因及教训等进行了分析总结。

（四）汉冶萍与日本的关系。主要集中于：一是对日借款问题，如代鲁《汉冶萍公司所借日债补论》⑦、易惠莉《盛宣怀在汉冶萍公司成立前的日本借款论析》⑧、杨春满《1922—1927 年汉冶萍公司对日举债考略》⑨ 等对汉冶萍某一时期借款问题进行细致的考证。二是民国初年的"中日合办"问题，如黄德发《汉冶萍公司中日"合办"事件试探》⑩、杨华山《论南京临时政府期间汉冶萍"合办"风波》⑪、孙立田《民初汉冶萍公司中日"合办"问题探析》⑫、易惠莉《孙中山、盛宣怀与中日合办汉冶萍借款案》⑬ 等从"合办"事件的起因、过程及结果进行了探讨。三是从日本对汉冶萍经济侵略的角度，如汪熙《从汉冶萍公司看旧中国引进外资的经验教训》、车维汉《日本帝国主义侵掠汉冶萍公司述论》⑭、代鲁《从汉冶萍公司与日本的经济交往看国家近代化的政治前提》⑮、向明亮《利用外资视域下的中国早期矿业（1895—1925）——兼论汉冶萍公司举

---

① 田鸿钧：《张之洞兴建汉阳铁厂的教训》，载《决策探索》1987 年第 2 期。

② 李玉勤：《清末汉冶萍公司短暂繁荣述论》，载《苏州大学学报》2011 年第 6 期。

③ 曾哲：《从汉冶萍公司兴衰看晚清宪政缺失与悲情》，载《西南政法大学学报》2012 年第 3 期。

④ 周佳佳：《从汉冶萍公司的兴衰看晚清宪政的缺失》，西南政法大学 2012 年硕士学位论文。

⑤ 刘德军：《汉冶萍公司经营失败原因再审思》，载《兰州学刊》2014 年第 12 期。

⑥ 朱荫贵：《试论汉冶萍发展与近代中国资本市场》，载《社会科学》2015 年第 2 期。

⑦ 代鲁：《汉冶萍公司所借日债补论》，载《历史研究》1984 年第 3 期。

⑧ 易惠莉：《盛宣怀在汉冶萍公司成立前的日本借款论析》，载《近代中国》2001 年 6 月。

⑨ 杨春满、段锐：《1922—1927 年汉冶萍公司对日举债考略》，载《湖北师范学院学报》2010 年第 2 期。

⑩ 黄德发：《汉冶萍公司中日"合办"事件试探》，载《中山大学学报论丛》1988 年 1 月。

⑪ 杨华山：《论南京临时政府期间汉冶萍"合办"风波》，载《学术月刊》1998 年第 6 期。

⑫ 孙立田：《民初汉冶萍公司中日"合办"问题探析》，载《历史教学》1998 年第 6 期。

⑬ 易惠莉：《孙中山、盛宣怀与中日合办汉冶萍借款案》，载《史林》2002 年第 6 期。

⑭ 车维汉：《日本帝国主义侵掠汉冶萍公司述论》，载《日本研究》1989 年第 4 期。

⑮ 代鲁：《从汉冶萍公司与日本的经济交往看国家近代化的政治前提》，载《中国经济史研究》1988 年第 4 期。

借外债得失》①，朱佩禧《从资本关系研究日本对汉冶萍公司的控制问题》② 等对日本借款中的经济渗透和政治控制进行了宏观论述。

（五）汉冶萍体制变迁问题的研究：如代鲁《清末汉阳铁厂的"招商承办"述析》③、闫文华《汉冶萍厂矿的公司制研究（1908—1925）》④、李玉勤《晚清汉冶萍公司体制变迁研究（1889—1911）》⑤、李海涛《清末民初汉冶萍公司制度初探》⑥ 等从经济和政治等方面的原因探讨了其由"官办"到"官督商办"，再到"商办"的体制变迁。

（六）汉冶萍与政府的关系：从政企关系的角度，全汉昇宏观地论述了汉冶萍与袁世凯政府的"国有"和"官督商办"问题⑦，谢国兴详细地探讨了汉冶萍与湖北地方政府间的产权问题⑧，代鲁《南京临时政府所谓汉冶萍借款借款的历史真相》⑨；张后铨的研究涉及汉冶萍与袁世凯政府和湖北地方政府间的利益纠葛。

（七）关于萍乡煤矿的研究：近年来萍乡煤矿是学界研究的一个热点，美国学者杰弗里从萍乡煤矿与当地豪族的关系，探讨大企业与地方社会关系处理的问题⑩；另一美国学者裴宜理则从政治文化的视角探讨了20世纪20年代中国共产党成功领导萍乡安源工人运动的问题⑪，均属对萍乡煤矿从特殊视角的专门研究之作。值得注意的是，中国大陆学者陈庆发

---

① 向明亮：《利用外资视域下的中国早期矿业（1895—1925）——兼论汉冶萍公司举借外债得失》，载《中国矿业大学学报》2012 年第 4 期。

② 朱佩禧：《从资本关系研究日本对汉冶萍公司的控制问题》，载《湖北理工学院学报》2015 年第 3 期。

③ 代鲁：《清末汉阳铁厂的"招商承办"述析》，载《近代史研究》1995 年第 3 期。

④ 闫文华：《汉冶萍厂矿的公司制研究（1908—1925）》，武汉大学 2005 年硕士学位论文。

⑤ 李玉勤：《晚清汉冶萍公司体制变迁研究（1889—1911）》，中国社会科学出版社 2009 年版。

⑥ 李海涛：《清末民初汉冶萍公司制度初探》，载《河南理工大学学报》2006 年第 1 期。

⑦ 《汉冶萍公司历史的研究》，见全汉昇《中国经济史研究》（二），中华书局 2011 年版。

⑧ 谢国兴：《民初汉冶萍公司的所有权归属问题（1912—1915）》，台北："中央研究院"近代史研究所集刊，第十五期（上）。

⑨ 代鲁：《南京临时政府所谓汉冶萍借款借款的历史真相》，载《近代中国》1997 年第 7 辑，《从汉冶萍公司与日本的经济交往看国家近代化的政治前提》，载《中国经济史研究》1988 年第 4 期。

⑩ Jeffrey Hornibrook, *Mechanized Coal Mining and Local Political Conflict: The Case of Pingxiang County, Jiangxi Province in the Nineteenth and Twentieth Centuries*, St. Paul: Unpublished PhD thesis, University of Minnesota, 1996.

⑪ ［美］裴宜理：《安源——发掘中国之传统》，阎小骏译，香港中文大学出版社 2014 年版。

《萍乡煤矿研究（1892—1939）》按照萍乡煤矿发展的历程，全面探讨了其创建、发展、资本筹集、管理（组织人事、生产销售、财务、工程技术）、与地方土窑关系及对时局的应对等问题，不乏创新之处。[①] 由于该作主要定位于近代中国工矿业经济和近代社会经济方面，而且跨度时间较长，因此对萍矿与地方官绅关系等问题的关注不多。其他的还有如肖育琼《近代萍乡士绅与萍乡煤矿（1890—1928）》[②] 从萍乡士绅与萍矿关系，李超《萍矿、萍民与绅商：萍乡煤矿创立初期的社会冲突》[③]，吴自林《论萍乡煤矿在汉冶萍公司中的地位（1890—1928）》[④] 从萍乡煤矿在汉冶萍公司中的地位，张宏森《汉冶萍公司原料、燃料运输研究（1894—1925）》[⑤] 从汉冶萍公司的原料和燃料运输等角度进行了有益的探讨。

（八）其他方面：方一兵从科技史的角度对汉冶萍引进近代西方设备、技术、人才等加强技术移植以及与日本八幡制铁所相关问题进行比较的研究[⑥]；中国香港学者李培德《汉冶萍公司与八幡制铁所——中日近代科技交流的努力与挫折》则从汉冶萍与八幡制铁所技术交流及遇到的挫折进行了探讨[⑦]；李海涛《清末民初汉冶萍公司与八幡制铁所比较研究——以企业成败命运的考察为核心》则从中日两国政府对八幡制铁所和汉冶萍公司的不同态度探究最后各自的不同历史命运。[⑧] 袁为鹏从政治原因探讨了汉阳铁厂的选址问题；田燕《文化线路视野下的汉冶萍工遗产研究》等从文化线路视野的角度对汉冶萍工业遗产的综合利用进行了专门研究[⑨]；等等。

---

① 陈庆发：《萍乡煤矿研究（1892—1939）》，南京师范大学 2010 年博士学位论文。

② 肖育琼：《近代萍乡士绅与萍乡煤矿（1890—1928）》，南昌大学 2006 年硕士学位论文。

③ 李超：《萍矿、萍民与绅商：萍乡煤矿创立初期的社会冲突》，《江汉大学学报》2014 年第 4 期。

④ 吴自林：《论萍乡煤矿在汉冶萍公司中的地位（1890—1928）》，南昌大学 2007 年硕士学位论文。

⑤ 张宏森：《汉冶萍公司原料、燃料运输研究（1894—1925）》，华中师范大学 2009 年硕士学位论文。

⑥ 方一兵：《汉冶萍公司与中国近代钢铁技术移植》，科学出版社 2010 年版；《中日近代钢铁技术史比较研究：1868—1933》，山东教育出版社 2013 年版。

⑦ 李培德：《汉冶萍公司与八幡制铁所——中日近代科技交流的努力与挫折》，载《日本研究》1989 年第 2 期。

⑧ 李海涛：《清末民初汉冶萍公司与八幡制铁所比较研究——以企业成败命运的考察为核心》，载《中国经济史研究》2014 年第 3 期。

⑨ 田燕著：《文化线路视野下的汉冶萍工遗产研究》，武汉理工大学出版社 2013 年版。

以上大致是学界目前比较关注的问题。严格地说，笔者以前对汉冶萍公司可以说毫无了解的，但自 2010 年笔者决定将研究方向由近代中日关系史转向汉冶萍公司史时，发现汉冶萍与政府的关系是学界关注不太充分的地方，于是便以此为突破口展开研究。从 2010 年暑假期间，在掌握有关汉冶萍的相关资料后，笔者就开始试着写一些有关的文章。以此为基础，2012 年笔者便以《汉冶萍公司外资利用得失研究（1899—1925）》为题成功申报了教育部青年项目，这对笔者是一个极大的鼓舞。不过，在研究过程中，笔者愈发感觉到，不弄清楚汉冶萍与政府的关系，则很难搞清楚其借外债的原因、主要目的以及效果等一系列问题。在这种思路的引导下，笔者陆续发表了汉冶萍与晚清政府、南京临时政府、北洋政府和国民党政权关系的一系列文章，基本上弄清了彼此的渊源和复杂的利益纠葛。本书即是以已发表的一系列论文整合的基础上完成的。从这方面而言，本书则是教育部课题的一个副产品。另一方面，由于有前期的研究基础，汉冶萍与政府的关系实质上形成了另外一个研究方向，事实上成为笔者申报的 2015 年湖北省教育厅重大项目《钢铁与政治：近代中国政治环境变迁与汉冶萍公司的历史命运》的阶段性成果。

对于汉冶萍与政府关系的研究，笔者认为有如下学术价值和现实价值：

（1）学术价值。企业是社会经济发展的细胞，发展受到内外因素的影响和制约。从外部而言，企业发展受到政治环境包括政府、政策、政治事件等因素的影响巨大。汉冶萍公司（其前身为"汉阳铁厂"）是近代中国乃至远东地区最大的钢铁煤联合企业，其创立和发展正处于晚清民国政治转型的剧烈时期，面临的政治环境突出表现为：西方列强继续加强对中国的政治、经济、军事等诸方面的控制；国内政治由统一到分裂，再到统一的过渡期，及由此产生的中央政权更迭频繁、地方势力割据、军阀混战频仍等。这种政治环境对汉冶萍的生存和发展产生了深刻的影响。因此，在目前学界关注不够的条件下，从近代政府与汉冶萍公司关系的视角加以探讨十分必要，有利于加强中国近代工业史、企业发展史、区域经济社会史的研究。

（2）现实价值。企业的生存和发展离不开一定的政治环境，政治环境尤以政府对企业的发展毫无疑义会产生重要影响，但企业在应对政府政策和决策时绝不会消极被动，无所作为，而应主动地利用环境中的有利因素和回避不利因素，实现企业的成功发展。本课题力图通过政府与汉冶萍公司发展关系的研究，一方面探讨政府对汉冶萍公司发展的影响，另一方面则加强汉冶萍公司为创造有利于自身发展环境与政府利益关系处理的经验教训，这一点对现代企业及中国企业跨地区，甚至跨国发展比较普遍的情况下显得尤为重要。

　　由于汉冶萍公司在中国近代工业史和近代史上具有十分重要的地位，但囿于原始档案资料的缺乏，有关汉冶萍的研究陷入了瓶颈状态。不过，令人欣慰的是，目前学术界开始十分注重原始档案资料的搜集和整理，掀起了一个研究汉冶萍的热潮。2014 年，湖北大学周积明教授申报了国家社科基金重大项目《汉冶萍公司档案资料的搜集、整理与研究》；同年，湖北师范学院举办了第一届汉冶萍国际学术研讨会；2015 年，湖北师范学院与湖北省档案馆签订了共同开发和研究汉冶萍档案资料的协议。笔者坚信，随着盛宣怀和汉冶萍档案资料的逐渐开发和利用，汉冶萍研究的前景将会更加广阔。

第一章　汉冶萍公司^①与晚清政府

第一节　清政府对汉阳铁厂创办的支持

在镇压太平天国运动和与西方殖民者打交道的过程中，地主阶级营垒中一些人受到"师夷长技"思想的影响，逐渐形成了一批主张学习西方坚船利炮的洋务官僚，即所谓的"洋务派"。洋务派早期在中央的主要代表人物是主持总理衙门的恭亲王奕䜣和总理衙门大臣文祥，而真正实际操办洋务的则是在镇压太平天国中获得军功的封疆大吏如曾国藩、李鸿章、左宗棠、丁日昌、沈葆桢、刘铭传等。在早期的洋务运动中，出于"安内攘外"的迫切需要，军事工业是当时最重要的内容，后随着形势发展的需要才逐渐涉及民用工业。

在洋务派中，成就最为突出者当数李鸿章，在其洋务生涯中创办了众多的企业。其中军事工业如江南制造总局（1865 年）、金陵机器局（1865 年）；民用工业较为著名的有轮船招商局（1873 年）、开平矿务局（1878 年）、天津电报局（1880 年）和上海机器织布局（1878 年）等。上述军工业和民用企业在当时对中国现代化而言均具有开创性的意义。原因在于，李鸿章不仅拥有赫赫军功，而且还是清廷倚重的封疆大吏之执牛耳者。然而，在晚清政坛上，张之洞以一介儒生而成为洋务派中的后起之秀，却获得了与靠赫赫军功起家的曾国藩、李鸿章、左宗棠等并世比肩的地位和影响，最终成为"湘乡合肥一流人物"，"功业在曾胡左李而外独居一席"^②。这与张氏在湖广总督任上，在湖北大兴洋

---

① 严格地说，汉冶萍公司是一个特定的称谓，是在 1908 年盛宣怀将汉阳铁厂、大冶铁矿和萍乡煤矿组建而成的有限公司。这里及以下很多地方使用"汉冶萍"或"汉冶萍公司"并非特指后来组建的公司，而是便于行文。

② 李细珠：《张之洞与清末新政研究》，上海书店 2009 年版，第 25 页。

务，建立一套较为完整的近代工业体系有直接关系。在这个体系中，最具代表性的企业有：国防工业湖北枪炮厂、钢铁工业汉阳铁厂、纺织工业织布局、纺纱局、缫丝局、制麻局。另外，还有造纸厂、针钉厂、制皮厂、毡呢厂、官砖厂。[①] 这个体系中，汉阳铁厂即后来在中国近代史上具有重要地位和影响的汉冶萍公司无疑是其中最重要的内容。

一 汉阳铁厂创办的背景

汉阳铁厂的创办是因卢汉铁路而起。在古老的中国进入近代之前，西方资本主义在快速发展过程中，煤炭和钢铁工业催生了铁路的产生和发展。"铁路是资本主义工业的最主要的部门即煤炭和钢铁工业的总结，是世界贸易发展与资产阶级民主文明的总结和最显著的指标"[②]。1825 年 9 月 27 日，在英国的斯托克顿（Stockton）和达林顿（Darlington）两个城市之间修建的世界上第一条供公众使用的铁路正式开始运营。随着钢铁工业的发展，铁轨为钢轨所取代，1857 年英国铺设了世界上第一条钢轨铁路。美国是继英国之后首先修建铁路的国家。从 1830 年起至 19 世纪末，美国经过 70 年的努力，建成了 40 多万千米铁路，而在 1881 年至 1890 年的 10 年中，每年平均修建铁路 1.1 万千米，是世界上筑路最多最快的国家。到 19 世纪末，世界铁路已发展到 65 万千米。[③] 铁路给世界带来了巨大变化，一方面极大地促进了西方工业化的进程，另一方面也大大加速了亚非拉等国家的殖民化。

最初倡导在中国修建铁路的是西方殖民者。19 世纪 60 年代，随着西方殖民者对中国侵略的加深，掠夺铁路修筑权成为其越来越强烈的要求。1862 年，"外托柔和，内怀阴狡"的英国翻译梅辉立，要求在广东"倡为由粤开铁路如江西之议"。后经勘测，因工程过大，"事遂中寝"[④]。1863 年 7 月，正当中外反动势力携手进攻太平军占据的苏州之机，以英商怡和洋行为首联络英、法、美三国 27 家洋行，乘机向江苏巡抚李鸿章索要修

---

① 张继煦：《张文襄公治鄂记》，湖北通志馆 1947 年版，第 32—33 页。

② 列宁：《帝国主义是资本主义的最高阶段》，见《列宁全集》，第 22 卷，人民出版社 1984 年版，第 182 页。

③ 参见金士宣等编著《中国铁路发展史（1876—1949）》，中国铁道出版社 1986 年版，第 3—4 页。

④ 《江苏巡抚李鸿章致总署函》，同治三年一月初九日，见宓汝成编《中国近代铁路史资料》，第 1 册，中华书局 1963 年版，第 4 页。

筑上海至苏州间的铁路的"特许权"①，遭到了"断然"拒绝。同年11月，英、法、美三国驻上海领事通过海关道向李鸿章要求修筑上海至苏州的铁路，"俾便往来行走"，亦遭到了婉拒。② 1864年，怡和洋行又邀请在印度从事铁路建筑的英人斯蒂文生来到中国。斯蒂文生帮其拟订了一个以汉口为中心，东行至上海，南行至广州，西行经四川、云南等直达印度的庞大铁路计划。这种"打开进入中国后门"的阴谋被总理衙门束之高阁。③ 1865年11月，总税务司赫德及英国公使馆驻华参赞于次年三月分别向总理衙门呈递《局外旁观论》和《新议略论》两文，以"添设铁路和电报……对于在华自由发展外国贸易具有重大意义"④ 为由，要求清政府允许英国在华修筑铁路。西方殖民者之所以对在华修筑铁路十分感兴趣，是因为铁路在西方殖民者对中国的侵略中扮演着重要角色。攫取铁路利权，不仅可以增加对华资本输出，榨取巨额利润，而且是伸展势力范围、扩大政治、军事、经济侵略的重要途径。日本《朝日新闻》鼓吹说："铁路所布，即权力所及，凡其地之兵权、商权、矿权、交通权，左之右之，存之亡之，操纵于铁路两轨，莫敢谁何！故夫铁道者，犹人之血管机关也，死生存亡系之。有铁路者，即有一切权；有一切权，则凡其地官吏，皆吾颐使之奴，其地人民，皆我俎上之肉。"他们把夺取铁路权看作灭亡他国，而"亡之使不知其亡"，分他国领土，"而分之使不知其分"的绝妙手段。⑤

对是否允许洋人在中国开设铁路，清政府曾在一段时期也拿不定主意，为此多次组织了督抚大讨论。但问题是，即便沿海沿江开风气之先且经常与列强打交道的地方督抚多对此持戒备心理和抵制态度。仅就同治六年各督抚大员奏折中摘取部分示例如表1-1所示。

---

① 《江苏巡抚李鸿章致总署函》，同治三年一月初九日，见宓汝成编《中国近代铁路史资料》，第1册，第4页。

② 《江苏巡抚李鸿章咨总理衙门文》，同治四年五月十三日，见宓汝成编《中国近代铁路史资料》，第1册，第1页。

③ 〔英〕肯德：《中国铁路发展史》，李抱宏等译，生活·读书·新知三联书店1958年版，第4—8页。

④ 《阿礼国致麦华陀函》，1869年3月23日，见宓汝成编《中国近代铁路史资料》，第1册，第33页。

⑤ 《日本〈朝日新闻〉鼓吹的对华政策》，光绪二十九年四月二十二日至二十五日，见宓汝成编《中国近代铁路史资料》，第2册，中华书局1963年版，第684页。

表1-1　沿海沿江各省将军督抚对内地敷设铁路意见表①（同治六年）

覆奏者	覆奏年月	覆奏要旨
瑞麟（两广总督）	十一月十五日	铁路……碍难照办。……倘洋人坚执，执拗相持，……沿海口岸地方，或应筑复炮台，或应添修战舰，……以切讲求，……自固疆圉。
李瀚章（署湖广总督、江苏巡抚）	十一月二十一日	铁路……坏我土地田庐，蹙我民间之生计，众怒难犯。
蒋益澧（广东巡抚）	十一月二十二日	铁路，……各省……宜各自筹备，竭力与争，……海疆口岸，各固藩篱，……庶不致一言决裂，立溃防闲。
英桂（福州将军）	十一月二十五日	彼蓄意已久，……惟有约以限制。如畿辅重地，以及通都大邑，……万难准行。……其在通商海口百里之内，或准行铜线、铁路等事。然仍须民间愿卖地基，会同地方官审度办理，不得有所强占。
吴棠（闽浙总督）	十二月初三日	此二事（铜线、铁路）于中国民人生计，大有窒碍。……惟有以百姓不愿为词，婉切开导，在洋人知百姓不能相安，或可从缓再议也。
马新贻（浙江巡抚）	十二月初六日	铜线、铁路……各事，其尽夺我亿万人民之生计独顾，其必得我朝命挟之以毒痡天下，使我自失其人心者至深。……是在内外臣工，协力同心，持万不可行之定议，据理直争，断难稍有迁就。
李福泰（福建巡抚）	十二月初六日	铜线、铁路，洋人决计行之，已非一日。罗伯逊请办于粤，美里登拟办于闽，以民心不顺，均未果行。夫线路……惊民扰众，变乱风俗，体察各省民情，实属窒碍难行。
郭伯荫（署江苏巡抚、湖北巡抚）	十二月初六日	铜线、铁路，……不可行也。……外洋来至中华，自以顾全声名为第一义。如期声名不美，为华民所抱愤，不但与通商有碍，即传教亦无人信从，不可不为久远之图。……以此立说，彼从未能革命面，亦将动心，或可婉讽熟商，以期终止。
官文（署直隶总督）	十二月二十二日	骤为此不经之举，人必因疑生畏生怒。……纵我朝怀柔为念，……而众怒难犯，民弗能堪，即不能相安于无事。

---

① 参见宓汝成编《中国近代铁路史资料》，第1册，第26—27页。

不过，铁路在西方工业化中的巨大推动作用对中国很多有识之士，尤其是对具有近代西学背景的新型知识分子产生了深刻的影响。这些人逐渐成为在中国修建铁路的鼓吹者。1867 年曾经留学美国的容闳通过江苏巡抚丁日昌向总理衙门提出在矿区至通商口岸修筑铁路的建议；长期居住上海与洋人打交道的王韬在 19 世纪 60 年代中期即大声疾呼中国必须兴办铁路等先进事业，才能自强，才"足与诸西国抗"的主张。1870 年，王氏游欧回国后曾上书丁日昌，劝办铁路，俾夺西洋之利。①

同时，清政府的督抚大员在洋务活动中对铁路在军事和民用方面的认识也在发生变化，由先前的排斥转变为接受和倡导的态度。1874 年，被中国视为"蕞尔小国"的日本借口琉球漂民事件，竟然发动侵台战役，朝野震动。洋务派首领李鸿章认为加强海防，不仅要建立近代水师，而且还要修铁路。是年十二月，他在奏折中说："有事之际，军情瞬息变更，倘如西国办法，……有内地火车铁路，屯兵于旁，闻警驰援，可以一日千数百里，则统帅当不至于误事。"②

另外，洋务运动在发展过程中遇到了资金的严重不足，加强对矿产资源的开发利用及铁路建设成为洋务派"求富"的重要途径。1876 年 10 月，李鸿章明确地指出："中国积弱，由于患贫。西洋方千里数百里之国，岁入财赋动以数万万计，无非取资于煤、铁、五金之矿、铁路、电报、信局、丁口等税。审时度势，若不早图变计，择其至要者，逐渐仿行，以贫交富，以弱敌强，未有不终受其弊者。"③ 李鸿章的意见得到了其他洋务派中坚人物如沈葆桢、丁日昌、郭嵩焘、薛福成等的赞同。

"除了铁路以外，就没有一种其他近代的经济设备，输入中国以后能够产生这样伟大的影响"④。争论归争论，中国近代第一条"合法"铁路——唐胥（唐山至胥各庄）铁路——毕竟建成了。1881 年 11 月，为方便开平煤矿公司（最初名为开平矿务局）的煤炭外运，经李鸿章的要求

---

① 夏东元：《洋务运动史》，华东师范大学出版社 1992 年版，第 360 页。

② 李鸿章：《筹议海防折》，同治十三年十一月初二日，见《李鸿章全集》，第 2 册，时代文艺出版社 1998 年版，第 1073 页。

③ 李鸿章：《致丁宝桢函》，光绪二年八月十九日，见宓汝成编《中国近代铁路史资料》，第 1 册，第 78 页。

④ ［美］雷麦：《外人在华投资》，蒋学楷、赵康书译，商务印书馆 1959 年版，第 105 页。

和清廷的批准，唐胥铁路在顽固派的强烈反对声中正式建成通车。1885年，因中法战争的失败，清政府设立"总理海军事务衙门"，统一指挥海军，并以"铁路开通可为军事上之补救"，同时兼管铁路事务，将铁路和海防联系在一起。在这种背景下，倡议修筑铁路的呼声高涨起来。如军机大臣、督办福建军务左宗棠，奏请修建通州到清江浦的铁路；前出使俄国钦差大臣曾纪泽奏请修建北京到镇江的铁路。而李鸿章则在1886年获准将唐胥铁路延展到芦台，并于次年竣工，两段共长45千米，称唐芦铁路。1887年，总理海军衙门亦获准修筑津沽铁路（即把唐芦铁路向南展筑到大沽，再到天津；并拟向北展筑到山海关）。1888年秋天，芦台到塘沽和天津的一段86千米竣工，至此，东起唐山，西至天津，全线130千米通车。

唐山天津间的铁路筑成后，按原定计划向东延长到山海关。但是为了发展铁路营业，铁路公司决定把铁路从天津修到北京附近的通州，称为津通铁路。清廷下达上谕，令曾国荃、张之洞、刘铭传、王文韶等十余督抚发表对于津通铁路的意见。结果是多数人都主张继续兴办铁路，先办边防漕路，津通铁路亦可试行。在争论中，时任两广总督的张之洞奏请缓造津通铁路，改修腹地铁路，从北京附近的卢沟桥起，到汉口止（简称卢汉铁路）。这就引起了津通铁路与卢汉铁路孰轻孰重、孰缓孰急之争，由洋务派与顽固派之争转而为洋务派内部之争了。

若从军事意义而言，津通铁路对及时调动军队，拱卫京畿重地有利；但其偏于京津一隅，难以充分发挥其作用的弊端也十分明显。张之洞之所以强烈要求修筑卢汉铁路，认为其利有三：

一是卢汉铁路经过中原腹地，横贯南北，地理位置十分重要。张之洞认为，卢汉铁路既能沟通中原，转运客货，便于军队南北调动，又因线路远离海岸，"无虑引敌"。建造铁路"实为驯致富强之一大端"。其巨大作用在于"支脉贯注，都邑相属，百货由是而灌输，军屯由是而联络，上下公私，交受其益。初费巨资，后享大利，其功效次第，实在于此"。

二是卢汉铁路有利于土货外运。张之洞肯定海署建造铁路有利于"迅海防、省重兵、便转运、通货物、兴矿产、利行旅、速邮传、捷赈济"等巨大作用的同时，特别强调铁路对于运销土货的紧迫作用。他分析道：自从五口通商后，"中国民生之丰歉，商务之息耗，专视乎土货出产之多少，与夫土货出口较洋货进口之多少为断"。而近数年来洋货、洋药进口价值及每年多余土货出口价值约 2000 万两，若"再听其耗漏，以后断不可支"。中国物产丰富，甲于五洲，然而腹地运输困难，成本昂贵，导致土货生产和销售都难以推广，而且质粗价廉，"苟有铁路，则机器可入，笨货可出，本轻费省、土货旺销，则可大减少出口厘税以鼓舞之"。结果是"销路畅，则利商，制造繁，则利工，山农、泽农之种植，牧竖、女红之利成，皆可行远得价则利农，内开未尽之地宝，外收已亏之利权，是铁路之利，首在利民"，"民之利既见，而国之利因之"。

三是有利于将军事和民用联为一体。在"方今强邻环伺，外患方殷，内而沿海沿江，外而辽东三省、秦陇沿边，回环何止万里，防不胜防，费不胜费"的严峻形势下，"若无轮车铁路应援赴敌，以静待动，安所得无数良将精兵利炮巨饷而守之"。故张之洞主张"夫守国即所有卫民，故利国之与利民实相表里，似宜先择四达之衢，首建干路以为经营全局之计，以立循序渐进之基"①。

由于张之洞从战略高度全面、深刻阐述了卢汉铁路的重要地理位置及其对军事和民用的作用，无疑比单纯从军事角度看待铁路作用之辈要高一筹，因此备得清廷的赏识。奕䜣称张奏"别开生面，与吾侪异曲同工"之余，认为"西果行，东必可望，但争迟早"②。李鸿章尽管对缓建津通铁路有意见，但亦同意"两头并举，四达不悖，以为经营全局之计，循序渐进之基"，如此可"有益于国，无损于民，事出完全"，并鼓励张"决可毅然而办"③。最重要的是，清廷最高统治者慈禧太后认为该论"颇为赅备，业据一再筹议规划周详，即可定计兴办"。并指定李鸿章、张之洞会同海军衙门筹划修筑卢汉铁路事宜。④ 随后遂有张之洞移任湖广总督之命。

欲修筑卢汉铁路，在当时条件下必须花费巨资向洋人购买铁轨，这无疑会增加中国的白银外流，加剧清政府的财政困难，因此张之洞决定自己创办铁厂生产铁轨，以堵漏卮。张认为，修建铁路的关键不在铁路本身，

---

① 张之洞：《请缓造津通铁路改建腹省干路折》，光绪十五年三月初三日，见苑书义等编《张之洞全集》，第 1 册，河北人民出版社 1998 年版，第 662—663 页。

② 《醇邸来电》，光绪十五年四月初九日，见《李鸿章全集》，第 9 册，第 5656 页。

③ 《奕䜣、李鸿章等奏》，光绪十五年八月初一日，见中国史学会编《洋务运动》（六），上海人民出版社 1961 年版，第 261 页。

④ 王云五编、胡钧重编：《张文襄公年谱》，第 2 卷，台湾商务印书馆 1978 年版，第 23 页。

而是要先做好前期的准备工作，"此事推行之序，似宜以积款、采铁、炼铁、教工四事为先，而勘路开工次之"。修筑铁路事关重大，"先须筹款，次须炼铁，必从容规画完备，方能开办"①。在他看来，2000余里的卢汉铁路，仅铁轨一项，就要消耗大量的钢铁，如果中国自己不设法制铁，而自海外购买铁料，则"漏卮太多，实为非计"②。同时，他还认为凡武备所资枪炮、军械、轮船、炮台、火车、电线等项，以及民间日用、农家工作之所需，"无一不取资于铁"。据其查阅光绪十二年贸易总册，发现中国各省进口铁条、铁板、铁片、铁丝、生铁、熟铁、钢料等类共110余万担，铁针180余万密力，每1密力为100万针，合共铁价、针价约240余万两。而各省之出口铜铁锡总计只14600余担，约11.8万余两，不及进口额的1/20。至光绪十四年，洋铁、洋针进口值银至280万余两，土铁则无出口的了。"再过数年其情形岂可复问"③。

要解决铁轨问题，首先要炼铁。对中国而言，炼铁并不是一件十分困难的事，而是一个具有悠久历史的传统产业。中国铁器时代萌芽于夏商周（西周）时期，春秋时期（公元前770年—前476年）即由青铜时代向铁器时代过渡，战国时期（公元前475—前221年）成形。春秋战国时期即开始对铁矿大规模开发利用，铁矿采掘业和冶炼业相当发达。在今河北、陕西、河南、山西、湖北、湖南、四川等省份有春秋战国时期的铁矿采矿遗址34处。至西汉时期（公元前206年—前8年），煤炭开始在铁矿的冶炼过程中使用，大大提高了冶炼的效率和质量。南北朝时期（6世纪），除坩埚法和近代钢铁技术外，各种钢铁技术都已得到应用。隋唐时期（581—907年）钢铁冶炼业达到空前繁荣，迄今留有的唐代铁矿遗址108处，产铁最高达年产207万斤。宋朝时期（960—1125年），铁产量在治平年间（1064—1067年）一度达到850余万斤。元朝初期，据史料估计，生铁产量在500万—1000万斤之间。明清时期铁器生产获得进一步发展，铁场达到133处，产量为1847万斤。清朝前期铁场有135处，生铁产量

---

① 张之洞：《遵旨筹办铁路谨陈管见折》，光绪十五年九月初十日，见苑书义等编《张之洞全集》，第1册，第711页。

② 全汉昇：《清末汉阳铁厂》，见陈真编《中国近代工业史资料》，第3辑，生活·读书·新知三联书店1961年版，第372页。

③ 张之洞：《筹设炼铁厂折》，光绪十五年八月二十六日，见苑书义等编《张之洞全集》，第1册，第704—705页。

估计不低于明朝。① 不过，中国古代的冶铁技术虽领先于世界，但长期没有多大改进，仍然停留在手工业生产的层面上，与近代铁轨对生铁的数量、质量和技术要求均存在较大的距离。故直至第一次鸦片战争（1840—1842 年）前，中国最先进的冶铁炉，就是广东明末遗制的瓶形高炉，最高产量一夜只有 3600 斤。②

另外，随着洋务运动的推进，军事工业和其他关联行业的发展也推动了对钢铁的需求（表 1-2），炼铁厂作为配套设施开始出现在一些军工企业，如江南制造总局和金陵制造局在 1865 年创办之初就作为配套设施兴建了铸铁厂和熟铁厂，1866 年天津机器局和福州船政局也创建了自己的铸铁厂和熟铁厂。随后，生铁冶炼也广泛出现在某些船坞厂或民用行业。1867 年，成立于广东黄埔地区的于仁船坞公司就已经拥有锅炉厂、炼铁厂、造船厂和铁工厂。③ 1874 年，在上海虹口出现一家附属于轮船招商局的同茂铁厂。这家铁厂最初只能进行零星的轮船修理业务；两年后，便扩充为使用汽机的中型修船厂，能自制汽船的锅炉、引擎等机器部件，无须外国技术人员的帮助。④

表 1-2　　　　　　中国近代主要军工企业的钢铁制造设施⑤：

	厂名	兴建时间	主要设备
江南制造总局	铸铜铁厂	同治四年（1865 年） 同治六年（1867 年）	磨砂机 1 部、熔铜炉 2 座、熔铁冲天炉 3 座、翻砂模箱等
	熟铁厂	同治四年（1865 年） 同治六年（1867 年）	二十马力和三十马力汽炉各 1 座、进炉水抽 2 具、大小气锤 3 具等
	炼钢厂	光绪十六年（1890 年）至光绪十九年（1893 年）	三吨炼钢炉 2 座，化铁炉 2 座，炼罐子生钢炉 1 座，打铁炉 3 座，各式轧、压、锯、剪钢材之设备，汽机等

① 朱训主编：《中国矿业史》，地质出版社 2010 年版，第 6—7、第 48—59 页。
② 郑润培著：《中国现代化历程——汉阳铁厂（1890—1908）》，新亚研究所、文星图书有限公司联合出版 2003 年版，第 2 页。
③ 严中平主编：《中国近代经济史（1840—1894）》（下），人民出版社 2001 年版，第 1337 页。
④ 同上书，第 1351 页。
⑤ 方一兵：《汉冶萍公司与中国近代钢铁技术移植》，科学出版社 2011 年版，第 18—19 页。

续表

厂名		兴建时间	主要设备
金陵制造局	铸铁厂	约同治四年（1865 年）	
	熟铁厂	约同治四年（1865 年）	
天津机器局	铸铁厂	同治五年（1866 年）至同治十一年（1872 年）	
	熟铁厂	同治五年（1866 年）至同治十一年（1872 年）	
	炼钢厂	光绪十七年（1891 年）至光绪十九年（1893 年）	西门子炼钢炉及其配套设备
福州船政局	锤铁厂	同治五年（1866 年）至同治十年（1871 年）	300—700 公斤铁锤 6 个，大炼炉 16 座，小炼炉 6 座
	拉铁厂	同治五年（1866 年）至同治十年（1871 年）	炼炉 6 座、展（轧）铁机 4 座
	铸铁厂	同治五年（1866 年）至同治七年（1868 年）	铸铁炉 3 座
	打铁厂	同治五年（1866 年）	炼炉 44 座、3000 公斤铁锤 3 个

尽管如此，这些小规模的作坊式的生铁生产仍无法满足当时军工和民用的强劲需求，因此从国外进口钢铁仍是主要来源，每年花费巨额资金（表 1 - 3）。

表 1 - 3　　　　洋务运动时期中国钢铁进口量、值统计表[①]

时间	重量（吨）	价值（海关两）	时间	数量（吨）	价值（海关两）
1867（同治六年）	6858	263553	1881	45253	1292965
1868	14496	665915	1882	45136	1284071
1869	25354	951100	1883	49422	1484393
1870	22285	741030	1884	50997	1483329
1871	13290	433511	1885	72718	1993167

---

① 参见卢征良《近代中国钢铁市场的形成及其特征研究》，载《中国黄石汉冶萍国际学术研讨会论文集》（未刊），第 229—230 页。

续表

时间	重量（吨）	价值（海关两）	时间	数量（吨）	价值（海关两）
1872	15501	700897	1886	66549	1793355
1873	12436	591421	1887	61847	1680033
1874	14917	696716	1888	78493	2185286
1875（光绪元年）	26732	983588	1889	69444	2075778
1876	19650	749269	1890	67970	2127363
1877	27971	906235	1891	104345	3182613
1878	32715	958629	1892	82176	2559210
1879	49008	1380569	1893	65496	2226141
1880	52233	1546065	1894	71662	2467590

对生铁的需求刺激了铁矿的开采。1882 年，候选知府胡恩燮筹划开发徐州附近的利国驿煤铁矿，最初计划集资 10 万两，同时开发煤、铁两矿，希望在见到成效后逐渐扩大。矿局主持人和上海瑞生洋行商洽订购开采煤炭、炼铁的各种机器，其中包括"熔化生铁大洋炉 1 副，配用熟铁炉 20 余座，并拉铁全副机器，以及采煤项下开井、戽水、提煤、通风各项机器"，共约需银 30 余万两。后因资本短绌，计划无法实现，炼铁事宜只得暂停。① 这是民间组织开矿炼铁的最初尝试，而贵州青溪铁厂则是直接由官府主持。1885 年，署贵州巡抚潘霨注意到"各省机器局及大小轮船每年用煤铁以亿万计"，而海军衙门，制造铁甲兵船，对煤铁的需求"更属不赀"。为开辟财源，潘霨便主张开发贵州丰富的煤铁矿，既可将产品"运销各省，源源接济，亦免重价购自外洋之失"②，又可为本省"民间多一生计，即公家多一利源"。为开发贵溪铁矿，在清廷的允准下，潘会同司道拟订了简明招商章程六条。③ 1887 年，成立"贵州机器矿务总局"，选定铁厂厂址在镇远县的青溪，委派上海制造局候选道潘露（潘霨

---

① 严中平主编：《中国近代经济史（1840—1894）》（下），第 1384 页。
② 《署贵州巡抚潘霨片》，光绪十一年一月初一日，见中国史学会编《洋务运动》（七），上海人民出版社 1961 年版，第 169 页。
③ 《署贵州巡抚潘霨奏》，光绪十二年正月二十二日，见中国史学会编《洋务运动》（七），第 170 页。

之弟）主持局务，官督商办为其运作形式。青溪铁矿向英国谛塞德公司订购全副熔铁炉，计价 6800 余英镑。炼贝色麻钢炉计 190 余磅，轧造钢铁条板机床计 1400 余磅，又订轧造钢铁条板所有汽机等件，计 2300 余磅，总共 12000 余磅。铁厂于 1890 年 7 月 17 日开炉生产。① 但是，铁厂投产后，遇到了未曾预料的困难。主要是"生铁系属白口，性质甚硬，钢亦质粗性硬，均因不受车刨，难以使用。熟铁质地尚好，惟提炼未净，下炉归并，折耗渣滓，十仅得五"②。重要的是，铁厂没有在附近找到可靠的燃料，开工后才发现所用煤炭不合于炼铁的要求。更为糟糕的是，铁厂开工不及两月，主持人潘露病故，铁厂无人督办，只得停办。其后，青溪铁厂虽一度复工，但效果不佳，故长期处于停工状态。③

甲午战争以后，西方列强掀起了瓜分中国的狂潮，矿权和铁路修筑权成为其攫取的主要目标，因此钢铁及其制品的进口在中国出现了一个大幅度的增长。同时，为挽救其封建统治，清政府于 1901 年开始实行"新政"，民族资产阶级在国内渐次开办了一些铁矿及小型钢铁厂，炼铁的原料铁矿石开始对外出口。不过，需要说明的是，这种出口对中国而言则是一种被动卷入，完全顺应了世界资本主义钢铁发展的需求。因与日本八幡制铁所有煤铁互售的合同，大冶铁矿早在 1900 年开始向日本输出铁矿石（表 1-4）。

表 1-4　　　　　　　1894—1915 年中国钢铁产品进出口价值表④

年份	进口				出口	
	铁及其制品	钢及其制品	马口铁及其制品	总计	铁及铁矿（单位：担）	价值（单位：两）
1894（光绪二十年）	2467590	276231	105331	2849152	—	—
1895	2310847	357982	244095	2912924	—	—

① 严中平主编：《中国近代经济史（1840—1894）》（下），第 1389 页。

② 同上。

③ 《贵州巡抚崧蕃奏》，光绪十八年闰六月十日，见中国史学会编《洋务运动》（七），第 186 页。

④ 庞淞：《中国商战失败史（1876—1915）》，文海出版社 1982 年版，第 26—29、第 156—159 页。1901—1903 年铁及铁矿出口仅为大冶铁矿向日本输出的数量，见许涤新等主编《中国资本主义发展史》，第 2 卷（上），人民出版社 2005 年版，第 605 页。

续表

年份	进口				出口	
	铁及其制品	钢及其制品	马口铁及其制品	总计	铁及铁矿（单位：担）	价值（单位：两）
1896	3808030	728776	152841	4689647	—	—
1897	2595687	306497	290899	3193083	—	—
1898	4113779	594694	562315	5270788	—	—
1899	3803611	891061	104471	4799143	—	—
1900	3476927	742040	290627	4509594	15476	—
1901	3914333	650649	580028	5147010	118877	—
1902	4182499	771544	413656	5367699	75496	—
1903	5879075	522246	449160	6850481	51268	—
1904	5639783	512341	854796	7006920	201848	272097
1905	7430022	567169	1021564	9018755	413209	665577
1906	8304580	638851	1328427	10271858	2410186	1129706
1907	7240380	594613	1811005	9645998	2294994	1167265
1908	8521550	478220	1482931	10482701	2707547	1026105
1909（宣统元年）	9905128	837144	1381476	12123748	2113525	1130699
1910	11155268	656561	1265685	13077514	3272878	1884384
1911	12554346	626093	2573782	15754221	3029159	1845914
1912	8299021	507401	2196004	11002426	3594409	960127
1913	13823194	929318	2438944	17191456	5621119	2040322
1914	12101333	853059	2873130	15827522	5621119	2040322
1915	9469673	384891	3140573	12995137	6765648	3512574

随着国人对煤铁五金资源的重视和开发，刚刚由内阁学士直接简授山西巡抚的张之洞也意识到其对国家富强的重要性，因此甫一到任山西，即

准备大兴洋务，开采煤铁矿。这是张氏由过去言辞激越批评时政到务实干一番事业的开端，也是由清流党人逐渐向洋务派转化的关键。① 张之洞之所以不同于其他清流党人流于空谈，这是因为其对西方文化有较强的包容，并吸收了前辈林则徐、魏源等人"师夷长技以制夷"的思想，"塞外番僧，泰西智巧，驾驭有方，皆可供我策遣"②；另外则继承了儒家经世致用的思想，"如蒙朝命洋务亦许与闻，下采刍荛，则当抒其管蠡，不致后时议论，徒为不切题之文章也"③。希望在山西实现自己的追求和抱负。山西冶铁业历史悠久，但在"洋铁"冲击下，日渐衰疲，且当时"土铁尚沿旧例，不准出海"，更遏制了山西铁业的发展。张之洞多次致电总署，要求重振晋铁，"请变通成例，改由天津出海，以轻成本"④。1883年，张之洞在与张佩纶的谈话中说："购洋铁非计，宜于晋省炼铁成条，供洋局之用。"⑤ 为打开山西的洋务局面，张之洞在山西开设洋务局，"洋务最为当务之急"，下令搜罗"习知西事通达体用诸人，举凡天文、算学、水法、地舆、格物、制器、公法、条约、语言、文字、并械、船炮、矿学、电汽诸端，但有涉洋务，一律广募"⑥。但是抚晋不及两年，所进行事业刚有一定起色，因1884年中法战争的爆发，张之洞受命于危难之际，奉调出任两广总督。由于有山西洋务的经验，张之洞在广东办洋务的步伐加快，逐渐走上"求强""求富"的洋务道路。"天下事每惮于劳费而创始，故臣愿以粤省创之。"⑦ 张之洞决心在两广任上，一展宏图。为解决军工和民用对钢铁的需求，1889年，张之洞奏请于广东建设炼铁厂，内称：

---

① 关于张之洞由清流党向洋务派转化历程的原因分析，参见李细珠著《张之洞与清末新政研究》，第43—47页。

② 张之洞：《边防灾效全在得人折》，光绪六年一月二十一日，见苑书义等编《张之洞全集》，第1册，第42—43页。

③ 张之洞：《与张幼樵》，光绪八年四月，见苑书义等编《张之洞全集》，第12册，第10141—10142页。

④ 张之洞：《抱冰堂弟子集》，见苑书义等编《张之洞全集》，第12册，第10614页。

⑤ 王云五编、胡钧重编：《张文襄公年谱》，卷2，第67页。

⑥ 《延访洋务人才启》，光绪十年四月初一日，见苑书义等编《张之洞全集》，第4册，第2399—2400页。

⑦ 张之洞：《购办机器试铸制钱折》，光绪十三年一月二十四日，见苑书义等编《张之洞全集》，第1册，第525页。

　　窃以为今日自强之端，首在开辟利源，杜绝外耗。举凡武备所资，枪炮军械轮船炮台火车电线等项，以及民间日用农家工作之所需，无一不取资于铁。两广地方产铁素多，而广东铁质优良。前因洋铁充斥，有碍土铁。经臣迭次奏请，开除铁禁，暂免税厘，复奏免炉饷，请准任便煽铸，以轻成本而敌侵销。多方以固，无非欲收己失之利，还之于民。[①]

　　鉴于上述思考，张之洞致电出使英国大臣刘瑞芬，要求与英国谐塞德公司订购熔铁炉2座，日出生铁100吨。此外还有炼熟铁、炼钢各炉，以及压板、抽条，制铁轨各机器，总价值83500磅，分五次运粤。[②] 不料创办钢铁厂事宜刚起头，便因修建卢汉铁路的需要，张之洞又奉调至鄂，出任湖广总督。由于接任粤督李瀚章为一守旧官僚，不愿意接办张之洞之未竟事业。同时李鸿章亦不愿其兄多事，力主将已购设备移鄂。1890年4月，海军衙门正式允准铁厂移鄂。5月，张之洞即于武昌公所设立铁政局，委派候补道蔡锡勇为总办[③]，并决定开发大冶铁矿炼钢。需要特别指出的是，汉阳铁厂的开办顺应了历史发展潮流，弥补了近代中国钢铁工业缺乏的空白，具有重要的历史意义。直至1911年日本在东北创办本溪湖铁厂，汉阳铁厂一直是中国独一无二的钢铁厂。而且在1914年欧战前，全国新式的化铁炉产量全部来自汉阳铁厂（表1-5）。

表1-5　　　　　　1894—1918年国内新式化铁炉生铁产额[④]　　（单位：吨）

年份	汉阳铁厂	本溪湖	新式化铁炉铁厂	合计产量（全国）
1894（光绪二十年）	4636	—	4636	4636
1895	4363	—	4363	4363
1896	11055	—	11055	11055

---

　　① 张之洞：《筹设炼铁厂折》，光绪十五年八月二十六日，见苑书义等编《张之洞全集》，第1册，第704页。

　　② 同上。

　　③ 张之洞：《勘定炼铁厂基暨开采煤铁事宜折》，光绪十六年十一月初六日，《汉冶萍公司档案史料选编》（上），中国社会科学出版社1994年版，第102—103页。

　　④ 郑润培：《中国现代化历程——汉阳铁厂（1890—1908）》，第3—4页。

续表

年份	汉阳铁厂	本溪湖	新式化铁炉铁厂	合计产量（全国）
1897	21808	—	21808	21808
1898	16547	—	16547	16547
1899	24410	—	24410	24410
1900	25890	—	25890	25890
1901	28805	—	28805	28805
1902	15800	—	15800	15800
1903	38875	—	38875	38875
1904	38771	—	38771	38771
1905	32314	—	32314	32314
1906	50622	—	50622	50622
1907	62148	—	62148	62148
1908	66410	—	66410	66410
1909（宣统元年）	74405	—	74405	74405
1910	119396	—	119396	119396
1911	83337	—	83337	83337
1912（民国元年）	7989	—	7989	7898
1913	97513	—	97513	97513
1914	130000	—	130000	130000
1915	136531	29530	166061	332122
1916	149930	49211	199141	398282
1917	149664	37971	187635	206270
1918	139152	44992	184144	368288

二　清政府的政治、资金和政策支持

（一）政治支持

19 世纪六七十年代，西方列强利用第二次鸦片战争强迫清政府签订不平等条约所获得的大量特权，将其所产廉价商品如潮水般的倾泻到中国市场，据有关学者统计，中外进出口贸易额，从 19 世纪四五十年代每年

2000 万—3000 万海关两增为 1864 年的 1.1 亿两，70 年代到 90 年代则剧增为每年 2 亿两至 3 亿两以上。[①] 白银大量外流导致清政府财政形势严峻，进而影响到洋务运动的资金筹措。另外，在筹办洋务事业的过程中，资金匮乏逐渐成为制约洋务运动继续推进的"瓶颈"。60 年代，洋务派购买洋枪、洋炮、轮船的增加以及几个大型近代军工企业的创办，使费用急增，每年不下千万两。70 年代，由于日本侵略台湾和边疆危机的接踵而至，军事开支的幅度进一步增大。诚如李鸿章所言："军兴以来，凡有可设法生财之处，历经搜刮无遗。商困民穷，势已岌岌。"[②] 财政危机必须影响军事上的困难，因此"非有大宗巨款，不能开办；非有不竭饷源，无以持久"[③]。在这种形势下，"求富"成为当务之急。如何"求富"，李鸿章说过，"欲自强，必先裕饷；欲浚饷源，莫如振兴商务"。按照夏东元先生的理解，"商务"包括工矿等行业，具体地说，主要是近代航运、电线、煤矿、钢铁铜等矿的开采与冶炼、纺织业、金融业，等等。[④]

　　19 世纪 70 年代洋务派遂在民用和工业企业方面掀起了一个高潮。民用方面的标志性的企业是轮船招商局。而工业方面则主要集中于矿业，亦即煤炭、金属矿的开发和冶炼。由于民用和工业企业的兴起与发展，煤铁等原料和燃料的开发和运用逐渐提上日程，如李鸿章所说："中土仿用洋法开采煤铁，实为近今急务。"[⑤] 但"近年虽有江西之乐平、福建之鸡笼山等处开煤济用，而大半仍借购自外国"，因此，盛宣怀在李鸿章的"密谕"下带领洋矿师在全国各地查访煤铁，先后获得直隶之磁州兼产煤铁，"业经制造局购办机器，预备开采"；鄂省武穴、蟠塘及田家村一带山内旧有煤洞，所产"煤质既好，滨江口尤便"[⑥]。后又查得荆门州属之窝子沟矿内煤色甚佳，煤层较厚，可以开采。最令盛宣怀鼓舞的是，矿师在大

　　① 夏东元：《洋务运动史》，第 178 页。

　　② 李鸿章：《筹议海防折》，同治十三年十一月初二日，见中国史学会编《洋务运动》（一），第 49 页。

　　③ 《总理衙门奏片附录》，同治十三年九月二十七日，见中国史学会编《洋务运动》（一），第 29 页。

　　④ 转见夏东元：《洋务运动史》，第 180 页。

　　⑤ 李鸿章：《复翁玉甫中丞》，光绪元年十月二十三日，见《李鸿章全集》，第 6 册，第 3633 页。

　　⑥ 《盛宣怀密札张斯桂文》，光绪元年三月二十八日，见陈旭麓等编《湖北开采煤铁总局、荆门矿务总局》，上海人民出版社 1981 年版，第 3 页。

冶、兴国发现了"铁质颇佳，矿形极大"的铁矿。尤其是大冶铁矿之铁山和铁门坎两山不仅储量丰富，"探见铁层铁脉约有五百余万吨之数"。若"以两座熔炉化之，足供一百余年之用"。而且铁质优良，矿石品位高达63%，无硫黄杂质，"足与英、美各国所产上等铁矿相提并论"①。熔铁必须头等佳煤，在兴山和广济煤炭不合用的情况下，而荆门所属煤矿，"化质可称头等"②。盛宣怀的指导思想是"先煤后铁"，"以铁为正宗"。这得到李鸿章"所见甚是"的赞许。③

煤矿和铁矿都找到了，接着就是上自黄石港，下至石灰窑等处沿江寻觅"必须滨江，方便转运"，适合安炉炼铁的基地。寻觅结果多是"或狭小，或卑湿，颇难合用"，仅有黄石港东一里许吴王庙旁圩内，有田数百亩，地形宽展。④1876年1月13日，正式成立湖北开采煤铁总局，并提出开采章程六条。⑤后因为官款不继，改为商办，终因难以招到商股而被迫停止。1879年6月，在李鸿章的支持下，决定开采荆门煤矿，并拟订《湖北荆门矿务招股简明章程》十六条，议定招集商股10万两。⑥1881年8月上旬，李瀚章认为盛宣怀赴鄂省开矿，"上损国税，下碍民生，而于洋煤无毫末之损，于公亏无涓滴之益"，建议裁撤。⑦10月28日，李鸿章强令荆门矿局裁撤。经过这次挫败，盛宣怀对办矿经验总结了七条，分别是："首勘矿苗"；"次辨矿质"；"次查运道"；"次计人工"；"次募炉头"；"次集资本"；"次议税厘"⑧。尽管其所办的湖北煤铁矿务的开采与冶炼业未见成效而以失败而结局，但盛宣怀并未气馁，而是念念不忘于煤铁矿务与冶炼事业。

可以说，在张之洞来鄂之前，盛宣怀对于大冶铁矿的储量、品位及是

---

① 《郭师敦勘矿报告》，光绪三年十二月十二日，见陈旭麓等编《湖北开采煤铁总局、荆门矿务总局》，第278页。

② 《盛宣怀上李鸿章禀》，光绪四年八月上旬，见陈旭麓等编《湖北开采煤铁总局、荆门矿务总局》，第339页。

③ 《李鸿章致盛宣怀函》，光绪三年七月初八日，见夏东元著《盛宣怀传》，上海交通大学出版社2007年版，第41页。

④ 《盛宣怀上李鸿章禀》，光绪三年十二月十九日，见陈旭麓等编《湖北开采煤铁总局、荆门矿务总局》，第281—282页。

⑤ 夏东元著：《盛宣怀传》，第309页。

⑥ 同上书，第314页。

⑦ 同上书，第45页。

⑧ 同上书，第316页。

否适合设厂炼铁等问题已是了如指掌。而张则对此基本上是一无所知。正是如此，张之洞在湖北创办铁厂时遇到的第一问题即选址。[①] 按照西方近代钢铁工业布局的一般规律，铁厂应建在煤、铁皆有的地方；若两者不可兼得，一般多就燃料。在筹建铁厂之前，大冶铁矿已被发现不仅品位高达63%，为"中西最上之矿"[②]；而且储量丰富，据汉冶萍公司总矿师赖伦在1910年估计，大冶铁矿矿藏约为1.39亿吨，其中水平以上约为1.04亿吨，水平以下约为0.35亿吨。[③] 显然，在萍乡煤矿未被探得以前，从地理位置而言，大冶应是理想的建厂之地。结果，张之洞却将铁厂厂址择定在煤铁皆缺的汉阳大别山山麓。

对铁厂厂址择定汉阳的决策，当时很多人均表示质疑和反对。除为张之洞勘探矿山和筹建铁厂的比利时工程师白乃富倾向[④]于设在武昌，其他则均主张设在大冶黄石港。如先前勘探过大冶铁矿的盛宣怀和英国矿师郭师敦则主张设在大冶沿江的黄石港。[⑤] 铁厂总办蔡锡勇和英国匠目贺伯生欲在武昌与大冶之间觅一高地，因为"汉阳地段虽可填筑，究不如实地之佳，请自省至黄石港中间一段另觅高地，相距虽远，轮船一日可达，照料尚无不到，不必拘定省城"[⑥]。盛宣怀的心腹、格致书院毕业的高才生钟天纬亦反对在汉阳设厂，提出应"择沿江百里以内，轮船一日亦可往

---

① 主要有：夏东元著《盛宣怀传》（上海交通大学出版社2007年版）第128—132页和袁为鹏《清末汉阳铁厂厂址定位问题新解》（载《中国历史地理论丛》2000年第6期）。前者认为铁厂择定汉阳具有随意性和盲目性，后者认为具有很强的政治因素。

② 王云五主编，胡钧重编：《清张文襄公之洞年谱》，卷3，第109页。

③ ［美］丁格兰著：《中国铁矿志》（下），谢家荣译，地质专报甲种第二号，1923年12月农商部地质调查所印行，第127页。对大冶铁矿储藏量存在不同的说法，北京政府农矿部技师丁格兰博士认为赖伦对大冶铁矿储量估计"言过其实"，其估计只有3260万吨，实际可资利用的只有约2000万吨。而汉冶萍大冶铁矿采矿股股长周子健估计储量只有1770万吨。见刘明汉编《汉冶萍公司志》，华中理工大学出版社1990年版，第40—41页。

④ 这里用"倾向"，而不用"主张"，是因为白乃富提出设在武昌时，仍有保留意见。"白乃富云，武昌设厂，是铁石、灰石皆须逆运，恐运费太钜，郭师敦原勘在黄石港近灰石山处觅定高基，安置炉机，荆煤下运黄石港。与武昌运费必不相上下。此系二百年远计，似宜从郭不从白。"见《盛宣怀致张之洞电》，光绪十六年五月二十五日，《汉冶萍公司档案史料选编》（上），第101页。可以说，用主张是不准确的。见许涤新等编《中国资本主义发展史》，第2卷（上），第430页。

⑤ 《盛宣怀致张之洞电》，光绪十六年四月初七日，见《汉冶萍公司档案史料选编》（上），第101页。

⑥ 《蔡锡勇致张之洞电》，光绪十六年五月二十七日，见《汉冶萍公司档案史料选编》（上），第101页。

返"。他推测在省城下游有大青山、小青山、白虎山等处,均在江之南岸,内湖外江地势必然高亢,必然有适合建厂的地方。他甚至认为,如有合适之地,虽"稍形洼下,亦可削高填低"。"纵费万金以筑堤、筑基,亦为一劳永逸之计,较之建牐挖泥,年年驳运,省费多矣"①。铁厂聘请的科学家徐建寅认为"如煤、铁、灰石均聚一隅,自应在黄石设炉"②。李鸿章从西方的经验出发,认为"铁矿运远煤,费用更巨"。西方国家是以铁就煤,而不是运煤就铁。③

可以说,上述反对者中除盛宣怀和郭师敦外,均未实地勘查大冶黄石港,对实际情况并不十分了解,多是凭经验做出的推测。但是,盛宣怀反对的声音不能不引起注意。这是因为其不仅亲自勘测过大冶铁矿及附近沿江地区,而且还有丰富的办矿经验。在获知张之洞拟将铁厂设在汉阳,立即致电表示反对,主张应设在黄石港,但没有为张氏所纳。在此情势下,盛致电李鸿章称,"大冶江边煤铁锰矿与白石均在一处,天生美利,如在江边设厂,百世之功"。如建在大别山下,"转运费力","将来迁徙不易"④。希冀李氏对张之洞施加影响。另外,他还致函张之洞的政治庇护人庆亲王奕劻,称大冶不仅铁矿丰富,而且矿石中还富含炼铁必不可少的锰元素,集锰、铁、煤、石聚于一处,又近在江边,故若"就大冶设炉烹炼油,虽官办稍加靡费,亦足能兴利持久"。他批评在汉阳设厂是"舍近图远",必然导致成本过高,产品不敌洋人。建议"如能以大别(即后来汉阳铁厂所在地——引者注)为炮厂,以大冶为铁厂,则无论官办、商办均能百世不移"。请求奕劻"托为西洋熟习矿务者之言以讽之,或尚及挽回"⑤。应该说,无论官本官办还是商本商办均应以降低成本消耗以获得尽可能多的利润为出发点,从这一角度来看盛宣怀是有远见的。在其多次请求下,海军衙门致电张之洞,称"铁厂为根,与其运铁来津,不

---

① [附件]:《钟天纬致蔡锡勇函》,见陈旭麓主编《汉冶萍公司》(一),第16—17页。

② 《徐建寅致盛宣怀函》,光绪十六年八月二十日,见陈旭麓等编《汉冶萍公司》(一),第18页。

③ 《李鸿章致张之洞电》,光绪十六年三月十五日,见《汉冶萍公司档案史料选编》(上),第83页。

④ 《李鸿章致张之洞电》,光绪十六年十月十六日,见《汉冶萍公司档案史料选编》(上),第102页。

⑤ 《盛宣怀致奕劻函》,光绪十六年十一月十六日,见夏东元编著《盛宣怀年谱长编》,上海交通大学出版社2004年版,第344页。

若移厂就铁，分济各省，事功亦有倍半之别"。"顷电商李相（李鸿章），意见相同"①。可以说，反对声音在当时具有绝对的优势，但这亦不能动摇张之洞在汉阳设厂的决心。

在很多人看来，张之洞非但缺乏科学常识，更严重的是顽固不化，不能采纳他人的意见。那么事实是这样的吗？在致李鸿章的一份电文中，张之洞说："铁矿露出山面者约二千七百万吨，在地中者尚不计。即再添数炉，百年开采亦不能尽。且附近之兴国州兼出极好锰铁，甲于各州，尤为两美。至湘、鄂两省多产白煤，现经详细化炼，可用者十余处，尤为他省所罕。烟煤亦在所需，亦经化炼，更属不乏。虽远近不等，多系近水。""现拟运煤就铁"②。这说明张之洞最初是拟将铁厂设在大冶的。那么，究竟是什么原因使张之洞改变了主意呢？张之洞在致总理衙门的函中作了详细的解释③，其主要意思是说明大冶黄石港没有适合设厂的地方。

张之洞首先肯定"炼铁厂自以附近产铁地方为最善"。同时指出大冶黄石港设厂存在问题，"大冶通江之黄石港地方，现任山东登莱青道盛宣怀曾于光绪三年带同洋矿师郭师敦查勘煤铁，据禀，周历大冶县属，上自黄石港，下至石灰窑，寻觅安炉基地，或狭小，或卑湿，再三相度，仅有黄石港东吴王庙旁尚敷安置。惟地势不高，难免水患，旁有高地一区，又形狭隘，道光二十九年曾被水淹"。他又委洋矿师履勘武昌、黄冈县属南北两岸上下百余里，结果是"南岸多山陇，少平原，北岸多沙洲、少坚土，合观大概，即求如前勘黄石港东基地亦不可得等语"。"查该道（盛宣怀）所称安炉基地，系拟设出铁四十吨之机炉，已难得地；今购机炉，每日出铁一百吨，兼有炼钢、造轨及炼熟铁、铸铁货机器，厂地宽广宜加数倍"。这是盛宣怀及洋矿师多次亲自勘查的结果，而不是如其他反对者凭经验所作的推测，这对张之洞而言应该是可信的结论。尽管如此，张之洞并不愿意放弃黄石港，而是多次派洋师及徐建寅督率测绘员前往查勘，发现"该港沿岸平处，皆属被水之区，其高阜仅宽数十丈，断不能设此

---

① 《海军衙门致张之洞电》，光绪十六年一月十二日，见孙毓棠编《中国近代工业史资料》，第1辑，科学出版社1957年版，第525页。

② 《张之洞致李鸿章电》，光绪十六年三月二十九日，见《汉冶萍公司档案史料选编》（上），第100—101页。

③ 《张之洞奏勘定炼铁厂基暨开采煤铁事宜折》，光绪十六年十一月初六日，见《汉冶萍公司档案史料选编》（上），第102—103页。

大厂"。据徐建寅禀称，"须将山头开低数丈，仍留山根，高于平地三丈，再将平地填高，始可适用，劳费无算；山麓兼有坟数十冢，碍难施工。"值得注意的是，徐氏经过履勘，改变了先前坚持在黄石港设厂的主张。另外，因得不到重用而对张之洞牢骚满腹①的钟天纬后来也承认"黄石港地势甚窄，坟墓甚多，不敷设厂"②。

鉴于此，张之洞遂将勘查的范围进一步扩大，多次派人对省城各门外及沿江沌口、金口、青山、金沙洲、沙口一带上下数百里寻觅测量，"非属低洼，即多坟墓；否则距水较远，滨江无一广平高燥之处"。最终才勘得汉阳县大别山下有一块地，长六百丈，广百余丈，"宽绰有余"。南枕大别山，东临大江，北滨汉水，东与省城相对，北与汉口相对，气势宏阔，"运铁合宜"。经过局员及学生、洋匠详加考核，"金以为此地恰宜建厂"。由于当时张之洞将煤矿勘查的重点仍放在荆湘一带，因而将铁厂设在汉阳的便利有二：一是从产品销售来看，"荆湘等煤，皆在上游，若下运大冶，虽止多三百余里，上水回船，既无生意，运脚必贵；今设汉阳，懋迁繁盛，商贩争趋，货多价贱"；二是"钢铁炼成，亦须上运汉口销售，并须运至枪炮厂制造；今炼成发售，如取如携，省重运之费"。特别值得一提的是，武汉③是湖北政治经济中心，人口众多、物产丰富、生意繁盛，尤其汉口是全国四大商业名镇之一，自 19 世纪 60 年代开埠通商后，"贸易年额一亿三千万两，凤超天津，近凌广东，今直位于清国要港之二，将进而摩上海之垒，使视察者艳称为东方之芝加哥"。④ 在铁厂建设之前，张之洞已经考虑到作为湖北政治经济中心的武汉对将来产品销售所起的作用。而后来的结果证明，在开拓上海市场之前，汉口在销售铁厂钢铁产品和萍乡煤矿方面发挥了重要作用。值得一提的是，在确认荆湘地区无适合炼铁之煤矿后，张之洞转而将勘煤重点放在武汉周边。不久便在其五十里之东南乡的纸坊觅得白煤矿（即江夏马鞍山煤矿），化得煤质百

① 钟天纬在致盛宣怀函中多次表达自己在铁厂得不到张之洞重用的不满，"此刻在局滥竽，不过徒糜薪水，非天纬出山之本志也"。甚至提出"如蒙吾师（盛宣怀）委一电局栖身最为万幸"。见《钟天纬致盛宣怀函》，光绪十六年十月二十九日，《汉冶萍公司》（一），第 25 页。

② 《钟天纬致盛宣怀函》，光绪十六年九月十八日，见陈旭麓等主编《汉冶萍公司》（一），第 20 页。

③ 当时没有"武汉"这个名称，武昌、汉口和汉阳三足鼎立。为行文方便，在此直接称呼"武汉"。

④ 皮明庥主编：《武汉通史·晚清卷》（上），武汉出版社 2006 年版，第 298 页。

分中多至八十六分，灰仅十四分。"此次近处勘得白煤，距省路既无多，且一水可达，果能如此合用，将来铁厂开工，煤火可以不缺"①。这实际上在很大程度上弥补了汉阳缺煤的问题，同时亦符合西方钢铁工业布局的基本经验。由此可见，仅从地理位置而言张之洞将铁厂择定汉阳绝不是随意或盲目而为之，而是综合了多人多次实地勘查的结果后作出的决策。

既然如此，那么如何看待盛宣怀反对的真实原因呢？这里首先要了解一下其人生发展轨迹。按照夏东元先生的说法，盛宣怀一生旅程基本上是以"办大事"为资本，逐渐达到"作高官"的目的。②盛在19世纪七八十年代举办轮船、电报、矿务、纺织等企业的基础上，开始做官，继1884年署天津海关道之后，很快于1886年秋正式出任南北洋"中间站"的山东登莱青道兼烟台海关监督，是近代典型的通官商两道的人物。在1890年汉阳铁厂开办之前，盛已在兴办洋务企业方面做出了开创性贡献，而且卓有成就，如参与创办中国第一个民用洋务企业——轮船招商局，并拟订中国第一个商办章程；1880年创建中国第一个电报局——天津电报局；1886年创办中国第一个山东内河小火轮公司。③另外，盛还涉足矿务，并表现出浓厚的兴趣。1875年盛在李鸿章的委派下曾经营湖北广济、大冶煤铁矿务。1888年，在张之洞准备创办汉阳铁之前，盛宣怀又开始为其矿务事业作准备了。他电告李鸿章说："现拟请头一等曾经办矿之矿师，遍勘五金及煤矿，择尤钻探，核计酌办。又拟请一副手驻学堂教习地质学、石质学、锻炼、测量、绘图等学。"④由于具有兴办洋务企业和开办矿务经验的优势，故在获知张之洞拟在湖北创办铁厂后，时任登莱青道的盛宣怀主动提出"如果开办，仍请原经手较易"⑤的建议，要求参与铁厂的建设。张之洞也正是看中了这一点，故在赴鄂上任途中约见盛宣怀，

①　《沈鉴致盛宣怀函》，光绪十七年三月十五日，见陈旭麓等编《汉冶萍公司》（一），第26页。

②　夏东元著：《盛宣怀传》，"代序"，第3页。

③　同上书，第1页。

④　《盛道来电》，光绪十四年八月二十二四，见《李鸿章全集》，第9册，第5607页。

⑤　《盛宣怀致张之洞电》，光绪十五年十月初一日，见《汉冶萍公司档案史料选编》（上），第71页。

"连日晤谈，详加考究"①。

但随后两人在铁厂的经营管理方式上产生了尖锐的对立。盛在为张之洞拟订的办铁厂章程中主张召集商股商办，与张之洞之官办宗旨相左，故遭到张氏的拒绝和排斥。盛又直接上书庆亲王奕劻，极力反对铁厂官办，主张商办，称"外洋煤铁矿皆系商办。商办者必处处打算，并使货美价廉，始可以不买他国之铁，以杜漏卮"②。后来亦没有结果。毫无疑问，在铁厂经营管理方式上盛宣怀对张之洞是有意见的。

另外，铁厂选址的问题更加加剧了两者间的矛盾。盛宣怀第一次向张之洞提出反对意见时，张回复了类似上述海署的七条理由，但没有得到盛的正面回答。因为张之洞否定的不是黄石港的地理位置，而是因无法寻觅到适合设厂的地方不得不放弃黄石港，其依据正是盛宣怀等勘查所得出的结论。需要说明的是，汉阳铁厂在1896年因经费不足难以为继被迫交由招商承办后，盛宣怀为扩大钢铁产品的生产能力，曾多次派人在大冶沿江勘查，结果发现袁家场（即后来大冶铁厂所在地）差强人意。但在征地过程中遭到了大冶士绅的强烈抵制，双方因为利益冲突纠缠了二年有余。③ 而且当时卢汉铁路修筑在即，建设铁厂的主要目的是为供应卢汉铁路铁轨，时间紧、任务重，张之洞不可能在一个没有把握的黄石港上过多地展开争论，徒耗时日。应该说，盛宣怀反对在汉阳设厂，很大程度是希望通过商办铁厂而加以控制，具有极强的政治考量，因此其观点虽然十分在理，却因动机原因使得其权威性被大打折扣。

张之洞放弃在大冶转而在汉阳设厂的另一个方面是从监督管理方面着眼的。（一）便于监督，主要体现在三个方面：一是煤炭数量和质量。在张氏看来，若不就近监督，将煤炭运到大冶，短斤少两、以少充多、以劣充优将是一个十分普遍的现象，将极大地影响到铁厂的经营和产品的质量。事实上，张氏所担忧的正是后来盛宣怀长期头疼的问题。汉阳铁厂招商承办后，最初萍乡的煤炭由私家船户运至汉阳，即使盛宣怀沿途令人严

---

① 《致海署天津李中堂》，光绪十五年十一月二十九日，见苑书义等编《张之洞全集》，第7册，第5411页。

② 夏东元著：《盛宣怀传》，第131页。

③ 参见《汉冶萍公司档案史料选编》（下），中国社会科学出版社1994年版，第420—421页。

加稽查，但上述现象仍然十分严重。在后来运煤铁路修通后，情况才发生根本改观。二是铁厂用款。清政府对铁厂投资数以百万计，若不严加监督，资金使用极易出现问题。否则，授人以柄不说，更严重的是可能对自己的政治前途产生不利影响。在汉阳建厂的好处在于"便于亲临阅视……每年用款甚巨，易启浮言"。"督、抚、藩、臬司道人人目击实在用款，则物议无自而起"①。三是员司工作。"员司虚浮，匠役懒惰，为中国向有之积习，不可不防；厂距省远，料物短数，煤斤掺杂，百人仅得八十人之用，一日仅作半日之工，出铁不多不精，成本即赔。"②（二）便于管理。为加强管理，铁厂总局以蔡锡勇为总办，以赵渭清、徐建寅为会办，而以藩、臬、盐、粮四位会衔。总局自文案、收支、翻译、矿务以及大小班差遣及挂名乾脩月支薪水者共有六十余员。"每出一差，则委员必十位八位，爵秩相埒，并驾齐驱"。结果却是"各厂委员司事，月靡薪水不赀，各厂日用不少，而实在作工能造枪炮、安机器、出钢铁之工匠总不肯多雇"③。据钟天纬观察，张氏如此措置意在"如身使臂，如臂使指，何事不可办成"④。（三）便于控制。张之洞名义上委任蔡锡勇为总办，实则"自为总办"，委员、司事无一不由其委派，甚至"用款至百串即须请示而行"，蔡"不过充洋务幕府之职"⑤。

应该说，长期的仕宦经历使张之洞深悉到中国封建社会政治生态中的种种陋习，其初衷是通过设计一套严密的管理方式以加强铁厂的管理和控制，但并未达到其预想的效果。原因在于：一是囿于铁厂官办的本质，这就决定了其经营管理方式无法脱离官场衙门作风的窠臼，扼杀了企业本身应具有的生机与活力；二是知识结构和思维观念禁锢了其对生产经营方式的革新。张之洞是一个典型的过渡型人物，人生历清咸丰、同治、光绪、

---

① 《钟天纬致盛宣怀函》，光绪十六年五月二十二日，见陈旭麓等编《汉冶萍公司》（一），第15—16页。

② 《勘定炼铁厂基筹办厂工暨开采煤铁事宜折》，光绪十六年十一月初六日，见苑书义等编《张之洞全集》，第2册，第774页。

③ 《致武昌蔡道台》，光绪二十一年五月二十六日，见苑书义等编《张之洞全集》，第8册，第6446页。

④ 《钟天纬致盛宣怀函》，光绪十六年十二月二十九日，见陈旭麓等编《汉冶萍公司》（一），第25页。

⑤ 《钟天纬致盛宣怀函》，光绪十七年七月初一日，见陈旭麓等编《汉冶萍公司》（一），第28页。

宣统诸朝，在思想文化上深受儒家传统思想的浸润，具有保守的一面，同时对新思想、新文化的技术给予充分的接纳。① "中体西用"的宗旨正是其思想矛盾复杂的写照。因此，张之洞在铁厂管理制度设计上希望有所创新，但在实际操作过程中又自觉不自觉地将官场衙门的管理方式完全搬了过来，这就导致铁厂的管理实质上变成了一个官府衙门。而这种衙门的作风与实际行动是与新式工商业的需要相矛盾的。② 结果却是事权不一、人浮于事、互相观望、滥支靡费，十分腐败。张之洞对此的解释是，"此则中法，非西法。中法者，中国向有此类积习弊端，不能不防也。即使运费多二三万金，而工作物料虚实优劣所差不止数十万金矣"③。

由此可见，张之洞从一开始并不排斥在大冶黄石港设厂，而是因为黄石港无法寻觅到合适的地方才选择汉阳。而汉阳十分适合就近监督、管理和控制，这种思考也符合当时中国官场的惯性思维，入情入理。正是如此，总署不仅不反对张之洞作出的判断，而且还安慰其"旁观疑信由他，当局经营在我，纵使志大成迂，犹愈中道自画，况非无米之炊乎?"并勉励"好为之，吾侪第观成耳"④。因此，只有详细梳理张氏决策的经过，并结合其提出的根据、政治生态、思维观念等因素进行全方位理性分析，才能得出合乎当时历史情境的结论。

张之洞督鄂不久，其洋务思想和洋务活动便遭到大理寺卿徐致祥的弹劾。徐批评张氏自光绪十五年（1889 年）因提出"颇为动听"的修建卢汉铁路计划而奉旨移督湖广，及清廷责其办理，该督"闻命即爽然若失"。指责张氏明知其事难成，故意"挟此耸动朝廷，排却众议，以示立异"。"此说既不行，则又改为炼铁之议，以文过避咎"。"乞留巨款，今日开铁矿，明日开煤矿，附和者接踵而来。此处耗五万，彼处耗十万，主持者日不暇给。浪掷正供，迄无成效。该督又复百计弥缝，多

---

① 冯天瑜、何晓明：《张之洞评传》，南京大学出版社 1991 年版，第 14 页。
② 美国学者费维恺认为，由官方任命的管理人员，除了传统的政府衙门外，对于经营任何工商企业一般说来都是不合格的。见费维恺《盛宣怀（1844—1916）和官督商办企业》，虞和平译，中国社会科学出版社 1990 年版，第 29 页。
③ 《张之洞致盛宣怀电》，光绪十六年四月九日，见《汉冶萍公司档案史料选编》（上），第 101 页。
④ 《海军衙门致张之洞电》，光绪十六年一月十二日，见《汉冶萍公司档案史料选编》（上），第 70 页。

方搜索，一如督粤时故智"①。由于缺乏兴建近代钢铁企业的知识，加之大冶的确缺乏适合建厂的地方，张之洞将铁厂建在煤铁皆缺的汉阳，导致不必要的巨大浪费，仅汉阳填基工程、开采王三石及马鞍山煤矿就虚掷百余万两。② 更为严重的是，铁厂选址失误增加了铁厂经营成本，是导致汉冶萍后来难以为继的一个重要原因。需要说明的是，在当时清政府财政十分紧张的情形下投资数百万两兴建汉阳铁厂，而张之洞却是动辄上百万两的靡费，的确使人痛惜；不过，由于创办近代钢铁厂在中国事属首创，且大量工作属于边学习边摸索的阶段，不可避免地走过一些弯路。诚如张之洞所言："惟此等创办大举，并无成式可循，事理既极精微，情形亦与外洋多异，随时变通补救，续添料件，续增用款，实有意料所不及思虑所难周、万不能省必须购办者。"③ 这是张之洞成为封疆大吏遭到最严重的一次弹劾，不过并未动摇清廷对其的信任。醇亲王奕𫍲对张之洞兴办铁厂寄予"事期必成"之厚望④，在铁厂建设过程中一直鼎力支持。对此，李鸿章认为："香（张之洞）复海署，抑扬铺张，欲结邸欢，即准拨部款，恐难交卷，终要泻底，枢廷皆知其大言无实也。"⑤ 张之洞的幕僚许同莘亦说，枪炮厂移设鄂省"与煤铁事皆醇邸主持"⑥。在很多人都认为张氏"大言无实"的情况下，清廷却仍不遗余力地支持。

张之洞之所以能获得清廷的大力支持，与当时复杂的政治斗争形势有重要关系。⑦ 晚清时期，尤其是经历太平天国运动后，中央与地方的关系发生了两个重大变化："一是督抚取得军事上的实权，其势渐重；二是军

---

① 吴剑杰编著：《张之洞年谱长编》，上海交通大学出版社 2009 年版，第 356 页。
② 许涤新等主编：《中国民族资本主义发展史》，第 2 卷（上），人民出版社 2005 年版，第 432—434 页。
③ 张之洞：《炼铁厂添购机器请拨借经费折》，光绪十八年二月二十七日，见苑书义等编《张之洞全集》，第 2 册，第 834 页。
④ 《张之洞致海军衙门电》，光绪十五年十月初八日，见《汉冶萍公司档案史料选编》（上），第 67—68 页。
⑤ 《李鸿章致李瀚章电》，光绪十六年一月初四日，见《汉冶萍公司档案史料选编》（上），第 82 页。
⑥ 许同莘编：《张文襄公年谱》，舍利函斋刻本 1939 版，第 69 页。
⑦ 有关分析参见袁为鹏《张之洞与湖北工业化的起始：汉阳铁厂由粤移鄂透视》，载《武汉大学学报》（人文科学版）2001 年第 1 期。

队由单元体化为多元体，中央失去把握之权"①，内轻外重的政治格局开始形成。湘系首领曾国藩去世后，以北洋大臣李鸿章为代表的淮系集团取而代之，并逐渐在中枢权力和经济事务中形成了独大的局面，对满清王朝专制皇权统治的威胁。对淮系集团，清廷在倚重之余，又不能不防止其尾大不掉，利用地方督抚相互制衡。于是，曾经在科举考试中被"两宫皇太后拔置一甲第三"，外放疆任时又一再被慈禧"恩宠眷顾"的张之洞，便自然而然地成为了最合适的人选。张氏"德业勋望，冠于当时，全为孝钦显皇后手擢之人。由词宫，而学官，出膺疆寄，入赞纶扉，以迄于今"②。张氏"出为督抚，亦颇能自创一格，与湘淮首长并立，而深得中枢之青睐"③。正是有清廷的大力支持，张之洞督鄂时期，在湖北大举兴办洋务事业，诸如企业的创办、教育的建设和新军的编练，都在全国独步一时而颇为引人注目，使湖北这样一个本来并不发达的内地省份一跃而为洋务先进地区。湖北的崛起，使湖广总督张之洞的地位日益重要，无形之中张之洞的政治声望也随之提高。在这种政治背景下，张之洞由于得到清廷的有意扶植，迅速组成了一个足以与李鸿章淮系抗衡的自成系统的一支力量。

（二）资金支持

在张之洞拟在湖北创办铁厂之际，清政府的财政已比较困难，兹附表1－6以窥光绪宣统时期清廷的财政状况。从 1885 年至 1903 年，虽然清政府的财政总收入每年都呈上升趋势，收支相抵后尚结余数百万两，但相对于一个千疮百孔且拥有数亿人口的大国，这显然是极不充裕的。尽管如此，清廷中枢，尤其是海署寄予厚望，允诺每年从海军经费项下拨款二百万两作为铁厂经费。④ 这的确是一笔巨款，它约占清中央政府当年财政收入的 4%，约占当年（1889 年）结余总数的 1/4，约相当于李鸿章开办江南制造总局时所支经费的两倍。⑤ 显示了清廷对张之洞创办铁厂的决心和

---

① 李剑农：《中国近百年政治史》，复旦大学出版社 2002 年版，第 106 页。

② 转引自宋亚平《湖北地方政府与社会经济建设（1890—1911）》，华中师范大学出版社 1995 年版，第 35 页。

③ 石泉著：《甲午战争前后之晚清政局》，生活·读书·新知三联书店 1997 年版，第 32 页。

④ 《海军衙门致张之洞电》，光绪十六年一月初三日，见《汉冶萍公司档案史料选编》（上），第 81 页。

⑤ 许涤新等主编：《中国民族资本主义发展史》，第 2 卷（上），第 435 页。

魄力。

表 1 - 6 　　　　　晚清光宣时期清政府财政收入和支出情况① 　　　单位：两

年份	岁入总额	岁出总额	盈（＋）亏（－）
1885（光绪十一年）	77086461	72735585	＋4350876
1886	81269799	78551768	＋2718031
1887	84217394	81280890	＋2936504
1888	87792818	81967727	＋5825091
1889	80761949	73079618	＋7682331
1890	86807559	78410635	＋8396924
1891	89684858	89355234	＋329624
1892	84364438	75545398	＋8819040
1893	83110001	75513218	＋7596783
1894	81035540	81281093	－245553
1903	104920000	134920000	－30000000
1908	2348000000	237000000	－211000000
1909（宣统元年）	263219700	—	—
1911	296962719	338652272	－41689953

但中俄关系的紧张使铁厂兴办顿生波澜。为加强东北防务，清廷决定先行修建关东铁路，推迟卢汉铁路建设。鉴于铁厂的创办是因修建卢汉铁路而起，清廷计划的改变可能意味着铁厂的缓建。因清政府财政空虚，无论是关东铁路的修建还是汉阳铁厂的创办均指望这二百万两，不可能再另外拨款。值得玩味的是，清廷并未明确表明这一点，只是将这一两难选择交给海署、张之洞及主持关东铁路的李鸿章商议。张、李二人为此进行了激烈的争夺，后在海署的支持下，张之洞获得了这笔巨款，并迫使李鸿章答应"先将今年二百万归鄂经理矿炉等事，来年改归东路"；"炉座炼铁，

---

① 申学锋著：《晚清财政支出政策研究》，中国人民大学出版社 2006 年版，第 31、40 页。

不容中辍，若二百万鄂、东分用，固两不济事"①。

问题是，在当时条件下要筹集二百万两亦并非易事。可以说，在筹措的过程中，以醇亲王奕譞为首的海署在其中起到了关键性的作用。此款本身应由海署从铁路经费项下全额拨付，后改由海署与户部共同分担，其中海署筹集了七十万两。关于筹款过程，海署在奏折中如是说："惟十月间因黑龙江添设防兵，开办筹款，移缓就急，已动拨银三十万两。现在实存各省解到银一十七万五千两，尚有四十五万两。今该督待款孔急，拟由臣衙门将各省未经解到之项，先由海防经费项下提款不足四十五万两之数，行令该督派员来京领取。俟外省陆续解齐，再行归款。其已动用之三十万两，拟将湖北省十七年分应解臣衙门海防经费实银二十四万两，并江西省欠解臣衙门海防经费内提拨银六万两，就近抵补应用。"由于铁厂建设需款孔急，而且"道远款巨，运费浩繁，亦多周折"，在张之洞的要求下，户部同意"准留本年地丁京饷三十万，厘金京饷十二万，盐厘京饷十万，加放俸饷十万，厘金边防经费八万应用"作为抵偿，凑足了七十万两经费。②另外一百二十万两由户部拨付，户部"已于去岁四月间划拨湖北九十五万两，以为该省炼铁之用。下余银二十五万两，现在复经海军衙门核准，划拨湖北应用"③。在海署的努力下，所需款项总算基本到位了。

张之洞对铁厂所需经费明显估计不足，最初预计为二百四十余万两（表1-7），而实际开支则超过五百八十万两（表1-8）。由于钢铁是一个投资大、周期长、风险大、效益难以彰显的特殊行业，需要国家长期的巨额投资，因此二百万两相对而言只是区区之数。本身预算存在过低的问题，同时铁厂选址的不经济扩大了经费的缺口。对此，李鸿章曾提醒："铁矿运远煤，费用更巨，或谓西洋多以铁石就煤，无运煤就铁者。炉厂似宜择煤矿近处安设"。同时强调，"二百万既不敷用，另筹亦非易事"④。

① 《海署来电》，光绪十六年三月初三日，见苑书义等编《张之洞全集》，第7册，第5468—5469页。

② 《户部致张之洞电》，光绪十七年六月初八日，见《汉冶萍公司档案史料选编》（上），第90页。

③ 《张之洞致海军衙门电》，光绪十七年二月二十日，见《汉冶萍公司档案史料选编》（上），第88页。

④ 《李中堂来电》，光绪十六年三月十五日，见苑书义等编《张之洞全集》，第7册，第5477页。

随后，李鸿章又提醒张之洞要考虑更多的实际困难："……惟炼铁至成钢铁、铁桥、机车，实非易事。日本铁路日增，至今工料皆用土产，惟钢轨等项仍购西洋，非得已也。粤既订购采炼机炉，应运鄂试办。大冶铁质好而无煤，须由当阳运煤乃合用，虽滨江，亦稍费事。此处各省产铁处距水太远，难收实效，且无款无人，从何下手？化学、矿学堂为开采根基，知者少，同志亦少，愿公实力提倡，鄙意并无参差，自愧年老力薄，不获目睹其成耳。"① 但未引起张氏的足够注意。

表 1-7　　　　　张之洞最初预算（1890—1892 年）情况②　　　　单位：两

项目	金额（库平银）
机器设备	1124100
订购炼钢铁机器（已付定金 131000 除外）	269000
加运费保险费	150000
添购外洋机器物件	175000
开煤矿机器连同运费保险费	185000
添煅铁炉等连起造工料	79000
添热风炉连起造工料	36000
炼焦炉 40 座	38000
添开煤矿机器	100000
其他机器设备及运费	92100
建造厂地厂屋	795500
开煤铁矿费用	168000
修造黄石港铁路	250000
购置拖矿轮船	185000
员匠薪伙	112000
其他杂费	58000
合计	2792600

经费告罄后，张之洞继续寻求清廷的支持，多次要求续拨经费，但财政空虚的清政府无力支持，只在预算外增拨三十余万两。③ 不过，在清廷的默许下，张之洞还是从湖北枪炮局、湖北织布局、湖北省及江南挪用或借用了大量官款。同时，张之洞也在努力开辟获取经费的途径，一方面，试图从李鸿章主持的关东铁路项下预借部分钢轨资金，"尊处铁路经费，

　　① 《李鸿章致张之洞电》，光绪十五年十月十七日，见《汉冶萍公司档案史料选编》（上），第 69 页。
　　② 参见许涤新等主编《中国资本主义发展史》，第 2 卷（下），第 435 页。
　　③ 吴剑杰编著：《张之洞年谱长编》，第 337 页。

未经动用者甚多，拟于此项铁路经费内，由部预支轨本五十万"①。但遭到了李鸿章的婉言拒绝："因缘工须费时，亦由款难应急，随到随用，实无余存。倘再于额款内分拨解鄂，断断无此力量，必致厂、路两事皆归遗误，更为各国所笑矣。"②

表1-8   湖北铁政局1889—1896年经费实际开支情况③   单位：两

经费来源	金额（库平银）	占总额百分比
户部拨款	2000000	34.30
湖北枪炮厂及织布局借款	1843384	31.62
江南拨款及借款	850000	14.58
湖北省拨款及借款	700000	12.01
江南盐商捐款及广东闱姓商人饷款	281670	4.83
华洋厂商票号借款	101199	1.74
海署拨款	28511	0.49
厂内销收入	24825	0.43
总额	5829629	100.00

从上可以看出，汉阳铁厂在创办期间花费了500余万两，对清政府而言是一笔不小的开支，但与当时较中国国家财政实力相差比较大的日本相比，日本政府在创办官营八幡制铁所时，1895年最初拨出的开办费只有409万日元，旋于1897年追加预算647万日元，至1903年建成时实际耗资约2400万日元，最终实际投资高达98754151日元。④ 即使是与国内其他官办企业比较，铁厂的经费也显得有些相形见绌。如福州船政局于1866年12月创办至1874年8月竣工，建设费用总计达5360588.5234两，年均开销超过600000两，较原预算的3000000余两超出56%。至1907年，开支总计逾2千余万两（见表1-9）。又如江南制造总局在创设初期，由于军需急迫，每月用款多达10余万两，1867年从江汉关筹拨来的

---

① 《张之洞致李鸿章函》，光绪十八年十月十五日，见陈旭麓等编《汉冶萍公司》（一），第29—30页。

② 《李鸿章致张之洞函》，光绪十八年十一月初四日，见《汉冶萍公司档案史料选编》（上），第96页。

③ 参见许涤新等主编《中国资本主义发展史》，第2卷（下），第437页。

④ 所引数据参见李海涛《清末民初汉冶萍公司与八幡制铁所比较研究——以企业成败命运的考察为中心》，载《中国经济史研究》2014年第3期。

专款，便有 2884498 两。1895 年加设炼钢厂，两江总督刘坤一奏请拨银 40 万两为开办经费，使该局的拨款每年超过 70 万两。1897 年，每年经费增加 20 万两，由江海关税厘项下拨解。①

表 1-9　　洋务派举办军工企业历年支出经费数额情况②　　单位：两

企业名称	年份	支出数额	合计
金陵机器局	1893	114008.1	349582.4
	1903	124525.3	
	1905	111049 +	
金陵洋火药局	1891	49592 +	155369
	1896	49307 +	
	1906	31573 +	
	1908	24897 +	
四川机器局	1905	118712.7 +	365214.9
	1906	127793.9 +	
	1907	118708.3 +	
山东机器局	1893	48191.744（制造军火）	656098.744
	1900	96748 +	
	1903—1904	211206 +	
	1905—1907	299953 +	
山西机器局	1898—1899	92988 +	190330
	1904—1907	75051 +	
	1908	22291 +	
上海机器织布局	1892—1893	1532072 +	5593205
	1902—1903	1916790 +	
	1904—1905	2144345 +	
天津机器局	1872—1873	394700 +	
湖北枪炮厂	1900	839170 +	

① 所引数字参见郑润培《中国现代化历程——汉阳铁厂（1890—1908）》，第 29—30 页。
② 申学锋：《晚清财政支出政策研究》，第 158—159 页。

续表

企业名称	年份	支出数额	合计
福州船政局	1866—1907	19210000 +	21030652
	1903—1907	1820652 +	
北洋机器制造局	筹备三十年	10000000 +	12020242
	1903—1904	689897 +	
	1906—1907	1330345 +	
河南机器制造局	1905—1908	278316 +	278316

　　经费不够是汉阳铁厂后来官办难以为继的重要原因。对此，张之洞在招商之前曾对人多有抱怨，由于户部不可能继续支持汉阳铁厂，"至于今日，罗掘已穷，再无生机，故不得已而与盛议之"。1896 年张之洞在向清政府送呈议定的招商承办章程时，再次强调了这一问题，"惟是经费难筹，销场未广，支持愈久，用款愈多，当此度支竭蹶，不敢为再请于司农之举，亦更无罗掘于外省之方"，故而才有招商承办的结局。① 本来，清政府对汉阳铁厂的投入就十分不够，更为糟糕的是，就在铁厂竣工需要大量运营经费的时期，清政府却因甲午战败被迫对日赔款达 23000 万两之巨，几乎相当于清政府三年财政收入的总和，在如此沉重的财政负担下，清政府即使有心也无余力再支持张氏将铁厂续办下去。"设想清政府若无此巨额赔款，继续追加投资，不断完善铁厂生产的各个环节，汉阳铁厂定将是另种局面"②。

　　不过，铁厂在克服重重困难后还是建成了，张之洞后来有如此感慨："自官疆吏二十五年，惟在晋两年公事较简，此外无日不在荆天棘地之中。大抵所办之事，皆非政府意中欲办之事；抽用之钱，皆非本省固有之钱；所用之人，皆非心悦诚服之人"。汉阳铁厂的建成，最终证实他坚信的一句话，即"天下艰巨之事，成效则俟之于天，立志则操之于人。志定力坚，自有成效可观"③。汉阳铁厂占地 120 英亩，为"中国大造厂之

---

　　① 张之洞：《铁厂招商承办议定章程折并清单》，光绪二十二年五月十六日，见苑书义等编《张之洞全集》，第 2 册，第 1167 页。

　　② 代鲁：《张之洞创办汉阳铁厂的是非得失平议》，载《中国社会经济史研究》1992 年第 3 期。

　　③ 张继煦：《张文襄公治鄂记》，第 64、66—67 页。

一"，对铁厂及张之洞的功绩，美国领事当时给予高度赞扬："登高下瞩，使人胆裂，斯奚翅美国制造之乡耶。烟囱凸起，矗立云霄，屋脊纵横，密如鳞甲。化铁炉之雄伟，碾轨状之森严，汽声隆隆，锤声丁丁，触于眼帘，轰于耳鼓者，是为中国二十世纪之雄厂耶。观夫此，即知研究西学之华人，其惨淡经营才略不在西人下也。设厂之地，旧为洼区，潮湿之所侵，荆臻之所丛也。立厂以来，建筑巩固，变昔日之洼泽芜莽，为中国之生利之名场。曾几何时，耳目一新，人杰地灵，岂虚语欤？"①

（三）政策保护

清廷除了在政治上极力扶植，在资金上给予汉冶萍主事者支持外，还在税厘、矿权、军事等诸方面进行了保护。即使在铁厂商办后，这种支持仍在继续。

一是确保矿权。汉阳铁厂尽管在体制上经过多次变迁，最终成为完全商办企业，但为保证其可持续发展，无论是张之洞还是盛宣怀都通过政府的力量为其提供了足够的原料和燃料基地。其主要表现：

1. 全国各地勘查煤铁矿

张之洞出任湖广总督后，为筹办汉阳铁厂，派员赴全国各地勘查煤铁矿。为寻觅到适合炼钢铁的煤铁，竟一次同时委湖北海防分缺先用知县高培兰、湖南试用典史王天爵至宝庆所属各处，湖北拔贡试用知县欧阳柄荣、分缺间用典史欧阳岑赴衡州攸县、醴陵及江西萍乡接界等处，补用知县杨湘云、试用巡检庄允元到派王辰州所属辰溪、浦市，试用同知杨秀观、分缺间用巡检张福元，派往贵州青溪县查勘。② 在获知大冶铁矿"矿苗甚旺，铁质亦佳"消息后，为确切详勘，立即委派比国矿师白乃富会同德国矿师毕盎希、英国矿师巴庚生前往勘查大冶附近长江沿线如武昌属之西山、樊山，兴国州属之韦源口、竹家槽，广济属之阮家山暨蕲水县属各处。同时还委派补用知府札勒哈里、候补同知盛春颐、候补通判易象、员外郎衔翻译委员辜汤生前往大冶、武昌、兴国、广济、蕲水各州县确查煤铁各矿。③ 1897 年 3 月，又委派襄阳县知县梅冠林、候补知县张飞鹏堪

① 《汉阳铁厂》，参见顾琅《中国十大厂矿调查记》，商务印书馆 1916 年版，第 1—2 页。
② 《张之洞札高培兰等查勘湘黔煤铁矿文》，光绪十五年十二月二十日，见《汉冶萍公司档案史料选编》（上），第 71 页。
③ 《张之洞札札勒哈里等查勘大冶煤矿文》，光绪十五年十二月三十日，见《汉冶萍公司档案史料选编》（上），第 72 页。

以带同矿师毕盎希、柯克斯前往兴国州查勘锰矿。[①] 在汉阳铁厂创办过程中，湖北虽有大冶富铁矿，却缺少煤，成为张之洞钢铁事业的心腹之患。1889—1891 年，张之洞曾先后数次派员会同外国矿师分赴湖北、湖南、贵州、四川、陕西、江西、安徽和山东各地勘查煤矿数十处。同时，他又发帖告示，奖励民间开采煤矿，所出之煤由鄂省铁政局优价收购。但民间土法开采之煤数量和质量都不能保证，只能作辅助之用。最后决定选择距离铁厂较近的大冶县王三石的煤矿和武昌县马鞍山煤矿，用西法开采。当时计划以王三石的煤作铁厂锅炉等燃料，以马鞍山的煤炼焦，供炼铁之用。1891 年派候补知县张飞鹏开办王三石煤矿，派铁政局委员、湖北候补知县高培芝开办马鞍山煤矿。[②] 可以说，为了能使汉阳铁厂顺利开办，清廷在勘矿、开矿方面赋予了张之洞极大的权力（表 1 - 10）。

表 1 - 10　张之洞从 1890 年至 1893 年委派员司到全国各地勘查矿产情形[③]

派员勘查年月	勘查地区	勘查人	备考
1890 年 1 月 （光绪十六年）	湖南省宝庆府所属各地	高培兰、王天爵	勘查煤铁矿
1890 年 1 月	湖南省衡州府、攸县、醴陵及江西萍接界地区	欧阳柄荣、欧阳棽	勘查煤铁矿
1890 年 1 月	湖南辰州府、辰溪、浦市等地	杨湘云、蒋允元	勘查煤铁矿
1890 年 1 月	贵州省青溪县	杨秀观、张福元	勘查煤铁矿
1890 年 1 月	湖北省郧阳、兴山、巴东、当阳、京山等地		勘查煤铁矿
1890 年 1 月	陕西省汉中、兴安等地		勘查煤铁矿
1890 年 1 月	四川省夔州府		勘查煤铁矿
1890 年 2 月	湖北省大冶	白乃富、毕盎希、巴庚生、札勒哈里、盛春颐、易象等	勘查铁矿
1890 年 2 月	湖北省武昌、兴国州、广济、荆州、归州等地	白乃富、毕盎希、巴庚生、札勒哈里等	勘查煤矿

①　《张之洞札梅冠林查勘兴国锰矿文》，光绪十六年三月初十日，见《汉冶萍公司档案史料选编》（上），第 73 页。
②　许涤新等编：《中国资本主义发展史》，第 2 卷（上），第 433 页。
③　孙毓棠主编：《中国近代工业史资料》，第 1 辑，第 768—769 页。

续表

派员勘查年月	勘查地区	勘查人	备考
1890 年 3 月	山西省泽州、潞安、平定、孟县等	陈占鳌、周天麟等	勘查煤价及运道情形
1890 年 4 月	湖北兴国州	梅冠林、毕盎希、柯克斯等	勘查锰矿
1890 年 9 月	湖南省永州府祁阳县、衡州各地	徐建寅、张金生、欧阳柄荣等	勘查煤矿
1890 年 10 月	山东省	凌卿云	勘查煤矿出产情形
1890 年 11 月	湖北大冶、王三石等地	张飞鹏、毕盎希、柯克斯、王树藩、游学诗、黄建藩等	勘查煤矿
1890 年 12 月	湖北黄安、麻城等地	朱滋澍、舒拜发、巴庚生、斯瓦尔滋	勘查煤矿铅矿
1891 年 1 月、6 月	湖北省鹤峰	丁国桢、杨钧	勘查铜矿
1891 年 2 月	湖南省益阳县	高培兰	勘查煤矿
1893 年 4 月	湖北兴国州秀家湾等地	夏峻峰等	勘查煤矿
1893 年 9 月	湖北兴国州富山头	欧阳柄荣	勘查煤矿

2. 通过官府力量直接圈占矿山

开办铁厂必须要有充足的原料和燃料供应。而当时无论是大冶铁矿还是后来的萍乡煤矿，民间开采已历数百年甚至数千年，为了满足铁厂的需求，张之洞和盛宣怀均通过政府的力量加以控制。一是直接圈占矿山，如为保证铁厂优质铁矿和锰矿的充足供应，张之洞根据大冶铁矿的禀报，饬令大冶、武昌及兴国所属各州县，凡用机器开采煤铁五金各矿者，必须经地方官府"查核明确"，"给谕立案"后，方"准购地开办"；还明确规定"除武昌县铁矿，先经封禁毋庸开采外，所有兴国、大冶所产铁矿，应准一律归铁厂开采"[1]。至 1896 年交给盛宣怀官督商办时，汉阳铁厂在大冶拥有尖山（部分）、韶草林、白杨林、铁山寺、纱翅帽、陈家湾、大冶庙、铁门坎 8 处锰、铁矿山，康中、马头、王山石、凤凰山、藕塘、五庙窿、李士墩（一名飞鹅头）、飞鹅尾、华兴窿、中山脑、株树下、道士

---

① 《张之洞关于大冶县属铁矿一律归汉阳铁厂开采的批文》，光绪二十二年七月十四日，见陈旭麓等编《汉冶萍公司》（一），第 181 页。

袱、明家湾、白尖山 14 处煤矿及油花脸、老虎垱等无矿之山，金银坡、陈家山 2 处铅矿交给了盛宣怀。其中铁门坎、尖山、纱翅帽均是铁矿含量十分巨大的矿山。①

3. 军事保护

汉冶萍厂矿在晚清时期一直有政府军队驻守保护。张之洞从开办大冶铁矿之日起，就派省城的鸿字营驻铁山、下陆及石灰窑。由卢姓营长率领，担任弹压地面的任务，后由张国慎接任营官一职。盛宣怀接办汉阳铁厂、大冶铁矿以后，要求张之洞继续派军队驻扎汉阳铁厂和大冶铁矿"保护"。张之洞同意了盛宣怀的请求，在《铁厂招商承办议定章程折》中说："汉阳、大冶及马鞍山三处厂局，向派营勇驻扎弹压，嗣后应仍请照章办理，由铁厂酌给偿犒。并请通饬有矿州县营询，照常保护。"② 鄂省即派武胜练军巡防等营驻矿"保护"，军饷由官发。萍乡煤矿大量开采后，于 1906 年成立矿警局。1906 年萍浏醴起义爆发后，为保护萍乡煤矿，在盛宣怀等的要求下，张之洞致电军机处，"萍矿及路已值银数百万，若成燎然，为患更大，不止矿路而已。""并由鄂省派第八镇十五协协统参将王得胜、标统李襄邻等率步队三营、炮队二队，已于本日启行"③。次日，清廷急令两江总督端方、湖广总督张之洞、湖南巡抚岑春蓂、江西巡抚吴重熹速派得力干将"飞驰会剿"，并要求吴重熹速饬臬司秦炳直选带精兵前往萍乡一带扼要驻扎。④ 起义被镇压后，江西地方政府同意盛氏提出的"先以盐道移驻萍乡，以袁州府同知移驻安源，分拨防军联络控制"的要求。⑤

汉阳铁厂是后期洋务运动过程中非常重要的内容。张之洞创办汉阳铁厂的初衷是自炼钢铁以抵制西方列强的经济侵略，从而达到求富的目的。尽管汉阳铁厂（汉冶萍公司）并未在历史上发挥其应有的作用，但在汉阳铁厂筹办的过程中，张之洞自始至终都起到了关键性的作用。正是如

---

① ［美］丁格兰：《中国铁矿志》，第 127 页。

② 刘明汉主编：《汉冶萍公司志》，第 58 页。

③ 《湖广总督张之洞致军机处请代奏电》，光绪三十二年十月二十四日，见萍乡市政协等编《萍、浏、醴起义资料汇编》，第 99 页。

④ 《军机处寄两江总督端方、湖广总督张之洞、湖南巡抚岑春蓂、江西巡抚吴重熹电旨》，光绪三十二年十月二十六日，见《萍、浏、醴起义资料汇编》，第 104 页。

⑤ 《张之洞奏遵旨筹办铁路谨陈管见折》，光绪十五年十月初四日，见《汉冶萍公司档案史料选编》（上），第 66 页。

此，张之洞及其创办的汉阳铁厂还是推动了近代中国工业化发展的步伐，在中国近代史及近代工业史上具有重要地位。

第二节　清政府支持与铁厂产品销售

汉阳铁厂交由盛宣怀招商承办后，资金困难仍是一个难以解决的问题。为此，汉冶萍主事者盛宣怀将融资途径与产品销售直接联系起来。在张之洞的支持下，在一定程度获得了清廷对汉冶萍销售市场的保护；1897—1905 年又督办铁路总公司，将铁厂的发展与铁路建设紧密联系起来。另外，盛宣怀等亦为公司产品开拓国际市场作出了相当程度的努力，促进了汉冶萍早期的发展。

一　清政府对铁厂产品的推广

1896 年汉阳铁厂因经费困难交由盛宣怀招商承办，其产品销路成为盛考虑的首要问题。因为铁厂要维持和发展，必须有源源不断巨额资金的注入，而当时在无法继续从政府获取资金支持和调动社会资本参与的情况下，加强市场开拓为铁厂生存和发展的不二选择。在招商承办前，盛即对张之洞说明钢轨必须归厂造的道理：铁厂产品非国家支持不能推广，非推广不能长期存在下去。"实一定不移之理"。"万一铁路所用钢轨等件，仍欲取材于外洋，使华铁销路阻塞，商局何能挽回。"[1] 此论与张氏所坚持的"轨由厂造"的观点不谋而合。在获得清廷的允准后，铁厂招商承办章程中强调，"铁厂、铁路一气呵成，所用钢轨各料悉归鄂厂购办，毫无阻阂"；如"路、轨不能一气，则铁厂危殆可立而待"。明确："现今议造各省铁路，所需钢轨及应用钢铁料件……必须专向湖北铁厂随时定购。"[2]为此，张之洞一方面联合户部尚书翁同龢向清廷举荐盛宣怀承办汉阳铁厂，另一方面在向首席军机大臣李鸿藻推荐盛氏，并得到后者"允南（张之洞）北（王文韶）奏入必照办"的承诺。[3] 另外，盛宣怀在接办铁

---

[1]　夏东元：《盛宣怀传》，第 133 页。

[2]　《商局承办湖北铁厂酌议章程》，光绪二十二年五月十六日，见苑书义等编《张之洞全集》，第 2 册，第 1171—1172 页。

[3]　《寄王夔帅》，光绪二十二年四月初四日，见《愚斋存稿》卷 24，电报 1，第 28 页。沈云龙主编：《近代中国史料丛刊续编十三》，第 122 册，文海出版社 1966 年版，第 628 页。

厂不久，即上书直督王文韶说："宣怀接办铁厂……当以得煤为体，造轨为用。尤冀各制造局关怀自强之政，均购用自家之铁，此实赖大府严切嘱托，各局员或可共体时艰，以塞漏卮。"[①] 基于此，盛宣怀在得到广西欲造镇南关至百色铁路的消息后，立即致电张之洞，要求从中协调，请买汉厂造铁轨，"昨龙州关蔡道面谈，法请由镇南关造路至百色，总署已允先造至龙州，钦派苏军门督办，其款由洋债拨，可否请电询苏军门，其钢轨拟用若干磅，应照奏案将应造轨里行知鄂厂，赶紧代拨，发端之始，似未可外购法国铁轨，使各国效尤"[②]。

盛宣怀希冀通过清政府的干预和保护打开销路作为突破口，这在当时中国关税主权沦丧的情况固然不失为解决问题的有效途径。但该保护政策要真正落实，还需要地方督抚的配合，否则仍为具文。因为自太平天国军兴后，中央大权逐渐旁落，地方势力崛起，地方督抚大吏对管辖区域的铁路建设有相当的话语权。这一点从铁厂总办郑观应致工部尚书孙家鼐的函中得到证实。郑在揭发北洋不买汉阳钢铁而买洋货原因时指出，"如北洋前买外洋钢铁，价不廉于鄂，钢不胜于鄂，其时某局员必曰洋钢之胜，洋价之廉，大吏信之"。"盖购于洋行则用钱浮冒，一切皆可隐密；购于华官则恐一旦漏泄，有碍局员左右辈之自私自利，是以大吏必为所朦耳……"[③] 鉴于此，1906 年 7 月盛宣怀以铁厂发展与官款偿还关系密切为由，请求铁路总局督办唐绍仪"径饬正太总办，注明每批拨付现款八成，扣缴官款二成，此二成缴款即由尊处径行解部，作为汉厂归缴官本"[④]。10 月，盛宣怀还与两广总督周馥联名会奏，请清廷责成"官办铁路必须购汉厂铁轨"。并请"后任铁路大臣，凡系官办之路，应请查照奏案，向厂定购，应付轨价，逐批带扣官款二成"[⑤]。从总体而言，铁轨销售虽然

---

① 《盛宣怀上直督王文韶禀》，光绪二十二年六月下旬，夏东元编著《盛宣怀年谱长编》，第 527 页。

② 《寄张香帅》，光绪二十二年五月二十六日，见《愚斋存稿》卷 25，电报 2，第 4 页。沈云龙主编：《近代中国史料丛刊续编十三》，第 122 册，第 633 页。

③ 《郑观应禀孙尚书家鼐稿》，光绪二十二年七月十二日，见夏东元编著《盛宣怀年谱长编》，第 528 页。

④ 《盛宣怀致铁路总局督办唐绍仪函》，光绪三十二年七月初一日，见陈旭麓等编《汉冶萍公司》（二），上海人民出版社 1986 年版，第 556 页。

⑤ 《醴洙铁路工竣列作末次造销折》，光绪三十二年八月下旬，见夏东元编著《盛宣怀年谱长编》，第 852—853 页。

也多遇阻碍，但由于有张之洞、王文韶的政治庇护及张在中央和地方的多方疏通，加之盛本人与清皇室的密切关系，汉冶萍钢轨仍能在全国得到相当程度的推广。

当然，政府保护产品销售只是问题的一个方面，与此同时，税厘过重也严重影响铁厂产品的竞争力。晚清时期，由于巨额的战争赔款，加上地方督抚对税款的截留，中央政府财政拮据。为解决财政问题，清廷不断增加名目繁多的税种，其中厘金危害甚烈，光绪十一年到光绪二十年仅厘金一项每年就多达 1400 万至 1700 万两①，而当时清政府年财政总收入约为 7700 万至 8100 万两②，厘金竟占总岁入的 1/5 左右，严重阻碍了国内商品贸易的发展；同时，西方列强利用不平等条约的特权排挤和打击中国民族企业，加剧了其生存的困难。对汉冶萍而言，萍乡的煤焦要运至汉阳，沿途要经过赣、湘、鄂三省，厘卡重重，出现煤焦船只多次被扣的情形；汉阳铁厂的钢铁运至上海销售，沿途经过的关卡更多，问题更加严重。其中最严重的一次是运煤商船经过九江时，有八十余艘船被扣留，包括"萍乡煤局数张运单向不完厘者"③。经过张之洞向清廷奏请，萍乡外运的煤由过去的"每吨先完正税银三钱，至沪再完半税银一钱五分，合共去银四钱五分"，酌减为"无论洋煤、土煤，每吨只完出口正税银一两，半税银五分"④。

同时，在税收方面，总理衙门规定，铁厂的铁货须缴纳 10% 的产值税，远高于洋铁所缴纳的 5% 或 7%。这些无疑会影响汉冶萍产品的竞争力，增加其发展困难。张之洞和盛宣怀为此多次要求清廷减免税厘，保护铁厂的发展。1896 年，铁厂招商承办时，张之洞向盛宣怀承诺："所有湖北铁厂自造钢轨及所出各种钢铁料，并在本省或外省开煤矿为本厂炼铁炼钢之用，应请奏明免税十年，届时察看本厂如有优利足可抵制洋铁，再行征税。"⑤ 盛宣怀在铁厂招商承办时亦乐观地说："查中西通例，凡进口一

① 罗玉东：《中国厘金史》，商务印书馆 2010 年版，第 191 页。

② 周志初著：《晚清财政经济研究》，齐鲁书社 2002 年版，第 153—154 页。

③ 《许寅辉致盛宣怀函》，光绪二十二年六月十三日，见陈旭麓等编《汉冶萍公司》（一），第 137 页。

④ 《松寿咨盛宣怀文》，光绪二十五年六月二十二日，见陈旭麓等编《汉冶萍公司》（二），第 154 页。

⑤ 《商局承办湖北铁厂酌议章程》，光绪二十二年五月十六日，见苑书义等编《张之洞全集》，第 2 册，第 1172 页。

税，转口再完子税，厘金概免。钢铁为中国创办之大政，非减轻成本，无以敌洋产，即不能收应有之利权。应请奏明所有汉阳铁厂运出之钢铁，即于江汉关报完一正税，运至上海。如再转口，再完子税，沿途无论何省，厘金一概邀免，即由本厂刊发运照，呈验放行。"[1]

但这一政策的落实还存在很大距离。为此，盛宣怀致函户部尚书翁同龢，请求议准免税，但户部提出，"从优免税十年一节……原应照准"，"惟查本年五月据总理衙门奏准……凡机器制造货物，不论华商洋商统计每值百两，征银十两"，"该厂现在招商承办，铁务即为商局，自应遵照总理衙门奏案办理"[2]。张之洞也认为征税过重，表示强烈不满。结果在张、盛二人的禀奏之下，经户部同意优免税厘五年。[3] 至 1901 年，五年展限期结束后，在张之洞的疏通下，户部又按照广西丝绸、烟台果酒免税三年之案，再次从优免税五年，并明确"遇有鄂厂分运物件，准予致关免税验收"[4]。因铁厂免税期限于 1906 年 12 月届满，盛宣怀与张之洞联名致商务部、税务大臣，清廷"援照议准上海面粉公司之例"，一律暂免税厘十年。[5] 铁厂在清廷的保护下多次免税，在一定程度上降低了生产成本，增强了其产品的竞争力。

由于有清廷对销售市场的保护和税厘的减免，铁厂钢铁产品在国内销售方面取得了显著成效。京汉铁路，除卢保（北京至保定）一段外，其余 2000 余里所用的钢轨及配件，皆为汉阳铁厂制造。1894 年至 1908 年，汉阳铁厂先后供应了京汉铁路钢轨 8 万吨，鱼尾板、钩钉等 6000 吨，得轨价银 400 多万两。1905 年供给正太铁路钢轨 3000 吨，1906 年供给国内各铁路钢轨、鱼尾板等 2224 吨。[6] 此外，淞沪（吴淞口至上海）、沪宁（上海至南京）、沪杭甬（上海、杭州至宁波）、津浦、广九及川汉等铁路

① 《招商章程八条》，光绪二十二年三月下旬，见夏东元编著《盛宣怀年谱长编》，第514 页。

② 《户部奏折》，光绪二十二年六月十二日，见陈旭麓等编《汉冶萍公司》（一），第133 页。

③ 《寄北平翁叔平尚书张樵野侍郎》，光绪二十二年十月二十五日，见《愚斋存稿》卷25，电报2，第18—19 页。沈云龙主编：《近代中国史料丛刊续编十三》，第 122 册，第 640—641 页。

④ 《盛宣怀致郑观应函》，光绪二十二年十二月底，见夏东元编著《盛宣怀年谱长编》，第560 页。

⑤ 《张之洞盛宣怀致商部、税务大臣函》，光绪三十二年八月初二日，见陈旭麓等编《汉冶萍公司》（二），第 565 页。

⑥ 刘明汉主编：《汉冶萍公司志》，第 31 页。

都购买了汉阳铁厂的钢轨。"各省铁路需造钢轨每年计银数百万"①。

二　铁路总公司与铁厂产品销售

汉冶萍在市场开拓方面取得另外一个成功，即盛宣怀从 1897 年至 1905 年主持铁路总公司的工作，将铁厂产品销售与铁路建设紧密结合起来。甲午战争后，民族危机进一步加剧，为了维护岌岌可危的统治地位，清政府决定实行"新政"。其中在全国范围内大兴铁路被列为"新政"之首。1895 年 7 月 17 日，清政府谕令总署谋划铁路建设，同时令张之洞"悉心遴选奏保数员，以备简用"。张之洞经过多方物色，最终发现受自己邀请到武汉拟接办汉阳铁厂的津海关道盛宣怀对卢汉铁路建设"极为透澈"。张氏根据自己多年的洋务实践，认为官办和商办企业均容易导致"官不通商情，商不顾大局"的局面，其结果是，"或知洋务而不明中国政体，或易为洋人所欺，或任事锐而鲜阅历，或敢为欺谩但图包揽而不能践言，皆不足任此事"②。而盛宣怀不仅"无此六病"，而且通官商两道，尤"于中国商务、工程、制造各事均极熟习，经理招商局多年，著有成效"③，若参与铁路工作，则可"承上注下，可联南北，可联中外，可联官商"。在张氏看来，盛是参与铁路建设的最合适人选。为此，张向直隶总督王文韶荐举盛，王称赞盛"实济时之彦"④。与此同时，张还向首席军机大臣李鸿藻力荐盛宣怀，强调"路轨必合举"的重要性。

为使盛宣怀由涉足卢汉铁路到顺利督办铁路总公司，张之洞在向清政府会奏《卢汉铁路商办难成另筹办法折》中直接提出了设立铁路公司的设想，并推荐盛宣怀为总理，"臣等折衷群议，综其大要，当以专设大员，官督商办，并准由公司一面招股，一面借款，为入手第一要义"。因此"特旨准设卢汉铁路招商公司，先派盛宣怀为总理，使天下皆知事在

---

① 全汉昇：《清末汉阳铁厂》，见陈真编：《中国近代工业史资料》，第 3 辑，第 396 页。

② 《鄂督张香帅致直督王夔帅电》，光绪二十二年三月十六日，见《愚斋存稿》卷 89，补遗 66，第 6—7 页。沈云龙主编：《近代中国史料丛刊续编十三》，第 125 册，第 1851—1852 页。

③ 《铁厂招商承办议定章程折》，光绪二十二年五月十六日，见苑书义等编《张之洞全集》，第 2 册，第 1168 页。

④ 《王夔帅致张香帅电》，光绪二十二年三月二十八日，见《愚斋存稿》，卷 89，补遗 66，第 10 页。沈云龙主编：《近代中国史料丛刊续编十三》，第 125 册，第 1853 页。

必成，以一视听而便设施"①。由于有张、王等保荐，清政府很快任命盛宣怀督办铁路总公司。② 张之洞推荐盛宣怀督办铁路总公司的目的之一，就是要通过其垄断全国的铁路建设，为汉阳铁厂的铁轨开辟市场。为使铁路总公司"合南北铁路为一局"，并防止舆论掣肘，张之洞在致王文韶的电文中祖露了自己的真实意图："惟奉旨议卢汉，只能以卢汉为主，苏沪路只可云兼办，已叙入奏内。广东、江西一路不便遽说，嫌于垄断。拟俟总理之员派定，再由粤商呈请兼办，言如此方易招股，即据以续奏，则轻妙无痕。若名为中国铁路总公司，将各省干路、支路全包在内，则众议大哗，必无成矣，且实无此办法。附密片言轨在鄂厂造，路从鄂省起，总理之员路厂均须躬亲督率，拟请移官鄂省。该员资历已深，如蒙迁擢，准与我两人联衔奏事，如此则事权声望具优，亦尚自然，非逾分。"③ 1897 年 1 月，全国铁路总公司成立。盛宣怀遂得以由参与卢汉铁路建设到督办全国铁路总公司。

盛宣怀督办铁路总公司，事实上为汉阳铁厂的钢铁销售打开了方便之门。由于铁厂当时的燃料倚赖英、德及开平的煤焦，生产成本较高，在与洋钢铁的竞争中处于不利地位，因此铁路总公司督办的职位对铁厂的生存和发展至关重要。1902 年 10 月 24 日，盛宣怀父亲病逝，盛照例应开去本兼各差，以便安心"守制"。清廷除保留其铁路督办一职外，其他各差均准予开缺或改为署任。为保住盛宣怀铁路督办之职位，张之洞致电军机处、外务部，极力说明盛宣怀虽丁父忧，但其职位无人能取代，因为卢汉和粤汉两路"外关交涉，内关政权，甚不易办"。"稍有疏漏，权利即暗为外人侵夺把持，全国受制，悔不可追"。而且两路"皆系盛大臣与洋人订立合同，盛情形已熟，经理俱有斟酌，且有招商局码头作抵借款，修造萍乡铁路等事，胶葛甚多，实未便更易生手"。"查铁路既由总公司订立合同，本系商务中事，故盛之衔只称为督办铁路总公司大臣，与别项督办大臣不同，丁忧人员似可承办"④。

①　《卢汉铁路商办难成另筹办法折》，光绪二十二年七月二十五日，见苑书义等编《张之洞全集》，第 2 册，第 1187 页。

②　《致天津盛道台》，光绪二十二年八月初九日，见苑书义等编《张之洞全集》，第 9 册，第 7100—7101 页。

③　赵德鑫主编：《张之洞全集》，第 9 册，武汉出版社 2008 年版，第 248 页。

④　吴剑杰编著：《张之洞年谱长编》，第 751 页。

盛宣怀在担任铁路总公司督办期间，制定了中国铁路建设的总体规划，[1]"由粤汉以通两广，由苏宁以通上海，此两道为关系商务东南西南两大干路，因宜展造。其自山海关外以达吉林，自黄河南岸以达关中，此两道为关系边防东北西北两大干路，亦难从缓。但必照原议，先将卢汉筹定的款，布置就绪，立定根基，逐段推广"。"俟前项各干路应用之款路线筹定，再听各省商民自行分造枝路。"[2] 而实际最终只有卢汉、淞沪、萍株三条铁路建成，共约耗银970万两。其中卢汉铁路使用了大量汉厂制造的铁轨，株萍铁路则为萍乡的煤焦大量外运提供了便利。铁路总公司举借铁路借款总额近3亿元，涉及路线超过8000里，"大有举国路政统由措置之概"[3]。

盛宣怀依靠铁路建设总公司督办的有利身份，融通铁路建设资金，或是向汉阳铁厂多次预支轨价银，或是直接挪用铁路建设资金，用于汉冶萍厂矿建设，这些资金或以股份形式，或采用临时拆借，或以预支轨价名目，对厂矿建设发挥重要作用。而这段时间是汉冶萍经营最困难的时期，盛宣怀"招商接办，……甫历3载，……商本赔折已逾百万"。1902年9月亏折商本达140万两之巨；1905年3月，亏折则达200余万两。[4] 在此期间，融通资金源源不断，1898年春，盛宣怀奏陈，汉阳铁厂预支卢汉铁路建设资金："查照奏定章程，先后预拨轨价银一百九十万两，现计解运到工及造成在厂之轨几及万吨，随配鱼尾片、螺丝钉，各件称是。"[5] 截至1900年年底，铁厂实预支铁路总公司轨价1319600余两。1902年秋，盛宣怀将铁路总公司建造淞沪铁路工程收支经费结存官款2994754两，先经奏准预支汉阳铁厂轨价。[6] 1905年春，铁路总公司向萍乡煤矿入官股规元银164400两；另借萍乡煤矿规银901653两，汉阳铁厂借规银994267两。这是因为"通商银行因利息过多，适因汉厂、萍矿需款甚迫，即以

---

① 本部分某些数据参考李海涛：《近代中国钢铁工业发展研究（1840—1927）》，2010年博士学位论文，苏州大学，第102页。

② 《盛宣怀拟总公司铁路干线大略》，王尔敏等编：《盛宣怀实业函电稿》（下），"中央"研究院近代史研究所1993年版，第473—474页。

③ 曾鲲化：《中国铁路史》，第二编：路政，燕京印书局1924年版，第75—76页。

④ 全汉昇：《清末汉阳铁厂》，见陈真编：《中国近代工业史资料》，第3辑，第387—388页。

⑤ 《湖北铁厂改归商办并陈造轨采煤情形折》，光绪二十二年三月，见《愚斋存稿》卷2，奏疏2，第12页。沈云龙主编：《近代中国史料丛刊续编十三》，第122册，第77页。

⑥ 《淞沪铁路工竣造销折》之《工程收支清单并附》，光绪二十八年九月，见《愚斋存稿》卷7，奏疏7，第39页。沈云龙主编：《近代中国史料丛刊续编十三》，第122册，第221页。

分借厂、矿两处，俾济急需，利息由厂矿并给，以期两益"①。可以说，盛宣怀督办铁路总公司期间为汉冶萍的融资不啻雪中送炭，极大地缓解了建设资金的困难。

1905 年清政府裁撤上海铁路总公司，统一权限于北京新设立的铁路总局，委派唐绍仪督办，但盛宣怀在该职位的影响仍为汉冶萍铁轨推销发挥潜在的作用。1906 年 3 月，盛宣怀虽将铁路事移交给唐绍仪办理，很快担任管理轮、电、铁路的邮传部右侍郎，并于 1911 年晋升为邮传部尚书。尽管他 1906 年曾宣称"于铁厂以外，决不敢再问一事"②，但铁路的实际权力仍在他的掌握之中。如 1908 年 3 月在盛宣怀的疏通下，赵尔巽由湖广总督调任四川总督，允诺四川将购买汉厂钢轨五万吨，并答应预支货款。③ 此事得到邮传部的认可。1908 年 4 月，盛宣怀请求清廷将原铁路公司三笔存款共计库平银 160 万两核作银元 174 万元转为汉冶萍公司公股，并获得批准。④ 在同英、德、比、美等国商人竞争投标津浦、粤汉、川汉铁路路轨供货权不可得的情势下⑤，由邮传部和农工商部出面支持，汉冶萍获得了锦珲铁路⑥和吉长铁路⑦提供轨料作为补偿。盛出任邮传部尚书后，为铁厂谋得一大订单，"邮传部为欲铁厂扩充造轨，以应路需，由部款处预付铁厂轨价汉口洋例银二百万两，由铁厂另立印据，每张十万两，注明收银日期，交部款处收执"。而且预付款条件优惠，"自铁厂收银之日起，周年六厘计息，六个月一结，于每年六月底、十二月底两次结算，应收息银仍作预付轨价之款，亦由铁厂另具印据交部款处收执，亦一律照数计息"⑧。1911 年盛宣怀上奏清廷，以邮传部的名义，公布了《八十五磅钢轨及附属制品验收章程》（即标准），"将干枝各轨按照川汉所订

---

① 《盛宣怀咨商部》，见王尔敏等编：《盛宣怀实业函电稿》（下），第 491—493 页。
② 《寄张中堂》，光绪三十三年七月十八日，见《愚斋存稿》卷 72，电报 49，第 31—32 页。沈云龙主编：《近代中国史料丛刊续编十三》，第 124 册，第 1558 页。
③ 《盛宣怀致李维格函》，见王尔敏等编：《盛宣怀实业函电稿》（下），第 874 页。
④ 《请酌拨的款充汉冶萍公司公股折》，光绪三十四年三月，见《愚斋存稿》卷 14，奏疏 14，第 21 页。沈云龙主编：《近代中国史料丛刊续编十三》，第 122 册，文海出版社，第 366 页。
⑤ 《盛宣怀致张之洞梁敦彦》，见王尔敏等编：《盛宣怀实业函电稿》（下），第 865 页。
⑥ 《盛宣怀致锡良电》，宣统元年十二月十五日，陈旭麓等编：《汉冶萍公司》（三），上海人民出版社 2004 年版，第 118—119 页。
⑦ 《梁士诒来电》，宣统三年三月十七日，见夏东元编著《盛宣怀年谱长编》，第 902 页。
⑧ 《邮传部款项处与汉阳铁厂订定预付轨价合同》，宣统三年七月初一日，见陈旭麓等编：《汉冶萍公司》（三），第 187 页。

之英式为定式；而钢质皆取马丁，不得纷歧揽杂；重量则干轨定为八十五磅，枝轨定为七十五磅"[1]，并通知全国各干路一律遵守。钢轨生产工艺的标准化，使汉冶萍铁轨不再因规格不一而遭到拒绝。

在此期间，盛宣怀充分利用铁路总公司这一平台，加强与各省铁路公司之间业务联系，形成了遍布全国的铁轨销售网络，从而极大地拓展和延伸了市场销售空间。从 1903 年至 1907 年，中国铁路建设迎来了一个快速发展的时期，全国各省共成立 16 家铁路公司（表 1—11），其中商办 10家，官办 2 家，官督商办或官商合办 4 家。尽管铁路总公司为商办，与各省铁路公司之间并不存在行政隶属关系，但控制各省铁路公司的总理或协理基本上都是在籍士绅担任，如福建全省铁路有限公司总理为在籍前内阁学士兼礼部侍郎陈宝琛，浙江全省铁路有限公司总理为在籍前特赏道衔署两淮盐运使汤寿潜，江苏铁路股份有限公司协理是商部头等顾问官翰林院修撰张謇，广东全省粤汉铁路公司总理为汉阳铁厂总办郑观应，多与张之洞或盛宣怀有千丝万缕的联系；湖北粤汉、川汉铁路股份有限公司和湖南全省铁路有限公司则在张之洞的管辖范围之内。盛宣怀利用督办铁路总公司的有利职位，向各省铁路公司推销汉厂的铁轨，因此承揽的铁轨供应也比较多（表 1-12），极大地推动了铁厂产品的销售。

表 1-11　　　　　　晚清全国各省设立的铁路公司一览表[2]

公司名称	创设年月	创议者	总理	协理
川汉铁路有限公司	光绪二十九年（1903 年）闰五月	四川总督锡良		
湖南全省枝路总公司	光绪三十年（1904 年）四月	湘绅龙湛霖、王先谦	江南候补道朱恩绂	
江西全省铁路总公司	光绪三十年（1904 年）九月	江西京官李盛铎		
滇蜀铁路总公司	光绪三十一年（1905 年）三月	士绅陈荣昌、罗瑞图等		
安徽全省铁路有限公司	光绪三十一年（1905 年）六月	安徽京官吕佩芬等	候补四品京堂李经方	

---

[1] 《厘定全国铁路轨制折》，宣统三年五月，见夏东元编著《盛宣怀年谱长编》，第 928 页。

[2] 宓汝成：《中国近代铁路史资料》，第 3 册，中华书局 1963 年版，第 1147—1148、963—1150 页。

续表

公司名称	创设年月	创议者	总理	协理
同蒲铁路公司	光绪三十一年（1905 年）七月	士绅解荣轲等	在籍前甘肃布政使何福堃	
浙江全省铁路有限公司	光绪三十一年（1905 年）七月	浙江京官黄绍箕等及本地士绅	在籍前特赏道衔署两淮盐运使汤寿潜	在籍候补四品京堂刘锦藻
福建全省铁路有限公司	光绪三十一年（1905 年）八月	福建籍京官张亨嘉等	在籍前内阁学士兼礼部侍郎陈宝琛	
陕西铁路有限公司	光绪三十一年（1905 年）十二月	陕西巡抚曹鸿勋		
湖北粤汉、川汉铁路股份有限公司	光绪三十二年（1906 年）二月	湖广总督张之洞		
广东全省粤汉铁路总公司	光绪三十二年（1906 年）二月	广州总商会、九善堂等	郑观应	黄景棠
江苏铁路股份有限公司	光绪三十二年（1906 年）闰四月	官绅恽毓鼎等	商部右丞王清穆	商部头等顾问官翰林院修撰张謇
湖南全省铁路有限公司	光绪三十二年（1906 年）五月	商会协理陈文玮、坐办周声洋等		
广西铁路公司	光绪三十二年（1906 年）七月	广西京官陆嘉晋等	广西提学于式枚	候补四品京堂左宗蕃
黑龙江齐昂铁路	光绪三十三年（1907 年）	黑龙江省官绅		
河南铁路公司	光绪三十三年（1907 年）八月	士绅王安澜等	礼部左丞刘果	农工商部右参议袁克定、前广西庆远知府王祖同

表 1－12　汉冶萍公司历年销售钢轨料件铁路客户（1908—1916 年）[1]

年份	铁路客户
1908（光绪三十四年）	京汉、苏、浙、闽、粤
1909	苏、浙、闽、广九、南浔、津浦、长株
1910	京汉、苏、浙、京张、津浦、广九、道清、长吉

　　[1]　代鲁：《汉冶萍公司的钢铁销售与我国近代钢铁市场（1908—1927）》，载《近代史研究》2005 年第 6 期。

续表

年份	铁路客户
1911	京汉、京张、津浦、潼洛、粤汉、道清、长吉、同浦、张绥
1912（民国元年）	京汉、道清、南浔、潼洛、浙江
1913	张绥、粤汉、浙江、陇秦、豫海
1914	张绥、粤汉、南浔、漳厦、津浦、萍株、陇秦、豫海
1915	粤汉、道清、浦信、萍株、津浦、陇秦、豫海、沪杭甬
1916	粤汉、道清、张绥、南浔、四郑、沪杭甬

三　铁货海外市场的开拓

政府保护和督办铁路总公司在一定时期的确为汉冶萍公司钢货在国内打开了销路，并取得了显著成效。但由于受到中外关系、国内政治斗争及经济政策等诸多因素的制约，这种销售模式存在很大的变数，因此公司为求长远发展计，必须按照近代公司市场营销的规律，凭借价廉物美的产品占有稳定的市场份额。诚如盛宣怀所言：铁厂"除销钢轨、销生铁，自觅生路外，断无自立之策"[1]。因此铁厂发展的方向是，在满足国内钢铁产品的需求，大力开拓国际铁货市场则成为必然选择。只有这样，公司才能走上可持续发展的道路。实际上，早在官办时期，张之洞就具有一定的国际市场开拓意识，[2] 不过此时其出发点是为铁厂建设筹资。1892 年，铁厂建设经费严重短缺，在听说日本拟筹款二万万日元添设铁路，以其中三分之一购外洋钢轨的消息后，张之洞立即命令铁厂督办蔡锡勇询问驻日公使汪凤藻"如果属实，建路拟分几年？每年购轨备款

---

① 《盛宣怀致盛春颐、李维格函》，光绪二十七年四月二十八日，陈旭麓等编：《汉冶萍公司》（二），第 245 页。

② 代鲁先生以盛宣怀之侄盛春颐所说张之洞"本欲以国家之魄力造轨修路，初未专恃市面行销以自养"，证明张氏不重视产品销售的结论是值得商榷的。张之洞市场开拓意识是有的，但当时依靠国家的根本原因是铁厂本身产量不高。另外，燃料缺乏和设备不合用而导致产品质量不高和价格过昂也是重要原因。（《再析汉阳铁厂的"招商承办"》，载《近代史研究》1995 年第 4 期，第 200 页）

若干？"并强调"此鄂省铁厂所关"①。同时希望汪利用接见日本官绅之便，"鼎力吹嘘"。"如有眉目，鄂当派员来东（指日本——引者注）就议，以期妥速"②。

汉阳铁厂从 1894 年竣工开始投入使用，至 1896 年盛宣怀接办时，炼铁炉仅开一炉生产，日产生铁只敷炼制成钢轨一里（约 84 吨），③ 不仅产量低，而且质量也差，据各处铁路公司外国工匠化验，钢轨含磷多，易脆裂，大大限制了生产。从 1904 年起，萍乡煤矿大规模的开采逐渐解决了汉阳铁厂燃料缺乏的问题。1907 年后，随着添置新式机器和开采方法的改善，萍煤日产量迅速上升至 3000 吨左右④，不仅满足了汉厂的需要，而且还销售于汉口市场。⑤ 燃料问题解决以后，另一个大问题是铁厂钢铁产品的质量问题。其根本原因在于酸性贝色麻炼钢炉不适合于炼制含磷过高的大冶矿石。盛宣怀说："速甲辰年（1904 年）萍矿告成，醴路已通，煤焦不堪其匮乏，然后可以扩充钢厂。"⑥ 于是盛宣怀与日本兴业银行接洽，商借三百万日元；同时，派汉阳铁厂总办李维格带了外籍工程师彭脱、赖伦到欧美考察。在英国专家化验了大冶的铁和萍乡的煤，认为都是上品，问题是矿石含磷过高，若改用碱性马丁炉可以炼出优质钢。盛宣怀利用日本兴业银行的贷款新安装 30 吨马丁炉四座、150 吨大调和炉一座，添建 250 吨化铁炉一座，马丁炼钢炉两座；另外还建立了轧钢、钢板、钢板厂，扩充了机修厂和电机厂。⑦

在解决了上述两大问题后，盛宣怀等凭借物美价廉的产品，满怀信心为铁货"预筹销路"⑧。在国内，盛宣怀十分看重上海处于全国贸易中心的地位。上海自 1843 年开埠通商后，19 世纪 50 年代外贸超过广州，"上

---

① 《蔡锡勇致汪凤藻电》，光绪十九年二月初一日，见《汉冶萍公司档案史料选编》（上），第 108 页。

② 《蔡锡勇致汪凤藻电》，光绪十九年三月初二日，见《汉冶萍公司档案史料选编》（上），第 108 页。

③ 刘明汉：《汉冶萍公司志》，第 25 页。

④ 通商各关华洋贸易全年清楚册（长沙），中、英文本，1908 年，第 38 页。

⑤ 通商各关华洋贸易全年清楚册（汉口），中、英文本，1908 年，第 57 页。

⑥ 《汉冶萍公司第一届收支各款简明清账》，宣统元年三月，见《汉冶萍公司档案史料选编》（上），第 558—560 页。

⑦ 《汉冶萍煤铁厂矿概略》，载《东方杂志》第 6 卷第 8 期，1912 年，第 15 页。

⑧ 《盛宣怀致郑观应函》，光绪二十二年五月二十八日，见陈旭麓等编《汉冶萍公司》（一），第 103 页。

海的出口在整个中国的出口比重原占七分之一（1846 年），很快就增长到三分之一（1851 年），而在紧接的以后几年中就大大超过全国出口的半数以上"[①]。盛宣怀等发现，"上海一隅每年约销售熟铁货至少二万余吨，约可售银八九十万两，系属大宗生意，不可不专心考核"[②]。遂约定周舜卿开设的昇昌裕铁行为上海批发的总代理，后将其扩展到日本长崎。不过，后来盛宣怀派吴鸿英推销铁厂生铁时，昇昌裕采取价格竞争，盛宣怀立刻停止了其代理权。同时，国外铁货市场的开辟也迫在眉睫。盛宣怀说，"汉厂……生铁一项，……以日商所购为大宗贸易"[③]。由于汉阳铁厂是以预借矿价的方式谋求日本的借款，因此除大冶铁矿石外，铁厂生铁也成为偿还日债的重要组成部分。1899 年，铁厂运销日本八幡制铁所 68000 担，1900 年又运销 41000 担。[④] 1904 年 4 月，汉厂外籍工程师赖伦代表铁厂与八幡制铁所订立购铁合同，规定八幡向汉厂订铁 1 万吨，每吨价汉口平银 21 两，每吨重 2240 磅，在汉阳包运到船。[⑤] 1908 年 11 月，八幡又同汉厂签订了添售西门马丁生铁 2500 吨的合同。[⑥] 1910 年 11 月，八幡与汉冶萍公司正式订立长期购销合同，规定：汉冶萍从宣统三年至宣统六年每年向八幡提供 15000 吨生铁，从宣统七年至宣统十七年，则从年 8 万吨提高到 10 万吨，以十年为期。期满后，彼此可以再议续展十年，仍为每年大约十万吨。[⑦]

同时，日本国内各铸船厂对生铁需求十分旺盛，而其"既无出产，全用泰西之货"，故盛宣怀积极通过代销的方式开拓日本市场，展开与洋

① ［美］马士：《中华帝国对外关系史》，张汇文等译，第 1 卷，商务印书馆 1963 年版，第 403 页。

② 《盛宣怀致徐庆沅函》，光绪二十二年八月十四日，见陈旭麓等编《汉冶萍公司》（一），第 218 页。

③ 全汉昇：《清末汉阳铁厂》，见陈真编：《中国近代工业史资料》，第 3 辑，第 397 页。

④ 刘明汉：《汉冶萍公司志》，第 32 页。

⑤ 《赖伦代汉阳铁厂与若松制铁所订立购铁合同》，光绪三十年三月初四日，见陈旭麓等编《汉冶萍公司》（二），第 420—421 页。

⑥ 《日本若松制铁所添购汉阳铁厂生铁合同》，光绪三十四年十月二十三日，见陈旭麓等编《汉冶萍公司》（三），第 43—44 页。

⑦ 《汉冶萍公司与若松制铁所订立售铁草合同》，宣统二年十月初六日，见陈旭麓等编《汉冶萍公司档案史料选编》（上），第 543 页。

铁的竞争。① 一是委派吴鸿英到日本专门从事铁货销售②。吴先是将铁货运至日本长崎"试卖",但因其市场狭小,效果不佳,后又到神户、大阪、横滨、东西二京等处逐一商谈,"皆称佳妙",并逐渐将销售市场扩展到这些地区。③ 二是三井洋行的代售。光绪二十五年(1899 年)四月,三井物产会社向铁厂订购 2 号、3 号翻砂生铁 3500 吨生铁,拟派船直接到汉阳装运。铁厂以保证成本价为由,将每吨生铁价格由 20 两提高到 23.5 两,将后来三井订购的 5000 吨生铁价格由 26.5 两提高至 30 两,因价格"相去太远",双方未能成交。④ 尽管如此,双方的合作仍在继续。1903 年 3 月,盛宣怀与三井洋行订立合同,购运生铁 16000 吨,在汉阳和上海两地交货,分批运往长崎、大阪等通商口岸。⑤ 1905 年 7 月,铁厂与三井正式签订售销生铁合同,规定:除日本官办若松制铁所可与铁厂自行交易外,"所有日本各埠均归三井代理销售,定期三年"⑥。1906 年 2 月,盛宣怀与三井洋行签订了 100 万日元的借款合同,条件是独家经营汉阳铁厂钢铁对外销售的特许权,并以所出生铁作抵。⑦ 此外,日本大仓洋行等临时客户也向汉厂订购铁货。⑧ 1898—1899 年,汉冶萍销售至日本的生铁仅为 4250 吨,1904 年则激增至 12334 吨,1906—1909 年保持 30000 吨左右的水平,1910 年达到 65362 吨,为晚清历史最高水平(表 1 - 13)。⑨

---

① 《盛宣怀致吴鸿英函》,光绪二十四年六月十九日,见陈旭麓等编《汉冶萍公司》(二),第 47 页。

② 吴鸿英应是汉阳铁厂专门委派到日本销售钢铁的官员,而不是代鲁先生所说的旅居日本的华人(《再析汉阳铁厂的"招商承办"》,载《近代史研究》1995 年第 4 期,第 202 页)。在"吴鸿英致盛宣怀函"中说"至于卑职自蒙总办委来东洋"一语,可断定应为汉阳铁厂所派。见《汉冶萍公司》(二),第 77 页。

③ 《吴鸿英致盛宣怀函》,光绪二十四年六月十四日,见陈旭麓等编《汉冶萍公司》(二),第 45—46 页。

④ 《郑观应致盛宣怀函》,光绪二十五年十月二十八日,见陈旭麓等编《汉冶萍公司》(二),第 176 页。

⑤ 全汉昇:《清末汉阳铁厂》,见陈真编《中国近代工业史资料》,第 3 辑,第 397 页。

⑥ 《三井物产会社代汉阳铁厂售销生铁合同》,光绪三十一年六月初八日,见陈旭麓等编《汉冶萍公司》(二),第 504—506 页。

⑦ 《三井洋行一百万日元借款合同》,1906 年 1 月 20 日,武汉大学经济系编:《旧中国汉冶萍公司与日本关系史料选辑》,上海人民出版社 1985 年版,第 145—47 页。

⑧ 《李维格致盛宣怀函》,光绪三十一年一月初八日,见陈旭麓等编《汉冶萍公司》(二),第 466 页。

⑨ 刘明汉主编:《汉冶萍公司志》,第 33 页。

表 1-13　　　　　　　汉阳铁厂历年销售国外钢铁数量表①　　　　（单位：吨）

年份	生铁（含马丁铁）		钢货		全国钢铁出口量
	国家或地区	数量	国家或地区	数量	
1894—1895 年 （光绪二十年至二十一年）	？	2965	？	52	
1896—1897 年	／	／	／	／	
1898—1899 年	日本	4250			
1898—1899 年	日本	2500			
1901—1902 年	／	／	／	／	
1903 年	日本	138			138
1904 年	日本	12334			12334
1905 年	日本	25130			25130
1906 年	日本	34326			34326
1907 年	日本	33326			33326
1908 年	日本	30890			30890
1909 年（宣统元年）	日本	38713			38713
1910 年	日本	65362			65362
1911 年	美国	19164			
1912 年（民国元年）	日本	15752			15752
1913 年	日本	14800			65954
1914 年	日本	15000			62487
1915 年	日本	50936			100186
1916 年	日本	40950			155914

　　盛宣怀也积极开拓美国市场。李维格在考查欧美过程中发现，美国的钢铁在东部，而机器修造厂在西部，因为东西岸相距太远，铁路运费每吨要十余美元，西岸的机器厂宁愿购买由英国经海道运来的钢铁，因此若能将汉冶萍的铁货运销至美国，即可为之开辟一大市场。据李氏估计，公司

---

　　①　刘明汉主编：《汉冶萍公司志》，第 33 页。

每年在美国至少可销生铁 1 万吨，如以每吨售价 22 两计算，则可售银 20 余万两。[①] 在盛宣怀的推动下，1910 年 2 月汉冶萍与美国钢铁公司代表劳氏和代表太平洋轮船公司大来氏订立了合同，约定为期七年半，在汉阳以每吨 13 美元交货，供应铁制品 3.5 万吨到 7 万吨。两公司在美国一手经销汉阳铁厂之生铁，在中国之销售权则属于铁政局。[②] 汉阳铁厂的铁货销至美国旧金山、纽约、匹兹堡等地。1907 年，美国售出汉厂钢铁 5000 吨[③]，1911 年则达到 19000 余吨。[④] 这在西方引起轰动，西方报纸评价道："……熔炼钢、铁，以工、煤为费用之本位。工、煤之价值既低，矿质又出类拔萃，成本轻而市价自廉。持此与欧、美争雄，能不令人辟易乎？呜呼！中国醒矣，此种之黄祸，较之强兵劲旅，蹂躏老赢之军队尤可虑也。"[⑤]

盛宣怀还积极开拓东南亚市场。1905 年，盛宣怀请在英国造船厂工作的华人工程师王显臣（汉厂重要决策人物王勋之弟）向香港推销汉厂的铁货，"香港又来要样铁"[⑥]。对于处于大洋洲的澳大利亚，"样铁已运去，各国南洋属岛及美国太平洋一带，格（李维格）已通信，预备派人经售"[⑦]。1910 年 12 月，盛宣怀代表汉冶萍与暨南公司总理梁柄农订立在南洋各埠包销煤铁合同。议定头等生铁在上海交货每吨付英镑合银元 32 元，二号生铁每吨付英镑合银元 30.70 元，三号生铁每吨付英镑和银元 29.40 元。汉阳铁厂的生铁由此销售至安南、暹罗、新加坡、秘鲁、爪哇、仰光等地。[⑧] 铁厂铁货市场进一步扩大到东南亚市场。

张之洞创办汉阳铁厂的初衷是为抵制西方列强对中国的经济侵略，以

① 全汉昇著：《汉冶萍公司史略》，香港中文大学 1972 年版，第 134—135 页。

② 《日驻上海总领事有吉复外务大臣小村第十九号电》，1910 年 3 月 26 日，见《旧中国汉冶萍公司与日本关系史料选辑》，第 158 页。

③ 郑润培著：《中国现代化历程——汉阳铁厂（1890—1908）》，第 183 页。

④ 刘明汉主编：《汉冶萍公司志》，第 33 页。不过，后来由于日本的干预，汉冶萍在美国的钢铁销售就此中断。

⑤ 全汉昇著：《汉冶萍公司史略》，第 135—136 页。

⑥ 《李维格致盛宣怀函》，光绪三十一年一月初八日，见陈旭麓等编《汉冶萍公司》（二），第 466 页；《李维格：扬子公司第一次股东会演说辞》，光绪三十四年三月十八日，见陈旭麓等编《汉冶萍公司》（三），上海人民出版社 2004 年版，第 6 页。

⑦ 《李维格致盛宣怀函》，光绪三十一年一月初八日，见陈旭麓等编《汉冶萍公司》（二），第 466 页。

⑧ 《暨南公司与汉冶萍公司订立在南洋包销煤铁合同》，宣统二年十一月初二日，见《汉冶萍公司档案史料选编》（上），第 546—547 页。

达到自强的目的。铁厂在创办和初期发展过程中，由于资金、技术、燃料等诸多因素的制约，给其发展带来了不少的困难。为了保证汉阳铁厂的顺利发展，在张之洞的支持下，汉冶萍公司的主事者盛宣怀（亦官亦商）在一定时期内通过国家的干预和保护开拓了市场。这一点在近代中国关税主权沦丧的情况下显得尤为重要。在盛宣怀的呼吁和努力下，清政府为汉冶萍公司在国内铁轨供应、减免税厘等方面给予了优惠政策。这尽管是被动的，但在铁厂发展初期，在一定程度上促进了其发展。但有一点需要指出的是，由于汉冶萍公司创办于近代中国严重沦为半殖民地的特殊时期，一方面因为中国关税自主权的丧失，不能利用增加进口税的方法来抵制洋钢铁，外国钢铁凭借其技术和价格的优势对汉冶萍进行挤压；另一方面由于很多铁路都借有大量的外债，外国势力趁机楔入，给汉厂的营销造成极大困难。如在产品质量和价格方面，"铁路洋工程司于汉厂之轨，种种留难，以达其外购目的"。对卢汉铁路，比国公司对汉厂路轨质量要求极为苛刻，"若按其所订标准，无一合格"①。在价格上亦是如此，对汉厂所订钢轨，不仅均"以上海每次投标之价为准"②，且"原议开标，往往候至外洋价贱方定"③。

　　盛宣怀作为汉冶萍公司的主事者，在依靠政府保护的同时，也通过提高产品质量和降低生产成本等措施提高竞争力，从而开辟更大的市场。为解决钢轨质量问题，盛宣怀派李维格考察日本和欧美钢铁工业；同时，公司还通过聘请外籍专家和培养本国人才，加强产品质量的提升和管理。④如对出产的钢轨，公司规定了严格的检验制度，其化学成分必须符合：（1）含碳量小于0.4%，不大于0.6%；（2）含磷量小于0.04%，不大于0.075%；（3）含硫量不大于0.06%；（4）含硅量不大于0.10%；（5）含锰量不得大于0.9%⑤。到1909年，盛宣怀已经敢于自称铁厂的出品是

---

　　① 《卜聂致宗得福函》，光绪三十年二月十二日，见陈旭麓等编《汉冶萍公司》（二），第415页。

　　② 《盛春颐致盛宣怀函》，光绪二十五年四月十一日，见陈旭麓等编《汉冶萍公司》（二），第123页。

　　③ 《宗得福致盛宣怀函》，光绪二十八年十月二十七日，见陈旭麓等编《汉冶萍公司》（二），第298页。

　　④ 相关问题的研究见方一兵著：《汉冶萍公司与中国近代钢铁技术移植》第三、第四章，科学出版社2011年版。

　　⑤ 刘明汉主编：《汉冶萍公司志》，第25页。

"货美价廉"。他说:"总之,'货美'二字,工程司自有公共之法试验,不容假借;'价廉'二字当可与外洋钢铁比较。"[1] 汉阳铁厂建立的目的,着眼于生铁钢轨,抵制外货,为国家争取利权。据《东方杂志》记载:"自汉(阳)铁厂畅行后,查阅海关造册处进口表,一九零六,进口铁十万零六千六百十三担,零七年骤缩至五万一千六百十四担(零八年表尚未出),可为汉厂抵制洋铁之明效大验。"[2](表1–14)

表1–14   公司生铁、钢轨销售额及单价(1908—1911年)[3]

年份	生铁(含翻砂、马丁)			钢轨及附件		
	销售价值(两、元)	销售量(吨)	平均单价(元/吨)	销售值(两、元)	销售量(吨)	年均单价(元/吨)
1908(光绪三十四年)	892769 1253889	43829	28.61	774069 1087176	14942	72.76
1909	1134518 1593424	44484	35.82	1491396 2094657	31220	67.09
1910	1428563 2006409	54513	36.81	2025047 2844167	28762	98.89
1911	1979567 2780291	77756	35.76	1328046 1865233	23492	79.40

---

[1]《汉冶萍煤铁厂矿现筹合并扩充办法折》,光绪三十四年二月,见《愚斋存稿》卷14,奏疏14,第13页。沈云龙主编:《近代中国史料丛刊续编十三》,第122册,第362页。

[2]《汉冶萍煤铁厂矿概略》,载《东方杂志》第6卷第8期,1912年,第15页。

[3] 代鲁:《汉冶萍公司的钢铁销售与我国近代钢铁市场(1908—1927)》,载《近代史研究》2005年第6期。

第二章　汉冶萍公司与日本政府

汉冶萍公司与日本原本无任何关系。汉阳铁厂竣工后，燃料问题长期困扰张之洞；铁厂招商承办后，这一问题盛宣怀仍长期无法解决。日本明治维新后，大力推行殖民扩张政策，刺激了军事工业的发展，因此明治二十四年（1891）便开始设立官营制铁所的要求。① 甲午中日战争后的两年，日本政府决定在福冈县远贺郡八幡设立制铁所，原计划由国内的赤谷、釜山各处供应铁矿石，但无法满足制铁所的需求。出于对大冶优质铁矿的垂涎，日本政府提出以日本的焦炭换取大冶的铁矿石，并最终签订《煤铁互售合同》。此后，日本以贷款为诱饵，不断通过经济渗透，并最终使之沦为八幡制铁所的原料基地。从1903年到1930年日本先后向汉冶萍公司提供了长期或不定期款项32笔，共计50601800.84日元，规元银390万两，洋例银82万两，汉冶萍公司则通过向日本出售矿石和生铁，以偿还本金和利息。② 值得注意的是，在与日本建立和发展关系的过程中，表面上汉冶萍是与日本财阀打交道，而实际上真正的幕后操纵者是日本政府，资金基本上来自日本政府③。在日本政府的统一领导和部署下，其内阁各部门（尤其是外务省、大藏省）、驻华使领馆、驻华军队、财阀、汉冶萍日籍矿师等均参与了策划与实施。中日合办汉冶萍虽在民初和袁世凯时期屡屡受挫，但由于其已成为日本政府的一项基本国策，因此绝不会轻易放弃，1916—1925年九州制钢厂的合办便是日本政府长期处心

---

① ［日］西川俊作、阿部武司编：《日本经济史》，第4册（上），生活·读书·新知三联书店1998年版，第34页。

② 参见《旧中国汉冶萍公司与日本关系史料选辑》，第1112—1120页。

③ 截至1914年，日本共向汉冶萍公司发放贷款3530万日元，其中政府提供了3370万日元，民间资本只有160万日元。《日外务大臣加藤致驻中国代理公使小幡酉吉第六〇七号电》，大正三年（1914年）十二月十三日，见《旧中国汉冶萍公司与日本关系史料选辑》，第540页。

积虑的一个结果。尽管九州制钢厂最终也未获成功，却体现了日本政府图谋控制汉冶萍公司政策的一贯性。

第一节　煤铁互售：汉冶萍与日本关系的建立

一　日本八幡制铁所对优质铁矿石的需求

明治维新后，日本通过国家权力移植西方资本主义近代产业，"劝奖百工，开明工学，管理矿山，建设与维修铁路、通信、灯塔，制造船舰、机械，测量海陆"等。矿山和铁路是其中的重要内容。[1] 1885 年前，制造业和轻工业在日本工业中居于主导地位，从 1885 年至 1915 年，军工企业的需要推动矿业、煤炭机械和钢铁等重工业发展迅速，年均增长速度接近或超过了 10%，明显地表明了政府发展的重点方向（表 2 - 1）。

表 2 - 1　　　　　　　日本工矿业产额与平均增长率[2]

	产额（百万日元）			平均增长率（%）	
	1875	1885	1915	1875—1885	1885—1915
矿业	7.1	21.3	290.6	11.6	9.1
煤炭	4.0	9.2	145.5	8.6	9.6
制造工业	764.2	877.9	4029.4	1.7	5.2
纺织	64.1	129.7	1133.6	7.3	7.5
机械	4.9	12.2	362.2	9.6	12.7
钢铁	2.3	3.2	89.1	3.4	11.7

重工业的发展离不开钢铁工业的发展和配合。但日本是一个铁矿资源贫乏的国家，钢铁工业发展所需的大量铁矿石基本上仰赖外国的输入。例如 1896 年，日本铁矿石的产量为 27000 吨，生铁产量为 26000 吨，而生铁的消费量却达到了 65000 吨。同年，钢材的消费量达到 222000 吨，而

---

① 转引自吴廷璆主编：《日本近代化研究》，商务印书馆 1997 年版，第 9 页。

② ［日］西川俊作、阿部武司编：《日本经济史》，第 4 册（上），生活·读书·新知三联书店 1998 年版，第 25 页。

产量却只有 12000 吨（表 2 - 2）。

表 2 - 2　　　　　　日本铁矿石、生铁、钢材的产量及消费量① 　　　（单位：万吨）

年份	铁矿石	生铁		钢材	
	产量	产量	消费量	产量	消费量
1895	2.6	2.5	6.0		
1896	2.7	2.6	6.5	1.2	22.2
1897	2.8	2.7	7.1	1.1	23.3
1898	2.4	2.2	8.6	1.1	27.5
1899	2.3	2.1	4.8	0.9	15.1
1900	2.5	2.3	3.8	1.0	29.0
1901	2.9	5.7	10.0	6.0	19.2
1902	3.2	4.0	7.0	31.0	21.8
1903	3.4	3.1	6.8	39.8	26.7
1904	3.8	6.8	13.3	59.9	31.0

　　由于钢铁产量远远满足不了消费的需要，因此日本政府便于 1896 年在九州福冈县创办了官营的八幡制铁所。制铁所最初的创办资本约 2000 万日元，到 1908 年投资共达 6000 万。在政府的大力扶持下，八幡制铁所发展迅速，至 1908 年已有马丁炼钢炉 6 座，日夜出钢 400 余吨；所出钢铁，专供军部之用。至 1914 年，它每年的生铁产量达 211000 吨，占全国产量的 70%；钢材有 221000 吨，占全国的产量的 78%。②

　　八幡制铁所创办后，日本政府一直为没有优质、稳定、充足的铁矿石而发愁，而汉阳铁厂铁矿石十分充裕，却因缺乏炼铁煤焦而大伤脑筋。日方在筹建八幡制铁所期间探得大冶铁矿蕴藏丰富而优质的情报后，艳羡不已。适逢日方已卸任首相伊藤博文访问中国，并去武昌晤湖广总督张之洞，日本驻上海总领事小田切之助便通过伊藤表达了"神户船厂能炼焦

---

　　① 中国科学院经济研究所世界经济研究室编：《主要资本主义国家经济统计集（1848—1960）》，第 394—395 页。参见郑润培著《中国现代化历程——汉阳铁厂（1890—1908）》，第 190 页。

　　② 郑润培著：《中国现代化历程——汉阳铁厂（1890—1908）》，第 188—189 页。

炭，拟运煤来鄂，而回船时代销大冶铁矿"的意图。张之洞表示与汉厂督办盛宣怀商量即可。① 这便是汉阳铁厂与八幡制铁所煤铁互售之缘起。

以焦炭换取铁矿石对双方而言本是一件互利共赢的事情，但这只是日方同大冶铁矿搭上关系的一个引子。在交涉之初，日本外务大臣青木周藏指示驻上海总领事小田切万寿之助向盛宣怀探寻能否"购买大冶铁山某一特定区域内之全部矿石及商议在上述区域内之矿石由日人单独开采"②。遭到盛的拒绝，盛同意出售大冶某些区域全部矿石；其区域将在查看以后，由双方协议加以确定；同意日本派员驻在该地，同中国人一道，对该地进行管理。③ 对此，日农商大臣曾祢荒助表示"大体可以承允"，并要求小田切"详规约，俟议会闭会后，即派和田（八幡制铁所长官）到上海进行商订"④。基于此，小田切展开与盛宣怀的交涉，盛仍坚持可以出卖矿石给日本，但不同意划出矿山的一部分委托日人开采。因此日本的计划实施并不顺利。因无满意答复，小田切乃先将详情向湖广总督张之洞申述后，又向盛宣怀提出以下建议：（一）在大冶铁矿，"指定某一部分，该区域内所产一切矿石，以一吨若干代价，售予日本制铁所。该区域内所采掘矿石，不得供作他用"。（二）矿山土地所有权属于中国。此次商议办法，决无借用中国土地之意，只不过在其土地上买卖搬运该指定区域内所产矿石而已。（三）中国铁政局聘请日本采矿技师及助手若干人，管理开掘事宜；日本制铁所派遣委员到该地区，与中国委员共同处理有关矿石运送事宜。（四）矿石价格及其他必要条款，俟日本委员来华后，即进行商议，缔结合同。对此，盛表示同意，并希望八幡制铁所长官和田亲自来华商议。⑤ 1899 年 4 月 5 日，日农商大臣曾祢正式委任和田来华就大冶铁矿石供应问题进行谈判。

---

① 《伊藤博文与张之洞洽谈煤铁互售》，光绪二十四年九月，见许同莘编：《张文襄公年谱》，台湾商务印书馆 1969 年版，第 129 页。

② 《日外务大臣青木周藏致驻上海总领事小田切万寿之助电》，1898 年 11 月 30 日，见《旧中国汉冶萍公司与日本关系史料选辑》，第 5 页。

③ 《日驻汉口领事濑川浅之进致外务大臣青木电》，1898 年 12 月 7 日，见《旧中国汉冶萍公司与日本关系史料选辑》，第 5 页。

④ 《日农商大臣曾祢荒助致出差汉口的驻上海代理总理事小田切电》，1898 年 12 月 9 日，见《旧中国汉冶萍公司与日本关系史料选辑》，第 6 页。

⑤ 《日驻上海代理总领事小田切致外务次官都筑馨六第六十五号机密函》，1898 年 12 月 16 日，见《旧中国汉冶萍公司与日本关系史料选辑》，第 7 页。

盛宣怀接手汉阳铁厂后，因资金极度短缺而难以为继，而日本以提供大笔资金为诱饵，这就为煤铁互售合同的签订提供了相互妥协的基础。经过反复协商，盛宣怀最终同意日方提出的如下方案：（一）"中国湖北省大冶铁矿内，经我制铁所技师选择之后，将尚未采掘部分，指划一定地区，该区域内矿石，悉供我国制铁所原料之用。"（二）"该区域内铁矿石采掘及修筑与原有铁路连接之运矿铁路等开业费用，由我方负担，其采掘搬运等，由我方派遣官员管理；但检查输出矿石数量及与铁政局进行交涉等事务，则由中国铁政局常设管理官员办理。"（三）"向日本输出矿石后，根据输出吨数支付一定代价。""若铁政局对第二项办法——即我方担任开办采掘之责——不同意时，亦得更改：由中国负担开办费用；采掘矿石所需技师，经我方选择，由铁政局聘任；关于全部事务处理，由我方派出官员和中国管理官员协商。"① 同时，日方向汉阳铁厂提供 200 万两的贷款，利率 5%；纯利润 1/4 归于贷款者；该厂由日方管理；工程师由经理任免。②

二　《煤铁互售合同》的签订及盛、张之分歧

由于双方都有合作的共识和强烈的意愿，1899 年 4 月 7 日，盛宣怀与八幡制铁所总办和田正式签订《煤铁互售合同》③。合同规定：

> 第一款　此次合同订后，日本制铁所需向中国湖北汉阳铁所属大冶铁矿购买矿石，第一年定买五万吨，第二年以后需购数目，须于本年三月议院议准以后订定，至少亦以五万吨为度。汉阳铁厂及盛大臣兼辖之轮船招商局、纺织纱布厂亦须由日本制铁所经手，每年购煤至少以三四万吨为度，须先送招商局向来合同之样煤，面议价值，听凭择定，并须照招商局向来与日本商人所订合同章程一律办理，经手并无佣钱，此专系运煤来华，运铁回日，来回装货，水脚便宜，两有

---

① 《日农商大臣曾祢致外务大臣青木第五五一号密函》，1898 年 12 月 27 日，见《旧中国汉冶萍公司与日本关系史料选辑》，第 8 页。

② 《日驻汉口领事濑川浅之进致外务大臣青木电》，1898 年 12 月 7 日，见《旧中国汉冶萍公司与日本关系史料选辑》，第 5—6 页。

③ 《煤铁互售合同》，光绪二十五年二月二十七日，见《汉冶萍公司档案史料选编》（上），第 216—217 页。

裨益。

第二款　前款系专指日本制铁所派驶轮船自赴大冶石灰窑江边受铁矿石而言，若汉阳铁厂能将矿石自行运沪交货，则除矿石正价外，日本制铁所应另加扬子江运费每吨洋二元，在黄浦江过驳载向日本，即不拘定第一款购铁即须购煤之例，但必须彼此预先商妥而后行。又，石灰窑有趸船可以停泊受载，日本船须随时量水浅深，派船往装。如日本船因吃水过深，不能泊近趸船所载，所费驳费，由日本制铁所自认。

第三款　所有中国汉阳铁厂及别项局厂每年需煤或间需焦炭之额数，须先订妥约需若干吨，知会日本制铁所预备，近年煤价涨落无定，议照招商局购煤章程，每年分两次按照时价，议定各种价目，焦炭用否，随时酌定。

第四款　日本制铁所所购矿石成色价银，均照另开清单办理。惟磷、硫各种轻重数目，日本制铁所所派驻冶委员应与厂自用之洋矿师共同察看，不可有意偏执，硬改价目，致欠公允。此项矿石成色，应彼此指定矿石化验一次为准色。

第五款　汉阳铁厂既为通工易事、彼此裨益起见，决不愿以劣石销售，致日本制铁所不能源源购买，该处附近采铁山场，除汉厂按月先尽自用外，日本制铁所订购在先，即有别项销路，合同期内，亦必须先尽日本，每年五万吨之矿石，决无减少，如日本要加买矿石，亦必照办。但日本制铁所亦不得于此大冶合同之外，另与中国各处及岛地他人他矿，另立买矿石之约，大冶亦不得将矿石卖与在中国地方另设洋人有股之铁厂。

第六款　日本制铁所拣派委员二、三名常驻石灰窑、铁山两处，以便经理购买矿石等一切事宜，汉阳铁厂应备合式房屋，租与各该员居住，不取租值，并由局员妥为保护。

第七款　本合同期限自签字盖印之日起，以十五年为满。如限期满，彼此意见允洽，仍愿接办，并不知照缴销合同，即为展续十五年凭据。

另外，还附有《大冶铁矿石成色清单标准》，规定：对于磁铁矿石，铁矿石每一百分之内，须有铁六十五分方为准色；矿石内含锰为千分之五为准色；铁含磷万分之五为准色；矿石含硫黄千分之一为准色；铁内含铜千分之四以上者不买。褐铁矿的标准为：铁，矿石百分之六十五；锰，矿石千分之五；磷，铁万分之五；硫，矿石千分之一；铜，千分之四。[①]

从上不难看出：一是日本在大冶租采矿山的图谋虽未得逞，但获得了一个长达十五年的购买铁矿石合同，因此其目标基本达到；二是大冶铁矿石对日售卖的数量只增不减，而且对成色十分苛刻，原料的数量和质量均得到了保证；三是日本矿师开始进驻大冶，有利于加强对大冶的控制。因此《煤铁互售合同》从表面上看是平等的，但实际上有利于日本。日本借此开始将侵略势力渗透汉阳铁厂与大冶铁矿，并逐渐加以控制，使之成为其八幡制铁所的原料供应机构。"自是所谓中国与日本之煤铁互易问题，便得到实现。对八幡制铁所来说，此即所谓得到中国大冶铁矿石之开端。"中国矿石运进八幡后，"从此由中国取得铁矿石一节，便成为八幡制铁所永远的事情，原来原料奇缺之情况，至是一变而为十分充足"[②]。

但日本对此并不满足，得寸进尺，进一步向张之洞和盛宣怀提出要求。日方认为，大冶铁矿在湖北境内，是湖广总督张之洞的管辖之地，为减少将来可能产生的麻烦，因此极有必要得到张氏的保证。但考虑到在一个私人公司，"由总督公开处于保证人之地位，尚无前例"。最终决定"由汉口日本领事将此事照会总督备案即可"[③]。由于石灰窑不是通商口岸，日本希望以铁矿石为限，特准直接从该地直接输出，而且不课任何税金，因此要求盛宣怀允许运矿日轮直放大冶以豁免出口税。此议随即遭到了盛的拒绝。盛指出，日本制铁所议购大冶矿石一事，中国既无豁免出口之例案，且又非通商岸埠，装矿日轮，势难报关直放，若绕赴江汉，过于迂折。其次，日本曾承诺若汉阳铁厂自将矿石运沪交货，除矿石正价外，日本制铁所应另外给扬子江运费每吨洋两元，"实属亏上又亏"[④]。不过，日本后来在中国海关总税务司赫德的帮助下，还是取得了豁免出口税的权利，最终达到了既定目标。

---

① 《购买大冶铁矿矿石定准成色清单》，见《汉冶萍公司档案史料选编》（上），第217页。

② 《公司日本顾问服部渐追述日本制铁所成立初期对大冶铁矿的垂涎》，见《旧中国汉冶萍公司与日本关系史料选辑》，第4页。

③ 《日驻上海代理总领事小田切致外务次官都筑馨六第一一八号函》，1899年4月13日，见《旧中国汉冶萍公司与日本关系史料选辑》，第16页。

④ 《盛宣怀复小田切函》，光绪二十五年五月二十三日，见《旧中国汉冶萍公司与日本关系史料选辑》，第20页。

汉阳铁厂同日本八幡制铁所的合同签订以后，盛宣怀随即向张之洞报告了整个过程。张认为，大冶铁矿石富饶，而中国焦煤短缺，以有余之铁，随时酌易急需之炭，"未始非计"，但有两条顾虑：一是合同以十五年为期，试办之事，"为期未免过久"，如果"佳铁不多，岂不于自用有碍"，因此建议"似先定三年或五年为妥"；二是限定每年卖铁石吨数，价值亦嫌太廉，"操纵似欠自如"。尽管此时合同已经签订，但张仍提出"不知尚能设法更改否"。同时还强调今后有关大冶铁矿事，似"须咨明总督，以免局外妄言"①。对于张氏的异议，盛宣怀进行了辩解。盛认为，和田要求租大冶铁山自开，"已力阻不允"；大冶只售铁石，按吨定价，或换焦煤，"当可无弊"②。他指出，"此时日本若援俄、德、英、意成案，索办一矿，自开自运，何难之有？"意在表明煤铁互售合同不是在日本逼迫下签订的，应该可以接受。同时还强调，"欧亚矿厂通易有无，诚为彼此利益，况已炼之钢有售，我正苦乏焦炭，先售以未炼之铁石，并易其可炼铁石之焦，计亦良得。至冶铁数百年无尽之藏，岁售五万吨，十五年计之，不过七十五万吨，为数甚少。近又勘卖九江铁矿，防人觊觎，似不患其缺铁也。惟所定矿质太劣，愈形其价值太廉，争论再四，不肯稍加，特于第三论价值条内言明，光绪二十七年十一月期满，价值再行酌定，此即操纵活动处，与钧意先定三年符合"③。根据当时的国际法，各国间在平等互利的原则下互通有无，这无疑是正确的；但盛却把年售 5 万吨和价格定为 15 年期限不变视为不是很重要的事情，这本身就违背了大冶铁矿出售铁矿石的初衷和市场规律，无疑存在不小的问题。

显然，张之洞对于盛的解释并不满意。于是盛宣怀直接将此事经过告知总理衙门，希望取得后者的支持，并有请代为疏通之意。盛宣怀在函中称：中国矿产至富，大利未收，烟煤焦炭之用最广，而东南各省多待济于日本，如汉阳铁厂、轮船、纺织厂局成本加重，大率如此。"各国讲求商务，总以出口之货能抵制入口之货为第一义。""汉阳铁厂开采之大冶铁

---

① 《张之洞致盛宣怀真电》，光绪二十五年六月十一日，见《汉冶萍公司档案史料选编》（上），第 217 页。

② 《盛宣怀致张之洞电》，光绪二十五年二月十五日，见《旧中国汉冶萍公司与日本关系史料选辑》，第 8—9 页。

③ 《盛宣怀致张之洞电》，光绪二十五年六月十五日，见《旧中国汉冶萍公司与日本关系史料选辑》，第 14 页。

矿，虽取用不竭，苦于煤焦缺少，未能多设冶炉，故炼钢铁视中国官民需要之数不及万一，尚无片铁出洋相抵。日本丰于煤而欠于铁，其国近设制铁所，颇艳鄂中铁石。"上年伊藤博文来华游历，曾与湖广张督部堂及本大臣面商，以彼煤炭易我铁石，"极以重敦交易，互相利济之说，并欲请在大冶指一铁山划与日本派人自来开挖"。本大臣与张督部堂一再熟筹。大冶铁石足数百年之采炼，岁取五万吨易东洋煤炭，于汉厂炼铁无损毫末。惟"指划一山任彼自挖，必滋流弊"。当以大冶铁山现为华商公司集股开办，无论何人不得另行开挖。1899 年二月间，日本制铁所长官和田持伊藤函，先赴湖北与张督部堂面商，允以可行，即回至上海与本大臣商议合同年限价值。经本大臣悉心磋磨，与定合同七条。"以十五年为期"；"价目自行酌定，以备操纵"。其后小田切来函，请运矿出口豁免税项，本大臣复以"断不能免，自应按照税则在新关估价完一出口正税"[①]。

张之洞仍坚持己见，并电告盛宣怀，称其曾正告过小田切，日本购买大冶铁矿石"本难允准"，但上看伊藤面子，下看领事交情，格外通融，暂允两年，后仍当另议，以后须咨路矿总局。张还明确拒绝小田切每年至少提供五万吨铁矿石的要求。[②] 张氏此举显然是在警告盛宣怀，不要忽视湖广总督对于铁厂"官督"的地位。于是日本改变策略，不再以张之洞为交涉对手，继续对盛软磨硬泡，终于完成了第一次和第二次续订条款的签订，将前定合同由两年延长至五年，而且增加了购买吨数。[③]

从上不难看出，用中国大冶铁矿丰富的铁矿石换取日本的焦煤，张之洞与盛宣怀在这个方面的意见是一致的，其主要分歧在于合同期限太长和所定铁矿石的价格太廉，属细节问题。需要指出的是，张氏的顾虑也不无道理，因为世界已进入"钢铁时代"，国际市场的铁矿石需求旺盛，而煤铁互售合同不仅期限过长，且没有考虑到铁矿石价格应随市场波动这一因

① 《盛宣怀呈〈总理各国事务衙门〉文》，光绪二十五年十月二十日，见《旧中国汉冶萍公司与日本关系史料选辑》，第14—16 页。

② 《张之洞致盛宣怀真电》，光绪二十六年五月十一日，见《汉冶萍公司档案史料选编》（上），第 218 页。

③ 《第一次续订条款》，光绪二十五年二月二十七日；《第二次续订条款》，光绪二十五年二月二十七日，见《汉冶萍公司档案史料选编》（上），第 218—219 页。

素。另外，合同中规定大冶供给日本的矿石价格明显低于国际市场。但这似乎也不致张氏要求盛宣怀更改合同，甚至提出今后汉厂、大冶的经营活动须"咨明总督"的警告。因为从当时的情形来看，盛宣怀招商承办汉厂是张之洞请来的不二人选，是今后发展自己洋务事业的密切合作者；况且汉厂还有"商办"性质，按照章程自然有相对独立的自主权。因此，从本质而言，张、盛的分歧还是在于对铁厂的控制权上。

第二节　三次关键性的大借款

一　兴业银行借款：日本对汉冶萍经济渗透的开始

　　自创办至向日方兴业银行举借第一笔贷款为止，汉阳铁厂长期入不敷出，处于亏损状态。盛宣怀接手铁厂时，已亏损达 307728.475 两；1903年 8—9 月，铁厂只收得钢轨售价 120000 两，除了支付洋匠、机匠薪工、员司薪食、购料及付息款等开支外，还欠钱庄款项达 290000 两多。其根本原因在于，由于焦炭的缺乏，铁厂炼铁数量不多，以至影响到钢轨的生产。[①] 同时，汉阳铁厂与萍乡煤矿都急需资金周转，汉厂在该年急还客户的款项共 841281.271 两，萍乡方面也欠 823088 两，两者合共欠客户达 1664369.271 两。

　　尽管铁厂欠款超百万两，但盛宣怀对铁厂的前途仍信心十足，因为其"兼管之上海纺织总厂、汉阳铁厂、萍乡煤矿、通商银行所集商股，即船、电两局之华商挹彼注兹，盈虚酌剂"[②]。不过，至 1902 年下半年"盈虚酌剂"的情况便发生了巨大变化。原因在于，直隶总督兼北洋大臣李鸿章在签订《辛丑条约》后不久便去世，其位置由盛宣怀的宿敌袁世凯取代；同时，在盛宣怀为其父丁忧守制期间，袁世凯乘机夺取了其麾下与汉阳铁厂生存密切相关的轮船招商局、电报局、铁路总公司等洋务企业，挪移挹注资金的主要渠道全被切断，对汉冶萍的发展是一沉重打击，

---

　　① 郑润培著：《中国现代化历程——汉阳铁厂（1890—1908）》，第 188、第 192 页。
　　② 《覆陈电报情形折》，光绪二十六年二月，见《愚斋存稿》卷 4，奏疏 4，第 22 页。沈云龙主编：《近代中国史料丛刊续编十三》，第 122 册，第 146 页。

"轮、电两局接济之路已绝，实非另借巨款不办"①。随着萍乡煤矿的大举开发，资金需求更加紧迫，由于受到轮船招商局和天津电报局被夺的影响，续招商股更加困难，1906 年盛宣怀在致庆亲王奕劻的函中大吐苦水道，"惟从前全赖轮、电、铁路之声势，为华洋商所信从，此后势孤力弱，一无足恃"②；直至 1907 年，盛宣怀还对此耿耿于怀，向张之洞抱怨："敝处前有轮、电局，后有铁路公司，故挪垫数百万不致为难，自路事交待（即指交唐绍仪，存款系指正太路、沪宁路预交的订购轨价款）全提之后，几至不支。"③

　　资金窘迫的现实加快了盛宣怀借洋款的步伐。一方面，在煤铁互售谈判期间，盛宣怀为筹措汉厂和大冶矿山周转资金及江西萍乡煤矿开业费用，向日方提出 200 万两贷款的要求。另一方面，随着清政府卢汉铁路借款和关内外铁路等一批借款合同的签订，借款筑路的高潮到来，势必大大地增加对铁轨等钢铁材料的需求。为适应这一形势，盛宣怀决定抓住有利机遇，向外国借款，推动铁厂钢铁事业的发展。铁厂借款的计划甫一提出，便得到了西方多国资本家的响应。出于控制大冶铁矿的野心，英国和比利时商人纷纷向盛宣怀抛出橄榄枝，表示愿意提供贷款。英国提出贷款 50 多万英镑，利息 5 厘，条件是接管铁政局和大冶矿山管理权，技师悉用英国人，营业利润分得 3/10，偿还期限极长。比利时郭格里尔公司贷款为 400 万法郎，年利 7 厘，纯利润分配 4/10，企业如未获利润，其亏损额该国担负 4/10。日驻上海总领事小田切认为，由日本提供此项资金，将铁政局和大冶铁矿管理权，掌握在日本手中，"实属极为必要之事"④。为了同英、比两国竞争，小田切向外务省建议如下借款条件：贷款额 200 万两，利息 5 厘，偿还期限 10 年，铁政局和大冶铁矿等必要管理人员，由日方担任，技师之聘任解雇，由管理人员决定，但不能专用一国人员；关于纯利润分配，日方向铁厂方面提供贷款仅收取利润的 1/4，较向英、

---

　　① 《盛宣怀致赵竹君函》，光绪二十七年十二月初五日，见陈旭麓等编《汉冶萍公司》（二），第 263 页。

　　② 《盛宣怀致奕劻函》，光绪三十二年二月初十日，见陈旭麓等编《汉冶萍公司》（二），第 548 页。

　　③ 《盛宣怀致张之洞函》，光绪三十三年七月二十一日，见陈旭麓等编《汉冶萍公司》（二），第 617 页。

　　④ 《日驻上海代理总领事小田切致外务次官都筑馨六第六十七号机密函》，1898 年 12 月 18 日，见《旧中国汉冶萍公司与日本关系史料选辑》，第 28 页。

比两国贷款对铁厂有利，即贷款人分得。其好处有："第一，有运出我国焦煤，而回运矿石生铁之利；第二，有在中国扶植我国势力之利；第三，有东方制铁事业由我国一手掌握之利；第四，有使中日两国关系密切之利。"① 从上可以看出，日本利用较英、比两国优惠的贷款条件作为诱饵，获得盛宣怀的好感，借此排挤英、比等国的力量，从而从经济上渗透汉冶萍。

对小田切的建议，日本政府十分重视，确定由负责政府对外财政金融关系的正金银行洽谈借款事宜，提供给盛宣怀 200 万两的贷款。但正金银行提供如此巨额资本，"实难办到"；但若由他国资本家提供资金，使铁政局及大冶铁矿权全部落入他国之手，则"甚为遗憾"。因此日本政府决定，提供资金者表面上是本国资本家，"与政府无关"，实则由政府提供资金以完成此项贷款。② 如此措置的原因，一方面是为消除盛宣怀对日本政府提供贷款所产生的疑虑，"危害本案之成立"③；另一方面则解决了本国资本家因资金缺乏而可能导致日本丧失控制大冶铁矿的极好机会。为了排除英国对其权益的干预（长江流域是英国人的势力范围），日方计划，盛宣怀应以中国官员资格在合同上签字④。

为促成借款的达成，日本政府为正金银行拟订了谈判的基本原则：借款金额不超过 200 万两；借款年限定为 20 年，利息 5 厘。借款报酬规定为在借款期限内铁政局营业利润 1/4，或出售大冶矿石于日本制铁所之利润额全部。在借款期限内，铁政局及大冶铁矿事业之管理权，归贷款者所指定之管理人。以铁政局地基、机器、建筑物等全部及大冶铁矿石全部为抵押之担保；该项抵押品应经湖广总督承认，并报清政府批准并担保。⑤ 对此，盛宣怀表示，日本所提之借款草案比英、比两国稳当，将来资金借

---

① 《日驻上海代理总领事小田切致外务次官都筑馨六第六十七号机密函》，1898 年 12 月 18 日，见《旧中国汉冶萍公司与日本关系史料选辑》，第 29 页。

② 《青木周藏致小田切万寿之助机密函》，1899 年 3 月 14 日，见《日本外交文书》，第 32 卷，文件号 393。

③ 《小田切万寿之助致外务次官都筑馨六机密函》，1899 年 3 月 1 日，见《日本外交文书》，第 32 卷，文件号 391。

④ 《青木周藏致小田切万寿之助机密函》，1899 年 3 月 14 日，见《日本外交文书》，第 32 卷，文件号 393。

⑤ 《日外务大臣青木致上海代理总领事小田切第五号机密函》，1899 年 3 月 14 日，见《旧中国汉冶萍公司与日本关系史料选辑》，第 34—35 页。

贷，必先与正金银行协商，但同时又声称，若萍乡焦炭确实质量不佳，则对铁政局扩张计划，必须进一步加以考虑。因此"关于资金借贷问题，就不急于进行谈判"①。盛宣怀与日本的借款谈判实际上被搁置起来。但日本对汉阳铁厂借款的基本策略已明确确定，即以私人资本的名义进行国家资本的输出，从而最终达到控制大冶铁矿的目的，确保日本铁矿石原料的供应。

1903 年，煤铁互售合同期限已近届满，日本政府十分焦虑，"该矿是颇有希望之矿山，……据闻外国人中也有觊觎者"，万一中日双方对于价格不能达成协议，会使日本制铁所"受一大挫折"。而此时盛宣怀筹划在大冶设立制铁分厂，向日本提出拟借入二三百万两作为开办资本之用。这正中日本下怀。日本政府决定，为便于达到上述目的，对汉厂借款应予以应允。"倘落入外人之手，则实为极严之问题"②。根据指示，小田切在与盛宣怀接触后，提出三项条件：一是铁矿及其附属物不得出让或抵押与其他外国；二是出售给日本的铁矿石价格必须低廉而且合理；三是借款用铁矿石价偿还。③ 总之，日方对大冶铁矿的方针，在于使其与日本制铁所"关系更加巩固，并成为永久形式；同时又须防止该铁矿落入其他外国之手"，"借款期限亦当以尽可能长期为得策"。在谈判的过程中，日本进而提出借款期限 30 年，以铁矿全部财产抵押，聘用日本工程师，铁矿不得将铁矿石卖与制铁所以外单位为条件。④

对上述苛刻的条件，盛宣怀断难应允，尤其是以铁矿全部财产作抵押，更是损害了大冶铁矿将来的独立发展。盛估计张之洞也绝不会答应，因此表示不能做主，需要请示清政府外务部。为促使日本做出让步，盛宣怀声称正与德国和比利时接洽，其中德国拟提供 400 万两的借款。⑤ 在此

① 《日驻上海代理总领事小田切致外务大臣青木第三十五号机密函》，1899 年 4 月 14 日，见《旧中国汉冶萍公司与日本关系史料选辑》，第 36 页。

② 《日外务大臣小村寿太郎致上海总领事小田切密函》，1902 年 12 月 27 日，见《旧中国汉冶萍公司与日本关系史料选辑》，第 43—44 页。

③ 《日驻上海总领事小田切复外务大臣小村电》，1903 年 2 月 6 日，见《日本外交文书》，第 36 卷，第 2 册，文件号 1015。

④ 《小村寿太郎致小田切万寿之助机密函》，1903 年 3 月 10 日，见《旧中国汉冶萍公司与日本关系史料选辑》，第 44 页。

⑤ 《小田切万寿之助致小村寿太郎机密函》，1903 年 7 月 18 日，见《日本外交文书》，第 36 卷，第 2 册，文件号 1022。

情势下，日本不得不做出"妥协"，盛宣怀提出了七点修改意见，其中最重要的是：一是借款总额为 300 万日元；二是不以大冶全部为抵押，而以目前为运往日本而进行采掘之矿山及铁路全部为抵押；三是购买 8 万吨以上要减价之条件删除；四是日本工程师仅担任上述抵押矿山之采掘事务。①经过多次交涉，盛宣怀与日方于 1903 年 11 月 9 日签订了一个《大冶购运矿石预借矿价草合同》②，包括预借日本兴业银行矿石价值 300 百万日元，以 30 年为期；以大冶之得道湾矿山，大冶矿局现有及将来接展之运矿铁路及矿山吊车并车辆房屋、修理机器厂（此系现在下陆之修理厂）为该借款担保之项；以矿石价值还本息，不准还现；提供头等矿石每年不得少于 6 万吨，价格 3 日元每吨，10 年不变等条款。③草合同签订后，有一点值得玩味的是，盛宣怀首先告知的并不是其顶头上司湖广总督张之洞，而是清政府外务部。究其原因，主要担心合同受到张氏掣肘而有可能功亏一篑，惟恐张之洞"另具意见，失机可惜。彼去年电称铁厂事不过问，由我做主"④。如能得到外务部——特别是庆亲王奕劻——的支持，即使张氏提出异议，也会对其无可奈何，合同仍能如愿签订。因此盛氏此举明显有借助外务部和奕劻的权力压制张之洞之意。随后果然得到外务部的支持。⑤

尽管铁厂是张之洞交由盛宣怀招商承办，但其官督商办的性质表明，"官"仍在监督汉厂的发展方面负有不可推卸的责任和义务；尤其是张之洞对铁厂及大冶铁矿的创立及发展均付出了大量的心血，两者间的特殊关系更是不言而喻。这使得盛宣怀不能无视张氏的存在。盛深知，企图在这件事上绕开张之洞而擅自做主是行不通的。张之洞在得知盛宣怀的汇报

---

① 《日驻上海总领事小田切致外务大臣小村第八十九号机密函》，1903 年 7 月 18 日，见《旧中国汉冶萍公司与日本关系史料选辑》，第 53—54 页。

② 《日驻上海总领事小田切致中国公使内田第八十九号公函》，1903 年 11 月 10 日，见《旧中国汉冶萍公司与日本关系史料选辑》，第 84—87 页。

③ 《汉冶萍公司紧要合同汇编》（公司自刊本），卷一，见湖北省档案馆藏汉冶萍公司档案。

④ 《盛宣怀致清外务部侍郎顾肇新电》，光绪二十九年十月初一日，见《旧中国汉冶萍公司与日本关系史料选辑》，第 88 页。

⑤ 《外务部来电》，光绪二十九年十月十六日，见《愚斋存稿》卷 62，电报 39，第 4 页。沈云龙主编：《近代中国史料丛刊续编十三》，第 124 册，第 1363 页。

后，对向日本借款一事表示赞同，但同时对两点原则性问题提出了不同看法。①

一是要求在 30 年内偿清贷款本息。张之洞指出，若借款 300 百日元，息 6 厘，每年仅利息一项就达 18 万日元；而日本每年从大冶运走的铁矿石为 6 万吨，计价亦为 18 万元，刚好只够抵息，那么 30 年后，铁厂虽已向日本偿还 540 万元的利息，而"本银丝毫未还"。结果是中国"吃亏甚巨"。提出：必须与之订明，每年于所售矿石内带还本银若干，"利随本减"，因而日本至少每年收买上等矿石约 7 万吨；如兼购二等矿石，则订明每年必购足约 21 万吨之矿石，"务期本利均摊，计至 30 年恰可还清"。如须多购矿石至十万吨，除还额定本利外，随给现银；倘因不得已事故，铁矿每年不能供足此数，则或还现银或摊至下年补运。总之，"务使 30 年内，彼必有矿石以供制铁，30 年后，我毫无遗累，方为周妥"。最后以不容商量的口气要求"必须商改"。

二是反对抵押矿山。张之洞认为，合同内规定以得道湾做抵，但将来是否就是开采此矿山还是一问题；至于盛宣怀在函中所指的"官山"，究竟是指前承办铁厂时官拨归商之山，还是以后官另购之山。张明确指出，此次商借商款，宜先采商山之矿；商山不足，"再采从前承办时官拨归商之山"；倘仍不足，必须采及以后官另购之山，则"须与官商明办法；或以价买，或拨借款若干归官，方昭平允"。否则，"若用官另购诸山之矿石，官尽可自售，而借给商用，何须假手于商？即使给以股票，亦属虚文无济"。最后强调，"若卖官山之矿以为商本，此事不能行，后来湖北督抚断不能默然也"。

盛宣怀对上述质疑进行了解释，其一，"此约虽以不还现款为宗旨，倘至三十年尚有尾款，则草约第七条订明，照数清结，注销合同。清结者，即以现款找付未还之本"。其二，"至采挖矿石，自应先尽商购之山及官拨归商之山，设有不足，后来或须及采山，届时拟请商代官挖开，除挖工费外，余利悉数归官，并由官派稽查工费，自当先行立案。日人处似不便揭破官商字样，虑其借端径向官索，利权尽失"②。但这仍不能使张

① 《张之洞致盛宣怀元电》，光绪二十九年十月十三日，见《旧中国汉冶萍公司与日本关系史料选辑》，第 88—90 页。

② 《寄张宫保》，光绪二十九年十月二十八日，见《愚斋存稿》卷 62，电报 39，第 4—5 页。沈云龙主编：《近代中国史料丛刊续编十三》，第 124 册，第 1363—1364 页。

满意。因此盛不得不致电外务部和张之洞，陈明合同结果的来之不易，要
求按原议签订。他尖锐地指出，"为维持铁厂筹款不得已之计，历年与洋
商磋议借款不止一次，厂矿担保外，并须侵我办事之权，因是屡议无
成。"日方肯如此迁就，是因制铁所业费官本 2000 万元，非购铁制炼不
可。他表示，开议之时，日方本索全冶矿山作抵，经"磋磨至再"，才允
许指得道湾商山一座作保。他强调，按照章程，洋人准在中国地方买地开
矿，如果发生争执，即使"不必预付巨款，便可购山自办"，这样"官商
俱困，流弊甚多"。在他看来，福公司被英国人夺取就是前车之鉴[1]，因
此与之相比，此次日方在合同内载明，不得在中国境内设炉设厂将所购矿
石熔炼钢铁，"实已力防流弊"。两相比较，"大冶合同已极便宜"。关于
偿还贷款的办法及输铁矿石吨数，盛认为"磋磨已到极处"。应迅速核复
遵照签订。最后明确指出，"此机一失，汉厂机炉旧而且少，不能足用，
颠覆在即"；目前官本无可拨，商股无可加，洋债无可抵，此次"始得此
无中生有一线之生机，实属转败为胜、百年之要策"。[2]

　　由于张之洞的反对，盛宣怀无法同日本签订正式合同。而且，张氏的
反对还动摇了清政府外务部的态度。外务部电令盛宣怀暂缓草签合同。随
后又明示推迟正合同的签订，因为"在两三条条款上作某些修改也许必
要"[3]。个中原因是，一向支持盛宣怀的庆亲王奕劻的态度发生了变化，
因为袁世凯曾对张翼把开平煤矿让与英国一公司[4]进行过弹劾，庆亲王担
心合同的第二条"可能受到类似攻击"，故指示盛宣怀更加审慎地考虑此
问题。[5]

---

　　① 福公司本是意大利人康门斗多·恩其罗·罗沙于 1897 年与英国合资成立的"英意联合
公司"，初以经营煤矿为主。义和团运动失败后，该公司逐渐为英国所控制，业务逐渐扩展到经
营铁路、金融和进出口贸易，投资规模剧增，相当于当时英国对华投资总额的 40%。参见王守
谦著《煤炭与政治——晚清民国福公司矿案研究》，"导论"第 1 页，社会科学文献出版社 2009
年版。
　　② 《寄京外务部、张宫保、鄂端午帅》，光绪二十九年十一月初六日，见《愚斋存稿》卷
62，电报 39，第 6—7 页。沈云龙主编：《近代中国史料丛刊续编十三》，第 124 册，第 1364—
1365 页。
　　③ 《日驻中国公使内田致外务大臣小村第二九八号电》，1903 年 12 月 20 日，见《旧中国
汉冶萍公司与日本关系史料选辑》，第 97 页。
　　④ 1876 年开平煤矿为李鸿章委托唐廷枢创办，唐死后由张翼接任督办，张翼大量举借英
资，1900 年矿权逐渐为英商控制，该矿遂改为中英合办。
　　⑤ 《日驻中国公使内田致外务大臣小村第二九九号电》，1903 年 12 月 22 日，见《旧中国
汉冶萍公司与日本关系史料选辑》，第 103—104 页。

由于眼看就要成功的计划却因为张之洞的阻挠而功亏一篑，日本决不甘心。外务大臣小村寿太郎指示驻华公使内田尽早与张之洞会晤，"尽最大努力争取其迅速批准该合同"[1]。但张以"尚有窒碍及未能明悉之处"，需要与盛宣怀商量为由加以推辞。[2]

1904 年 1 月 15 日中日双方最终于签订了《大冶购运矿石预借矿价正式合同》[3]。合同内容为：

一、督办湖北汉阳铁厂之大冶矿局订借日本兴业银行三百万日元，以三十年为期，年息六厘，正合同画押之日，先交一百万日元，以后每三个月交一百万日元，计合同签字后六个月交清，利息照每次收到之日起算。

二、以大冶之得道湾矿山（附图），大冶矿局现有及将来接展之运矿铁路及矿山吊车并车辆房屋、修理机器厂（此系现在下陆之修理厂）为该借款担保之项。此项担保，在该限期内，不得或让或卖或租与他国之官商，即欲另作第二次借款之担保，应先尽日本。

三、聘用日本矿师在取矿之山，归督办大臣节制，俟督办大臣聘用不论何国之总矿师时，该日本矿师应遵从督办大臣之命令，归总矿师调度。

四、此次借款言明以制铁所按年所购矿石价值还本息，不还现款。惟查大冶矿山，概系直形，并非平槽，以后采挖愈深，工费愈多，是以十年为期，须另议价值。其可以浮面浅挖之处，大冶矿局必须设法浅挖，以免两面吃亏，总以后十年挖矿之深浅难易，比较前十年，又须考查英国铁价涨跌，折中会定矿价。倘会议不定，即应彼此各请公正人一人，秉公定价。倘此两人意见不合之处，即由两人公请一人断定，彼此即应照办，不得再有异议。

五、照光绪二十六年原订合同改为每年收买头等矿石七万吨，不

<hr />

① 《日外务大臣小村致驻中国公使内田第二三五号电》，1903 年 11 月 19 日，见《旧中国汉冶萍公司与日本关系史料选辑》，第 93—94 页。

② 《张之洞复内田函》，光绪二十九年十月十五日，见《汉冶萍公司档案史料选编》（上），第 222 页。

③ 《大冶购运矿石预借矿价正合同》，光绪二十九年十一月二十八日，见《汉冶萍公司档案史料选编》（上），第 224—225 页。

得再少，以敷全款之息及带还本项，并订明至多不过十万吨，应按其数多寡，于一年至少四个月前，由制铁所长官与督办大臣彼此商量定夺。

头等矿石价目，每吨日本金钱三元，订定十年期限，期满查照第四款办理。

二等矿石，照光绪二十六年八月原合同第五款办理。如火车运道实来不及，彼此商缓日期，订明二等矿石每吨日本金钱二元二角。

六、正合同签字日起，所有光绪二十五年二月又二十六年八月所订矿石合同，展限三十年，除购用日煤毋庸照办，矿石价值概照本合同之外，其余未经续议条款悉照原合同办理。光绪二十六年八月初五日所订矿价，至明治三十八年八月二十九日为止；是日以后，即照新订合同价值，头等每吨日本金钱三元，二等每吨日本金钱二元二角，照办十年。

七、借款合同期限，既订明三十年，则每年应还本项，便以金钱十万元为度（如每年制铁所收运吨数价值仅敷还息，则先尽还息，是年应还本项，便迟至下一年归还）。

又如制铁所收运矿石价值，除抵还借款利息外，尚有多余，大冶矿局即将此多余之数，尽数抵还本项，利随本减。

倘本项逐渐减少，计算不到三十年便可还清，则大冶矿局暂停数年还本，以符合三十年期限；此暂停还本数年内，矿价抵息外，多余之数，制铁所付交现款。

三十年期满，本项如有尾数未清，大冶矿局自应照数清结，注销合同，然制铁所应允竭力多运，以便在合同期限内，本利全数清讫，俾符原约。

八、制铁所不得在大冶或中国境内设炉设厂，将所购矿石熔炼钢铁。

九、制铁所每次将应付矿价径交日本兴业银行，即取该银行收条交到大冶矿局，作为已收还之款抵算。

十、议定制铁所雇来不拘何船装矿时带运煤斤之水脚，制铁所应努力使照日本他公司寻常运煤水脚相等。

从合同的内容得知，日本提出的三个条件都得以实现。合同规定借款期又延长了 15 年，长达 30 年，而且不准还现；以矿山及附属财产做担保，使大冶铁矿长期背负日本债务；大冶铁矿以低廉价格长期供应日本，而不能按生产成本变化、市价涨落更改售价，因而独立经营权受到损害（表 2-3）。聘任日本矿师则为日本直接控制大冶铁矿打开了通道。值得注意的是，该合同没有提到日本向汉阳铁厂提供煤焦的问题，正如日驻沪总领事于 1903 年所云："至今迄未实行，将来恐仍难有实行之期。"[1] 故而该煤铁互售合同虽继续有效，但有关汉厂购煤条款则形同虚设，事实上煤铁互售变成了单一的铁矿石的购销了。

表 2-3　　　　日本从汉冶萍公司与其他地方所得铁矿石的比较[2]　　（单位：日元）

矿山名		1921	1925	1927	1929	1931
湖北大冶	现地价	3.45	4.50	5.50	5.50	3.50
	运费及其他	4.72	3.27	3.53	3.62	2.65
	到日本价格	8.17	7.77	9.03	9.12	6.15
	含铁成分%	62.00	62.00	62.00	62.00	62.00
安徽桃冲	现地价	4.48	6.58	7.23	7.23	3.70
	运费及其他	3.20	2.44	2.45	2.50	1.85
	到日本价格	7.68	9.02	9.68	9.73	5.55
	含铁量（%）	60.00	60.00	60.00	60.00	60.00
马来亚柔佛	到日本价格	11.93	11.05	11.35	11.00	8.70
	含铁量（%）	65.00	65.00	65.00	65.00	65.00

---

[1] 《小田切万寿之助致日本外务大臣小村寿太郎第一二八号机密函》，1903 年 10 月 2 日，转引自代鲁：《从汉冶萍公司与日本的经济交往看国家近代化的政治前提（1908—1927）》，载《近代史研究》2005 年第 6 期。

[2] 参见李培德《孙宝琦与汉冶萍公司——以 1920 年代日本横滨正金银行借款为中心》，载《矿冶文化研究文集》（2），中国文史出版社 2013 年版。

这笔日债一开始便是日本政府的官方行为，纯属日本政府的财政贷款，它是日本政府拟对中国的财政资本输出。同时，它又与日本在中国掠夺矿产资源以及分割经济领土、开拓势力范围紧密相关，具有极大的侵略性。

二　大仓组和三井借款：日本对萍矿的渗透与对汉厂铁货国际市场的垄断

兴业银行借款合同订立不久，汉冶萍又面临资金不济的问题。从1904年至1905年，为维持汉厂的运营和开发萍矿，汉冶萍先后向日本三井物产会社、大仓组等借款总计近100万日元。萍矿开发后，由于运道不畅，焦煤运输不及时，极大地影响了铁厂的炼铁数量，因此盛宣怀决定斥资修建萍矿的运煤铁路。因资金短缺，1901年盛宣怀最初拟敷设江西萍乡煤矿到湖南醴陵渌口的铁路，后决定延展至与湖南湘潭相衔接。路线全长达200余华里，估计需要资金约300万两，其中希望从日本获得300万日元的借款。条件是：年息6厘，期限为15年，抵押品则无论大冶之矿石或萍乡之矿山及新建之铁路均可；上述300万元一次借入，以后每年分还若干，第15年还清。[1] 当时，萍乡煤矿雇有几名德国工程师，关于萍乡铁路资金，由于德国工程师之斡旋，曾提议由德国借款，但汉阳铁政局总办盛春颐则不愿使用德国资本，提出向日本借款为优先选择。日驻汉口领事濑川浅之进认为，"大冶矿石，日本制铁所订有十五年购买合同，每年购买五万吨以上。本年加上去年不足部分，大约应购运十万吨。仅代价一项即达三十万日元。又萍乡除生产煤炭之外，还出产铜、铁、锑，相信该地矿山大有希望；但果真以此作抵押而贷出巨款，则尚有调查一下之必要"。濑川强调，"若从湖南、江西两省建立扶植帝国势力之基础而言，则萍乡之矿山各该地之铁道，相信亦属大有希望之抵押品"[2]。根据濑川之报告，日外务总务长官内田康哉表示，"目前我政府支付上述贷款，恐有困难"[3]。而且当时"政府内部

---

① 《日驻汉口领事濑川浅之进致外务大臣加藤高明第十六号机密函》，1901年4月12日，见《旧中国汉冶萍公司与日本关系史料选辑》，第118页。

② 《日驻汉口领事濑川浅之进致外务大臣加藤高明亲拆信》，1901年4月12日，见《旧中国汉冶萍公司与日本关系史料选辑》，第119页。

③ 《日外务总务长官内田康哉致制铁所长官和田私函》，1901年5月1日，见《旧中国汉冶萍公司与日本关系史料选辑》，第120页。

正发生动摇，议会又在闭会中，对本件做出决定，实系最不适宜之时期"，建议"暂不作出明确答复"①。

因日本政局变动，该项借款事宜一时搁置下来，但日本并不愿意放弃控制萍乡煤矿的图谋。后在日驻汉口领事永泷久吉的运动下，日本财阀大仓喜八郎决定接受汉阳铁政局借款。② 此时，汉阳铁厂因卢汉铁路竣工，铁轨需求量减少；同时，生铁之大批订货亦不多，故经常存货堆积，使周转资金感到困难。另外，李维格被任命为汉阳铁厂总办后，决定向英、德等国购买炼钢铁设备，大举扩张炼铁事业；萍乡焦炭制造业及其运输业也有扩张必要，急需资金，故正式向日本大仓组提出借款要求。③ 对此，日本很快由农商务、外务和大藏三大臣联名向内阁提出借款议案，日总理大臣兼临时外务大臣桂太郎致函大藏大臣曾称，表示内阁同意此事并请其负责，同时提出了《附记甲号》和《附记乙号》的方案。

关于《附记甲号》，内容主要是：

一、为确实扶植帝国在汉口方面之利权，并对中国将来之形势有所准备起见，特采取下列手段：

（一）大冶铁矿及萍乡煤矿之采掘权，将来应看准时机，使其全归于我国；

（二）上述两矿之经营以及汉阳铁政局和兵工局之经营，必须以聘用日本技师负责业务为条件，提供资金，其管理权亦须归于我国。

二、上述手段之实行，以表面作为商业关系较为便利。因此，应通过制铁所长官着手进行，逐渐扩大其权利。

三、与本件历来有关系之日本兴业银行、三井物产会社及大仓组，将来亦须适当利用之。

四、为此目的，贷款及其他必须使用之资金，约在日金五百万元以内。

① 《日外务总务长官内田致驻汉口领事濑川私函》，1901 年 5 月 14 日，见《旧中国汉冶萍公司与日本关系史料选辑》，第 120 页。

② 《日外务大臣小村寿太郎致驻汉口领事永泷久吉第十五号机密函》，1903 年 12 月 8 日，见《旧中国汉冶萍公司与日本关系史料选辑》，第 121 页。

③ 《日驻汉口领事永泷致外务大臣小村第十五号机密函》，1905 年 5 月 24 日，见《旧中国汉冶萍公司与日本关系史料选辑》，第 123—124 页。

五、应避免与英国之冲突，与德国之冲突亦务须避免。为此关于共同通融资金等问题，在不妨碍第一项目的限度内，多少还有需要斟酌之余地。

关于《附记乙号》，内容是：

关于汉阳铁政局及萍乡煤矿借款案：借款金额要大，利息减低，并延长大冶铁矿采掘权之年限；再加铁政局及萍乡煤矿作抵押，聘用日本人为技师负责业务；等等。使对方同意上述条件，最为适宜。[①]

显然，日本并不满足于大冶铁矿提供的矿石，其更大的阴谋是通过借款渗透大冶铁矿、汉阳铁厂、兵工厂和萍乡煤矿，谋求从政治上的控制。日本政府意在利用大仓组和三井洋行的借款实现这一图谋。另外，借款成为一个巨大的楔子，使日本的势力开始向英国的势力范围江西渗透，从而达到与英国竞争的目标。

汉阳铁厂原计划向大仓组借款 50 万日元用于制造一艘三千吨新轮船，以及开发萍乡煤焦资金 35 万两，但事实上远远不敷使用，原因在于汉阳铁厂还将扩充萍乡事业和偿还过去借款，故最终决定将借款额定为 400 万两。在铁政局方面，需要增添两座熔铁炉及其他设备，需款 400 万至 500 万日元。因此，铁政局总办拟向三井物产会社申请 400 万乃至 500 万日元的借款，萍乡煤矿局总办向大仓组申请借款 400 万日元。日驻汉口领事永泷在致总理大臣桂太郎的密函中建议，"给以巨额借款，使其偿还其他借项，而使该企业均属于我之担保，乃极为希望之事"。同时希望三井、大仓"秘密成立辛迪加，而表面上则各自为借主，则可坐数实际之利"[②]。由于当时大仓和三井融资"甚为困难"，故政府希望此际由兴业银行照下列条件予以贷款：（一）总金额照以前提出者，不得超过 500 万日元，铁政局及煤矿局两者合计贷款限于 500 万日元；（二）利率定为年息 6 厘；（三）以铁政局及煤矿作担保；（四）铁政局及煤矿局各聘一名日本人为会计员；（五）预约在德国工程师满期时，应聘任日本人为工程师；（六）延长有

---

① 《日临时兼任外务大臣桂太郎致大藏大臣曾祢第——二号机密函》，1905 年 8 月 2 日，见《旧中国汉冶萍公司与日本关系史料选辑》，第 125—126 页。

② 《日驻汉口领事永泷致临时兼外务大臣桂太郎第二十号机密函》，1905 年 8 月 23 日，见《旧中国汉冶萍公司与日本关系史料选辑》，第 128 页。

关大冶铁矿之权利年限。① 日驻汉口总领事永泷以此与汉冶萍方面会谈，对萍乡煤矿，盛表示：（一）可以不作借款，希望即用"预付款"名义；（二）与铁政局之连带担保固不待论，即仅就煤矿而言，亦难以其全部担保；（三）日本技师只能逐步聘用。对于铁政局，（一）贷款人系兴业银行，自然无妨；（二）金额 250 万元左右亦可；（三）与萍乡之连带关系则绝对拒绝。②

　　盛宣怀起初向大仓和三井洋行提出借款，主要是为获得低息贷款，同时还考虑为其产品焦炭、生铁及钢等在日本谋求销路，因此主张将借款与产品贩卖联系起来。但由于金额过巨，且三井和大仓联合通融存在困难，故日方仍主张由兴业银行贷款。但问题是，"单纯向外国银行借款，则徒招物议，北京政府恐亦不能予以承认"，因此"借款就有和扩大产品销路联系之必要"。汉冶萍方面提出五点意见：（一）生铁与钢（生铁已委托三井独家销售，钢则尚未订立任何合同），委托三井独家销售，以其销售额支付兴业银行利息，兴业银行对此是否有同意之希望；（二）如三井销售量不确实，因而不能获得兴业银行承认时，则将钢售卖权亦委托三井，而向该会社借入百万日元左右，作为代偿，相信并非难事，此刻直接与三井交涉；（三）若松制铁所与其购运大冶铁矿制造生铁，不如购用汉阳生铁，较为经济；希望确定制铁所所需生铁数量及买入之最高价格 30 日元；（四）希望买卖年限尽可能延长，供给额也希望增多；但价格因时有高低，故现在所定价格，有效期内定为两年左右，此后每年应协商价格一次；（五）该合同成立后，即可同兴业银行商议借款，否则，单纯借款协议则不便进行。③

　　由于日本对汉冶萍提出的生铁价格每吨 30 日元的要求无法接受，进而导致借款协议难以达成，因此盛宣怀转而谋求德国的借款，引起了日方谈判代表的极大恐慌，"倘日本政府不采纳我们忠告，则有转移到德国人

---

　　① 《日临时兼外务大臣桂太郎致驻汉口总领事永泷第一号、第二号电》，1905 年 9 月 30 日，见《日本外交文书》，第 38 卷，第 2 册，文件号 1123。

　　② 《日驻汉口领事水野幸吉致临时兼外务大臣桂太郎第三号电》，1905 年 10 月 3 日，见《旧中国汉冶萍公司与日本关系史料选辑》，第 131—132 页。

　　③ 《日驻上海总领事永泷致外务大臣小村第一三六机密函》，1905 年 10 月 19 日，见《旧中国汉冶萍公司与日本关系史料选辑》，第 134—136 页。

手中之危险。此与我国在长江之利权，关系很大"①。另外，由于兴业银行要求汉阳铁政局聘用其所推荐的日本人员和该局事业之扩张、变更及工程师聘用等须经协商，盛宣怀认为具有政治借款之嫌，因此提出中止与兴业银行的谈判，仍然由三井提供借款 100 万到 150 万日元。其条件是：如果三井一时不能贷予全额，则希望由明年一月到十月，每月贷予 10 万日元。载明以铁政局作抵押，并委托该会社五年内在日本独家销售汉局之生铁和钢，若一年不能销售 1 万吨以上，亦将万吨销售之佣金交付三井，对贷款利息，则表示可支付 7 厘。② 以此为基础，1906 年，汉冶萍与三井洋行 100 万日元借款合同正式签订，以汉阳铁政局作担保，由三井提供 100 万日元贷款，年息 7.5 厘，并独家代理除满洲、威海卫、青岛之中国境内与香港所需以及中国境内铁路和铁路敷设需要之材料外，其余一切均须经三井物产会社之手销售。③

与此同时，汉冶萍向大仓组申请的借款谈判也在紧锣密鼓地进行之中。1907 年 5 月汉冶萍与大仓组的借款也正式成立。大仓组向汉冶萍提供借款 200 万日元，年息 7.5 厘，汉冶萍以萍乡矿局所有生利之财产物件作抵。④ 通过这笔借款，日本不仅能够长期以低于市场的价格购买到大冶的铁矿石，而且还开始向萍乡煤矿渗透，另外，汉冶萍之海外钢铁销售权亦被三井垄断。

三　1500 万日元大借款与日本对汉冶萍的政治控制⑤

1913 年汉冶萍公司与日本发生的 1500 万日元的大借款，其缘起实质上可追溯到由制铁所、正金银行与盛宣怀密谋的 1911 年 5 月已草签过"预支铁价续合同"的 1200 万日元借款。那笔借款虽因辛亥革命爆发被

---

① 《日临时兼外务大臣桂太郎致外务次官珍田电》，1905 年 11 月 14 日，见《旧中国汉冶萍公司与日本关系史料选辑》，第 142 页。

② 《日驻上海总领事永泷致临时兼任外务大臣桂太郎第一四四号机密函》，1905 年 11 月 14 日，见《日本外交文书》，第 38 卷，第 2 册，文件号 1136 页。

③ 《三井洋行一百万日元借款合同》，光绪三十二年一月二十日，见《旧中国汉冶萍公司与日本关系史料选辑》，第 145—147 页。

④ 《萍乡煤矿向日本大仓组订借日金二百万元合同》，光绪三十三年三月十九日，见《汉冶萍公司档案史料选编》（上），第 229—230 页。

⑤ 有关该笔借款签订的详细过程，参见代鲁《汉冶萍公司 1500 万日元大借款签订始末》，载《汉冶萍公司史研究》，武汉大学出版社 2013 年版，第 136—163 页。

迫中断，但日本与盛宣怀等人均不曾有一刻放弃。① 鉴于公司运营资金短缺及拟新建大冶铁厂，1913 年 5 月 20 日，汉冶萍公司假上海中国青年会开股东常会，到会股东 917 人，议决："查厂矿进行，非款不可。现定办法，汉厂全行炼钢，大冶另设铁炉，筹借轻息大宗借款，圆活金融机关。"② 公司董事联名授权盛宣怀承办借款合同，与横滨正金银行及日本制铁所订立 900 万日元及 600 万日元之借款合同。③ 李维格"当即驰电告慰"因受革命影响一直滞留于日本的盛宣怀。盛指示李"自宜早为定议"④。同时，董事会委任正金银行驻公司代表高木陆郎赴日洽谈借款事宜，借款要领：借款 1500 万日元，年息 6 厘；公司应将所有产业作为抵押；公司允自己选用日本工程师一人为顾问，并选用会计顾问员一人等。⑤ 对此借款，日本政府高度重视，很快内阁会议决定贷款 1500 万日元，以进一步加深汉冶萍公司与日本的关系，并由日外务大臣牧野伸显致电驻华公使山座圆次郎借款条件⑥：

一、事业改良费及扩充费九百万元，高利旧债转换新债费为六百万元，均分三年支付；

二、本利还清，主要以铁矿及生铁购价充当，约四十年还清；

三、以公司之全部财产，作为担保品；

四、日本政府推荐日本人为采矿技术顾问（一名）及会计顾问（一名），由公司聘请，以监督公司事业及会计事务。

以此为指导，正金银行总经理井上拟订甲号、乙号及附带合同三份作

---

① 《汉冶萍公司 1500 万日元大借款签订始末》，见代鲁著：《汉冶萍公司史研究》，武汉大学出版社 2013 年版，第 137 页。

② 《公司股东常会决议借款》，1913 年 5 月 20 日，见《旧中国汉冶萍公司与日本关系史料选辑》，第 397 页。

③ 《公司董事联名授权盛宣怀承办借款合同》，1913 年 7 月 18 日，见《汉冶萍公司档案史料选编》（上），第 341 页。

④ 《盛宣怀致李维格函》，1912 年 6 月 9 日，见陈旭麓等编《汉冶萍公司》（三），社会人民出版社 2004 年版，第 272 页。

⑤ 《公司董事会委任高木赴日接洽借款函》，1913 年 7 月 18 日，见《汉冶萍公司档案史料选编》（上），第 341 页。

⑥ 《日外务大臣牧野伸显致中国公司山座圆次郎第五七七号极密电》，1913 年 10 月 22 日，见《旧中国汉冶萍公司与日本关系史料选辑》，第 408 页。

为谈判基础。对甲号和乙号合同，公司基本赞同，只在利息等方面提出些许修改意见；对附带合同，公司股东异议颇多，尤其是关于日本工程师顾问和会计顾问权限等问题。① 随后，日本政府针对公司的意见亦提出对案，双方逐渐达成一致。

下一步就是迅速签订协议的问题。为了避免北京政府的干预，公司和日本要迅速完成协议的签订。1913 年 12 月 2 日签订了《九百万元扩充工程借款合同》和《六百万偿还短期欠债或善后借款合同》，还签订了两个附件。次日上述合同及附件便获得了公司股东会的通过。② 如同其他对汉冶萍的借款一样，此笔借款仍出自日本政府的财政资金。据正金银行代总经理山川勇木当时称："上项借款原应由政府直接贷予，但为方便起见，乃以敝行名义借出。"据日方学者安藤实所著一书揭示，此笔资金是日本大藏省预金部以 6 厘利息先借予正金银行，再由正金以 7 厘利息转借公司的。③

12 月 15 日，汉冶萍公司与大岛道太郎签订了《最高顾问工程师合同》及《职务规程》。该职务规程规定：公司对于一切营作改良修理工程的筹计及购办机器等事，应先与最高顾问工程师协议后实行。对于日行工程事宜，顾问工程师可随时提出意见，关照一切；最高顾问工程师为执行其职务起见，随时可调查公司工程进程及其他事业的情形，并得要求关于此类事件为须要之计表，或可发为质问；公司每年应兴事业的计划，应先与最高工程师协议后决定。同日，汉冶萍公司与池田茂幸签订了《会计顾问合同》及《职务规程》。该职务规程规定：公司所有收入、支出之事，应与会计顾问协议后实行；会计顾问随时可以查看公司所有财产、文件、证券及营业报告，并要求关于此类事项以为须要之计表，或可提出质问；公司关于其新起之借款、偿还债务或更改现有债务之条件，不论巨细，应先与会计顾问协议。④

---

① 《高木自上海致正金银行总经理井上函》，1913 年 11 月 9 日，见《旧中国汉冶萍公司与日本关系史料选辑》，第 426—434 页。

② 《公司董事会致日本制铁所和正金银行函》，1913 年 12 月 3 日，见《汉冶萍公司档案史料选编》（上），第 353 页。

③ 代鲁：《南京临时政府所谓汉冶萍借款的历史真相》，见《近代中国》第 7 辑，1997 年 8 月。

④ 《聘请最高顾问工程师合同》及《最高顾问工程师职务规程》，《聘请会计顾问合同》及《会计顾问职务规程》，见《汉冶萍公司档案史料选编》（上），第 354—356 页。

进入民国以后，中央政府加强了对汉冶萍事务的干预，因此借款还必须考虑袁世凯政府的态度。还在公司与正金银行谈判期间，袁世凯就委派工商部以调查公司现状为名派员来沪，警告盛、李如向日本再次借款必须由政府同意。随后，袁政府又委派众议院议员杨廷栋调查公司内情，杨向盛宣怀表示，"北京政府不喜欢公司再向日本起借如此巨债，因公司至今对日本所负债务已多，今后务希向日本以外之欧美资本家借入"。"此种意见，在袁大总统与政府一些当局者间均有同感。"① 为阻止公司向日本借款，1914 年 1 月 10 日，袁政府农商部致电汉冶萍公司，表示："此项借款无论是否预付铁砂或生铁项目，抑系单纯借款，必须先呈本部核准方准签字，否则无效。"② 但公司并不认从，"因汉冶萍奏明纯属商办性质，历来合同借票，皆系公司签字，商借商还"。故 "所订合同，部未过问，公司亦未报部"。而当时公司面临的严重困境是，"厂矿经费无所出，第四新炉不能成，到期债票不能转，银行钱铺丝毫不能挪借，信用屡失，破产即在目前。""宣怀面托施肇曾、杨廷栋拟向政府求借一千万两，于六个月交付，以支危局。施、杨皆云，缓可商，急则做不到"。因此公司"现在正盼政府实力维持，以期久远。"并威胁道："如果政府以为未妥，另有借与公司之款，如附件所订，届时汉冶萍公司自当照约，与日本制铁所、正金银行酌商办理。"③

2 月 27 日，农商部对公司呈文进行批复，限制对日借款，"查矿山抵借外债，非得本部同意，其合同不生效力，曾经国务会议议决。""该公司所借日款，无论其为赓续前议，或别借新债，自应遵照部令，呈候核准，再行签字，岂可藉口历来之办法，蔑视公布之令？"并特别指出："该合同内有公司应聘日人为最高顾问工程师及会计顾问等条，与公司权限有重大之关系，所有该董事等已签字之合同，本部不能视为有效，应即暂缓实行，静候本部会商财政部酌定办理，再行饬遵。"④ 但公司显然并

① 《高木自上海正金银行总经理井上函》，1913 年 11 月 11 日，见《旧中国汉冶萍公司与日本关系史料选辑》，第 480 页。

② 《北洋政府农商部致公司蒸电》，1914 年 1 月 10 日，见《旧中国汉冶萍公司与日本关系史料选辑》，第 485 页。

③ 《汉冶萍公司呈农商部文》，1914 年 1 月 23 日，见《汉冶萍公司档案史料选编》（上），第 485—486 页。

④ 《北洋政府农商部对公司呈复批文》，1914 年 2 月 17 日，见《旧中国汉冶萍公司与日本关系史料选辑》，第 487 页。

不愿意执行，以1903年向兴业银行300万日元抵押借款和公司完全商办后的各抵押借款均经中央政府同意为由，认为农商部的指责没有道理。"今冶、萍两矿亦之抵押者，系属商人出血本自置之产，并非官山。是商产商押，商借商还，绝不涉及政治。""现订合同，虽属加借贷款，并未加押矿山，均有实据可查，毋庸多辩。"强调："现在公司预算，每日利息经费出款，需银七八千两之巨。迟一日进行，即多一日损失。政府既难补助，股商创巨痛深，无可呼吁。若徒快言论界局外之空谈，而于事实上仍多隔阂。行将坐视成局，败于目前，贻笑中外，此任事者所以与中华数百兆人民痛苦流涕而不胜忧虑者也。"并表示"为今之计，唯有按照原计划，迅速添炉"①。

袁政府的干预影响了公司与日本借款合同的执行，因此引起了日本的不安。2月21日，日本驻华公使山座致函代理国务总理兼外交总长孙宝琦，警告孙"勿为他人僻见谬言所惑，漫然破坏已成协议，致酿国际镠轕"②。由于该借款属于农商部管辖范围，因此山座又对农商总长张謇提出警告，"合同现已成立，现在若加废弃，于理断不允许；若擅自强行，必致酿成国际纠纷而后已"③。此外，日方认为对袁世凯交涉十分必要，"可请帝国公使直接向袁世凯提出抗议，解决本案，或许较为容易"④。在日本的压力下，袁政府最终被迫屈服。

1500万日元大借款的后果是，汉冶萍公司不仅所有资产被抵押，而且还聘用了日方担任最高顾问工程师和会计顾问，使得日本的政治控制得到进一步加强。以此为发端，日本开始实施更大的一个阴谋——力图中日合办汉冶萍——以达到完全控制汉冶萍的最终目标。

---

① 《公司对北京农商部批文的复文》，1914年3月26日，见《旧中国汉冶萍公司与日本关系史料选辑》，第487—490页。

② 《山座致孙宝琦警告书》，1914年2月21日，见《汉冶萍公司档案史料选编》（上），第358页。

③ "日驻中国公使山座致外务大臣牧野第八十一号机密函"，1914年2月24日，见《旧中国汉冶萍公司与日本关系史料选辑》，第494页。

④ "日正金银行上海分行经理致总行总经理及驻北京小田切电"，1914年2月27日，见《汉冶萍公司档案史料选编》（上），第358—359页。

表 2 - 4 汉冶萍公司所借、不定期日债表①

编号	借款日期	债权人	借款数额	利率				还本办法	抵押和担保
				原定利率	1917年9月	1925年1月	1930年6月		
1	1903.12.14（光绪二十九年十月二十六日）	大仓组	洋例银20万两	7.2厘				1年为期	
2	1904.1.15	兴业银行	日金300万元	6厘			5.5厘	30年为期。1924年9月修改原约，改为自1927年3月停止还本，仅付利息，以后25年间摊还	大冶矿山如纱翅帽、得道湾、金山岩等处
3	1905.6	大仓组	日金30万元	7.5厘					
4	1906.2.28	三井物产会社	日金100万元	7.5厘				3年为期。后展至1914年6月30日到期	萍乡煤矿所产煤炭及焦煤
5	1907.12.13	大仓组	日金200万元	7.5厘				7年为期。前3年只付利息，后4年分4期还本	钢厂所产钢铁及栈存煤焦与材料
6	1907.12.13	汉口正金银行	日金30万元	7厘				5年为期	与前编号2兴业银行借款相同

① 参见刘明汉主编：《汉冶萍公司志》，第128—133页；徐义生主编《中国近代外债史统计资料》，中华书局1962年版，第32—53页；代鲁：《汉冶萍公司史研究》，武汉大学出版社2013年版，第14—17页。

续表

编号	借款日期	债权人	借款数额	利率				还本办法	抵押和担保
				原定利率	1917年9月	1925年1月	1930年6月		
7	1908.6.13	横滨正金银行（第一批）	日金150万元	7.5厘	7厘	6厘	5.5厘	10年为期，前3年付息，第4年起分7年还债。1913年修改原约，改为1915年起，分8年归还。1925年1月又改为1924年至1927年3月间停止还本，仅付利息，以后25年间本利均等摊还	每年收买大冶铁矿矿砂
8	1908.11.14	横滨正金银行（第二批）	日金50万元	7.5厘	7厘	6厘	5.5厘	同上	同上
9	1909.3.21	汉口正金银行	洋例银50万两	8厘				1909年4月19日起分两年半还清	公司汉口地契一至六号共26张作抵盛宣怀本人作保
10	1910.9.10	横滨正金银行（第三批）	日金100万元	7厘	6.5厘			原定2年为期，后改为1911年起分3年归还	与前编号7正金银行借款相同
11	1910.11.17	横滨正金银行（第四批）	日金612730元	7厘	6.5厘	6厘	5.5厘	1915年分5年归还。1925年1月修改原约，改未1924年至1927年3月停止还本，仅付利息，以后25年间本利均等摊还	同上

续表

编号	借款日期	债权人	借款数额	利率				还本办法	抵押和担保
				原定利率	1917年9月	1925年1月	1930年6月		
12	1910.11.17	横滨正金银行（第五批）	日金614395元	7厘	6.5厘	6厘	5.5厘	同上	同上
13	1910.12.28	三井物产会社	日金100万元	9厘			5.5厘	1年为期，于1911年10月又展限1年，加息1厘，1912年12月28日到期	向六合公司转借集成纱厂契据
14	1911.3.31	横滨正金银行（第六批）	日金600万元	6厘			5.5厘	15年为期，自1915年起分11年还本，1925年1月修改原约，改为1924年至1927年3年停止还本，仅付利息；以后25年间本利均等摊还	合同中未提抵押担保
15	1912.2.8（民国元年）	汉口正金银行（第八批）	洋例银12万两	8厘	7厘			1913年和1914年各归还一半	
16	1912.2.10	横滨正金银行（第七批）	日金300万元						
17	1912.6.13	横滨正金银行（第九批）	日金50万元	7厘	6.5厘	6厘	5.5厘	原合同未订偿还期。后订为1915年起分两年归还	萍乡煤船、轮船、驳船

续表

编号	借款日期	债权人	借款数额	利率				还本办法	抵押和担保
				原定利率	1917年9月	1925年1月	1930年6月		
18	1912.12.7	上海正金银行（第十批）	规元银250万两	8厘	6厘	6厘	5.5厘	1914年起分3年归还。1925年1月改为自1924年至192年3年间,停止还本,仅付利息,以后25年间本息均等摊还	北洋政府公债票500万元,汉阳地契87张,汉阳铁厂机料、煤焦、钢轨栈单共37张,上海浦东码头地契1张
19	1912—1913	上海正金银行	规元银120万两	8厘				不定期	汉口地契2张,钢轨栈单1张,矿石栈单1张
20	1913.4.10	三井物产会社	规元银10万两						栈单1张,计生铁4000吨
21	1913.4.11	同上	规元银5万两	8.5厘				原期限不详,后改为不定期	栈单1张,计生铁2000吨
22	1913.5.19	同上	规元银5万两	8.5厘				同上	同上
23	1913.11.30	同上	日金50万元	8.5厘				同上	汉口地契17张,出货单2张,计生铁15000吨,矿石40000吨

续表

编号	借款日期	债权人	借款数额	利率				还本办法	抵押和担保
				原定利率	1917年9月	1925年1月	1930年6月		
24	1913.12.2	横滨正金银行（第十一批）	日金600万元	7厘	6.5厘	6厘	5.5厘	40年为期,1919年起分34年还本,1925年1月修改原约,改为1924年至1927年3年间停止还本,仅付利息,以后32年间本利均等摊还	以汉冶萍所有资产做抵,并聘请日本人作为公司最高工程师顾问和会计顾问
25	1913.12.2	横滨正金银行（第十二批）	日金900万元	7厘		6厘	5.5厘		
26	1917.9.7	安川敬一郎	日金125万元	前5年6厘后再商定				自九州制钢公司开炉之日起,第六年分10年均等摊还	公司应领九州制钢公司股票全部
27	1919.4.25	同上	日金125万元	同上	同上			同上	
28	1925.1.21	横滨正金银行（第十三批）	日金850万元	6厘			5.5厘	合同生效后,分35年归还,前3年只付利息,后4年起,按年均等摊还本金	公司现有财产及因本借款所添之一切财产与编号24、25、28三项相同
29	1927.1.27	横滨正金银行（第十四批）	日金200万元	6厘			5.5厘		
30	1930.5.28	横滨正金银行（甲借款）	日金116681.62元	2厘				自1930年6月1日起,分15年均等摊还	无抵押
31	同上	横滨正金银行（乙借款）	日金117375.56元	2厘				同上	同上
32	同上	横滨正金银行（息款）	日金504142.16元	无息				自1930年6月1日以后停止偿还,自1945年6月1日起按年摊还,金额与甲、乙借款按年摊还金额同	同上

续表

编号	借款日期	债权人	借款数额	利率				还本办法	抵押和担保
				原定利率	1917年9月	1925年1月	1930年6月		
33	1930.5.28	兴业银行（息款）	日金26501.50元	无息				自1930年6月2日起,分15年偿还	同上
总计			日金 50601800.84 元,规元银 390 万两,洋例银 82 万两						

表 2-5   八幡制铁所运入矿石数量表（1900—1937 年）①

年份	(1)八幡制铁所运入矿石总数量(吨)	(2)该所自华运入矿石量(吨)	(3)汉冶萍公司运交该所矿石量(吨)	(3)占(1)的比重(%)	(3)占(2)的比重(%)
1900	41313	15000	15476	37.46	
1901	99850	70000	70189	70.29	
1902	54136	50000	48169	88.98	
1903	50000	50000	51268	100.00	
1904	67757	60000	59990	67.76	
1905	91227	72000	72000	78.92	
1906	151356	105000	105800	69.90	
1907	151571	110000	100000	65.98	
1908	197033	127000	127000	64.46	
1909	204938	95000	95600	46.65	
1910	244253	96000	96210	39.39	
1911	241312	121000	121000	50.14	
1912	402251	292280	292280	72.84	
1913	352168	195000	173900	49.38	
1914	422120	250000	292400	69.27	
1915	487124	268160	298350	61.12	
1916	464411	267160	284500	61.26	

---

① 代鲁著:《汉冶萍公司史研究》,第18—19页。

续表

年份	(1)八幡制铁所运入矿石总数量(吨)	(2)该所自华运入矿石量(吨)	(3)汉冶萍公司运交该所矿石量(吨)	(3)占(1)的比重(%)	(3)占(2)的比重(%)
1917	395255	300000	323495	81.85	
1918	531343	360000	321100	60.43	
1919	675736	446434	356730	52.79	79.90
1920	760369	519930	385950	50.76	74.95
1921	804916	480507	249900	31.05	52.01
1922	835281	574476	294144	35.21	51.18
1923	856489	606726	303650	35.45	50.05
1924	1040103	682195	331011	31.82	48.52
1925	1028614	645580	361067	35.10	55.93
1926	736998	310416	105215	14.28	33.89
1927	1257068	537467	183193	14.57	34.08
1928	1643200	673593	398410	24.25	59.15
1929	1713863	626656	391140	22.82	62.42
1930	1681450	570995	391380	23.28	68.54
1931	1042137	313836	254515	24.42	81.10
1932	1261020	342578	330000	26.17	96.33
1933	1774705	554310	368170	20.75	66.42
1934	1342452	514720	468420	34.89	91.00
1935	2879205	913843	536690	18.64	58.73
1936	3042938	762901	533300	17.53	69.90
1937	1886333	283742	277720	14.72	97.88
合计	30902265	13260315	9470032	30.65	71.42

　　从上可以看出，在各项与汉冶萍有关的借款中，日本政府统一组织和部署其金融商业组织、驻华外交机构和驻汉冶萍的日方技师，在某些时候甚至不惜调动驻华日军，多管齐下地将中国当年最大也是唯一的钢铁企业置于股掌之中。日本通过汉冶萍公司日债不仅攫取到巨额利息收入，更重要的是以公司产品偿还办法，为其近代钢铁产业的迅速发展获得了充足的

优质矿石和廉价生铁原料。按照日本学者小林正彬的《八幡制铁所》的研究，从 1900 年至 1911 年，制铁所每年从大冶运入的矿石，除个别年份占 40% 左右外，多数年份均在 70% 以上，而汉冶萍公司则在日债的制约下，不得不逐步脱离其原为"造轨制械"以生产钢轨钢材为主而设的宗旨。①

第三节　中日合办汉冶萍

一　资金困难与中外合办汉阳铁厂的提出

在筹建汉阳铁厂过程中，张之洞最初预算是 240 万两，结果支出却达 580 余万两，除清政府拨款 200 万两外，其余皆为东挪西借。铁厂从 1894 年 5 月建成投产至 1895 年 10 月，由于焦炭和资金缺乏，生产时断时续，在将近一年半的时间里仅仅生产了生铁 5660 吨，熟铁 110 吨，贝色麻钢料 940 余吨，马丁钢料 550 余吨，钢板、钢条 1700 余吨。即使对铁钢质量不论，这 5600 吨的生铁产量不过相当于 2 座炼铁炉 2 个月的生产能力而已。② 由于资金难筹，张之洞早在 1893 年就萌发了招商承办的念头，并令人到广东招商，还为此拟订了"招商章程四十条"，其中规定："奏报办成之后，改为官督商办，一切俱由商局主持。"③ 这是因为张"自遭群谤，意兴日衰"，加之"经费支绌，诸所筹画，皆在不能撙节之中"。结果一个广东人周景勋表示愿意筹资商办。但此人并不靠谱，承办"闱姓"④ 的赌博活动⑤，难以筹到巨款，招商之议只得作罢。

甲午战后，由于巨额战争赔款的支付，铁厂筹款更加艰难；而铁厂一直处于停产状态之中，在清政府和廷臣的交相诘责之下，张之洞压力很

---

① 《晚清时期汉冶萍公司日债述析》，见代鲁著：《汉冶萍公司史研究》，第 103—104 页。

② 严中平主编：《中国近代经济史（1840—1894）》（下），人民出版社 2001 年版，第 1395 页。

③ ［附件］：《汉阳铁厂官督商办章程》，光绪十九年四月，见陈旭麓等编《汉冶萍公司》（一），上海人民出版社 1984 年版，第 58—64 页。

④ "闱姓"是指清末盛行于两广地区的一种赌博活动。中国最早的彩票始于民间，即光绪六年杭州人刘学询在北京会试时发行的"闱姓"，规则是将应试者每人的名字印在纸上，定价出售，由购买者填选可能中榜者的名字，发榜后，按猜中的多少兑奖。

⑤ 《杨楷致盛宣怀函》，光绪十九年五月初七日，见陈旭麓等编《汉冶萍公司》（一），第 64 页。

大，不得不同意招商承办。[①] 但就当时国内环境而言，商人"力微识近"，对入股官办铁厂心存疑虑，大都望而却步。[②] 张只得将目标转向洋商，这是因为当时除滇、藏、粤、桂、新疆、东北三省之外，英、法、俄等列强不断向清政府索取铁路建筑权，"中国干路已成欲罢不能之势"，洋商见中国开办铁路，需用钢铁必多，"就地取材，获利必厚"。张之洞致电铁厂总办蔡锡勇，"望速分电比国、德国各大厂，速派洋匠前来估包"[③]。此时，西方列强由自由资本主义阶段向帝国主义过渡，急需对殖民地半殖民地进行资本输出，故招商信息甫一发出，立刻便引来英国的陶秘深、柯第仁、贺士当，法国的戴马陀等西方资本家的积极响应，表示愿以500万两附股合办。[④] 后又有德国克虏伯和法国德威尼表现出浓厚的兴趣。德威尼表示愿出资300万马克合办铁厂，"如合意再订章程，所用洋匠合同未满者均可如故"。

英、法、德等国之所以对合办汉阳铁厂十分积极，除上述原因外，还有一点即是觊觎大冶丰富的铁矿，同时可借此加强对中国长江流域的渗透。[⑤] 此时张之洞的心情十分急迫，一方面致电蔡锡勇，询问"有愿包者否？每年经费若干？"[⑥] 另一方面则急电驻欧公使许景澄[⑦]"令速派人来鄂妥商"[⑧]。但问题是，甲午战后清廷内部的对外政策分成两派，一派以李鸿章为代表，因有俄、法、德三国干涉还辽的成功，李对俄国产生了幻想，主张联俄以制日；另一派则以张之洞为代表，张起初赞同李氏联俄的外交主张，随后由于远东国际形势的剧变，加之英国在华拥有巨大的权益

---

① 《光绪二十一年六月十二日上谕》，见朱寿朋：《光绪朝东华录》，卷128，第11页，中华书局1958年版。

② 《铁厂招商承办议定章程折并清单》，光绪二十二年五月十六日，见苑书义等编《张之洞全集》，第2册，第1168页。

③ 《张之洞致蔡锡勇电》，光绪二十一年十月二十六日，见孙毓棠：《中国近代工业史资料》第1辑，第819页。

④ 《铁厂招商承办议定章程折并清单》，光绪二十二年五月十六日，见苑书义等编《张之洞全集》，第2册，第1167页。

⑤ 在汉阳铁厂筹建过程中，张之洞已聘用了英、比、德等国的工程师，这些国家的工程师一方面为铁厂服务，另一方面则经常向本国政府提供情报。

⑥ 《张之洞致蔡锡勇电》，光绪二十一年七月十六日，见孙毓棠：《中国近代工业史资料》第1辑，第818页。

⑦ 1894年，许景澄出任驻法、德、意、荷、奥五国公使。

⑧ 《张之洞致许景澄电》，光绪二十二年二月初七日，见《汉冶萍公司档案史料选编》（上），第138页。

和日本近邻中国，遂又回到了联合英日抗衡俄德的外交策略。①

外交政策的分歧直接影响到铁厂合办的对象。因当时英国已攫取了苏沪等处铁路的修筑权，当时就有人提出若汉阳铁厂再归英商，可能会打破列强在中国的平衡局面，从而引发中国被瓜分的严重后果。② 由于清廷对外政策的分歧和列强之间的矛盾，使得中外合办章程久议不决，导致很多人得出洋股"断难邀请"的结论③；另外，合办涉及矿权问题，"矿务为中国自有之利源，断不能与外人共之"，这也是多数人的共识，因此尽管面临列强施压，洋商合办之议"不得不作罢论"④。

既然与洋商合办不成，张之洞只能寻求华商的支持。实际上，在汉厂创办过程中，有一个人一直十分关注，那就是盛宣怀。在铁厂筹建之际，对矿业和洋务有丰富经验的盛宣怀即向张之洞进言，铁厂宜商办而不宜官办，否则难以盈利；后又在铁厂选址问题上坚决主张设在大冶，反对设在汉阳，但均未为张所纳。1895 年，张之洞因铁厂生存和发展问题心力交瘁，在拟招洋商合办的同时，令蔡锡勇致电盛宣怀的侄子盛春颐，请其"电商令叔，有无接办之意"⑤。盛竭力反对与洋商合办，主张由自己承办，"铁政属洋商，力大流弊亦远；属华商，力小收效亦远。"表示愿意赴鄂参与"通筹决策……熟商办法"⑥。后来，盛宣怀在叙述作这一决定的过程说："铁政不得法，徒糜费，几为洋人得。右铭（陈宝箴）、松云讽阻，乃属意宣，督饬华商接办，重整旗鼓。"⑦

事实上，张之洞是赞同"以华商包办为宜"的，这与其不肯借洋款，

----

① 李国祁：《张之洞的外交政策》，"中央研究院"近代研究所专刊（27），第 95—96 页。

② 《郑观应致盛宣怀函》，光绪二十二年二月初九日，见《汉冶萍公司档案史料选编》（上），第 138 页。

③ 《张之洞致李鸿章电》，光绪二十二年四月初四日，见《汉冶萍公司档案史料选编》（上），第 138 页。

④ 《铁厂招商承办议定章程折并清单》，光绪二十二年五月十六日，见苑书义等编《张之洞全集》，第 2 册，第 1168 页。

⑤ 《蔡锡勇致盛春颐电》，光绪二十一年七月十八日，见孙毓棠：《中国近代工业史资料》，第 1 辑，第 818 页。

⑥ 盛宣怀：《寄江宁恽莘耘观察》，光绪二十八年正月初六日，《愚斋存稿》卷 88，补遗 65，第 16 页。沈云龙主编：《近代中国史料丛刊续编十三》，第 125 册，第 1835 页。

⑦ 盛宣怀：《寄翁弢甫》，光绪二十二年四月初三日，见《愚斋存稿》卷 24，电报 1，第 28 页。沈云龙主编：《近代中国史料丛刊续编十三》，第 122 册，第 627 页。

"不愿外人执政"① 的思想是一致的，但考虑到 "中华绅士类多巧滑，若无洋商多家争估比较，定必多方要挟，不肯出价"②。铁厂正式交由盛宣怀商办后，盛向张提出了铁厂发展的保障条件，因此在招商章程中明确规定了商办铁厂所拥有的固定资产、官款偿还办法、人财物使用等，还特别强调了各省铁路所用路轨及钢铁料件必须向铁厂订购及免税的问题。③

盛原以为通过中央在政治上的保护就能有效推动铁厂的发展，但随后便遇到诸多意想不到的困难。一方面，铁厂招商的不理想对盛是一沉重打击。盛原以为通过招商能解决铁厂发展的资金问题，但由于当时汉厂处境艰难，民间投资者视为畏途，无人愿意附股。盛拟招商股 100 万两库平银，结果是轮船招商局 25 万两、中国通商银行 32.85 万两、钢铁学堂 3.9 万两、古凌记 3.65 万两、电报局 22.2 万两、萍乡煤矿 10 万两、南洋公学 0.6 万两、上海广仁堂 2 万两，分别占总数的 25.0%、32.85%、3.9%、3.65%、22.0%、10.0%、0.6%、2.0%。④ 上述均为盛氏麾下的企业，没有其他民间资本参与；另一方面，招商章程中承诺的优惠政策一时无法落实也加剧了铁厂的困难。根据总署的规定，凡机器制造货物，不论华商洋商值百抽十。⑤ 而铁厂发展不顺利的情势下，税厘过重无疑是雪上加霜，盛宣怀对此牢骚满腹。在盛一再要求下，张之洞才与盛宣怀联名向清廷奏请免税，经过多方努力才获准免税五年的优惠。

由于招商不理想，资本缺乏无疑严重制约了铁厂的发展，盛宣怀在招商不久便多次向张之洞及清政府多次以铁厂归官办相要挟，要求提供资金支持。至 1901 年，盛还向张提出，铁厂官商投资不过千万，远逊于西方国家及日本的钢铁厂，不能大规模生产钢轨，要求清政府增加对铁厂的投

---

① 《盛宣怀致赵竹君函》，光绪二十七年十二月五日，见陈旭麓主编《汉冶萍公司》（二），上海人民出版社 1986 年版，第 263 页。

② 《张之洞致蔡锡勇电》，光绪二十一年十一月初四日，见孙毓棠：《中国近代工业史资料》，第 1 辑，第 819 页。

③ 《铁厂招商承办议定章程折并清单》，光绪二十二年五月十六日，见苑书义等编《张之洞全集》，第 2 册，第 1170—1174 页。

④ 古陵记是盛宣怀家族化名；广仁堂是盛宣怀所办慈善单位。张国辉：《论汉冶萍公司的创建、发展和历史结局》，载《中国经济史研究》1991 年第 2 期。

⑤ 《张之洞奏铁厂征税商情未便折》，光绪二十二年九月二十三日，见《汉冶萍公司档案史料选编》（上），第 137 页。

资，否则"自添巨本大举"或"与外人合办，免其中废，否则必至停工"①。1903 年，盛又向张提出，铁厂要发展，只有筹资 1000 万两在大冶添设生铁大炉，在汉厂添设钢炉机轴，并延展萍醴铁路展至湘潭，畅通煤焦运道。"如此巨款，商人断断无此魄力，一再筹维，实非国家之力不办"。要求援照电报局新章，收归国家自办。②"汉阳结至上年止，尚亏商本二百四十余万两……屡请改归官办……台端（张之洞）因原奏商办为一定宗旨，不肯更改"③。盛宣怀所述皆系实情，但张之洞又无可奈何，故只能一方面尽量加以解决，另一方面则担心问题解决不了，铁厂仍归官办，一直未中断与洋商合办的念头。此时西方资本家向盛宣怀建议由洋商完全包办铁厂及分余利，遭到了盛的驳斥。张之洞对盛的态度表示赞赏，同时表示不赞同总署提出的向洋商借巨款归还铁厂官本，再与洋商合办，如此易被洋商要挟。建议能否由户部先垫付铁厂官本，然后再向洋商借款合办。

1897 年，德国以传教士在山东被杀强租胶州湾，拉开了帝国主义瓜分中国的序幕。此时英国在中国展开了咄咄逼人的扩张，两次强迫清政府对英德集团政治贷款；在北方强租威海卫、控制山西福公司；在南方则渗透长江流域等，这些自然会引起清政府的极大忧虑。④ 对汉阳铁厂，英国与以法俄为后盾⑤的比利时展开了激烈的角逐。尽管清廷内部一些封疆大吏如张之洞、刘坤一等均主张联英日以抗德俄，但总署并不相信英日能真正援助中国，⑥ 故为"杜英人之口"，电令盛宣怀知照比公司，"无论华洋商人，均可购买"，希图利用比利时牵制英国。这与张氏的外交政策相左，同时还易引起俄国的乘机渗透。张表示十分不解，"正患俄人插入，幸得英人力阻，正宜借英人之力，知照比公司，言明俄人不得干预，比或

---

① 《盛宣怀致张之洞函》，光绪二十六年十二月二十一日，见《汉冶萍公司档案史料选编》（上），第 166—167 页。

② 盛宣怀：《汉阳铁厂收归国有、议借洋债节略》，光绪二十九年，见陈旭麓等编《汉冶萍公司》（二），第 399—401、第 403 页。

③ 《盛宣怀致张之洞函》，光绪三十三年七月二十一日，见陈旭麓等编《汉冶萍公司》（二），第 616—617 页。

④ 参见［美］马士、宓亨利著，姚会廙译：《远东国际关系史》，商务印书馆 1975 年版，第 400—402 页。

⑤ ［美］马士、宓亨利著：《远东国际关系史》，第 398 页。

⑥ 李国祁：《张之洞的外交政策》，"中央研究院"近代研究所专刊（27），第 99、第 101 页。

慑于英……则我甚有益。何反留此隙，以启俄而杜英乎?"① 为合办铁厂，比国领事向总署疏通，获得同意该国考格利工厂与铁厂合办的商议。在争论不休之际，盛宣怀已与英国怡和洋行接洽合办之事，且后者已派人来厂阅看，并赴兴国、大冶查验铁煤各矿。据传怡和愿商借二百万，但提出"以铁厂暨铁煤各矿地作押，并将厂务矿地交怡和派人代办"②。由于张之洞同意合办但反对抵押，使得与英国合办的商议搁浅，而比利时则取得了优先权，"比使已立凭据"③。不过，由于列强之间矛盾重重，加之清廷外交政策的游移不定，与比利时和英国合办铁厂事宜最终未能成功。④ 第一次与洋商合办之事遂不了了之。

二　"二十一条"之中日合办汉冶萍交涉

如前所述，通过不断的贷款，八幡制铁所与汉冶萍建立了"密切"的关系，从而保障前者的原料供应。从 1904 年日本兴业银行 300 万日元预借矿价借款到 1913 年横滨正金银行 1500 万日元大借款，汉冶萍公司共向日方借款高达 3530 万日元。⑤ 1913 年，制铁所拟订第三期扩充计划，对大冶铁矿的依赖进一步加深，控制汉冶萍逐渐成日本政府的基本国策。⑥

第一次中日合办案的正式提出与实施是在辛亥革命期间。⑦ 辛亥革命期间，日本乘南京临时政府财政竭蹶之机，强迫孙中山接受日方提出的所谓中日合办汉冶萍案。尽管合办案后因全国舆论的强烈反对而流产，但盛宣怀与日本仍达成了一个以"合办"为基础的善后协议，⑧ 以为下一次合

---

① 《张之洞致盛宣怀电》，光绪二十四年七月初八日，见《汉冶萍公司档案史料选编》（上），第 138—139 页。

② 同上书，第 139 页。

③ 《盛宣怀致张之洞电》，光绪二十四年七月十二日，见《汉冶萍公司档案史料选编》（上），第 139 页。

④ 《盛宣怀致张之洞电》，光绪二十四年七月十四日，见《汉冶萍公司档案史料选编》（上），第 139 页。

⑤ 《加藤致日置益函》，1914 年 12 月 17 日，见《汉冶萍公司档案史料选编》（上），第 367 页。

⑥ 《公司日本顾问服部渐追述日本制铁所成立初期对大冶铁矿的垂涎》，见《旧中国汉冶萍公司与日本关系史料选辑》，第 3 页。

⑦ 关于这一问题的研究，详见本书第三章。

⑧ 《高木交盛宣怀关于废除汉冶萍中日合办草约后办法》，1912 年 3 月 25 日，见《汉冶萍公司档案史料选编》（上），第 340 页。

办留下了契机。另外，日本政府从外交上亦为下次合办做了铺垫工作。这可以说是后来"二十一条"中提出中日合办汉冶萍的源头。1914年欧战爆发后，日本趁欧洲列强无暇东顾之"天赐良机"，以对德宣战为借口出兵中国山东，进而全盘解决其在中国的权益问题。① 同时，在发现袁世凯有称帝的野心后，向其提出灭亡中国的"二十一条"，企图独霸中国。至于"二十一条"中为何将汉冶萍公司置于与满蒙等并列的地位，根本原因在于汉冶萍的大冶铁矿对八幡制铁所生死存亡的关系，直接导火线则是因为中央政府加强了对汉冶萍事务的干预。辛亥革命期间，南京临时政府拟抵押汉冶萍谋求日本的贷款，遭到日方的拒绝后，被迫接受日方提出的中日合办汉冶萍。尽管未获成功，但开启了政府干预企业发展的先例。袁世凯上台后不久，汉冶萍公司因资本缺乏绕开北洋政府，直接私下与日本密谋1500万日元的大借款，遭到了北洋政府的干预。尽管该合同最后在日本的支持下强行通过，但日本对贷款的风险还是有所顾虑，"汉冶萍公司虽为信用昭著之公司，但毕竟是一个私立公司，其信用当然不能与政府之信用等量齐观"②。同时，北洋政府对借款的不承认也直接影响到合同的实施，"特别是去年（1913年）末借款合同成立……但中国政府迄今未予以承认，从而使该项合同不免处于不稳之地位"③。截至1914年12月，公司总资本近6500万日元，其中日方贷款为3530万日元（政府出资3370万日元），超过了公司总资产的50%。④ 因此日本的目标是，通过合办使日方直接介入汉冶萍的生产和管理，从而使原料供给、贷款安全和利息收入等有稳固的保障。⑤ 另外，因时局剧变和资金短缺，汉冶萍与北洋政府互动频繁，引起日本的担忧。辛亥革命期间，汉冶萍公司面临鄂、赣地方当局的"接收"，所有权受到严重威胁；同时受到战争破坏，汉冶萍

---

① ［苏］耶·马·茹科夫著：《远东国际关系史（1840—1949）》，世界知识出版社1959年版，第245页。

② 《日正金银行总理高桥是清复驻北京董事小田切函》，1911年3月9日，见《旧中国汉冶萍公司与日本关系史料选辑》，第192页。

③ 《日外务大臣加藤致驻北京公使日置益函》，1914年12月17日，见《旧中国汉冶萍公司与日本关系史料选辑》，第544—545页。

④ 《日外务大臣加藤致驻中国代理公使小幡酉吉第六〇七号电》，1914年12月13日，见《旧中国汉冶萍公司与日本关系史料选辑》，第540页。

⑤ 《日驻中国公使日置益致外务大臣大隈第二七〇号机密函》，1915年8月25日，见《旧中国汉冶萍公司与日本关系史料选辑》，第571—572页。

急需资金恢复生产，而当时能解决的只有袁世凯政府。故而 1912 年公司主动向北洋政府提出"官督商办"和"国有"申请，虽未获成功，但北洋政府还是尽量予以解决，两者间的纽带关系逐渐建立起来。对此，盛宣怀在致其姻亲孙宝琦的私人信函中明确地说，要筹集一千万元"活本"，调和地方矛盾，以及保护国内钢铁市场等都是"必有求于政府"才能完成的事。[①]

另外，由于觊觎汉冶萍的巨额资产，袁世凯亦希望乘机控制汉冶萍，发展国家资本主义。民国初年，刚成立的北京政府规划全国经济建设，特别将钢铁工业正式作为国家的"基本产业"，表示应该"切实提倡，全力注之"。[②] 在日本看来，若听任公司此种现状长此继续，不作根本解决，则使日本"不免常处于不安之地位"，同时"贻外国资本家以干涉公司之机会"[③]。日本遂在"二十一条"中正式提出中日合办汉冶萍问题。

1915 年 1 月，日驻华公使日置益正式向袁世凯提出灭亡中国的"二十一条"，共分五号，内容涉及中国山东、满蒙、旅大、福建及汉冶萍等多项特殊权益。[④] 其中关于对于汉冶萍公司的内容是：第一款："两缔约国互相约定，俟将来相当机会，将汉冶萍公司作为两国合办事业；并允：如未经日本国政府之同意，所有属于该公司一切权利、产业，中国政府不得自行处分，亦不得使该公司任意处分。"第二款："中国政府允准：所有属于汉冶萍公司各矿之附近矿山，如未经该公司同意，一概不准该公司以外之人开采；并允许此外凡欲措办无论直接间接对该公司恐有影响之举，必须先经公司同意。"[⑤] 从上不难看出，日本的意图就是控制汉冶萍，使其"一切富藏、财产等所有权利，永羁于日人之掌握"，"处心积累，

---

① 《盛宣怀致孙宝琦函》，1914 年 3 月 22 日，见陈旭麓等编《汉冶萍公司》（三），第 819 页。

② 刘揆一：《工商会议开会日刘总长演说词》，工商部编《工商会议报告录》，北京共和印刷有限公司 1913 年印。

③ 《日外务大臣加藤致驻北京公使日置益函》，1914 年 12 月 17 日，见《旧中国汉冶萍公司与日本关系史料选辑》，第 541—545 页。

④ 关于"二十一条"的内容，参见王芸生编著《六十年来中国与日本》，第 6 卷，北京三联书店 2005 年版，第 74—78 页。

⑤ 《日外务大臣加藤高明致中国公使日置益训令及对中国"二十一条"要求》，1914 年 12 月 3 日，见日本东亚同文会编：《对华回忆录》，胡锡年译，商务印书馆 1959 年版，第 171—173 页。

可谓周详"①。为达到使袁世凯完全屈服的目标，日本政府拟订了以外交手段威逼，同时施以引诱条件：（一）按一定条件将胶州湾归还中国；（二）保证袁大总统及其政府之安全；（三）严厉取缔在日本及日本法权下之革命党员、宗社党员、留学生及不谨慎之日本商民浪人；（四）奏请向袁大总统及阁僚叙勋。②

对合办汉冶萍，日方拟订了三种方案：（一）1912 年 1 月小田切与盛宣怀缔结的合办临时合办案。中国方面希望日本方面出资 1500 万日元，日本方面则只能满足 1383 万日元，但"此点未决，留以后协定"。（二）小田切案（1914 年大正三年九月向外务省提出）③；（三）高木案（1914年大正三年十二月高木陆太郎向外务省提出）。共有九条，其主要内容是：（1）中国政府收买汉冶萍煤铁厂矿有限公司，即变更其组织，成为中日合办股份公司。（2）新公司资本，定为 3000 万日元。中国政府和日本资本家各持有五成股份，即 1500 万日元。中国政府股份，不得买卖让与；日本资本家股份，仅限于日本人间买卖让与。（3）新公司的董事定为十一名，其中六名由中国政府委任，五名由日本资本家选日本人担任。董事共选中国人一名为董事长，日本人一名为副董事长，中、日双方各一名为常务董事。（4）任用日本人一名为会计科长，由董事会选任，受常务董事指挥处理事务；但将来再添置一名会计科长，得任用中国人。（5）汉冶萍煤铁厂矿有限公司原来负责一切债务和责任而有确实凭证者，一切由新公司继承之。（6）中国政府为收买汉冶萍公司所需之资金，以银1000 万两为限，由日本资本家贷与。

对第三种方案，高木饶有信心地指出：一是符合北洋政府《矿业条例》中外国人出资额不得逾资本总额 5/10 的规定。据此，日方可收买该公司股票的半数，即约 760 股。其中公司董事长盛宣怀持股约 200 万日元，招商局和电报局持股 100 万日元及一般持股中约占八成，则由此可垄断收买约 800 万日元为股票。而上数中，盛宣怀持股不必支付现款，可用日本银行的定期存款券。其余 600 万日元，如持有者两年以上无红利而情

---

① 《日人谋夺汉冶萍公司之经过》，1927 年 10 月 16 日，见"中央研究院"近代史研究所藏经济部档案《湖北汉冶萍公司》（一）。

② 《日驻北京公使日置益致外务大臣加藤高明函》，1914 年 12 月 3 日，见《旧中国汉冶萍公司与日本关系史料选辑》，第 538 页。

③ 此方案未能从相关史料找到具体内容。

况属实，可按面额七折购进，即 400 万日元，"相信目前可充分实行垄断购买公司股票之半数"。二是因与袁世凯及交通系等均有政治过节，且已收回在公司的投资，要病入膏肓的盛宣怀放弃地位应不成问题。三是日本与公司间的借款未得到北洋政府的承认，而北洋政府与公司所希望成为官商合办形式"不过徒使组织复杂，事态更见纠纷而已"。因此日本只要给北洋政府提供约 1000 万两的资金收买公司后，便可与日本实行合办。高木强调，欧洲列强正互以国运相赌之际，日本正可利用北洋政府目前财政极端困难之机实行这一计划。此计划如成功，即"可将从来一切纠纷悉数扫除，而更形巩固我国在中国之地位"。在高木看来，以前中日合办草案系公司与日本资本家之间签订，此次如再以公司为对手而签订同样的合同，无论如何已不可能，而且即令公司同意，中国政府对此必加以反对。但此次中国政府与日本方面签订合办案，大体上依据前年的成案是可行的。①

对于汉冶萍的交涉，袁世凯总的方针是，汉冶萍是商办公司，政府不能越俎代庖，因此日本"应与该公司自行商议"②。其幕僚曹汝霖及顾问拟订的具体对策是：对于第一款，汉冶萍公司是私人产业，中国政府碍于约法，不能作为两国合办事业；对于该公司处分其权利财产，中国政府不能阻止；汉冶萍公司对于日本的债务能按期还本付利，履行契约，政府无权干涉。对于第二款，所谓汉冶萍附近各矿，漫无标准。若从广义理解，则南中数省之矿山，尽为日方所有。关于所谓"直接间接对汉冶萍公司恐有影响之举动，更茫无限制"。三是利用前清总署的照会加以抵制，光绪三十四年正月二十一日总署曾照会英国公使，扬子江沿岸各省之土地，无论何项名目，不抵押租借或让与他国。而有关汉冶萍的条款与此照会互相抵触。③

为配合这一策略的实施，袁世凯还动员盛宣怀及汉冶萍对中日合办加以抵制。本来，盛宣怀及汉冶萍高层本意是赞成中日合办汉冶萍的④，但

①　《日外务大臣加藤致驻北京公使日置益函》，1914 年 12 月 17 日，见《旧中国汉冶萍公司与日本关系史料选辑》，第 541—545 页。

②　曹汝霖：《一生之回忆》，香港春秋杂志社 1966 年版，第 115—127 页。

③　王芸生：《六十年来中国与日本》，第六卷，第 81—82 页。

④　《日驻中国公使日置益致外务大臣大隈第二七〇号机密函》，1915 年 8 月 25 日，见《旧中国汉冶萍公司与日本关系史料选辑》，第 571—572 页。

在中日交涉的敏感时刻，迫于国内时局及舆论的压力，盛等还是给予了袁世凯政府大力支持。"二十一条"提出后，盛宣怀于 1915 年 3 月 28 日在上海斜桥路盛宅召开有王子展、施子英、李一琴、赵凤昌、顾永铨诸重要股东的谈话会。盛主张先派代表赴京，向北洋政府陈述股东意见及公司与日本借款内容。王子展认为此举非常复杂，且为生死攸关之际，较之收归"国有"更为重要，因此提请盛氏亲自赴北京以昭慎重。不过，随着形势的变化，公司中有人力劝缓派代表，提议先将账目清结，然后再与政府接洽，否则款目繁多，头绪纷纭，担心负责交涉汉冶萍问题的政府代表不能胜任。盛宣怀对此颇为赞同。盛遂电召汉冶萍查账员孙润卿到沪，嘱令与会计员共同清算 1913 年至 1914 年该公司的账目，以便查阅。同时将历届股东会议记录分别刊送各股东，以便征集意见，绸缪一切。① 另外，盛宣怀在病榻前向萍矿坐办卢洪昶面授机宜，令其驻京三月，折冲樽俎，以备政府询问。卢到京后，编辑《汉冶萍经过历史一册》交给国务卿徐世昌，以便与日本交涉。而盛宣怀本人也十分关注有关汉冶萍的交涉进程，大病"稍瘥"，"往复之电，日必数起"②。另外，日正金银行驻北京董事小田切做盛宣怀的工作，"风闻公（盛宣怀）对此问题反对甚力，谅非公本意。……万一交涉不成，诚恐大局或致破裂，我公与公司均受其累……设法圆满解决为盼"③。盛宣怀反劝告小田切，"合办一节，股东势必始终反对，非弟一人所能独断。弟为贵国设想，一国合办，必致各国效尤。汉冶萍承官办之后，种种吃亏，又逢革命，所损更多。加以股东必有大欲存之，将来他国合办之局，一无牵制，比较成本，我重彼轻，诸厂跌价争衡，恐日商有损无益，公宜为日商计较实在利益，幸勿徒骛虚名"④。

对中日合办，汉冶萍股东亦强烈反对。股东联合会由汪姓股东召集，决定致书盛宣怀恳请力予维持，并电北洋政府农商部、外交部和政事堂转呈袁世凯，请将日本要求条件内容宣布，俾"股东等研究利害，分别讨

---

① 《盛氏集团聚议的新闻报道二则》，见《旧中国汉冶萍公司与日本关系史料选辑》，第 569—570 页。

② 《萍矿运销局坐办卢洪昶致董事会函附"意见书"中所见》，见《旧中国汉冶萍公司与日本关系史料选辑》，第 567 页。

③ 《正金银行驻北京董事小田切致公司董事长盛宣怀密电》，1915 年 3 月 6 日，见《旧中国汉冶萍公司与日本关系史料选辑》，第 567—568 页。

④ 《盛宣怀复小田切密电》，1915 年 3 月 28 日，见《旧中国汉冶萍公司与日本关系史料选辑》，第 568 页。

论"。而股东森记各股更是对日人之攫夺公司"异常激愤",拟致书盛宣怀要求开股东大会,提议添招股本,预备偿还日款。同时拟呈请农商部力予维持。另外,为达到控制汉冶萍公司股权的目的,日本利用中日交涉引起公司股票低落的时机,唆使许多中国之不肖者为之作伥,以略高价格大肆收买华人之股票。"有强硬之要求以临于前,复有机变之手段以循其后,明修暗渡,双方并进"。对于日本人的阴谋,公司有股东提醒,华人股东的股票切勿轻易出售,非但不可售于外国人,而且对于素不相识的华人也不可出售,"股票售之外人,即无异将矿产全部售之外人矣"。希望各股东"知之""戒之"①。

日方提出的有关汉冶萍公司的条款还遭到了来自英美等列强的外交压力。由于日方当时是以极秘密的方式向袁世凯提出,英美等国起初并不知情。"二十一条"消息被有关媒体披露后,英美等国对此表示关注。英国质问日方代表何为将来中日合办汉冶萍的"适当时机",日驻英大使井上回复道,"所谓将来适当时机,并非指对中国提出问题之时期,而系指将汉冶萍公司作为日华合办之时期……约定将来不割让中国沿岸之事,对目前英国及其他租借者无任何影响"②。在美国的要求下,日本对"二十一条"中关于关东租借地、南满安奉线期限、吉长铁路之所在、汉冶萍公司等逐一作了解释。③ 日本还向美驻日大使强调,"二十一条"仅为"条件之要点,并非特别正式之备忘录,仅为代替口头上之申述而记载其要点,以供览阅"。表示将美国与英法俄同等对待,均提前秘密相告;合办汉冶萍公司不会损害美国的利益。④ 不过,随着有关汉冶萍的内容被《泰晤士报》完全曝光,英美等国开始对此表示高度警惕。日本政府不得不向英国澄清有关汉冶萍问题,"此外尚传日本要求长江流域之矿山采掘权,虽此说全无根据,或所传为与要求第三号将汉冶萍公司作为日华合办

---

① 《有关中小股东反对活动的新闻报导二则》,1915 年 4 月 16 日,见《旧中国汉冶萍公司与日本关系史料选辑》,第 574—575 页。

② 《日外务大臣加藤致驻英大使井上第十三号电》,1915 年 1 月 11 日,见《旧中国汉冶萍公司与日本关系史料选辑》,第 558—559 页。

③ 《日驻美大使珍田致外务大臣加藤第四十四号电》,1915 年 2 月 9 日,见《旧中国汉冶萍公司与日本关系史料选辑》,第 559 页。

④ 《美驻日大使到日外务省会谈要点》,1915 年 2 月 9 日,见《旧中国汉冶萍公司与日本关系史料选辑》,第 559—560 页。

有关"①。后又表示不会无视英国政府正当获得利权，希望"丝毫不必留意"②。对美国大使质问"汉冶萍公司所属矿山近旁之矿山，他人不得采掘"之意时，日本政府闪烁其辞，表示不是湖北省全部或长江流域全部矿山，但究竟是何矿山，"实为今日难言之当前问题"。将由日中两国设委员以决定，"眼下尚不能具体决定称为何山"③。

随后，美国提出四点，第一，日本将多数军队留驻中国，会伤害中国国民感情并招致不良结果。第二，要求日本政府对美国政府提出的要求条款与希望条款区别之说明。第三，关于日方对汉冶萍公司之要求，与中国主权相抵触，且对附近矿山之采掘似亦有损各国之权利。不许汉冶萍公司国有，有损中国之最高所有权。第四，美国关于日华交涉之态度，行政部门如再长期保持沉默，则徒然加深美国公众之疑虑，因此，希望解除严守秘密之责。④ 在英美等国的压力下，日政府不得不向英国解释有关汉冶萍修正案，"两缔约国怂恿公司及关系者竭力于日华合办之实现；又如约定防止中国政府不得日本之同意，不得变更该公司之现状"⑤，意在取得英国对日本要求合办汉冶萍的谅解。日方亦向法国出示了对华要求最后修正案，详细说明其让步及归还胶州湾声明之趣旨。⑥

北洋政府和汉冶萍公司对"二十一条"的强烈抵制超出了日本预想，加之欧美列强的干预，打乱了日本的外交步伐和策略，使日本政府在汉冶萍问题上表现得进退失据。一是日本政府不得不明确对"汉冶萍公司所属附近矿山"之句的解释，日外务大臣加藤电致日置益特别说明，是指象鼻山、龙角山等接近大冶萍乡矿山的部分，而散在各处及各矿山附近的

---

① 《日外务大臣加藤致驻英大使井上第六十号电》，1915 年 2 月 19 日，见《旧中国汉冶萍公司与日本关系史料选辑》，第 560—561 页。

② 《英驻日大使到日外务省会谈要点》，1915 年 4 月 15 日，见《旧中国汉冶萍公司与日本关系史料选辑》，第 561—562 页。

③ 《美驻日大使到日外务省会谈要点（其一）》，1915 年 4 月 5 日，见《旧中国汉冶萍公司与日本关系史料选辑》，第 561 页。

④ 《日驻美大使珍田致外务大臣加藤第一三九号电》，1915 年 5 月 2 日，见《旧中国汉冶萍公司与日本关系史料选辑》，第 564—565 页。

⑤ 《日外务大臣加藤致驻俄大使本野第一九七号电》，1915 年 4 月 13 日，见《旧中国汉冶萍公司与日本关系史料选辑》，第 563—564 页。

⑥ 《法驻日大使到日外务省会谈要点》，1915 年 4 月 30 日，见《旧中国汉冶萍公司与日本关系史料选辑》，第 564 页。

不包括在内。① 二是由于中国人民的强烈反对及列强的干预，日本政府有关汉冶萍的政策产生混乱。

日外务省电示日置益，先是要求撤回有关汉冶萍的第三号第二条，以第一九〇号电②作为新修正案。在接到第二七七号电后，日置始知道外务省最初的第二六二号中"去电第一九〇号"系"去电第二三七号"之误。日置抱怨道，"现重又对中国方面试图修正，如此甚为不妥"。"值中国方面反对之际，以让步形式修改第二三七号之案，作为让步之极点而提出，实不顺利"③。三是由于北洋政府的态度坚决，日本对方案不断修正，第一款，"两缔约国竭力促成该公司及其有关方面实现日华合办。又如约定防止中国政府不得日本国之同意，即改变该公司之现状。"对"公司所属各矿山附近之矿山"一句之意，两国不妨派员实地查勘后决定。经过多轮交涉后，日方了解北洋政府的立场后，态度趋于软化，又修正为："他日该公司有关者与日本资本家之间议成合办时，中国政府对之应予以承认。再，中国政府不得没收该公司。又，不经日本资本家同意，不得作为国有，并不得于日本国之外将外资引入该公司。"④ 后来在措辞表达上作出了一些让步，"日本国与汉冶萍公司之关系极为密切，如将来该公司系人与日本资本家商定合办，中国政府应即允准。又，中国政府允诺，如未经日本资本家同意，将该公司不归为国有，又不充公，又不准该公司借用日本国以外之外国资本"⑤。

不过日本很快又废除了上述方案，重新拟订了有关汉冶萍公司的政策，并作为最后通牒。其主要内容是：（1）"鉴于日本国资本家与该公司

① 《日外务大臣加藤致驻中国公使日置益第九十三号电》，1915 年 2 月 17 日，见《旧中国汉冶萍公司与日本关系史料选辑》，第 551 页。

② 内容是："日本国对汉冶萍公司向投有巨额资金，该公司与日本国之关系极为密切。两缔约国竭力促成该公司及其有关方面实现日华合办。又如约定防止中国政府不得日本国之同意，即改变该公司之现状。"再，第三号第二条无论形式如何，意思务与原案一致……若中国追问以上所谓"附近之矿山"为何意，两国不妨派员实地查勘后决定。关于此点，希参照前去电第九十三号办理。参见《旧中国汉冶萍公司与日本关系史料选辑》，第 551—552 页。

③ 《日致驻中国公使日置益致外务大臣加藤第二一六号电》，1914 年 12 月 17 日，见《旧中国汉冶萍公司与日本关系史料选辑》，第 554 页。

④ 《日外务大臣加藤致驻中国公使日置益第二三七号电》，1915 年 4 月 13 日，见《旧中国汉冶萍公司与日本关系史料选辑》，第 552—553 页。

⑤ 《日本政府交北洋政府的修正案》，1915 年 4 月 26 日，见《旧中国汉冶萍公司与日本关系史料选辑》，第 553 页。

之密切关系，约定于适当机会将该公司作为日华合办与中国政府不得帝国政府之同意，不得擅自处理属于公司之一切权利财产及处理公司。"（2）"约定在保护日本资本家方面债权之必要上，关于属于该公司各矿山附近之矿山，未经公司同意，中国政府不允许公司以外者采掘，并在执行其他直接或间接对公司有影响之虞的措施时，须先经公司同意。以上修正案乃参酌中国方面向来在会议上主张。"（3）"关于汉冶萍公司，中国政府（甲）他日该公司与日本资本家间合办之议达成时，应承认之；（乙）不得没收该公司；（丙）没有有关日本资本家之同意，不得将该公司作为国有；（丁）要求中国政府约定不从日本以外将外资引进该公司。"① 1915年5月25日中日关于汉冶萍公司案的换文称："中国政府因日本资本家与汉冶萍公司有密接之关系，如将来该公司与日本资本家商定合办时可即允准；又，不将该公司充公；又，无日本国资本家之同意不得将该公司归为国有；又，不使该公司借用日本国以外国资本。相应照会，即希查照，须至照会者"②。由于袁世凯有称帝野心，需要取得日本的支持，最终同意了除第五号③外的所有条款，其中关于汉冶萍的妥协条款是："如将来该公司与日本资本家商定合办，中国政府应即允准。又中国政府声明该公司不归为国有，又不充公，又不准该公司借用日本国以外之外国资本"④。

三　中日合办九州制钢厂

1915年初，日本向袁世凯政府提出"二十一条"后，由于西方列强的干预和中国人民的强烈反对，中日合办汉冶萍无法实施。同年5月，由于资金缺乏，汉冶萍公司董事长盛宣怀向北洋政府提出借款，袁世凯拟通过通惠公司控制汉冶萍，因盛的反对和日本的干预而流产。⑤ 1916年，处

---

① 《日本政府"废案"》，1915年5月4日起草，见《旧中国汉冶萍公司与日本关系史料选辑》，第555—556页。

② 《汉冶萍事项之换文》，1915年5月25日，见《旧中国汉冶萍公司与日本关系史料选辑》，第557—558页。

③ 内容是：中国中央政府须聘用有力之日本人充为政治军事等各顾问；所有中国内地所设日本病院、寺院、学校等，概允其土地所有权；地方警察由中日合办，或聘用日本技师，并购买日本材料；由日本建造接连武昌与九江南昌、南昌杭州、南昌潮州各路线铁路；中国政府在福建筹办铁路矿山及整顿海口需要外国资本时，日本有优先权；允许日本人在中国有布教权。

④ 王芸生：《六十年来中国与日本》，第六卷，第228页。

⑤ 参见本书第四章第二节。

于胶着状态的欧战推高了世界钢铁市场的价格，同时也刺激了日本钢铁工业的发展。在这种形势下，日正金总经理井上于 1 月致函盛宣怀，提出：日本目前金融市场资金供过于求，同时汉冶萍公司在大冶的新炼铁厂正在兴建，可以预计不久将使生铁生产过剩，因此创办一中日合办钢铁公司对双方极为有利。井上向盛推荐了日本资本家安川敬一郎，因为安川不仅具有雄厚的资本，而且愿意与人合资；同时还具有从事新公司业务的经验，尤其是具有相当丰富之采矿及翻砂经验，因此是最能代表日方的最佳人选。井上还表示，盛宣怀合办的方案已被日本制铁所长官采纳，同意将在工业用水、总工程师及助手等方面给予新公司支持。①

本来，最先提议中日合办制钢厂的是盛宣怀。辛亥革命盛宣怀遁逃日本期间，发现在日本钢铁厂所炼之钢较在中国本轻利厚，而且所课税率极低，生铁进口每吨只需纳税 1.68 日元，钢料每吨只需纳税 10.08 日元。在盛看来，以轻税之铁炼钢，实为合算，遂有与日本合办钢厂之议。② 此议立刻得到了日方的积极响应。为迅速促成此事，日正金银行北京分行副经理武内金平偕王阁臣、大野助手加紧游说盛宣怀同意建立中日合办制钢厂。"说明目前日本金融市场状况，便于建立企业，人心亦热衷于炼铁事业。特别是关于本案，日本政府及制铁所早已声明给予充分之援助和保护，务必利用此种时机，努力进行，最为得策"。

不过盛宣怀顾虑重重，一直未做出任何积极回应。在他看来，欲与日合办新制钢厂，必须首先考虑日本对通惠借款案之善后策，即在得到日方明确政策之前，盛一直未就此向北京政府说明该合办案。而且合办需要大量资金。通惠借款因日方干预而流产后，日方须对所需资金支持方面作出承诺，因此盛希望将通惠善后与该制钢厂问题同时处理。对此，但武内认为通惠问题如已成废案，需暂静观其后果，待中日外交关系发生变化后再行慎重研究，提议将新制钢厂问题与之分开来处理。但并未获得盛氏的赞同。另外，盛宣怀对日本是否真正想与汉冶萍公司合办存在疑虑。由于经历民初中日合办汉冶萍、"二十一条"及通惠借款等重大变故后，盛宣怀对此不得不慎重，提出中日合办必须先由日本政府向北京政府交涉后，再

---

① 《日正金银行总经理井上准之助致盛宣怀函》，1916 年 1 月 6 日，见《旧中国汉冶萍公司与日本关系史料选辑》，第 625—627 页。

② 《公司董事会提交股东大会报告书》，1916 年 10 月 31 日，见《旧中国汉冶萍公司与日本关系史料选辑》，第 632—636 页。

请北京政府找盛氏商谈。武内表示，日本对于既定方针，不会有任何变更。但合办案想得到盛宣怀的政敌袁氏乃至一般北京政府当局人士赞同均很困难，实行恐怕不可能。上述炼铁厂之所以有希望，乃因地处上海，不致因动乱而妨害开工；且江水之涨落，不如长江之厉害；设备优良；在取得焦炭方面，远胜于汉阳大冶。①

盛宣怀希望中日合办新钢厂以扩大公司在日本的销售市场。当时汉冶萍面临的处境是，拟在大冶新建化铁炉两座，所出生铁"只日本一隅，已足畅销"；由于时势变迁，印度铁乘机羼入，与汉冶萍展开竞争。同时，日本与奉省合办本溪湖铁厂的生铁"犹胜于我"。美、澳两洲近年"虽力辟销场，充类至尽，亦不过岁销二三万吨为止"。若汉、冶六炉齐开，年产生铁约44万吨，除按照新旧借款合同，年交制铁所及汉厂炼钢并应中外销场外"尚有盈余"，"不得不筹可恃之销路，以浚利源"。在听说安川欲在日本九州地方筹设钢铁厂，董事会当即致函高木，托其商劝专办炼钢，即"购汉冶萍生铁以为原料，两方有益"。旋得到在中国游历的安川长子松本健次郎②之赞同。③ 日制铁所三期扩张工程完成后，对生铁的需求骤增，明确要求从后年起，年需交铁20余万吨，最多年额则需31.5万吨。对此，股东联合会代表傅筱庵对此表示赞同，并提出：一方面要满足制铁所每年应交大宗生铁，关系借款合同信用，最为要紧；此外复有本厂自用及国内外销额，必须就汉、冶两厂产额切实通筹，方免顾此失彼。④ 在日本合办制钢厂，无疑有利于汉冶萍就近拓展和占有市场。

日方表现得尤为迫切。欧战刺激了日本钢铁事业的快速发展，在此期间新建的民营钢铁厂达14家之多，⑤"当此等钢厂及高炉在两三年内完成时，日本生铁产量，不包括国营钢厂产量在内，将达40万吨，而目前仅

---

① 《日正金银行北京分行副经理武内金平自上海致总经理井上函》，1916年2月15日，见《旧中国汉冶萍公司与日本关系史料选辑》，第627—628页。

② 因安川赘于松本家，故长子入松本姓。见《吴作模致夏借复函》，1918年4月10日，《汉冶萍公司档案史料选编》（下），第143页。

③ 《公司董事会提交股东大会报告书》，1916年10月31日，见湖北省档案馆藏：《汉冶萍公司商办历史》（公司内部刊印）第二，第33—36页。

④ 《公司股东大会记录》，1916年10月31日，见《旧中国汉冶萍公司与日本关系史料选辑》，第643—645页。

⑤ 方一兵著：《中日近代钢铁技术史比较研究：1868—1933》，安徽教育出版社2013年版，第183页。

9 万吨。至于钢产量将达 26 万吨，而目前约 8 万吨，尚未把计划中两个配备高炉之大型钢铁厂未来产量考虑进去"。而且日本对于钢材需要量正在迅速增长，由目前的约 75 万吨将增至 120 万吨。鉴于此，日本政府对具有一定生产能力的钢铁工业在土地使用、赋税、设备材料进口等方面采取鼓励政策，① 因此新钢厂也将享受此等优待，而且在国内生产钢铁无须支付进口税，因此"对于剩余生铁处理以及有机会时争取在日本市场中占一较好地位"②。

对于日方的合办设想，汉冶萍提出了建议：一是在中日合办制钢厂合同中，董事名额由 8 名增为 9 名，中国人 5 名，日本人 4 名，其中选定日本人为董事长。二是关于供给生铁合同，在新成立之炼铁厂未设立之前，可以盛宣怀个人名义签署。三是关于大冶供给之生铁，必要时由新规划设立之炼铁厂与汉冶萍公司间缔结合同。四是关于生铁造价过高问题，同李维格商量后，考虑在 10 年内为 30 日元。五是盛氏为了新规划设立炼铁厂之资本筹措，正与其女婿林氏一族协议中。③ 双方经过谈判，拟订合办章程，其主要内容是：一是公司设总公司于福冈县八幡市，设分公司于上海。二是公司资本定为 1000 万日元整。三是股权，本公司股份分为 10 万股，每股金额定为 100 日元整。前项股份，由中日两国各占半数。四是董事名额分配，董事会会长就日本各董事，董事会副会长就中国各董事，办事董事就中日各董事中各一人，均由董事会互选之。④ 同时签订了借款合同，规定汉冶萍公司所承募九州制钢股份有限公司之股份，第一次应纳股款由安川借用 125 万日元，公司允将制钢公司股票全数作为此项借款担保交与安川。偿还办法是，自制钢公司开炉之日起，前 5 年搁置不还，第 6 年起，分 10 年均匀摊还。摊还的本金，须从制钢公司分利项下抵扣，如 5 年以后，制钢公司尚不分利，或所分之利不敷公司还本之数，可递后摊

---

① 方一兵著：《中日近代钢铁技术史比较研究：1868—1933》，安徽教育出版社 2013 年版，第 180 页。

② 《松本致孙宝琦函》，1916 年 7 月 17 日，见《汉冶萍公司档案史料选编》（下），第 138—139 页。

③ 《日正金银行上海分行经理儿玉谦次致总经理井上函》，1916 年 4 月 6 日，见《旧中国汉冶萍公司与日本关系史料选辑》，第 630 页。

④ 《汉冶萍公司与安川"合办"九州制钢股份有限公司章程》，1917 年 8 月，见《汉冶萍公司档案史料选编》（下），第 138—139 页。

还。利息高不过 7 厘，至低不得过 6 厘。① 同时还签订了生铁供给合同及附件：第一条，公司允认制钢公司为制钢所需一切生铁悉由公司供给。制钢公司允许不由公司以外者购办。第二条，公司所供给与制钢公司之生铁，每年以 6 万吨为最少限度，专指公司汉阳化铁炉，并现建大冶化铁炉全年所出之生铁产额达 40 吨以上之时以为最少限度。如全年产额在 40 万吨以下之时，公司可得照其产额比例，将供给制钢公司之生铁数目递减。生铁价格按伦敦三号克力郎（Cleveland No.3）生铁市价为准。但其市价每年分两期协定：以 1 月起至 6 月及 7 月至 12 月为各一期，算出其平均市价。②

1917 年 10 月 9 日，安川等在福冈县若松市开股东成立大会，推选董事八人，监事二人，于本日注册。董事人选是：董事，安川方面是安川敬一郎（会长）、安川清三郎、桥本健次郎（常务董事）、石渡信太郎；汉冶萍方面是孙宝琦（副会长）、盛恩颐（常务董事）、林熊徵（台湾籍）、杨学沂、夏偕复（1921 年 10 月增）。监事名单是：安川方面是河上谨，汉冶萍方面是吴锦堂（日本兵库县籍）。经理兼建设部部长是日本人村田素一郎（大正八年六月聘）。③ 1918 年 4 月 10 日，公司召开第一次股东大会，夏偕复代替吴作镆作为华董代表出席。④

不过，还未等九州钢铁厂竣工，世界大战就结束了，钢铁市场的危机也随之出现。第一次世界大战结束后，钢铁价格骤跌。日本生铁市价，1918 年 9 月最高达每吨 541 日元，逐步下跌，到 1921 年 9 月最低下降到 65 日元，下降 88%，同时期，钢板价格下降 90%。⑤ 鉴于此，1922 年 10 月安川及九州钢铁厂召集董事会议，"以目前钢价过低，销路不畅，勉强开炼，损失必多，决定暂行停办"。并决定从 11 月起已将全体职员遣散 1/2，其余则待工厂紧要部分建筑完成之后再行遣散。对于厂中重要但未完成的瓦斯发生炉及动力室二部，于次年 3 月竣工后亦将全体解散，实行

---

① 《借款合同》，1917 年 9 月 7 日，见《汉冶萍公司档案史料选编》（下），第 141 页。

② 《生铁供给合同及附件》，1917 年 10 月 10 日，见《旧中国汉冶萍公司与日本关系史料选辑》，第 659—662 页。

③ 《九州钢铁公司领导机构人选》，1917 年 10 月 9 日，见《旧中国汉冶萍公司与日本关系史料选辑》，第 663 页。

④ 《吴作镆致夏偕复函》，1918 年 4 月 10 日，见《汉冶萍公司档案史料选编》（下），第 143 页。

⑤ 日本商工省编：《制铁业参考资料》，1937 年版，第 134—135 页。

停办。仅留二三名紧要人员以整理残业，并保管工厂。① 对于这种局面，汉冶萍不能束手待毙，自然要图善后之策。公司驻九州技师李裕提出，九州钢铁已停工，尽管安川仍存"徐图恢复之想"，但由于欧洲法军占领德国煤矿鲁尔，导致世界钢铁价格起落不定，钢铁厂如要继续开工，非再增资400万日元，而将来盈亏之计算，尚属渺茫不明，故亦在"瞻望徘徊之秋，不敢贸然进行"。针对国际钢铁价格惨跌和日本物价高昂的现实，李裕断言九州钢铁厂无法获利，提出解除条约为唯一解决途径。安川方面在九钢投资已达500万日元，即负债已达500余万日元，该厂建筑项目下已超过1000万日元，每月对于负债支出利息约3万余日元。因此中国股东应当机立断，"若因循不问，长此以往，非但损失五百万，而千万以上之损失亦意中事，故提早解除合办条约，至今实为当务之急"。他还指出，若中国方面能对安川补以相当损失，便可与其商谈解除合办契约；合办解除之后，安川得独立向政府筹商，请其维持收置。② 1924年4月，李裕向公司报告安川对钢厂的善后三策，（一）留待后日有机再举。与制铁所当局商酌，无价付与其管理，以减去维持费和免机件之损坏，待5年或10年后钢价腾贵时再收回自办。（二）协商政府收回。将厂底机件作价全部卖与政府，若政府答应收买，虽稍受损失亦在所不惜。（三）报效国家。将全厂无价送与政府。实际上，钢厂现负债约800万日元，每年支出利息约70万日元，既送与政府，债务亦当随之，即无异政府以800万元收买。③ 而安川因财政困难，十分希望政府收买。④ 1925年6月8日，安川表示答应解散合办组织，公司所有全部股份由其承接，公司所借本金当初之未付利息约103万余日元亦可全部免除。⑤

九州制钢厂的失败标志着中日合办汉冶萍事件告一段落。但从汉冶萍公司的发展历程来看，资金短缺是盛宣怀等同意日本提出中日合办的最主

① 《公司派驻九州钢厂技师李裕致总经理函》，1922年11月27日，见《旧中国汉冶萍公司与日本关系史料选辑》，第665—666页。

② 《李裕致夏偕复、盛恩颐函》，1923年4月20日，见《汉冶萍公司档案史料选编》（下），第145页。

③ 《李裕致公司总经理函》，1924年4月6日，见《旧中国汉冶萍公司与日本关系史料选辑》，第668—669页。

④ 《李裕致盛恩颐函》，1924年12月26日，见《汉冶萍公司档案史料选编》（下），第146页。

⑤ 刘明汉主编：《汉冶萍公司志》，第100页。

要动因，而日本则利用这一点图谋加强对汉冶萍的控制。进入民国以后，由于政局动荡不安、军阀割据和战争频仍，整个政治环境对其发展不利，因此中日合办对汉冶萍而言还有谋求日本政治保护的意图。这也给日本要求合办汉冶萍提供了可乘之机。日本图谋通过中日合办深度介入汉冶萍的生产和管理，从而达到控制的目的。与洋人合办汉冶萍的提出者是张之洞，但与日本合办汉冶萍的幕后导演却是盛宣怀，是其在 1908 年东游日本时向日首相桂太郎提出的[1]，并在南京临时政府时期得到一定程度的实施；1915 年在"二十一条"和通惠借款事件中两度被日本赤裸裸地提出，最终通过九州制钢厂得以实现。不过，九州制钢厂的合办并未达到日方所希望的目的。汉阳铁厂和大冶铁厂于 1924—1925 年相继停产后，日方放弃了"合办"政策。1928 年，鉴于中国国内形势与日本国内钢铁工业发展的现状，日本重新确立了对汉冶萍的新政策，将历来推行的从公司获得矿石和生铁供应的方针，改为"制铁所今后只以汉冶萍供给矿石为满足，不指望其生铁之供应"[2] 的方针，以保证八幡制铁所的原料供应和贷款的偿还。1938 年，日军直接占领大冶铁矿，并将其完全置于日本的控制之下。

---

① 盛宣怀：《东游日记》，光绪三十四年九月，盛宣怀著：《愚斋存稿初刊》，思补楼藏本 1939 年刊。

② ［日］安藤实著：《日本の对华资本投资》，东京亚洲经济研究所 1967 年版，第 112—114 页。

第三章 汉冶萍公司与南京临时政府

民初中日合办汉冶萍案是南京临时政府时期的一个重大事件，对汉冶萍的发展产生了重大影响。对于这一问题研究，学界已取得了比较丰硕的成果，[①] 但对事件原委及盛宣怀所起的作用仍存在就事论事的缺陷。因此这一问题仍有进行重新探讨的必要，从而还原历史的本来面貌。

第一节 民初中日合办汉冶萍案的起因

一 萍乡或大冶：新铁厂厂址的争论[②]

张之洞在择定铁厂厂址时，由于考虑到当时大冶黄石港无适合设厂的地方，加之受到传统思维观念的影响，因此将铁厂建在煤铁皆缺的汉阳。这一决策的失误，直接导致汉阳铁厂高成本运营，严重影响其后来的可持续发展。尽管张之洞将铁厂设在汉阳具有不得已的难处，但事实却是，长

[①] 学术界对究竟应由谁来对中日合办汉冶萍借款案承担责任一直存在争议，如全汉昇《汉冶萍公司史略》（香港中文大学出版社 1972 年版）、武汉大学经济系编《旧中国汉冶萍公司与日本关系史料选辑》（上海人民出版社 1985 年版）等均认为中日合办汉冶萍案是盛宣怀的一个阴谋。只不过，新的研究发生了一些变化，认为孙中山的临时政府对此应负部分责任，如孙立人《民初汉冶萍公司中日"合办"问题探析》（《历史教学》1998 年第 3 期）、杨华山《论南京临时政府期间汉冶萍"合办"风波》（《学术月刊》1998 年第 11 期），但着重于临时政府提出合办案及最终结局的探讨。李培德在《汉冶萍公司与辛亥革命》（载中华书局编辑部编：《辛亥革命与近代中国——纪念辛亥革命 80 周年国际学术研讨会论文集》，中华书局 1994 年版）、易惠莉在《孙中山、盛宣怀与中日合办汉冶萍借款案》（《史林》2002 年第 6 期）详细论述了合办案经过，并指出了孙中山与临时政府与盛宣怀的责任问题，但对该案的起因和合办促成的真正原因的分析方面仍存在深入探讨的余地。

[②] 关于这一问题的研究，参见袁为鹏《聚集与扩散：中国近代工业布局》，上海财经大学出版社 2007 年版，第 97—106 页。但仍有一些问题值得深入探讨和商榷。

江上游荆湘一带并没有其所期望适合炼铁的煤矿。结果，铁厂的原料和燃料均须仰赖外地供给，大大增加了运营负担。1892 年还在铁厂紧张建设过程中，由于资金难筹，张之洞就萌发了商办的念头①；1893 年还正式拟订官督商办章程，其中第三十八条规定："如以后在大冶铁山铺左近地方另设炼生铁大炉，费省运便，成本尤轻，获利尤厚，必有他商图为添炉攘利之举。"② 1896 年，因经费难以为继，张之洞被迫将铁厂交由盛宣怀招商承办。招商章程中规定，"俟寻获佳煤矿后，除汉阳厂两炉齐开外，必须在大冶之石灰窑一带添设新式生铁大炉四座，计开一炉日出生铁六七十吨，六炉共日出四百余吨，每年可出生铁约十万吨"③。由此可见，经过一番挫折后，张之洞反省到将铁厂设在汉阳带来诸多的不便，故在重要煤矿还没有被发现的时候，唯有在产铁的大冶添设炉座，作为补救的办法。盛宣怀接手汉阳铁厂后，由于燃料问题长期未得到解决，加之产品质量有问题，因此铁厂一直处于亏损状态，此时在大冶设厂的呼声高涨起来。鉴于此，盛宣怀将寻煤的重点放在大冶附近区域，1896 年 6 月 11 日派矿师勘查宿松、宁乡两处煤矿，发现"皆属佳煤"，而且"与大冶一水可通"。因此"拟在大冶江边另添生铁炉数座，就近化铁，以省运费"④。铁厂会办赵锡年甚至认为，化铁炉设在大冶尽管不免多费人工，多僭土地，但究少险象。"万一有损，亦尚不碍大局"⑤。此时，洋矿师马克斯已勘测到大冶附近适合设厂的地方有七个，其中最善者有菜子湾、小牧养、袁家场、周家巷四处，但关键还是燃料的问题，因为"若设于铁矿，必须先储焦炭可用两个月之久而后开工，庶免断续之患"⑥。

　　正当铁厂主事者踌躇满志，拟将设炉目标放在大冶之际，1897 年 7

---

　　① 《张之洞致李鸿章函》，光绪十八年十月十五日，见陈旭麓等编《汉冶萍公司》（一），第 28—31 页。

　　② ［附件］：《汉阳铁厂官督商办章程》，光绪十九年四月二十九日，见陈旭麓等编《汉冶萍公司》（一），第 63 页。

　　③ 《铁厂招商承办议定章程折并清单》，光绪二十二年五月十六日，见苑书义等编《张之洞全集》，第 2 册，第 1169 页。

　　④ 《招集湖北铁厂股东公告》，光绪二十二年五月初一日，见陈旭麓等编《汉冶萍公司》（一），第 77 页。

　　⑤ ［附件］：《赵锡年：铁厂条陈》，光绪二十二年六月二十一日，见陈旭麓等编《汉冶萍公司》（一），第 152 页。

　　⑥ ［附件］：《郑观应：铁厂次第筹办张本六十条》，光绪二十二年七月二十七日，见陈旭麓等编《汉冶萍公司》（一），第 192 页。

月萍乡煤矿被发现。在当时究竟是以煤就铁，还是以铁就煤，这对汉冶萍决策层来说是一个艰难的抉择。随后，萍乡附近之湘东发现铁矿。① 盛春颐和李维格以赖伦说帖为依据，主张以原拟添置汉厂机器之款在萍乡设生铁炉一座、马丁炉一座、熟铁炉约二十座，则"炼铁厂聚于一处，必获巨利"。他们还认为，即使萍铁不佳不旺，难供铁厂之用，以冶铁运萍，亦尚合算；若萍铁可用，生铁成本不过十余两，熟铁四十余两，以目前铁市而论，即此两项，每年已可盈余一二十万两，加之马丁钢零件等年盈余三十万两，不足奇也。"萍厂如成，三年后，除非常之变不论外，获利似可操券，且可为萍乡年销煤炭万余吨"②。可以说，如要设新铁厂的话，萍乡应该是不二选择。李维格还算了一笔账，汉厂每吨熟铁成本只有五十七两五钱，而市价（光绪二十八年八月二十三日）每吨合银五十九两三钱三分，每吨可余银一两八钱三分。"倘能生铁炉两座齐开，萍汉运道通畅，盈余当不止于此。"③

此时，萍乡是否有适合炼铁的铁矿成为该地能否设厂的关键。盛宣怀委派布卢特对湘东铁矿（包括刘公庙铁矿、五口塘铁矿、上珠岭铁矿、易马铁矿）进行了勘探，但前景并不乐观，只有上珠岭情况好一点。尽管如此，但布卢特仍坚信，萍乡县属现有极好煤矿，而且产铁之处甚多，若在此设立炼铁炉"极乎合宜"。另外，此处淡水充足，更兼有炼铁所必需的白石矿。由此观之，"萍乡实堪以开设一大铁厂也"④。洋矿师鲁培认为，此设炉于大冶，不如就汉厂已成之局；设炉于汉厂，不如设炉于萍乡。萍矿含铁五成，虽不如大冶矿含铁量高，而铁矿、煤、焦，相连一处，办理庶易为力。在萍乡择地建炉、采矿、炼铁、焦炭、铁矿、生煤、人工、杂费银及运汉厂炼钢造轨费用等所有统计在内计每吨成本十七八

---

① 《盛春颐、李维格致盛宣怀函》，光绪二十七年九月初三日，见陈旭麓等编《汉冶萍公司》（二），第256页。

② 《盛春颐、李维格致盛宣怀函》，光绪二十七年八月二十七日，见陈旭麓等编《汉冶萍公司》（二），第255页。

③ 《李维格致盛宣怀说帖》，光绪二十八年八月二十五日，见陈旭麓等编《汉冶萍公司》（二），第291—292页。

④ 《布卢特：勘察萍乡矿务报告》，光绪二十九年正月十四日，见陈旭麓等编《汉冶萍公司》（二），第309页。

两，较当时每吨成本三十余两者节省很多，因此其结论是在萍乡设厂化铁。① 不过，无论是在萍乡还是大冶设化铁炉均需巨额资金，因此也有人从节省经费角度提出在汉厂直接添置化铁炉，如宗得福称，化铁炉按原奏本应添设于大冶，只是大冶平地楼台自筑地脚起至造成止，完全要另起炉灶，断非数十万两所能竟功。似"应就本厂添一大炉最为合辙"②。

从上可看出，在萍乡设炉炼铁的观点占据上风。但究竟是在萍乡设厂，还是在大冶设厂，汉冶萍总矿师赖伦从大冶、萍乡各自优势，炼钢铁一吨所需工本，各自优缺点进行比较，最后得出结论（表3-1）。③ 最为可贵的是，赖伦利用大量数据进行分析，因此得出的结论令人可信。

表3-1　　　　　　　　赖伦对萍乡和大冶设厂各自优缺点的比较

	优势	工本	缺点	结论
大冶	第一益处系就近铁矿、矿石之富、价值之廉，天下莫与比也。大冶铁矿近水路，又煤矿亦相近。	（1）炼一吨生铁共计工本银约二十两（2）炼一吨钢砖共计工本银三十四两（3）炼一吨钢轨工本银四十两	大冶厂取焦炭价较贵，萍乡焦炭交到大冶，每吨作价银十一两，较欧、美各厂每吨生铁上，便须贵银六两零八分。大冶厂将矿价焦价两项一并扯算，较欧、美两洲实省银三两五钱四分	大冶设厂料价便宜，故设铁厂最为相宜。（1）近长江，水路四处可通，又无须再开新铁矿；（2）现有之运矿铁路已通东边，无须再造通矿之铁路；（3）大冶若需保护之处，较萍更稳，此系有关设厂筹借洋款者；（4）大冶地方风气早开，无虑阻阂，又雇用好工匠等较在萍更易。新厂设在萍与设在大冶，所用成本约略相同。铁厂以大冶设厂为是
萍乡	第一益处系就近萍乡煤矿富足，焦炭、生煤价值便宜。煤在萍售每吨价银三两。就近铁矿苗，如上珠岭距湘东铁路之四十里、刘公庙十五里。	（1）炼一吨生铁共计工本银约十九两（2）炼一吨钢砖工本银三十三两（3）炼一吨钢轨工本银四十一两二钱五分	萍厂于制造钢铁工本便宜，而至汉口运脚甚大，每吨估银三两，工本、运脚两数相抵，与冶厂比较，大冶较萍便宜银一两	

① 《章达致盛春颐函》，光绪二十九年二月十四日，见陈旭麓等编《汉冶萍公司》（二），第315页。
② 《宗得福致盛宣怀函》，光绪二十八年十月初六日，见陈旭麓等编《汉冶萍公司》（二），第300页。
③ 《赖伦致盛宣怀函》，光绪二十九年五月二十一日，见陈旭麓等编《汉冶萍公司》（二），第327页。

根据赖伦的分析，从生产成本上来看，萍乡与大冶应不分伯仲。尤其是在萍铁"不可恃"的情况下，大冶相对而言优势更明显。而此时，燃料问题是汉冶萍发展的急务，因此盛宣怀只能暂时将设新铁厂事宜置在一边，优先开发萍乡煤矿，故于1903年向德国礼和洋行借款400万马克，大举开发萍矿。1907年，萍矿开发任务基本完成。燃料问题解决后，新铁厂建设的计划又提了出来。在萍乡设厂的提议被否定后，在大冶设厂迫在眉睫。"近年汉厂专恃销轨，处处为人挟持，炉座既少，机器又小，市面繁货概不能制。因之来源愈短，成本愈重"，从1896年至1905年3月，亏损约200万两，主要原因在于，"一因生铁炉用焦太多，二因炼钢炉出钢不多，难造钢板，三因铁路未成，煤焦价贵，四因股本太少，欠款利益过重"。"坐此四病，愈久愈亏。"① 该厂总办李维格等称，举借巨款，添建新厂"所谓定倾扶危出奇制胜，目前实只此一著"②。另外，铁厂订货越来越多，有供不应求之势，日三井、大仓，法勃洋行纷纷向铁厂订货，中国香港、东南亚、澳大利亚、各国南洋属岛及美国太平洋一带的市场开拓已见成效。"今生铁如此，明年炼造佳钢、船料等货销路可以想见"。另外，西方报纸盛传俄国在巴黎借成4万万英镑，为重整水师之用；德国亦在东方经营船坞，钢货销路必年盛一年。"新厂急宜赶成，不可一失再失也。"③ 在此情势下，盛宣怀委派洋矿师布卢特赴大冶为化铁炉选址，"始知公司在石灰窑所已购之地，足设一极大化铁厂，而又与水道相近，实为一利益"④。不过，因所费过巨，在大冶设厂的计划并未实现，只得选择"就汉厂照旧式添造一炉或两炉"⑤。

二　武昌起义前夕中日合办汉冶萍案的提出

1908年，盛宣怀将萍乡煤矿、汉阳铁厂和大冶铁矿组建成完全商办

---

① 《李维格：新公司接办汉阳铁厂之预算》，光绪三十一年三月上旬，见陈旭麓等编《汉冶萍公司》（二），第486—489页。

② 《盛宣怀致张之洞函》，光绪二十九年八月初六日，见陈旭麓等编《汉冶萍公司》（二），第359页。

③ 《李维格致盛宣怀函》，光绪三十一年正月初八日，见陈旭麓等编《汉冶萍公司》（二），第466页。

④ 《布卢特致盛宣怀函》，光绪三十一年四月十二日，见陈旭麓等编《汉冶萍公司》（二），第491页。

⑤ 转引自袁为鹏著：《聚集与扩散：中国近代工业布局》，第107页。

的汉冶萍公司，希望招到更多的商股，但效果并不理想，因此另辟新址建铁厂成为公司发展的当务之急。在公司第一次股东大会上，盛宣怀宣称，除准备在汉阳铁厂添造第四座炼铁炉外，还拟在大冶设厂建造四个化铁炉，"专炼生铁"①。这是因为，汉阳铁厂一旦装置第四号熔矿炉，再无扩展的空间；而且根据官督商办时的有关章程，公司每生产一吨生铁必须报效银一两，其结果是公司规模扩充越大，报效越多，这将使铁厂无利可图，因此，公司"势必谋于其他地方扩充事业"②。另外，公司完全商办后，生产经营发生转机，1908 年至 1910 年公司连续三年盈利额近百万日元③，改变了过去一亏再亏的不利局面。同时，公司在国内外的销售市场渐次打开，其钢铁产品不仅难以满足国内需求，而且打进了美国市场，与西雅图西方钢铁公司于 1909 年签订了生铁销售合同，每年销售给西方钢铁公司 3.6 万吨到 7.2 万吨生铁。而汉阳铁厂当年的生铁产量只有 7.4 万多吨。在此情况下，盛宣怀决定进行钢铁厂的进一步扩充。1910 年，汉冶萍公司向日本横滨正金银行提出筹措事业扩张经费 3000 万两，当时汉阳铁厂拟建 4 号高炉，亦为新建铁厂作打算。④ 1911 年 3 月汉冶萍公司与横滨正金银行签订"预借生铁价值正合同"之后，盛宣怀旋即向正金银行以在大冶建设铁厂为由提出 1200 万日元的借款请求，1911 年，清政府宣布铁路干线国有政策，准备向英、法、德、美、日等国借款修筑川汉和粤汉铁路，而盛宣怀利用自己清廷邮传部尚书的特殊身份，与督办粤汉、川汉大臣订立制造全线钢轨合同。为适应各方面需要，公司"实有从速扩充必要"⑤。

上述宏伟计划无疑需要雄厚的资本作支撑，而汉冶萍却一直为经费不足所困，在当时国内无法筹集到足够资金的条件下，举借外债是其唯一的选择。盛宣怀为此要承担巨大的政治风险，其因资金短缺曾多次以汉冶萍公司厂矿作抵押向日本举借巨款，使得日本的势力得以渗透进来，早已引

①　《林志熙在汉冶萍公司第一次股东大会上的报告》，宣统元年三月二十七日，见陈旭麓等编《汉冶萍公司》（三），第 79 页。

②　《日正金银行北京分行经理实相寺致董事小田切出差汉口"复命书"》，1911 年 8 月 8 日至 19 日，见《旧中国汉冶萍公司与日本关系史料选辑》，第 216 页。

③　全汉昇：《清末汉阳铁厂》，见陈真：《中国近代工业史资料》，第 3 辑，第 398 页。

④　参见方一兵著：《中日近代钢铁技术史比较研究：1868—1933》，第 112 页。

⑤　《日正金银行北京分行经理实相寺致董事小田切出差汉口"复命书"》，1911 年 8 月 8 日至 19 日，见《旧中国汉冶萍公司与日本关系史料选辑》，第 216 页。

起了清廷内部及社会舆论的不满和攻击。① 鉴于此，盛氏决定谋一两全之策，即在汉冶萍之外另设一新公司，并以新公司的名义向日本借款，将与政府有关的汉阳铁厂"从合同内容中挤出去"，从而"避免社会责难和政府争议"②。

实际上早在 1911 年，因资金缺乏，汉冶萍向日本预支 600 万日元的铁价借款对厂矿进行扩建，这是所谓"预支矿价"的继续。促成该借款的国际背景是前述之汉冶萍公司同美国西雅图西方钢铁公司签订了一项为期 15 年的购售生铁及矿石合同。此事被认为美国对长江流域之入侵，引起日本政府的警觉。③ 另外则是日本制铁所的扩建增加了对生铁和矿石的需求。日本制铁所从 1906 年起进行第一期以年产 18 万吨钢材为目标的扩建工程，已于 1909 年完成。接着便着手制订年产 30 万吨钢材的第二期扩建计划。这项计划一开始便是将汉冶萍的生铁和铁矿石作为其钢铁原料的主要供给基地而考虑在内的。鉴于此，1910 年 10 月 11 日，日外务大臣小村寿太郎指示日驻北京公使伊集院彦吉："此次政府制订了若松（即八幡）制铁所事业之扩充计划，为了预先让中村长官同盛宣怀之间对此事进行密商，特派该长官赴贵地与盛氏面晤。"④ 1911 年 3 月 23 日，日本第二十七次内阁议会通过制铁所第二期扩充工程预算案之后，当月底便由制铁所与汉冶萍公司签订生铁销售合同。合同规定：15 年为期，年息 6 厘，以制铁所订购生铁价值给还本息。⑤

上述 600 万日元借款尚未签订正式合同，盛宣怀又拟向日本正金银行预借 1200 万日元的生铁价款，用于汉阳铁厂的扩建及长江下游新铁厂的建设。但从投资的安全性考虑，盛将筹建新铁厂作为主要目标，以备将来转移自己在汉冶萍公司的巨额投资。在盛看来，首先，汉阳铁厂虽然属于汉冶萍公司财产的一部分，但其在创立之初完全为国家投资，在清政府这

---

① 《日驻中国公使伊集院致外务大臣小村第一六一号电》，1911 年 4 月 25 日，见《旧中国汉冶萍公司与日本关系史料选辑》，第 196 页。

② 《日正金银行北京分行经理实相寺致董事小田切出差汉口"复命书"》，1911 年 8 月 8 日至 19 日，见《旧中国汉冶萍公司与日本关系史料选辑》，第 216 页。

③ 《西泽致中村雄次郎函》，1910 年 4 月 14 日，见《日本外交文书》，第 43 卷，第 2 册，文件号 649。

④ 《小村寿太郎致伊集院彦吉机密函》，1910 年 10 月 11 日，见《日本外交文书》，第 43 卷，第 2 册，文件号 658。

⑤ 《晚清时期汉冶萍公司日债述析》，见代鲁著《汉冶萍公司史研究》，第 95 页。

种国家体制之下，如借款与汉厂相关的消息为朝廷内部的反对派侦悉，他们便会极力耸动清政府收回汉阳铁厂，而清廷"只需一纸上谕，即可作任意处置"。果真如此，盛宣怀不仅为汉冶萍公司所做的一切努力会成为泡影，就连自己在公司的投资也会化为乌有。其次，作为公司主事者，盛宣怀不得不为公司的长远发展考虑，一方面汉阳铁厂已无扩充的余地，公司拟利用日本的 1200 万日元借款在长江下游新建一铁厂，新厂将不再隶属汉冶萍公司，而以其他名义在清政府农工商部登记，从而逃避对政府的巨额报效，降低公司的生产成本。① 另外，8 厘的"官利"对公司也是一个沉重的负担。新厂建成后，不仅不再支付 8 厘的官利，而且每吨生铁若每年可获得一分二厘之利益，除支付 6 厘利息外，还可结余 6 厘之纯益。"今后借款偿还完毕，现公司即拥有一规模巨大之新厂，而成为未来大力发展之基础"②。需要指出的是，渐入老境的盛宣怀还希图利用此次借款之机，抽回自己在汉冶萍公司 400 万日元的投资。③

1911 年 5 月，盛宣怀及汉冶萍公司以"预支生铁价值"的名义与正金银行草签了借款合同，规定：借款 1200 万日元，15 年为期，年息 6 厘，分 3 年支付，本年 8 月底先行交付 25 万日元，每次公司签收时，须声明实系推广工程之用，方允照付；前 3 年单还利息，后 11 年摊还本利，以制铁所按年购买生铁价值扣还前 600 万日元贷款本息余额及他人（主要指三井物产会社）或公司在日本所售生铁价值偿还本息等。④ 正当该笔借款谈判取得重大进展之际，武昌起义的爆发使借款的性质发生了根本性的转变。起义爆发后，盛宣怀、李维格的首要任务就是确保自己在汉冶萍的巨大资产不受革命的侵害，而这一目标的实现只能依赖与公司有巨大债务关系的日本。因此盛宣怀与李维格相继向日本提出保护其在汉阳铁厂财产的要求。⑤ 为促使日本断然采取措施，盛、李二人立即向正金银行申请借款 600 万日元，意在"借此获得我方对保护汉阳铁政局作出确实保障；

---

① 《日正金银行北京分行经理实相寺致董事小田切出差汉口"复命书"》，1911 年 8 月 8 日至 19 日，见《旧中国汉冶萍公司与日本关系史料选辑》，第 215 页。

② 同上书，第 222 页。

③ 《日正金银行驻北京董事小田切致总行代理总经理山川勇木函》，1911 年 2 月 15 日，见《旧中国汉冶萍公司与日本关系史料选辑》，第 188 页。

④ 《晚清时期汉冶萍公司日债述析》，见代鲁《汉冶萍公司史研究》，第 99 页。

⑤ 《伊集院驻清公使致林外务大臣电》，1911 年 10 月 12 日，邹念之译：《日本外交文书选译——关于辛亥革命》，中国社会科学出版社 1980 年版，第 41—42 页。

同时想乘此清廷急于筹措军费而穷极无策之际……以维系摄政王等对其本人之信赖"①。10月12日，盛宣怀通过日正金银行北京分行行长实相寺向日驻华公使伊集院明确提出，"可否乘此时机以该厂与日本利害关系为理由，而由贵国……设法予以保全。②然而，日本对同属汉冶萍公司的大冶铁矿和汉阳铁厂却采取了迥然不同的态度。由于大冶铁矿供应了日本八幡制铁所铁矿石需求量的2/3以上，无异于其生命线，所以在接到盛宣怀的"保护"要求后，日本政府采取了一系列紧急措施。先是日本驻华公使伊集院彦吉向外相林董请示："大冶与我之关系，比前电之汉阳铁厂不同，尤为重大密切……可否向该地派遣帝国军舰，暗示我于保护之实。"③随后海相斋藤指示日本第三舰队司令川岛，如革命党占领大冶，"则为保护我国权利，势难沉默"④。而川岛则于11月7日特派翻译官波多野前往武昌与黎元洪面晤，告以革命党如采取此种行动反将引起对革命党不利之后果，迫使黎承诺"凡各国既有之权利，均将得到充分保护"⑤。尽管如此，湖北革命军仍不断对大冶矿务局采取措施，称"凡盛宣怀所有之一切财产尽行没收，大冶铁矿将由革命军接管，今后中外人等一切有关矿业事务统由革命军直接经营"⑥。日本驻汉口总领事松村多次向湖北军政府都督黎元洪发出革命军不得占据大冶，否则"必然导致不愉快状态"的警告。⑦

12月31日，湖北军政府派遣军队到大冶矿务局，拟以盛宣怀私产的名义没收大冶铁矿，迫使铁厂总办刘维庆到西泽寓所避难。翌晨军政府借来刘文豹所属兵丁，强迫谈判，欲将刘维庆拘回武昌，后在日方小野虎雄

---

① 《伊集院驻清公使致内田外务大臣电》，1911年10月24日，见邹念之编《日本外交文书选译——关于辛亥革命》，第48页。

② 《高木陆郎交盛宣怀关于废除汉冶萍中日合办草约后办法》，1912年3月25日，见陈旭麓主编《辛亥革命前后》，第263页。

③ 俞辛焞著：《辛亥革命时期中日外交史》，天津人民出版社2000年版，第123页。

④ 《日外务大臣内田致驻芜湖领事奥田第七号电》，1911年11月8日，见《旧中国汉冶萍公司与日本关系史料选辑》，第258页。

⑤ 《有吉驻上海总领事电转松村驻汉口总领事致内田外务大臣函》，1911年11月12日，见《日本外交文书选译——关于辛亥革命》，第184页。

⑥ 《内田外务大臣致松村驻汉口总领事电》，1911年12月30日，见《日本外交文书选译——关于辛亥革命》，第194页。

⑦ 俞辛焞著：《辛亥革命时期中日外交史》，第124—125页。

的干预下将刘放回。① 1912 年 1 月 6 日，军政府派陈再兴、万树春、陈维世三人再度洽谈接管大冶铁矿，日驻汉口领事松村向黎元洪施压，结果无功而返。② 在这种情况下，日本政府致电松村，决定派海军陆战队赴大冶铁矿加以保护。③ 最后日本派兵将大冶铁矿置于其部分占领之下。对汉阳铁厂，尽管盛、李二人一再"提请日本政府坚决出兵"④，但日本驻华公使伊集院表示"当前实有碍难"。原因在于：（一）要考虑与军政府之关系；（二）革命军占据铁厂秩序井然，日军如以武力加以"保护"，"反而会造成不愉快之结果"；（三）当时汉口的领事团对革命军、清军双方采取中立、不干涉态度。日本如单独出动军队占领该厂，有与列强形成对立之虞。⑤ 因此，日本采取了慎重态度。

日本的态度使盛宣怀以借款求"保护"的心情尤为迫切。为保证借款能顺利通过，盛宣怀对公司董事会采取威胁手段，声称汉阳铁厂只是由于受到日本保护，才得平安保全下来，并要求其在 1911 年 5 月 1 日的借款合同上签字。如果董事会不签字，则"合同可根据小田切案，在汉口由李维格和正金银行分行会签"。这样便"不需要董事签字"⑥。另外，国内动荡不安的局势迫使汉冶萍当局开始筹划中日合办新铁厂的事宜。由于"武汉地区将来大有兵连祸结之虞，不适于大规模工业发展"，公司必须"选择一个丝毫不受暴动兵乱影响或直接影响很少的地方，创设中、日两国合资的制铁所"，"若求长远稳定且交通便利，仍以选定上海为宜"。⑦ 公司协理李维格遂向日本方面提出以 1200 万日元借款用作日本方面的股份，中国方面则将汉阳铁厂所有一切机械设备全部迁往上海，与日本合

① 《日驻大冶技师西泽致制铁所长官中村函》，1911 年 12 月 31 日，见《旧中国汉冶萍公司与日本关系史料选辑》，第 262 页。

② 《日驻汉口总领事松村致驻忠告公使伊集院第四号机密函》，1912 年 1 月 6 日，见《旧中国汉冶萍公司与日本关系史料选辑》，第 264 页。

③ 《内田外务大臣致松村驻汉口总领事电》，1912 年 1 月 17 日，见《日本外交文书选译——关于辛亥革命》，第 139 页。

④ 《日驻上海总领事有吉明致外务大臣内田第八十号电转驻汉口总领事松村请训电》，见《旧中国汉冶萍公司与日本关系史料选辑》，第 255 页。

⑤ 俞辛焞著：《辛亥革命时期中日外交史》，第 124 页。

⑥ 《日正金银行董事小田切致外务次官石井函》，1911 年 11 月 11 日，见《旧中国汉冶萍公司与日本关系史料选辑》，第 245 页。

⑦ 《西泽驻大冶工程师致中村制铁所长官函》，1911 年 11 月 14 日，见《日本外交文书选译——关于辛亥革命》，第 64 页。

资，共同经营。发行股票，招募日本人投资购股亦可以当时正在洽谈中之 1200 万元借款抵股，兴办一大型铁厂，将汉阳铁厂及扬子江械器局合并，特造趸船，将大冶及他地矿石运至上海，焦炭及煤炭则由萍乡、开平及日本供应。李维格坚信此项事业必有发展前途，殷切希望日本当局予以赞助，从速决断施行。[①] 李维格的方案随后得到了日本各方的回应，但盛宣怀表示有碍难之处，提出待时局平定之后，在与外国合办企业时，必先与日本合办之意。[②]

第二节　南京临时政府、盛宣怀与日本之中日合办汉冶萍案

中日合办汉冶萍案最初是公司与日本正金银行间展开的一宗普通的借贷性质的商业活动，合办的对象亦非汉冶萍本身，而是筹划中的新铁厂；辛亥革命期间，南京临时政府财政极度竭蹶，最初拟抵押汉冶萍以谋求日本的借款，遭到拒绝后不得不同意日方提出中日合办汉冶萍公司的方案，这样该案又与孙中山的革命政权纠缠在一起。

一　财政困窘与临时政府抵押汉冶萍公司政策的出台

在革命过程中，孙中山及革命党深深地认识到经费匮乏是致其革命屡屡失败的重要原因之一，故在获悉武昌起义的消息后，孙并没有急于返国，而是奔走于美国各大城市及英、法等国，希望寻求欧美列国对即将成立的新政权的外交支持，同时谋求欧美国家银行家向革命党人提供贷款。结果是一无所获。当时，能否获得充足的财政来源对革命政权的建立和巩固起着至关重要的作用，决定着其生死存亡。诚如张謇所言："今欲设临时政府之目的，在能使各国承认共和，各国之能否承认，先视吾政府权力之巩固与否。政府权力，首在统一军队，次在支配财政；而军队之能否统一，尤视财力之强弱为断。"[③] 1912 年 1 月 12 日，《东京日日新闻》称：

---

① 《日驻大冶技师西泽致制铁所长官中村函》，1911 年 11 月 14 日，见《日本外交文书选译——关于辛亥革命》，第 64 页。

② 《小田切自大连致横滨正金总行经理三岛弥太郎第一函》，1911 年 12 月 16 日，见《旧中国汉冶萍公司与日本关系史料选辑》，第 276 页。

③ 张孝若编：《南通张季直先生传记》，上海书店 1990 影印本，第 169 页。

孙文曾说："今后两个月内若得不到两千万元，则问题重大，决胜的关键是钱的问题。"① 南京临时政府成立后，为维持和确保数十万军队和革命政府，需要数千万元，而临时政府并无稳定的财源，因为：（一）南京临时政府必须依靠来自地方的税金，但处于相对独立地位的地方军政府，为维持地方的军队和政权，已无余力支持中央；（二）海关收入本为主权国家之主要财源，但中国的海关收入由列强掌握，用来偿还外债和庚子赔款，南京临时政府根本无使用此项收入之权；（三）辛亥革命是革命运动，原可以用处理敌对阶级的办法挹注一部分财源。但辛亥革命不是否定私有财产的革命，而且革命阵营内有清朝的立宪派和旧官僚参加，一时成为革命的同盟者，所以不能采取这种方式。②

为解决财政困窘，孙中山与临时政府曾尝试过两种办法。一是发行 1 亿元的军需公债。1912 年 1 月 8 日参议院制定了《中华民国八厘公债章程》。如能实现，当可确保政府的财源。但是，在国内外只募得 737 万元，不足计划之一成。说明发行军需公债的方案无法行通。③ 二是确立金融体制，改组大清银行，成立中国银行（中央银行）。为获得稳定的财源，1911 年年底何天炯作为孙中山筹款代表赴日，经大隈重信介绍及曾任张之洞顾问的原口要人牵线，就解决财政问题请教日本政治家、财界人物阪谷芳郎。阪谷通过何天炯向孙中山建议设立中央银行。④ 在获悉上述情况后，1912 年 1 月 10 日孙中山致函阪谷芳郎，委托其设立中央银行，望他即来南京。⑤ 为此，阪谷同日本财阀涩泽荣一、外务大臣内田康哉、后藤新平、添田寿一、吉田，首相桂太郎，外务次官石井菊次郎，日本第一银行副总经理井上准之助，大藏省主计局长胜田主计等或面商，或函电磋商等 20 余次，基本上获得了他们的支持。同时该计划还得到了日本政府元老松方正义、法务大臣松田、海军大臣斋藤的同意。⑥ 1 月 20 日，阪谷正式拟订了"中央银行章程"的基本内容：以 50 年为限；资本金定为 1 亿日元整；政府暂任日法学博士男爵阪谷芳郎为总监，该银行负责国库

---

① 段云章编著：《孙中山与日本史事编年》，广东人民出版社 1996 年版，第 237 页。
② 俞辛焞著：《辛亥革命时期中日外交史》，第 122 页。
③ 同上。
④ 陈锡祺主编：《孙中山年谱长编》（上），中华书局 1991 年版，第 623 页。
⑤ 段云章编著：《孙中山与日本史事编年》，第 234—235 页。
⑥ 同上书，第 236 页。

之岁入岁出，整理和招集内外国债，货币之整理及改造、管理印花纸之出入贩卖等事宜。阪谷有选定发起人、设立事务及初次理事及委员等之任免全权；规定 3 年后，中国政府可买收外国持有的股份，可有权令将该银行之日本理事员离任。[①] 以此为基础，临时政府拟在集股 500 万两的同时，发行军用钞票 100 万元，强行在市场上流通。然而，因为这种纸币并无银行之硬通货为基础，三个月内，不许兑换，以致仅在南京流通一时，地方上并未流通。[②] 以上两种方法均未成功，南京临时政府陷入了严重的财政危机。

在这种情况下，孙中山及临时政府不可能束手待毙。1 月 11 日，南京临时政府照会各国，请求各帝国主义列强的承认，从而获得贷款。在得不到帝国主义直接贷款的情况下，临时政府只得进行抵押借款，其中汉冶萍公司成为抵押贷款的重要对象之一。主要原因在于：一是汉冶萍公司与日本关系特殊，亦是其觊觎已久的对象。在辛亥革命之前，日本即已向汉冶萍注入了 1352.7 万日元的投资和借款。日本最大的八幡制铁所从 1900 年至 1911 年，从汉冶萍公司输入了 97.1 万吨铁矿砂，占该制铁所在此时期所使用的铁矿砂的 65%，对该制铁所的发展具有重大意义。[③] 二是盛因提出铁路干线国有政策开罪国人而被视为民国罪人，其家产在革命期间被革命党人没收，盛因此希望将功赎罪，协助临时政府向日本借款，以赎回自己被没收的家产。三是在长期的革命过程中日本朝野有相当一部分人士同情中国的革命运动，曾多次给予孙中山革命党财政支持，因而使革命党对日本产生了幻想。[④] 因此，临时政府希望以汉冶萍两千万元的固定资产为抵押谋求日本的借款，但问题在于，公司资产在向日方的历次贷款中基本上都抵押给了日本，故再次抵押资产必遭到日方的强烈反对，临时政府只能以公司股票抵押才有可能实现，其中股东的态度起着决定性的作用。[⑤]

但是，由于此前有李维格向日方提出中日合办上海新铁厂之议，以及盛宣怀遁逃神户后曾向小田切透露向日本借款，借日本之力保护自身财产

---

① 段云章编著：《孙中山与日本史事编年》，第 247 页。

② 俞辛焞著：《辛亥革命时期中日外交史》，第 123 页。

③ 同上。

④ 俞辛焞著：《孙中山与日本的关系研究》，人民出版社 1996 年版，第 83—96 页。

⑤ 《汉冶萍公司产值估计》，王尔敏等编：《盛宣怀实业函电稿》（下），第 901 页。

之意①，日本即乘机抓住机会，要挟将汉冶萍公司改为中日合办。南京临时政府抵押汉冶萍的方案遂遭到日本的拒绝。1912 年 1 月初，何天炯赴日转告盛宣怀，欲以汉冶萍筹款。盛表示"义不容辞"，但同时又指出："目前即以产业加借押款，无人肯借。"明确只有合办才可能获得借款，"华日合办，或可筹措；或由新政府将公司产业股款、欠款接认，即由政府与日合办，股东只要股款、欠款皆有着落，必允。否则，或由公司与日商合办，均可"②。

对抵押借款，盛宣怀明知无法办到，但又不能违抗，故试探向小田切提出，"现汉冶萍公司急需巨款，拟以公司产业向贵行担保，借用日币伍佰万元"③。但随即遭到了拒绝，"查贵公司前借敝行款项为数已巨，向来借款均有货价指抵。现值贵国内乱，敝制造所等处订购贵公司货物不能如期交货，目前贵公司能否开工，实无把握。前欠尚无着落，断难再行添借"④。为了能尽快筹到款项，孙中山只得一方面向盛承诺发还其被没收财产及其回国后的政治保护，"民国于盛并无恶感情，若肯筹款，自是有功，外间舆论过激，可代为解释"。对于盛之被没收私产，孙也表示"动产已用者，恐难追回；不动产可承认发还。若回华，可任保护"⑤。另一方面，孙中山还动员日本侨商吴锦堂、王敬祥与三井洋行、横滨正金银行的人员说服盛宣怀赞同对南京临时政府的借款。据赵凤昌子赵尊岳回忆："南京临时政府组成，先公固自矢勿预公职。而中国第一矿业汉冶萍，以旧人盛宣怀逃日本，无主持者，势且辍业。鄂中屡电政府维护，孙、黄一再请先公代表国家股份出任董事长，公以商业非官职，勉允之。……汉冶萍产铁，向由盛宣怀约借日款，而以最低价格售给日本八幡钢厂。"⑥

孙中山及南京临时政府深知中日合办汉冶萍的危害，故不欲答应盛宣

---

①   俞辛焞著：《辛亥革命时期中日外交史》，第 128 页。

②   《王勋致陈荫明电》，1912 年 1 月 14 日，见陈旭麓主编《辛亥革命前后》，人民出版社 1979 年版，第 230—231 页。

③   《盛宣怀致小田切万寿之助函》，1912 年 1 月 14 日，见陈旭麓主编《辛亥革命前后》，第 231 页。

④   《小田切万寿之助复盛宣怀函》，1912 年 1 月 17 日，见陈旭麓主编《辛亥革命前后》，第 231 页。

⑤   《陈荫明复王勋电》，1912 年 1 月 17 日，见陈旭麓编《辛亥革命前后》，第 231 页。

⑥   段云章编著：《孙中山与日本史事编年》，第 241 页。

怀及日本提出的合办要求。因为武昌起义的导火线是反对为引进外国资本而将铁路收归国有的护路运动，从这个意义而言，辛亥革命首先是反对向外国借款运动。而中日合办汉冶萍则是以国家利权相抵押谋求日本借款，与革命的性质背道而驰，因此具有重大的政治风险，因此，孙指出中日合办"恐有流弊"；对政府接认汉冶萍公司，然后由政府与日本合办，亦"非妥当办法"，因为这会使政府担负股东数千万股款的偿付，更使政府成为舆论攻击的焦点。因此，孙中山及南京临时政府提出的变通办法是，将政府与日本的借款案转化为汉冶萍公司与日本银行之间的普通借贷案，从而降低政府的政治风险。即：由公司自借巨款，由政府担保，先将各欠款清偿，留一二百万作重新开办费，再多借数百万转借与民国。原借还期、利息等统由民国正式承认，与公司订合同，依期付息还本与公司，于公司一无所损，更得民国维持，"两皆裨益"①。

这在盛宣怀看来，孙中山与南京临时政府是不愿担合办的"坏名"，同时又将借款"似看得稍易"。临时政府所说的 500 万日元借款只是区区之数，即使公债 1000 万亦只能清偿急债；有预支铁价 1200 万日元亦只能作新厂开办费，如此一来，转借民国数百万之款尚无着落。因此，盛决定"就题变通"，拟出办法是：（一）预支铁价仍需 1200 万日元，以 600 万日元作上海新厂之华股，其余 600 万日元以一半作汉厂修复及添开第四炉之用，以一半转借新政府；（二）上海分厂 400 万日元，日商股份须由其另筹，将来 1000 万日元之外，仍为华六日四，如要外股，亦可续议；（三）公债 1000 万日元断不能少，本公司股票押款 100 万两，准先扣还。华商抵债，约可分用若干。既有实款可抵，又有政府担保，此种小票谅亦可售。②

自李维格向日方提出中日合办的意见后，日方小田切与正金银行就一直在紧锣密鼓地商讨中日合办之条件。其中包括新厂由中、日合办；兴业银行借款合同所规定的矿石供给年限从当年起算，延长为 50 年；矿石价格从当年算起，20 年内规定为 3 日元每吨；大冶矿石，尽可能地供给制

① 《陈荫明复王勋电》，1912 年 1 月 17 日，见陈旭麓编《辛亥革命前后》，第 231—232 页。
② 《盛宣怀致李维格函》，1912 年 1 月 21 日，见陈旭麓编《辛亥革命前后》，第 232—233 页。

铁所所要求的数量等。① 1 月 12 日，日本内阁会议决定：中日合办汉冶萍公司后，即订立 500 万日元借款契约，其中包含三井物产会社向革命军支付的价值 300 万日元的武器。② 与此同时，临时政府的抵押借款方案被否定后，被迫同意日方的中日合办汉冶萍案，遂授予三井洋行全权与汉冶萍公司交涉中日合办。与此同时，盛亦委任李维格与三井直接妥议，并赴东京签署协议。③ 南京临时政府与汉冶萍公司基本上在合办问题上取得一致意见，即：政府为取得汉冶萍公司转借给的 500 万日元，愿承诺日本提出之一切条件。④ 日本认为机不可失，随后由日正金银行董事小田切拟订的中日合办汉冶萍大纲六条出台。⑤ 其主要内容如下：

　　　　一、改汉冶萍煤铁厂矿有限公司之组织为华日合办之有限公司。

　　　　二、华日合办之新公司股本，定为二千六百万元。华股一千三百万元，日股一千三百万元（此款仍须从缓商定）。

　　　　三、汉冶萍煤铁厂矿有限公司之所有一切缺款，备有确据者，由新公司接认。

　　　　四、汉冶萍煤铁厂矿有限公司之所有一切产业物料暨权利，由新公司接收。

　　　　五、新公司总理华人一名，协理日人一名，办事总董二名，华日各一名（此外须有董事若干名，华日同数）。

　　　　六、总会计日人一名，归办事总董节制。

　　在上述中日合办新公司的方案中，双方在出资、总理、办事总董等方面均是平均分配，看似十分公允，但由于总会计由日方担任，且公司欠日债甚巨，新公司的财政大权完全操控于日方，因此其实质上是一个由日本

---

　　① 《小田切自大连致横滨正金总行经理三岛弥太郎第一函》，1911 年 12 月 16 日，见《旧中国汉冶萍公司与日本关系史料选辑》，第 274—279 页。

　　② 段云章编著：《孙中山与日本史事编年》，第 239 页。

　　③ 《盛宣怀致黄兴电》，1912 年 1 月 29 日，见《旧中国汉冶萍公司与日本关系史料选辑》，第 294 页。

　　④ 《日正金银行神户分行致总行电》，1912 年 1 月 13 日，见《旧中国汉冶萍公司与日本关系史料选辑》，第 296 页。

　　⑤ 《日正金银行董事小田切致外务省政务局长仓知铁吉函》，1912 年 1 月 18 日，见《旧中国汉冶萍公司与日本关系史料选辑》，第 296—297 页。

控制的钢铁企业。

二 中日关于合办汉冶萍案的交涉

孙中山及南京临时政府虽被迫同意中日合办，但在实际交涉过程中的态度经历了一个曲折的过程。1912 年 1 月 21 日，南京临时政府代表何天炯致函汉冶萍公司，称南京临时政府同意将公司改为中日合办①，并附陆军总长黄兴给何天炯对筹款"所有订立条件悉有全权"的委任状。② 但在第二天，黄兴在致盛宣怀的电文中却说是由汉冶萍担借 500 万日元转归临时政府使用，并要求盛直接与日三井洋行接洽。③ 对临时政府前后迥异的态度，盛宣怀感到十分困惑，指出政府已许可中日合办，但黄电却无"合办"字样，而"合办虽系旧矿律所准，然以法律论，必应政府核准，方敢遵行"④。加之上海报纸披露公司借款问题，对盛宣怀进行攻击，致使盛"状极狼狈"⑤。

上海媒体的攻击使盛宣怀颇感压力，盛的首要任务就是将事实真相告知外界，以平息对其的攻击。盛宣怀在致森恪的函中说："此次汉冶萍公司与日合办，虽为矿律所准，民政府特予三井全权交涉，而他人不得周知。上海《民立报》26 日已经指名，'盛贼将汉冶萍与日本'，私议痛骂不堪。将来报端难免不再有议论，不得不格外慎重。"⑥ 1 月 24 日，在盛宣怀的授意下，铁厂商务所副所长陈荫明致函革命党人冯自由，请求其疏通媒体，不要对盛展开攻击。"昨又接盛氏来电，合办条款已议妥，即日签押。惟中国唯一大实事，与外人合资，斯为创举，不但庸耳俗目或不以为然，即有识之士，亦往往以讹传讹，遽加痛诋，虽事后可以剖白，而蜚短流长，已先入为主，牢不可拔。""明知当局者别有苦心，乃亦人云亦云，循至主持舆论者反为舆论所主持，不敢立异"。并明确指出汉冶萍与日商合办是出自大总统之意，公司只是遵照办理。希望通过冯自由与各报

① 《何天炯致汉冶萍公司信》，1912 年 1 月 21 日，见王尔敏等编《盛宣怀实业函电稿》（下），第 899 页。

② ［附件］《民国陆军总长给何天炯的委任状》，见陈旭麓编《辛亥革命前后》，第 233 页。

③ 《黄兴致盛宣怀电》，1912 年 1 月 22 日，见陈旭麓编《辛亥革命前后》，第 233—234 页。

④ 《盛宣怀致黄兴电》，1912 年 1 月 24 日，见陈旭麓编《辛亥革命前后》，第 234 页。

⑤ 《日正金银行董事小田切致外务省政务局长仓知函》，1912 年 1 月 24 日，见《旧中国汉冶萍公司与日本关系史料选辑》，第 298—299 页。

⑥ 《盛宣怀致森恪函》，1912 年 1 月 27 日，见陈旭麓编《辛亥革命前后》，第 239 页。

纸的关系及胡汉民、汪精卫嘱民立等报代为疏通解释，以使汉冶萍公司之苦衷得"表白于天下"，当事者"不至于因公受诬"①。王勋在致李维格函中对革命党机关报《民立报》的报道和立场颇表不满，"此事初本欲共守秘密，俟事成，然后宣布。不谓外间已大有所闻，且类多误会，虽同盟会自设之机关民立报且不知其中真意，该报今早刊有东京专电一条，于合办一事颇加訾议。而时报亦有要闻一段论及此事，已由止澜函请孙中山切嘱于右任（《民立报》总理，时任交通部副部长）转致民立报主笔，亟待更正，并实力维持。今晚并于天铎报将此事原委略为说明，免各报人云亦云，变本加厉。一面由止澜先向各报馆疏通各主笔先生，大约有民立及天铎辩护于其间，即不至外间人太过攻讦矣。……民立系同盟会机关，何君天烔系同盟会同志，应请何君分头预嘱民立报驻日访事及寓日同志，以此系孙、黄主意，切勿反对，否则多生枝节，徒窒碍民国急需而已"②。

在这种情势下，盛宣怀感到委屈，态度也变得消极起来，这使日本颇为焦虑。为了使已经议妥的合办条款尽快形成协议，日方向南京临时政府施加压力。1月25日，三井物产会社常务董事山本条太郎致电孙中山，称孙中山致盛电"未切要害"。并威胁"如本月底各项条件未能为盛所接受，谈判即作破裂论"，同时要求南京临时政府对汉冶萍及盛氏产业采取"必要步骤"③。同日，盛宣怀密电黄兴，要求临时政府表明态度，"何君天烔来函，华日合办，政府已许，而贵电无合办字样。……究竟民政府主意如何？"④ 但黄兴认为盛是故意推宕，因此致电指责其"不诚心赞助民国"，警告政府将没收其财产。⑤

1912年1月26日，临时政府在盛宣怀及汉冶萍公司没有参与的情况下，代表其与日本三井物产株式会社拟订了三方关于汉冶萍公司中日

①　《陈止澜致冯自由函》，1912年1月30日，见王尔敏等编《盛宣怀实业函电稿》（下），第903页。

②　《王勋致李维格函》，1912年1月31日，见王尔敏等编《盛宣怀实业函电稿》（下），第904页。

③　《上海三井物产会社致孙中山函》，1912年1月27日，见陈旭麓主编《辛亥革命前后》，第237页。

④　彭泽周：《近代中日关系研究论集》，台湾艺文印书馆1978年版，第188页。

⑤　《黄兴来电》，1912年1月26日，见王尔敏等编《盛宣怀实业函电稿》（下），第900页。

"合办"草约（南京）共 12 款，标明该公司由中日合资办理。内容如下①：

第一条 公司资本额为三千万日元，为中国、日本两国人共同经营之事业。

第二条 中国人、日本人持有之股数相等，各股之权利相同。

第三条 公司除现已由日本借入一千万日元外，再向日本借入五百万日元（以上借入资金总额一千五百万元，抵作日本人之股份）。

第四条 上列五百万日元借款，由公司借与中华民国政府。其支付办法，一部分以现金支付，余额用作中华民国政府向三井购买军火之价款。

第五条 中华民国政府领取上列借款，须提交委任状指定领取人，三井凭该人之收据支付借款。

第六条 上列五百万日元借款，中华民国政府须于明治四十六年一月□日还清，利息为年利八厘（每百日元为八日元），分明治四十五年七月□日和明治四十六年一月□日两次归还。

第七条 上列政府借款之支付，偿还及利息之支付，其汇兑均由三井办理。

第八条 中华民国政府免除由中国输出之生铁输出税。

第九条 公司既定之合同，中华民国政府应予承认。嗣后制定条款及条款之修正，董事之选任，均应依据第一条之主旨——中国人日本人之共同事业办理。

第十条 公司由前政府取得之权利，中华民国政府应予承认。

第十一条 有关合同之中华民国政府借款事宜，均通过三井协调。

第十二条 本合同中、日文本各三份，各执一份，若字句发生疑义时，依据所附英译本决定。

但汉冶萍公司与日方在日本的谈判却因南京临时政府的态度不明朗而踌躇

---

① 《三井洋行与南京政府先定之汉冶萍合办草约》，1912 年 1 月 26 日，见王尔敏等编《盛宣怀实业函电稿》（下），第 951—952 页。

不前。1 月 27 日，王勋由日返沪，带回汉冶萍筹款条款八条，要求南京临时政府明确合办问题。其中有："新政府借款，公司极愿意。""何天炯出示总统电报云：汉冶萍华日合办，新政府已许可"；"又接陆军总长黄兴来电：'由公司担负日金五百万元，由民政府借用，商订条约，即日签押交银'等语。此电仍无'合办'字样。"① 为此，陈荫明还致电孙中山询问，"汉冶萍中日合办一事，昨又接神户来电，条款已议妥，即可签押。惟合办虽仰遵钧照，而历次函电，均出自间接，未奉到直接核准明文。今事已议妥，借款有著，拟请大总统降钧谕，就近给上海四川路四十五号汉冶萍总公司"。"一俟奉到，则合办合同，可以正式签名，发生效力。一面将借款从速汇解，一面补具公呈，呈请批准立案。"②

一方面是孙中山及南京临时政府无明确态度，盛宣怀及汉冶萍公司不会在借款合同草约上签字；另一方面是草约不签字，则借款无着。鉴于此，孙中山不得不明确合办态度，因此汉冶萍公司中日"合办"草约遂于 1912 年 1 月 29 日在神户签订③。

汉冶萍煤铁厂矿有限公司、日商代表会订华日合办煤铁厂矿有限公司草合同所订大纲条款开列于左：

一、改汉冶萍煤铁厂矿有限公司之组织为华日合办有限公司。

二、新公司应在中国农工商部注册，一切须遵守中国商律、矿律，总公司设在中国之上海。

三、新公司股本定为三千万元。华股五成，计华币一千五百万元。日股五成，计日币一千五百万元（此股本及将来分余利均以日币算）。华股只能售与中国之人，日股只能售与日本国之人。以后公司股东盈亏共认，不定官利，总照各国通行有限公司章程办理。

四、新公司按照矿律以三十年为期满。期满后由股东会公议，如欲展限，应照矿律再展二十年。

---

① 《王勋带沪汉冶萍筹款条款八条》，1912 年 1 月 27 日，见陈旭麓编《辛亥革命前后》，第 238 页。

② 《陈止澜致孙大总统函》，1912 年 1 月 30 日，见王尔敏等编《盛宣怀实业函电稿》（下），第 902 页。

③ 《汉冶萍公司中日"合办"》（神户），1912 年 1 月 29 日，见陈旭麓编《辛亥革命前后》，第 240—241 页。

五、新公司股东公举董事共十一名，内华人六名，日人五名。再由董事在此十一人内公举总理华人一名，协理日人一名，办事董事华日各一名。股东另举查账员四名，华日各二名。

六、总会计用日人一名，由董事局选派，归办事董事节制。以后添用华总会计一名，彼此平权。

七、汉冶萍煤铁厂矿有限公司之所有一切欠款及一切责任备有确据者，均由新公司接认。

八、除照矿律外国矿商不得执其土地作为已有外，汉冶萍煤铁厂矿有限公司之所有一切产业物料暨权利并照案所享特别利益，均由新公司接收。

九、新公司未经注册以前，由华、日发起人先行办事。所有新公司一切章程由于发起人另行商订。〔原件边注："添所有云云十七字"。盖有小田切及李维格图章〕

十、以上所开新公司华日合办，俟〔原件边注："改'已'为'俟'。"盖有小田切及李维格图章〕由中华民国政府电准汉冶萍煤铁厂矿有限公司，立将此办法通知股东。倘有过半数股东赞成，即告知日商。日商亦将情愿照办之意告知公司，签订正合同，立行照办。告知期限不得逾一个月。

此草合同在神户会订，照缮二份，各执一份。

以上述两个草约为基础，汉冶萍合办借款案于 2 月份转入具有实质性内容的正式合同的交涉和谈判。随后临时政府与三井洋行签订了三份关于中日合办汉冶萍借款案的合同文件。以上述草合同为基础，随后南京临时政府、三井洋行和汉冶萍公司间签订了合办合同；另外，三方还签订了一个"认证"附件，① 以明确临时政府与汉冶萍公司在合办案中的责任。

一、中华民国政府承认本件所附合同草案，将汉冶萍公司作为中国、日本两国人之共同经营事业以及该合同草案酌订之各项借款。

二、关于该共同事业之经营方法，汉冶萍公司督办盛宣怀在日本

---

① 《"合同书"及"中华民国政府之认证"》，见《旧中国汉冶萍公司与日本关系史料选辑》，第 310—312 页。

商定之条件，为中华民国政府应使公司董事予以承认，并使股东大会予以通过。

三、中华民国政府承认在股东大会开会前，公司先以大冶铁山为抵押，借入二百万日元乃至三百万日元，作为该合同草案所订之公司借与中华民国政府五百万日元之一部分，支付给中华民国政府；余款须经股东大会决议后，方能支付。

结果是，在明治四十五年二月十日（1912 年）由横滨正金银行借入的 300 万日元，以其 50 万日元使用于公司，其余 250 万日元分成 200 万日元和 50 万日元两笔，借与三井物产会社，该会社再以之借与南京临时政府。①

三　各方反对与合办汉冶萍案的流产

中日合办汉冶萍案草约经媒体披露后，首先遭到了与其有切身利害关系的湘、鄂两省的反对。湖南代表表示，湖南公私各股将近百万日元，与汉冶萍公司有"重要之关系"。决定推举都督谭延闿举为湖南股东代表，对于汉冶萍公司拟与日本合办之草合同"极端反对"②。湖北方面则认为汉冶萍公司纯属盛宣怀之私产，湖北军政府有权接收，以为湖北财政之基础。并提出"非经湖北军政府认可，任何人不得擅自处理"③。另外，湘、鄂两省还致电拟任临时政府实业总长的张謇，请求从中阻止中日合办。张謇向临时政府提出质问：

鄙人前闻盛宣怀又以该公司抵借款项，转借于政府之说，谓是仿苏路办法，亦不介意。乃至今日忽闻集股三千万元，中日各半，由公司转借五百万与政府等语。……综要言之，凡他商业，皆可与外人合资，惟铁厂则不可；铁厂容或可与他国合资，惟日人则万不可。日人处心积虑以谋我，非一日矣，然断断不能得志。盖全国三岛，无一铁

---

① 《南京临时政府所谓汉冶萍借款的历史真相》，见代鲁《汉冶萍公司史研究》，第 67 页。

② 《汉冶萍公司湖南省股东代表演说》，见王尔敏等编《盛宣怀实业函电稿》（下），第 916—920 页。

③ 《松村驻汉口总领事致内田外务大臣函》，1912 年 2 月 26 日，见《日本外交文书选译——关于辛亥革命》，第 365 页。

矿，为日本一大憾事，而我则煤铁之富，甲于五洲，鄙人常持一说，谓我国铁业发达之日，即日本人降伏于我国旗下之日，确有所见，非过论也。数年以来，日人于铜官山，于大冶，于本溪湖，百端设法，思攘而有之，终亦不能如愿。今盛宣怀因内地产业，为民军所占，又乘民国初立，军需孔亟，巧出其平日老猾手段以相尝试，吾政府不加洞察，一受其饵，则于国防，于外交，皆大失败。民国政府建立伊始，纵不能有善良政策，为国民所讴歌……总之，盛于汉冶萍，累十余年之经营以有今日，民国政府对于该公司当始终扶助，不能因其为盛所经营，而稍加摧抑，即盛宣怀之私产，亦当通饬保全，以昭大公。至中日合办之说，则万不可行，未可因其借款之故，稍予通融，此则区区之愚，愿两公熟思而深虑之者。①

应该说，张謇对日本通过中日合办汉冶萍以达到控制的图谋是洞若观火的。他从钢铁与国家发展关系的角度出发，认为即使汉冶萍为盛之私产，但作为关系国家命脉的钢铁行业也应得到国家保护，而不能加以摧残。对此，孙中山表示理解，"铁矿合办诚有如所示之利害"。但在当时情况下，其目标是如何获得足够的借款以维持民国政府，"惟度支困极，而民军待哺，日有哗溃之虞，譬犹寒天解衣裘付质库，急不能择也"。在他看来，"于众多矿中，分一矿利与日人，未见大害；否则以一资本家如盛氏者专之，其为弊亦大"② 由于两人当时的处境及看问题的角度不同，故而难以取得一致意见。尽管如此，因张謇为东南实业界巨擘，南京临时政府希望其能出任临时政府实业总长以取得江浙资本家的支持，因而孙中山随后又嘱胡汉民致函张謇解释，但不获其理解，仍坚辞实业部长职务。③

合办汉冶萍案还遭到了革命党内部的反对。1912 年 2 月 9 日，章太炎在《大共和日报》撰文强烈反对中日合办汉冶萍。"大冶之铁、萍乡之煤，为中国第一矿产，坐付他人，何以立国？公司虽由盛宣怀创办，而股

① 《张謇致孙中山、黄兴函》，1912 年 2 月，见《汉冶萍公司档案史料选编》（上），第332 页。

② 《复张謇函》，1912 年 1—2 月间，见《孙中山全集》，第 2 卷，中华书局 1982 年版，第142—143 页。

③ 张孝若：《南通张季直先生传记》，上海书店 1990 年影印本，第 174—177 页。

本非出一人，地权犹在中国，纵使盛宣怀自行抵押，尚应出而禁制，况可抉同作事耶？"以执事之盛名，而令后来者指暇抵隙，一朝磋跌，自处何地？及今事未彰布，速与挽回，是所望于深思远计之英也"①。2月13日，孙中山复电章太炎，解释汉冶萍借款原因，"此事弟非不知利权有外溢之虑，其不敢爱惜声名，冒不韪而为之者，独之寒天付质，燎饥为急，先生等盖未知南京军队之现状也。每日到陆军部取饷者数十起，军事用票，非不可行，而现金太少，无以转换，虽强迫市人，亦复无益。年内无巨宗之收入，将且立踣，此种情形，寓宁者侧目视之。"同时强调，若无巨款接济，"前敌之士，时有哗溃之虞"。对中国而言，"矿业甲于五洲，竞争发达，当期其必然"。否则，汉冶萍"专为盛氏数人之营业，亦非无害，此意当为时论扩之"。② 2月22日，孙中山复函章太炎，表示已废除了合办草约，同时仍解释不得已借款之理由，"今急难之时期稍过，自当比择而徒其宜。大抵挖肉补疮，依然不免，但要视创痛如何，肉可否挖耳"③。

更为重要的是，合办案被提交到了参议院。根据《中华民国临时约法》之规定，参议院是立法机构，具有最高权力。黎元洪致参议院，先是反对南京临时政府抵押汉冶萍向日本借款，"本省对于（汉）冶萍资产，正月致大总统霭、沁两电言之甚详。此次战争，武汉生命财产损失最巨，鄂省财产不能任该公司抵押借款。且准大总统规定保护财产之命第五条，则马鞍山煤矿理应没收，该公司要求取消，万难承认"④。中日合办汉冶萍案的详情被媒体披露后，黎元洪再次咨参议院文，反对中日合办，"侧闻汉冶萍公司改办条约，内载有'中日合办'字样，鄂中人士金不谓然。汉冶萍关系全国财政命脉，现以不得已之故另改办法，如定为中日合办，为累恐非浅鲜。汉冶萍系公司性质，不可认为国家私物，万不得已而听外人入股，只可作商人合资办法，言明汉冶萍公司与日商合资，改立新公司，庶于国际全无关涉"⑤。

---

① 汤志钧：《章太炎年谱长编》（上），中华书局1979年版，第386—387页。
② 《孙中山致章炳麟函》，1912年2月13日，见《汉冶萍档案史料选编》（上），第331页。
③ 《复章太炎函》，1912年2月22日，见《孙中山全集》，第2卷，第120—121页。
④ ［附件二］：《黎元洪致参议院电》，见《汉冶萍公司档案史料选编》（上），第331页。
⑤ 《黎元洪为请取消与外人合资开办汉冶萍公司产业合约致南京临时政府暨参议院电》，1912年2月13日，见辛亥革命武昌起义纪念馆、政协湖北省委员会文史资料研究委员会合编：《湖北军政府文献资料汇编》，武汉大学出版社1986年版，第704页。

从总体而言，黎元洪从维护鄂省的利益而反对汉冶萍中日合办尚有可理解之处。在参议院，参议员刘成禺提议：临时政府押外债及发行军用钞票，未交参议院议决，有背临时组织大纲，计分三项："一、以兵力强迫招商局押借外款；二、擅发军用钞票；三、以汉冶萍合同押借巨款，致成中日合办。凡此三端，既失政府信用，又足激变民心，应请公决。警告政府，另议善法。"① 2 月 28 日，孙中山对参议院的质询进行了解释，"政府据院议通过之国债一万万元，因仓猝零星征集，颇难应急，遂向汉冶萍及招商局管产之人，商请将私产押借巨款，由彼筹得款后，以国民名义转借于政府，作为一万万国债内之一部分。嗣又因政府批准以汉冶萍由私人与外人合股，得钱难保无意外枝节，旋令即取消五百万元合股之议，仍用私人押借之法，接到二百万元，转借于政府，是政府原依院议而行，因火急借入二百万元以应军队之需要，手续未及分明，致贵院有违法之防"②。同日，孙中山派胡汉民携汉冶萍借款各种文件交参议院，并在此咨复说明借款情况及取消草约之决定。③

合办案还遭到了公司股东的强烈反对。2 月 23 日，孙中山致电王勋请其转告盛宣怀，取消汉冶萍中日合办草约。"该草约，前虽批准，后以其交款濡滞，并不践期，已电告前途，文定取消，盛氏万不能已由政府核准为借口"；"今各省反对，舆论哗然，盛氏宜早设法废去此约。且证书有须通过公司股东会一语，不为通过，此约即废，不患无以处此也。"对合办的危害性，汉冶萍大多数股东十分清楚，因此想方设法阻止，如担任董事的股东叶景葵在致董事聂其杰、何范的电报中明确指出，汉冶萍合办之弊，"今汉冶萍引日资合办，是不啻举全国钢铁业拱手授诸外人，危险何堪设想"！因此"请尊处联合股东切实研究，以资匡救"④。在叶景葵等人的推动下，26 日，公司董事会致电盛宣怀，要求取消中日合办，"闻汉冶萍厂矿有与日本合办之约，各股东疑虑，群来诘问。……接各股东来函，均以此事有损国权、商业，极不赞成，应请照合同第十条取消。并盼

---

① ［附件一］：《参议员议案》，见《汉冶萍公司档案史料选编》（上），第 331 页。

② 《孙中山咨参议院文（节录）》，1912 年 2 月 28 日，见《汉冶萍公司档案史料选编》（上），第 332—333 页。

③ 陈锡祺主编：《孙中山年谱长编》（上），第 666 页。

④ 《叶景葵致聂其杰、何范之电》，1912 年 2 月 2 日，见《汉冶萍公司档案史料选编》（上），第 327 页。

速电复"①。同日，公司上海股东亦致盛宣怀电，再次要求取消合办，"屡见报载，阁下拟以汉冶萍厂矿与日人合办……阁下既未商各股东开会议决，辄以私人资格擅与外人订约，不独国权，亦我等血本所关，断难承认，而全国舆论哗然，湘、鄂、赣三省人民起而反抗，将恐激成变端，我等同受其累，决不甘心。望即迅速取消，勿稍延迟，致贻后悔"②。同日，为废除中日合办案，孙中山再次致函复盛宣怀，称"执事以垂暮之年，遭累重叠，可念也。保护维持，倘能为力之处，必勉为之"；允代向袁世凯疏通，使盛得回国"乐居故里"③。

中日合办合同被取消，是对盛宣怀及汉冶萍公司一沉重打击，"约如废，公司无款必倒，政府务须另筹巨款维持"④。但盛宣怀和日本均不甘心合办被取消，竭力维持并促成。盛宣怀指示李维格，"趁早取其核准实据，过此以往，更难著手，根本已摇，运动无力矣"⑤。同时日本亦竭力维持，山本表示："宁所核准系沪三井与宁所订草约，并非（一月）二十九（日）神户所订草约十条"，希望速询孙，若所批准实系沪三井之约，即易废，若系二十九条草约，须即开股东会议再废。⑥尽管"宁约"被废，但神户草约需要股东大会的同意才能废除，这就为盛宣怀运动股东保留一定的时间。不过，孙中山也预料到这一点，转告盛宣怀，"该草约前已批准，后以交款濡滞，已电告前途取消"，盛氏不能已经由政府核准为借口；同时又补充道，"证书有须通过于公司股东会一语，不为通过，此约即废，盛不患无以处此"。在盛看来，公司为完全商办公司，按照法律，"草合同核准之后，只有通过股东，倘有过半数股东赞成，即告知日商为第二重关键"⑦。尽管盛宣怀对重要股东进行多方运动，但赞成合办的仍只占极少数，3月29日，上海开临时股东会，到会440人，计208838股，全数反对中日合办，超过公司全股十分之八，合同草约

---

① 《公司董事会致盛宣怀电》，1912年2月26日，见《汉冶萍公司档案史料选编》（上），第336页。

② 《汉冶萍公司股东致盛宣怀电》，1912年2月26日，见王尔敏等编《盛宣怀实业函电稿》（下），第957—958页。

③ 《孙中山致盛宣怀函两通》，载《社会科学战线》1981年第4期。

④ 《王勋致李维格电》，1912年2月18日，见陈旭麓编《辛亥革命前后》，第249页。

⑤ 《盛宣怀致李维格函》，1912年2月21日，见陈旭麓编《辛亥革命前后》，第251页。

⑥ 《盛宣怀致王勋电》，1912年2月23日，见陈旭麓编《辛亥革命前后》，第251页。

⑦ 《盛宣怀致杨学沂函》，1912年2月24日，见陈旭麓编《辛亥革命前后》，第254页。

乃宣告无效。[1] 合办草约废除后，高木向盛宣怀提出善后的三点意见：（1）汉冶萍不能与其他外国人合办；（2）汉冶萍如欲以厂矿抵押向外国银行代借款项，或代售债票，须先尽与日本横滨正金银行商办；（3）上海合办新厂资本银 1000 万两，以鄂省附股 100 万两，汉冶萍附股 100 万两，以鄂省级汉冶萍矿石抵付 200 万两本利，如中国情愿多附股份可至 500 万两为议。[2] 另外，日本政府则指示驻华公使继续展开交涉。外相内田康哉先于 3 月 15 日、16 日连发指示，令驻宁领事铃木荣作"与孙、黄交涉，请其设法使汉冶萍合办案，能在此次股东大会通过，否则即使股东大会延期召开"[3]。后又指示铃木要求孙、黄将合办案作为悬案移交北京政府接办，以便伺机再谋合办案的实。[4] 为后来中日合办汉冶萍的阴谋铺路。

不仅如此，孙中山因为南京临时政府的财政困难而被迫让位于袁，更是使合办计划功亏一篑。"孙总统的解职和袁总统的就任，严重影响我们和日本人合办汉冶萍公司的新合同。按照合同上我的书面附言：俟民国政府核准后，敝总理再行加签盖印。"于是盛只得将合办的希望寄托于袁世凯。"袁总统的批准，至为重要而迫切"[5]。此时盛宣怀为自己开脱责任，竟将合办的责任全部推给了临时政府，说"汉冶萍偙困，财力不足，矿产抵押尚不敢为，况合办乎？此次南京发轫，何天炯奉命力迫成议，下走坚持，而三井持宁政府已准之约，以全权与公司交涉，势不能拒。弟幸未签字盖印"[6]。为了讨好袁世凯，盛宣怀还指责孙中山的临时政府"力摧实业公司，汉冶萍、招商局几乎不能保全。幸赖项城（袁世凯）之力。"[7] 即使如此，盛宣怀的宿敌袁世凯并没有促成中日合办的实现，而是在其统治稳固后加强了对汉冶萍的渗透和控制。

① 《盛宣怀致李维格密电》1912 年 2 月 24 日；《盛宣怀、李维格致小田切万寿之助函》，1912 年 3 月 23 日，见陈旭麓编《辛亥革命前后》，第 253、第 261 页。

② 《高木交盛宣怀关于废除汉冶萍中日合办草约后办法》，1912 年 3 月 25 日，见《汉冶萍公司档案史料选编》（上），第 340 页。

③ 《铃木荣作致内田康哉函》，1912 年 3 月 22 日，见代鲁：《汉冶萍公司史研究》，第 72 页。

④ 同上。

⑤ 《盛宣怀致李维格函》，1912 年 2 月 20 日，陈旭麓主编：《辛亥革命前后》，第 250 页。

⑥ 夏东元编著：《盛宣怀年谱长编》，第 948 页。

⑦ 同上书，第 947 页。

四　历史必然性和偶然性共同作用的结果

由于当时中日合办汉冶萍案是南京临时政府、盛宣怀、日本三井洋行和正金银行四方在极端秘密的条件下展开的，交涉各方关系错综复杂；另外，在历史上盛宣怀一直是一个以奸诈狡猾的反面形象出现的，而且关于这方面的盛氏私档开放甚少，学界对该案研究的立论依据主要是当时报刊一鳞半爪的披露，故其真相显得扑朔迷离。中日合办汉冶萍借款案出现后，当时的舆论即有如下说法："汉冶萍借款，事甚复杂，而内容又极秘密，故其经营手续，殊不明了。若就报章所传述者观之，则此款为政府之主动乎？抑盛宣怀之主动乎？亦一足供研究之问题也。"① 总体而论，中日合办汉冶萍案应该是历史必然性和偶然性共同作用的结果。

其一，中日合办汉冶萍案的发生有一定的历史必然性。同时，汉冶萍公司在其艰难发展的历程中，经费严重短缺是其一直面临的最大困境。盛宣怀接手汉冶萍后，曾希图通过经营体制变革解决这一问题，但在其后的三年时间里，"商本赔折已逾百万"②。当然，铁厂生产量不如预期也是导致其处境艰难的一个重要因素。1903 年，在与袁世凯的争斗中，铁厂资本挹注的重要保障——盛氏控制的轮船招商局和天津电报局被袁氏攘夺，使铁厂的发展受到沉重打击。从此，铁厂便开始走上依赖外债（主要是日债）求发展的道路。从 1903 年汉阳铁厂利用第一笔日资至 1908 年公司的组建，汉冶萍长期外债累计总额已达 450 万两之巨，而相较充其量不过 200 万两的商股银，业已超过一倍有余。至于此期间的短期拆借，虽无具体明细，但据盛宣怀 1907 年 8 月间说："现上海恃厂矿产业由通商银行、纺织厂作保，抵汇三百万两，汉口街市抵汇二百数十万之多。"③ 在公司组建后的四年间，除 1909 年和 1910 年有少量盈余外，1911 年和 1912 年公司两年的亏欠竟超过 500 万元。④ 鉴于这种现状，1908 年盛宣怀东游日本时，与日本首相桂太郎谈起钢铁事业"最好两国（中日）合办"。中国富原料，日本精制造，"资本各半，利益均分，通力合作，急起直追，抵

---

① 高劳：《临时政府借债汇记》，载《东方杂志》第 8 卷 11 号，1912 年 5 月。
② 全汉昇：《清末汉阳铁厂》，见陈真编《中国近代工业史资料》，第 3 辑，第 387 页。
③ 《汉冶萍厂矿的股份制与扩招新股问题》，见代鲁著《汉冶萍公司史研究》，第 282 页。
④ 全汉昇：《清末汉阳铁厂》，见陈真编《中国近代工业史资料》，第 3 辑，第 398 页。

制之道，庶几在是"①。在盛宣怀看来，汉冶萍生意，"合办必好，日本用钢铁最多，可不买欧铁，余利必厚，于中国实业必有进步"，但"舆论必不以为然，我（盛宣怀）故不肯起此念"②。在当时的社会环境下，无论是从清廷矿律的角度还是社会舆论的接受程度来看，盛宣怀这种"超前"的想法均无法实现。1911 年，盛氏出任清廷邮传部尚书后，对矿律做出了重大修改，明确准许中外合办矿业，在某种程度上为中日合办汉冶萍铺平了道路。但慑于舆论的压力，盛在中日合办汉冶萍问题上仍难以取得明显突破。

其二，武昌起义后中国政局的不确定性是推动中日合办的一个重要因素。至辛亥前夕，汉冶萍公司尽管存在诸多困难，但毕竟解决了长期困扰的如生产技术、设备、缺焦以及产品市场销路等问题，基本上走上了正轨。但武昌起义使汉冶萍遭受重创，所属厂矿均"机关破获，营业停顿"，损失银达 372 余万两。③ 鉴于当时自身及公司的处境，盛宣怀等认识到，要保护自己在公司的投资，中日合办是唯一的有效途径。而此时，孙中山革命政权在获取欧美援助无望的情况下，提出中日合办汉冶萍以谋求日本的借款，这样临时政府与盛宣怀便找到了利益契合点。故当临时政府向盛宣怀提出要求出面与日交涉汉冶萍合办借款案时，盛直截了当地表达了自己的观点：若"华日合办，或可筹借"；或"由新政府将公司产业股款、欠款接认，即由政府与日合办"；或"由公司与日商合办"④。不难想象，如果合办案能借南京临时政府得到落实，不仅能为公司筹集到一笔可观的资金，还能借助日本的力量保护自己在公司投资的安全。

其三，在汉冶萍中日合办问题上，盛宣怀与南京临时政府均应承担责任。对汉冶萍而言，盛宣怀利用公司丰富的原料与日方丰裕资本的结合，双方通过合办达到一种共赢。尽管辛亥革命后盛宣怀与日本合办汉冶萍的性质发生了变化，但这并非其主观希望的结果。对孙中山及南京临时政府而言，中日合办汉冶萍是为谋求日本的借款，以解决政府财政困境。在合办案废约后，盛宣怀在致吕景端的函中说："南京政府困于军糈，东人乘

---

① 盛宣怀：《东游日记（节录）》，光绪三十四年九月三十日，见《愚斋存稿初刊》，卷51。
② 《盛宣怀致杨学沂函》，1912 年 2 月 24 日，见陈旭麓编《辛亥革命前后》，第 255 页。
③ 《公司董事会呈北洋政府大总统、国务总理、工商部咨文》，1912 年 8 月 20 日，见《汉冶萍公司档案史料选编》（上），第 297 页。
④ 《王勋致陈荫明电》，1912 年 1 月 14 日，见陈旭麓编《辛亥革命前后》，第 231 页。

机煽惑，遽将汉冶萍公司准归华日合办，先与三井在南京订约，即派其代表何天炯，弟因病未见，即返东京。一琴（即李维格）持何（何天炯，孙中山赴日筹款代表）凭函迫令承认，黄克强复来电责我观望。正月二十九日人小田切以草合同勒逼签字，第十条谓已由中华民国电准。"① 上述情况不完全符合历史事实。在此，盛宣怀在前半部分隐瞒了公司主动提出汉冶萍中日合办的问题，将责任完全推给了临时政府"困于军糈"和日本的"煽惑"，这是有悖历史事实的；而后部分指责孙中山及南京临时政府一手包办了中日合办汉冶萍，其处于被动地位，则基本上符合事实。不过，当时的舆论均认为是盛宣怀以中日合办汉冶萍诱惑孙中山及南京临时政府以达到自己的个人目的，如民社在《汉冶萍合资公揭》中对盛宣怀进行了强烈指责，"查盛宣怀阴柔奸诈，才足济奸，凡以上所云汉冶萍公司成案，均其一手所规定。岂不知变更章程均有种种障碍，特以民国初立，一切案件均在鄂湘，且值财政困难之际，彼即肆其蒙蔽手段，欲使人当此恶名，彼得攫其实利"。其有欺蒙"我千辛万苦缔造艰难之政府"与"挑衅东邻，倾覆民国"两大大逆不道之罪，因此全国同胞应视其为"公敌"。并要求对盛处以最严厉的惩罚：私产概行充公；盛氏家庭一律逐出民国；将不反对盛宣怀合办股东之股票概行充公；经手合办之人与盛宣怀一同宣布死刑。② 这在很大程度上是一种误解。需要指出的是，民初中日合办汉冶萍案开启了政府直接干预企业所有权的先河。以此为先导，此后无论是北洋政府时期的"国有""官商合办"及"通惠借款"事件，还是国民党主政时期的"整理"和"接收"汉冶萍公司均体现了这一点。

---

① 夏东元编著：《盛宣怀年谱长编》，第945页。

② 《民社等之"汉冶萍合资公揭"（节录）》，见《汉冶萍公司档案史料选编》（上），第336页。

第四章　汉冶萍公司与袁世凯政府

与北洋政府关系的处理是汉冶萍发展过程中面临的一个重要课题。汉冶萍尽管在法律上是一个完全的商办公司，但由于其厂矿跨属多省及该行业的特殊性，使得其必须依赖国家力量才能获得有效发展，尤其处于近代中国政局极端不稳的大背景下。袁世凯确立在中国的统治后，由于"省有"问题及资金严重短缺，汉冶萍不得不通过申请"国有""官商合办"和"通惠借款"等方式谋求北洋政府的支持，但同时又有极力摆脱其控制的企图，维护自身的既得利益。

第一节　公司"国有"与"官督商办"

一　辛亥革命后汉冶萍公司面临的困境

武昌起义后，公司董事长盛宣怀因革命打击而出走日本；公司所属汉阳铁厂、大冶铁矿和萍乡煤矿亦停工停产。1912 年 3 月，南京临时政府大总统孙中山因财政困窘让位于袁世凯；随后，反对袁氏独裁统治的"二次革命"亦归于失败，孙中山等革命党流亡海外，以袁世凯为首的北洋军阀的统治秩序暂时建立起来。对汉冶萍公司，其首要任务就是尽快恢复正常的生产。然而，公司面临着两大难题无法解决：一方面是辛亥革命后湘、鄂、赣三省跃跃欲试地着手接管；另一方面，战争的破坏和严重的资金短缺使得公司无法恢复生产。严峻的形势迫使公司高层不得不借助中央政府谋求从根本上解决问题。

对汉冶萍而言，湘、鄂、赣三省的接管活动是其生存面临的最大挑战。武昌起义后，清廷的倒台和盛宣怀的失势使汉冶萍丧失了官方的庇护，湖北、湖南、江西等独立各省视公司分布在其境内的厂矿为盛宣怀之私产，企图乘机加以分割接管。江西革命党没收萍乡煤矿，"主张作为本省事业经营"，并屡次对公司设施进行猛烈干涉，导致"熔矿炉开工所需之煤及焦炭，无法预先准备"。湖南革命派"自去秋以来亦占领萍乡煤矿，使公司遭受巨大损害"。嗣后因江西革命派抢先占领煤矿，于是改变策略，控制运输煤炭的航路船舶，使公司丧失该航路之自主权。在湖北，熔制生铁最为必要的原料锰砂亦遭到兴国州（今湖北省阳新县）革命派的干涉，"按目下情况，无论如何不能开采"；武昌革命派已在汉阳铁厂和大冶矿山派驻监督，屡次进行严厉审问查究，使"厂矿当局感到恐惧"，阻碍了事务的发展；湖北省议会为收回汉阳铁厂和大冶矿山，"竟至采取威胁行动"①。

其后，盛宣怀虽然在湘督谭延闿②、大总统袁世凯及日本的支持和干预下暂时阻止了湘、鄂、赣三省的接管行动，稳定了局面，但湖北与江西两省与汉冶萍公司的矛盾和冲突并未因此而消弭，仍然继续发展。1912年8月，赣督李烈钧在接管萍乡煤矿之举未成后，预定在萍乡投资200万元成立"江西省萍乡煤矿总局"，并大量收买土井山田，借以和汉冶萍公司竞争；还根据光绪三十三年（1907年）清廷颁布的矿务章程，派划界员赴萍乡丈量萍乡煤矿矿界，限定萍乡煤矿的矿界不得超过960亩。在江西地方当局的支持下，萍乡煤矿矿界以内和矿界以外土井越来越多，增至60多口，还纷纷设炉炼焦。尽管后因"二次革命"失败而导致李烈钧的下台，"官矿"未建成，但矿界、土井和官矿三个问题仍是汉冶萍公司和江西地方政府争论的焦点。由于汉冶萍公司的主体大冶铁矿和汉阳铁厂均在鄂省境内，且欠该省巨额官款尚未偿还，湖北遂向公司提出事权、财权和地权三个问题。湖北方面认为，汉冶萍公司的事权本由鄂省政府授予，但公司董事长赵凤昌等人却无视鄂省权利的存在，在不同其商量的情况下，极力怂恿北洋政府工商部将汉冶萍收归国有；对于财权，公司厂矿建设耗费湖北官款560万两，而公司对湖南及工商部的欠款均作为成本，发还股票，却对湖北18年以来未偿还的成本利息"置之不理"；至于地权，

① 《公司临时股东大会通过申请"国有"概况》，1912年8月12日，见《旧中国汉冶萍公司与日本关系史料选辑》，第363—364页。

② 谭延闿属立宪派旧官僚，曾一度首鼠于革命与立宪之间，辛亥革命期间投机革命，杀死湖南都督革命党人焦达峰等取而代之。另外，湖南在汉冶萍公司有相当的股份，具有相当的发言权。由于有这种背景，盛宣怀便以谭为突破口，疏通并取得其在该问题上的支持。

在汉冶萍的厂矿中，湖北占了三分之二，且大冶铁矿和汉阳铁厂在公司中居于重要地位，结果公司只赋予了鄂省三分之一的地权。① 赣、鄂两省与汉冶萍公司一直矛盾重重，无法解决。

公司遇到的另外一个困境就是资金严重短缺，无法恢复生产。据统计，公司仅因辛亥年革命党起义期间，损失就达 372 万两。② 由于长达十月的"机关破坏"和"营业衰退"，"不特营业收益之道，全被堵塞；且以后每月需要之经费，数额巨大"。另外，还有以前高达 2400 余万两的负债额。由于局势动荡及公司恢复营业之期"还不能预测"，因此，无人敢于贷款给公司。③ 不仅如此，公司的客户不断催逼所订的钢材，更使得恢复生产成为当务之急。日本制铁所订货最多，公司不能按照合同交货，"早已啧有烦言"④；粤汉干线之鄂湘路段亦向公司预定路轨，如不能履约，则将去年所订川粤汉轨件千万金的合同转让给洋人，"事情紧迫，万不能停待"。然而，由于公司"国有""商办"问题尚未解决，地方官绅又"横加干涉"，"人怀疑虑"，因此筹借十分困难。总之，根本问题若不早日解决，公司"颠覆仍在转瞬"⑤。

二 公司"国有"问题

由于与湖北、江西地方政府的"省有"问题未能妥善解决，加之资金短缺，外债利息沉重，汉冶萍公司短期内根本无法恢复生产，因此决定向袁世凯政府提出"国有"要求。在公司看来，只有"公司国有"，借助"国家之权力指挥开工"，省有问题才"自可消除"。另外，官款本利也成为公司一个沉重的负担，因此乘机要求政府减轻借款的本金利息，延长还

① 《丁立中、时象晋致公司董事会函》，1913 年 4 月 3 日，见《汉冶萍公司档案史料选编》（上），第 396—397 页。

② 《汉冶萍公司辛亥军兴损失总细数目册》，1914 年 6 月，见《汉冶萍公司档案史料选编》（上），第 315 页。

③ 《公司临时股东大会通过申请"国有"概况》，1912 年 8 月 12 日，见《旧中国汉冶萍公司与日本关系史料选辑》，第 363 页。

④ 《赵凤昌等致大总统、国务总理、工商部东电》，1912 年 10 月 1 日，见《公司档·董事卷》10 号，湖北省档案馆藏汉冶萍公司档案。

⑤ 《公司董事会长赵凤昌等呈北洋政府大总统、国务院支电》，1912 年 12 月 4 日，见《旧中国汉冶萍公司与日本关系史料选辑》，第 366 页。

本期限，"切实谋求救济办法"①。对此，公司协理叶景葵说得十分明白，"今日若因赣鄂难于理喻，不得已屏弃数千万之成业而不与力争，再借外债别谋新厂以供应日料，此亦任事之苦衷。而股东愿以归还政府，免为外人垂涎，尤为苦中之苦"。"如果政府愿收，只须并力经营，汉厂将已定第四炉材料赶速砌造，一年完工，每年出铁二十一一万五千吨，足供华轨、日铁之所需。将来兵工厂势必归并，黑山则可添做两大炉，事半功倍，本轻利重，每年余利五百万可操而得也。"② 因此公司国有"今尤实逼于此"，只有"政府接受一天，云雾方能消散"③。"国有主旨，系因商力疲敝，工程艰巨，断非一二年所能获利，必须国家任其开创。""收归国有并非我等所敢赞成，但因各地官宪对公司财产，处置粗暴，以致股东们为保护本身利益宁愿收归国有。"④

后来，叶景葵对当时汉冶萍公司申请"国有"时补充了六点理由⑤：

> 汉厂倡自张（之洞）氏，而冶矿系盛氏所赠，萍矿则厂成而始发见。盛氏之得冶矿，在有意无意间。我初不过一小部分耳，自归汉厂后，乃以官力圈购左右诸山，又旁及于鄂、赣沿岸。萍矿之辟，及萍醴路工之敷设，亦非官力不办。故汉冶萍之历史，与纯由商创者不同。此可以国有之理由一。
>
> 汉厂第一次负债，皆系官款。至今农工商部之股份，每吨一两之铁税，名为报效，实系债权。此可以国有之理由二。
>
> 民国虽建，而省界难融。鄂人艳汉厂收支之巨，跃跃欲试。去年因兴国锰矿事，大起讼端，至今尚以强力占之。一萍矿也，湘都督保护，赣都督电争，其腾诸报纸者，真伪不可知，恐非毫无影响。倘非以国家名义收归统一，必致四分五裂，顿归失败。此必须国有之理由三。

---

① 《公司临时股东大会通过申请"国有"概况》，1912年8月12日，见《旧中国汉冶萍公司与日本关系史料选辑》，第364页。

② 《盛宣怀致叶景葵函》，1912年9月10日，见陈旭麓等编《汉冶萍公司》（三），第337页。

③ 同上书，第336页。

④ 《公司临时股东大会通过申请"国有"概况》，1912年8月12日，见《旧中国汉冶萍公司与日本关系史料选辑》，第364页。

⑤ 叶景葵：《汉冶萍国有策》，《民国经世文编》第37册。

以后振起睡狮之法，舍铁道末由。而铁道实蕴利于外之大宗。幸有汉厂自造钢轨，为外人所信用。若价值涨落，不能操诸国家，将大为交通之梗。此必须国有之理由四。

他省铁矿，如利国驿（在江苏铜山县）、铜官山（在安徽省铜陵县）者，皆货弃于地，商民无力采掘。若由国家兴办，则汉厂商力难以竞争，不如一气呵成，易收子母相生之效。此必须国有之理由五。

各处兵工厂所用钢料，全仰给于外洋，交战时极为危险。若以冶矿隶于国家势力之下，以后整顿军实，不假外求。此必须国有之理由六。

作为汉冶萍公司重要的股东之一，叶氏从汉冶萍之起源、官款和债权、湘鄂赣三省的干预及钢铁与国家发展需要等几个方面进行了详细阐述，说明内外环境交相逼迫是汉冶萍公司提出"国有"的最主要动机。这正好和其前述之观点相印证。

为达到上述目的，一方面，公司董事会呈请北洋政府大总统、国务总理、工商部文，向政府施压，内称："今日赣省复有派员总理监督萍乡煤矿之举，置公司于不问，风声所播，众议哗然、股东、债主以及定货主顾相逼而来，公司有岌岌不可终日之势"，因此，董事会提出甲乙两种解决办法：拟陈请政府将公司产业收归国有，以免鄂赣纷争；拟仍由公司继续维持。经过股东公投，结果主张收归国有者 86985 股股权，主张继续商办者 5179 股股权；[①] 另一方面，盛宣怀通过袁世凯的心腹孙宝琦疏通袁氏，要求政府尽快确定对公司的基本方针。在盛氏看来，孙宝琦不仅为袁氏所倚重，而且与地方、商务和外交三者关系都很融洽，因此如能获准参与汉冶萍事，无论是国有、商办，还是与各省都督及公司各股东的关系处理，甚至与日本的外债交涉均十分有利。[②] 这也是孙宝琦后来被盛宣怀内定为汉冶萍公司董事长的最主要原因。在孙宝琦的运动下，工商部表示，"振兴实业，煤铁为先；该公司造端宏大，国计攸关，功败垂成，至为可

① 《公司董事会呈北洋政府大总统、国务总理、工商部文》，1912 年 8 月 20 日，见《旧中国汉冶萍公司与日本关系史料选辑》，第 364—365 页。

② 《盛宣怀致孙宝琦函》，1912 年 9 月 18 日，见陈旭麓等编《汉冶萍公司》（三），第345 页。

惜。"并承诺"无论国有商办，本部力予维持"①。同时工商部还出面替公司说项，强调政府拯救汉冶萍是"当务之急"，"善后的要义"②。

在内外压力下，袁世凯政府决定将"国有"问题搁置一边，优先解决资金短缺问题，以迅速恢复生产。现"公司因问题既未解决，除日本银行外，又一无挪移之处，现已断炊。厂矿经费汇票即日到沪，如无应付，立即哗溃。尤可危者，公司机关破坏，根本动摇，国有问题至今未决，以致人更疑虑。""若发款再一愆期，汉冶固属可虑，而萍乡煤矿尤极危险，势必前功尽弃……有一日不能再候之势。"③ 袁世凯拨发南京临时政府所借比利时的 500 万元公债票作为公司恢复生产的启动资金，并作出了明确而严格的规定："一，只准抵押，不准出售；二，利息由公司担任；三，还本期限照票面分年成数，按限归还；四，债票出纳归部派监督监管。"④ 正是有了政府 500 万元公债票作为担保，公司才有向日本借款的资本，因此与日本迅速取上海规元银 250 万两借款的协议。⑤

在解决公司资金问题后，是否"国有"的问题才被北洋政府提上日程。尽管公司申请"国有"时表示"碍难仍归商办"，但袁政府仍持慎重态度。因为公司对所欠应还之借款和利息均既无预算，更无计划，且对于旧有股本如何处置，对于将来营业如何发展，亦无详细说明。除此之外，北洋政府还有三点顾虑：一是否全体股东之决议？二是否已得三省（湘、鄂、赣——引者注）都督之同意？三是国会成立在即，临时政府期限无多，政策虽定，不能贯彻，实行更恐有损国家信用。⑥

袁政府的上述思考切中了问题的关键。因为"国有"计划完全是公司与日本合谋压迫政府的一种策略。在盛宣怀的授意下，公司协理李维格

---

① 《北洋政府工商部对公司董事会呈文批示》，1912 年 9 月 17 日，见《旧中国汉冶萍公司与日本关系史料选辑》，第 366 页。

② 《工商部呈袁世凯文》，1912 年 12 月 31 日，见陈旭麓等编《汉冶萍公司》（三），第 396 页。

③ 《公司董事会长赵凤昌等呈北洋政府大总统、国务院、工商部虞电》，1912 年 10 月 7 日，见《旧中国汉冶萍公司与日本关系史料选辑》，第 367 页。

④ 《北洋政府工商部致本部部员王治昌（槐青）函》，1912 年 11 月 9 日，见《旧中国汉冶萍公司与日本关系史料选辑》，第 368 页。

⑤ 《汉冶萍公司、正金银行上海规银贰百伍拾万两借款契约书》，1912 年 11 月，《旧中国汉冶萍公司与日本关系史料选辑》，第 370 页。

⑥ 《北洋政府财政部关于公司"国有"问题的"说帖"》，1913 年 3 月□日，见《旧中国汉冶萍公司与日本关系史料选辑》，第 374 页。

与高木陆太郎对"国有"问题进行了全盘策划。他们认为，在大冶、汉阳两地受到湖北政府种种压迫的条件下，"倒不如申请政府收买为得策"，以牵制政府。大冶方面，营业已经停止，日本则可乘此迫令公司履行合同规定供给之生铁及其他，从而"特别顺利推动免除政府官息之举"①。据日本分析，公司负债约 3400 万汉口两，仅利息一项，每年共需支付 369 万，亦每日须有 1 万元以上之纯利始能抵销。对如此沉重的负担，如"不讲求对策，则虽无此次湖北之不法行为，公司营业亦属至难之事"。因此"现在趁此次湖北不法行为之好机会，召开股东大会，由股东决议：湖北敢于做出此种不法行为，虽与政府无关，但如政府不能保护公司，公司无法继续营业，只有请政府自行经营，即改为国有"；为此，政府"应退回股东所投之资本以及偿还公司负债，并继承与日本订立各种合同中提交生铁矿石之义务"，即"以决议压迫政府"②。

尽管日本坚信袁政府无力将公司收归国有，但也不能完全排除万一，因为袁世凯几乎在同一时期曾有将轮船招商局收归国有的企图。③ 为此拟出了多种应急预案：一是如日本承认"国有"，但"就现在汉冶萍之设备言，又恐生铁供应无着，则可附加一项条件，即在长江下游设立一铁厂，作为合办事业，以保护所得权益"。至于在上海建立新工厂计划，正积极进行中。④ 二是如日本不承认"国有"，则可"与上述决议同时，策动停止营业机关，在发表公司国有之际，李维格以下技师职员声明去职，而且甚至将运送大冶矿石之轮船放空两三次，然后以矿石不能如约运送，再向北京政府提出严重抗议"。这样北京政府必惊慌失措，"急与公司谋求善后办法，是时公司即可约定政府予以充分保护"⑤。三是在资金上切断汉冶萍对他国的依赖，使之完全依赖日本。此时英、德等国乘汉冶萍资金短缺之际，以提供援助为诱饵，图谋控制。对此，日本决定提供给公司

　　① 《日正金银行上海分行致横滨总行函》，1912 年 8 月 13 日，见《旧中国汉冶萍公司与日本关系史料选辑》，第 379 页。

　　② 《高木自上海致制铁所长官中村雄次郎函》，1912 年 7 月 22 日，见《旧中国汉冶萍公司与日本关系史料选辑》，第 378 页。

　　③ 张后铨主编：《招商局史（近代部分）》，中国社会科学出版社 2007 年版，第 266—268 页。

　　④ 《高木自上海致制铁所长官中村雄次郎函》，1912 年 7 月 22 日，见《旧中国汉冶萍公司与日本关系史料选辑》，第 378 页。

　　⑤ 同上书，第 377 页。

1200万日元的借款，从而将主动权牢牢控制在自己手里。① 四是在人事上做些安排，确保日本利益的最大化。如公司方面真正希望收归国有，袁政府表示同意，且日本对此无异议，则在"以安排总经理张謇和干部李维格等为条件上，可以保持与制铁所原来之关系"②。

正当袁世凯为此左右为难、态度游移不决之际，日本改变了主意，决定阻挠政府的"国有"企图，因为与政府交涉不如与公司交涉便利。为彻底打破袁政府"国有"的最后一丝幻想，在日本的策动下，公司继续向政府请愿施压，还提出更苛刻的"国有"要求：（一）请政府予以充分保障，将来不再发生没收一类的事件；（二）自上年革命动乱以来，公司营业上及借款利息之支付等，几乎每日均遭受七千两的损失，请政府予以赔偿；（三）请求减轻现行产铁课税之税额，并免除厘金及材料输入税。由于北京政府财政极端困窘，"此际无论如何不会承认国有请愿"③。结果"北京政府不能作为国有来经营，又因当前各地敷设铁路等需用钢铁甚多"，因此不得不对鄂、赣两省革命派会采取"说服"之策，使得后者所谓的"没收""接管"行为均有所收敛。④ 另外，在公司的一再催逼之下，袁世凯政府只得继续维持公司商办，并提出"由政府拨发公债票五百万元，以资补助"的办法。⑤ 袁世凯政府最终顺应了日本和公司的意图，不仅解决了公司资金短缺和省有问题，还被迫取消了"国有"的计划。公司的要求得到满足后，因此在1913年3月29日的股东特别会议上，全体股东一致主张取消先前所提出的国有主张，实行完全商办。⑥

---

① 《高木自上海致制铁所长官中村雄次郎函》，1912年7月22日，见《旧中国汉冶萍公司与日本关系史料选辑》，第376页。

② 《日正金银行上海分行转高木致北京分行电》，1912年8月14日，见《旧中国汉冶萍公司与日本关系史料选辑》，第381页。

③ 《叶景葵与小田切谈话记录》，1912年9月14日，见《汉冶萍公司档案资料选编》（上），第298页。

④ 《日驻大冶技师西泽致正金银行驻北京董事小田切函》，1912年8月17日，见《旧中国汉冶萍公司与日本关系史料选辑》，第386页。

⑤ 《国务院致汉冶萍公司电》，1912年10月10日，见《公司档·董事卷》23号，湖北省档案馆藏汉冶萍公司档案。

⑥ 《公司股东特别大会纪录》，1913年3月29日，见《旧中国汉冶萍公司与日本关系史料选辑》，第374—375页。

三　公司"官商合办"问题

公司虽取得日本 250 万两的借款，但仅为"开炉济急"① 之用，根本问题仍未得到解决。公司要生存，必须扩大生存规模。按照设想，大冶添置化铁炉两座，每日出铁 500 吨，专售生铁；汉厂再建化铁炉四座，每日出铁 750 吨，专造钢料；萍矿每日出煤 3500 吨，专炼焦炭，以供上述六炉之用。照此计算，如果六炉全部生产，只需 15 年便可将预借铁价陆续还清。但公司目前只有添炉之款，缺乏生产的流动资本，因此须借债3000 万元。当 1913 年正在酝酿国有的时候，汉冶萍公司因为要急于偿还旧债，及在大冶增建化铁炉，向日本举债 1500 万日元。可是，到了 1914年，"公司所借外债，除工程费日金 900 万日元外，其余 600 万日元，均已拨付净尽。所恃为经常费者，仅在按月应收之货价"。换句话说，虽然借到了 1500 万日元，可是其中 600 万日元已经用来"偿还正金、道胜、东方等银行及汉口各钱庄短期重息之款"，另外 900 万日元又须用来在大冶添设化铁炉，不能随便挪用，故公司的营运资本仍然非常缺乏，以致"周转不灵，营运乏策"②。在商股无从招集的情况下，董事会"深维现状，瞻念前途，惟有请加官股与商股合办一法，庶足以纾危急而固根基"③。董事会估计，如要达到 3000 万日元的总数，旧股约可凑 1500 万日元，但仍须添新股 1500 万日元。在商力不济的前提下，拟请将中央借款尽数作抵，不足之款俟中央续借外款再行补足。"似此公司即可作为官商合办之局"④。

根据官商合办的一般章程，公司拟定出了大致方案。由于公司共欠官款计洋 1139 万余日元，即使官商各出资本 1300 万日元，以农商部 170 万日元和湖南的 60—70 万日元作为官股，政府事实上并不需要另外出资。而且公司官商合办后，董事会、股东会章程应修改，即董事会拟订若干人，官商各半，应由股东选举；会长二人，应在董事内推举。经理拟订两

---

① 《公司董事会致北洋政府大总统等电》，1912 年 12 月 20 日，见《汉冶萍公司档案史料选编》（上），第 303 页。

② 张謇：《汉冶萍公司合办说略》，民国 3 年甲寅，见张孝若编《张季子九录·政闻录》，卷九，上海书店 1990 年影印本，第 15—16 页。

③ 《公司董事会呈国务院、农商部暨鄂都督、省长文》，1914 年 3 月 9 日，见《汉冶萍公司档案史料选编》（上），第 309 页。

④ 《汉冶萍公司简明节略》，1914 年 1 月 10 日，见《汉冶萍公司档案史料选编》（上），第305 页。

人，应由董事会公举，官商各一人。①

对此，北洋政府国务院总理及农商部长等一干要人均"极力赞成"②。故公司董事会在向国务院及农商部提出官商合办的请求后，很快得到回复，表示官商合办只要"公司即开股东大会议决，用正式公文呈请，再行核办"③。随后，公司股东经过投票，一致同意"官商合办"。在此情势下，袁政府决定派出曾述棨和王治昌前往调查，对公司的款项收支、货物、职员及预算等进行了详细核查，并提出了具体整顿办法。公司却乘机将问题抛给了北洋政府，逼迫其解决。提出：一是若商家自办，则要求政府解决以下四个问题，即将前欠部款另立借票，减息延期；军兴损失，以500万日元债票抵偿；各项税捐均纳在一两铁捐之内；官家铁山允许公司开采。二是若收回国有，政府应出银1000余万两，即可将华商股票全行收回，所有汉冶萍厂矿一并皆为国有。三是如官商合办，公司所欠官款列作股票，再加入现款758万余日元，凑成股本3000万日元，以与商股均平。④

从上不难看出，公司提出的任何一项方案均涉及资金问题，这使得本身财政十分困窘的袁世凯政府左右为难。事实上，袁世凯也希望通过官商合办的方式最终达到控制汉冶萍的目的。汉冶萍公司申请官商合办后，袁世凯随即召集远在武汉的上将军段祺瑞到北京商议此事。并拟特任段氏为督办，将铁厂与兵工厂合并为一，增加机器制造各种枪炮、军器，以为建立陆军强国的基础。但由于存在如下困难：一是对日交涉的问题，日本拥有公司巨大的权益，如收买后处置不当，有可能引起外交纠纷；二是股金问题，公司号称资本3000万日元，但是否实有还是一个值得怀疑的问题，否则"将来官商纠葛纷纭自在意料中"；三是公司几经改制，再加上革命的影响，档案不全，难以获得公司的真相。⑤ 故袁世凯一时也难以作出最

---

① 《汉冶萍公司与矿务局商议条件》，1914年1月，见《汉冶萍公司档案史料选编》（上），第307页。

② 《盛宣怀致公司董事会函》，1914年1月29日，见《汉冶萍公司档案史料选编》（上），第308页。

③ 《北洋政府国务院致公司董事会电》，1914年2月5日，见《汉冶萍公司档案史料选编》（上），第309页。

④ 《曾述棨上袁世凯报告书》，1914年7月20日，见《汉冶萍公司档案史料选编》（上），第317页。

⑤ 《汉冶铁矿收归国有计划》，《时报》1915年1月3日，见陈真编：《中国近代工业史资料》，第3辑，第480—481页。

后决定。

当时一般人认为，"国有则事权可一，不至更有歧路亡羊之虑，而需款多。官商合办，则关切者多，不至更有掩耳盗钟之事，而需款少"①。袁政府内部的农商部长张謇力主公司"国有"的政策。他提出以官督商办为过渡，最终达到完全国有的目的。他在呈袁世凯的文中指出，公司收归国有后，"官款公债两项之息，固可缓付"；如"监督得人，二十年积弊，正可因此摧陷而廓清之"；外债则由国家履行债务；商股则由国家分年摊还；而"已借未交之日金九百万，又可恃为大冶新炉之用"。这样公司"免破产之危，国家获无穷之利，此策之上者也"。他强调，最棘手的问题是对日债的处理，因为日本"有深意存于其间"。如果政府将公司收归国有，又不能立即清偿所欠日债，日本必然提出多种要求进行要挟。同时股东正希望与公司脱离关系，不一定同意政府提出分年摊还股款的办法。为此，他提出具体的"对内对外"办法是：对内则作官股的部分，先令公司核数填给股票，其次修改董事会、股东会章程，董事由股东选举，经理由董事会选举，财政、交通、农商三部皆有资本，均为股东，所举之董事、经理，即在到会代表之中，呈由大总统选定，再行派出。其营运活本，须政府陆续筹拨，可作借款，亦可议作续增之股，官股增多，则监督之权自然增重。对外则年借新旧日债约 3000 万日元，原订合同皆以生铁、矿石作抵，按该公司从前预算，十五年即可还清，目前继续以生铁、矿石抵债之前约，债主亦无可置词。待"基础稍固，债务稍轻，商股愿卖者，亦可由国家陆续收并，设官股过三分之二时，以公平之价收归国有，其势亦顺"②。"二十一条"提出后，日本吞并汉冶萍公司的野心暴露无遗，张謇再一次上书袁世凯，要求增加官股以抵制日本的侵略。③而此时袁世凯正在做复辟帝制的迷梦，急需取得日本的支持，无暇顾及汉冶萍事，官商合办问题最后不了了之。

张孝若曾回忆其父张謇在农商部长任内对汉冶萍的贡献时说，"汉冶

---

① 张謇：《拟具汉冶萍公司官商合办理由呈》，民国 3 年甲寅，见张孝若编：《张季子九录·政闻录》，卷九，第 12—13 页。

② 张謇：《拟具汉冶萍公司收归国有办法呈》，1914 年 8 月 5 日，见张孝若编：《张季子九录·政闻录》，卷九，第 12—13 页。

③ 《张謇呈大总统文》，1915 年 2 月 28 日，见《汉冶萍公司档案史料选编》（上），第 320—321 页。

萍公司在国内为惟一的大工业，先前因为办理人的计划没有精核的预算，技术上失败的地方也很多，加之借债的数目一天多一天，债主侵夺的野心和方法，也一天比一天来得凶横。我父在农商部的时候，已经竭力地计划维持那行将破产的局势，保障他的主权，进而谋经济上的独立经营，技术上的积极改良，原料成本上的尽量减轻，使虎视眈眈的债主，无计可售；而国内的钢铁业可以发展，坚稳他的壁垒，鲜明他的气象"①。上述汉冶萍公司官商合办的计划就是张謇在农商部的时候拟订出来的。但由于当时国内环境的特殊，张氏的计划无法实现。

汉冶萍公司在申请"国有"及"官商合办"过程中与袁政府间的互动，体现出双方复杂的政治、经济利益矛盾。一方面，汉冶萍尽管为完全商办公司，但其存亡关乎国家重大实业的发展问题，对此，袁政府在财政极为困难的条件下，出于拯救汉冶萍的目的，给予了积极的支持；另一方面，汉冶萍与袁政府的关系也体现出袁世凯与盛宣怀极为复杂的私人利益冲突。袁、盛二人虽均为李鸿章所提携，一度在政治上互相援引，互为奥援②，但就在汉冶萍岌岌可危之时，袁世凯也有乘机借"国有"或"官商合办"之机加以控制的图谋。因此，两者在汉冶萍问题上表现出既合作又冲突的复杂关系。另外，日本的介入使本身微妙的盛、袁关系变得更加复杂，但同时也在一定程度上缓和了二人在汉冶萍问题上的矛盾和冲突。

第二节　通惠借款

1915年，因战争破坏和地方掣肘，汉冶萍公司负债累累，生产经营面临着严重困境，盛宣怀遂向北洋政府提出财政援助的要求。而袁世凯在镇压"二次革命"确立了独裁统治后，出于对汉冶萍公司资产由来已久的觊觎，同时也为加强自身统治的经济基础，欲利用通惠借款乘机控制汉冶萍。北洋政府与汉冶萍公司围绕通惠借款展开了一场控制与反控制的博弈。

一　通惠公司的成立

袁世凯在镇压孙中山领导的"二次革命"后，暂时确立了在全国的

---

① 张孝若：《南通张季直先生传记》，上海书店1990年影印本，第272—273页。
② 夏东元：《盛宣怀与袁世凯》，载《历史研究》1987年第6期。

独裁统治。但其政权并不稳固，财政拮据是其面临的最大挑战。入不敷出的财政使袁世凯只能不断地大量举借外债，据有关资料统计，仅在 1912 年和 1913 年，袁世凯共借外债 4 亿多两，占其在位期间所借外债总额的 91%。[①] 1914 年欧战爆发后，外债来源受到影响，为弥补财政赤字，袁世凯遂由借外债转向借内债。

1914 年 8 月袁世凯将政府公债发行的重任委诸交通系首领、总统府秘书长梁士诒主持，由中国银行和交通银行垄断完成，意在借此增强政府的财政实力。公债"折扣最低的八五折，加上利息，平均获利三分左右"[②]。而素来与交通系存在畛域之争，因参与"善后大借款"而遭到舆论抨击被免职的安徽财阀周学熙却与公债利益无缘，引起了其强烈妒忌，加剧了两者间的矛盾。更为重要的是，梁士诒一直被视为反对复辟帝制最力者，因此遭到袁世凯的疑忌，遂被逐出总统府。[③] "是时外间盛传皖粤两派不相能，先生（梁士诒）亦感觉孤危，且冀望有机会可以摆脱一切"，遂出面组织通惠实业股份有限公司。通惠公司由袁克定、杨士琦、周学熙、孙宝琦、孙多森等北洋政要共募 150 万元，并由财政部筹集资金 350 万元，共计 500 万元；经农商部注册，大总统袁世凯批准，皖人孙多森任经理。[④] 其业务主要是："一为各种实业之计划、经营及介绍；二为一切金融及信托之业务，三为各种债票之募集或经办。"[⑤] 从上不难看出：首先，通惠公司容纳了包括袁世凯、交通系、周学熙皖派等势力，是各派相互妥协的产物；其次，以袁世凯的老部下孙多森为经理，实际上是梁氏意在弥合与袁世凯及皖派财阀间的矛盾；最后，通惠公司实质上是一个以政府为后盾的投资公司。对通惠公司的来历及利益关系，盛宣怀在给孙宝琦的电文中有过明确的说法，即"泗州（杨士琦号）作成，周、梁计划，总统决断"[⑥]。

---

① 汪敬虞主编：《中国近代经济史（1895—1927）》，经济管理出版社 2007 年版，第 1012 页。
② 千家驹编：《旧中国公债史资料》，财政经济出版社 1955 年版，第 14 页。
③ 沈云龙主编：《三水梁燕孙先生年谱》（上），台北文星书店 1962 年版，第 188—189 页。
④ 《盛宣怀致孙宝琦、王存善电》，1915 年 6 月 11 日，见《汉冶萍公司档案史料选编》（上），第 373 页。
⑤ 汪谦干：《论安徽寿县孙家鼐家族对中国近代经济发展的贡献》，载《民国档案》2004 年第 2 期。
⑥ 《盛宣怀复孙宝琦、王存善电》，1915 年 6 月 11 日，见《公司档·董事卷》105 号，湖北省档案馆藏汉冶萍公司档案。

1915 年，袁世凯加快了复辟帝制的步伐，为鞭策梁士诒为其帝制卖力，指使制造了"五路参案"，打击了交通系的势力。[①] 但是凭借交通系的财富实力及其与帝国主义的关系，[②] 袁世凯无法离开梁氏的支持；同时再度出任财政总长的周学熙要对政府财政进行整顿，离开交通系的支持也寸步难行。因此，袁世凯既要抑制交通系势力过度膨胀，同时又要极力拉拢梁士诒，遂将承担汉冶萍公司借款的重任交给通惠公司。

1915 年 11 月，盛宣怀因汉冶萍公司资金匮乏，需款孔急，遂向北洋政府提出 1200 万元的财政援助，"查汉冶萍公司现因股份尚未招足，大冶新厂未成，四年之内，汉冶萍三处皆需接济，除营业收进现款扣抵外，尚需接济华银六百二十万元，并须扩充象鼻山铁矿、高坑煤矿、汉阳炼焦炉等处，开办经费华银五百八十万元。"[③] 对袁世凯而言，这无疑是控制汉冶萍公司一次难得的机遇。鉴于汉冶萍的巨大资产及其在近代中国钢铁行业中的地位，袁世凯觊觎之心由来已久，1913—1914 年曾企图利用公司申请"国有"和"官督商办"之机加以控制，后因本身财政困窘及日本的干预而流产；另外，为加强自身统治的经济基础，北洋政府在民初确立了接收前清洋务企业的政策，汉冶萍也在收归之列。不过，袁世凯不便直接出面采取强力措施，因为：其一，汉冶萍公司所欠日债甚巨，截至1914 年，汉冶萍的股本和借款合计超过 6000 万日元，而股本仅约 1582万日元，所欠日债达 3530 万日元。[④] 如处理不妥，有可能引起日本的强烈反应，从而影响到对其复辟帝制的支持。其二，实业界强烈反对政府将商办企业收归为国有，认为官营业的垄断破坏了营业自由、与民争利，因而无不低效乃至失败。如民国二年（1913）熊希龄组阁时就宣布官营事业"惟择其性质最宜者乃行开办，其他皆委诸民，不垄断以与争利"[⑤]。张謇掌管农商，也通告"凡隶本部之官业，概行停罢，或予招商顶办"[⑥]。

---

① 《调查资料：周叔廉先生谈通惠公司》，见《旧中国汉冶萍公司与日本关系史料选辑》，第 577 页。

② 沈云龙主编：《三水梁燕孙先生年谱》（上），第 190 页。

③ 《盛宣怀致儿玉谦次郎函》，1915 年 11 月中旬，见陈旭麓等编《汉冶萍公司》（三），第976 页。

④ 杜恂诚：《民族资本主义与旧中国政府》，上海社会科学院出版社 1991 年版，第 196 页。

⑤ 《要闻一》，《申报》1913 年 11 月 14 日。

⑥ 《向部员宣布农林工商政策的通告》，1913 年 10 月 24 日，见沈家五编：《张謇农商总长任期经济资料选编》，南京大学出版社 1987 年版，第 8—9 页。

最后，北洋政府需筹集到一大笔资金偿还公司对日债务及股东的股本，这是财政窘迫的北洋政府无法做到的。故袁世凯不敢过于明目张胆，只能采取迂回措施，指使通惠公司承担汉冶萍公司的借款事宜，从而达到既能控制公司，又能避开日本的干预和实业界的指责，还减少政府因接收所带来财政困难的多重效果。

由通惠公司出面向汉冶萍提供借款，盛宣怀表示接受。由于刚刚经过中日"二十一条"交涉的敏感时期，盛不敢冒天下之大不韪继续谋求日本的借款；另外，辛亥革命后，鉴于自己及汉冶萍公司的处境，盛不得不寻求自己的宿敌袁世凯的支持。在盛的精心安排下，在北洋政府身居要职，且与自己有儿女姻亲关系的孙宝琦被内定为汉冶萍公司董事会会长；在孙宝琦的运动下，袁世凯答应每月补助公司经费二十万两，借予三年为度。"孙宝琦就任会长时，曾声称受袁大总统密旨，嗣后北京政府对于公司当可极力保护。"[1] 后袁世凯改变由政府直接提供支持的计划，交由通惠公司办理。在盛宣怀看来，如能借到资金，即使非政府借予，而由通惠公司借予，既是中国资金，即不违背与日方所订合同；特别经中日交涉后，政府已采纳维持保护公司之方针，因此商谈条件只不过一种形式而已。[2] 盛遂派地位仅次于正副会长之首席董事王子展赴京商谈借款条件。

二　借款合同草案的签订

通惠公司被袁世凯指定承担汉冶萍公司借款事宜后，拟订的具体办法是：通惠每年向汉冶萍提供 300 万元借款，四年共 1200 万元，政府出息 6 厘，公司贴息 2 厘；从第五年起，汉冶萍公司分十年归还通惠本息。由于通惠公司本身的财力不足以承担如此巨额的借款，故在政府新公债发行之前，只能自发行实业股票进行维持，由周学熙和梁士诒"允由中、交两行以股票抵押，每月借给二十五万元，待债票发后扣款还股"[3]。通惠四年内将给予汉冶萍 1200 万元的借款，几乎与后者股本相埒，故根据股份公司的一般章程，有权推荐总经理人选，行使股权。最终赵椿年被通惠

---

① 《高木陆郎自上海致北京日使馆一等书记官小幡酉吉密函》，1915 年 10 月 18 日，见《旧中国汉冶萍公司与日本关系史料选辑》，第 592 页。

② 同上。

③ 《孙宝琦、王存善致盛宣怀电》，1915 年 6 月 8 日，见《汉冶萍公司档案史料选编》（上），第 372 页。

推荐出任汉冶萍公司总经理。如此措置的原因是，除赵氏是江苏常州人，与盛宣怀有同乡关系外，通惠还有更深层次的考虑：一方面赵为北洋政府财政部次长，既可代表政府，又可体现周学熙关系；另一方面，汉冶萍公司主要职员多为盛家常州人，赵也是常州人，这样就做好了接管汉冶萍大权的准备。① 可见，在汉冶萍公司总经理人选问题上，通惠和政府方面的用意是非常明显的。

赵椿年被通惠推荐出任总经理，汉冶萍方面未提出异议，但随后双方在其权限问题上产生了尖锐的矛盾。通惠方面提出，为保全垫借款信用及自身的利益起见，"总经理须有用人办事全权，黜陟无须预告公司，组织及办事章程由经理核定"②。控制汉冶萍公司的意图昭然若揭。此时盛宣怀既希冀北洋政府维持汉冶萍，又极力防止其乘机攘夺，因为就在这一时期袁世凯已将盛麾下的轮船招商局收归"国有"。对政府利用通惠公司控制汉冶萍的用心，盛宣怀十分清楚，但又不敢公然反对，故采取对策极力削弱总经理的权限。盛提出：汉冶萍公司总经理下分设经理二人，一人"专理工程之事"，"须与厂矿工务长及日本工程顾问接洽"；一人"经理工程以外之事"，"须与厂矿工务长及厂矿各会办、商务所、会计所接洽"，均应"照章由董事会公推委任"③。显然与政府的初衷针锋相对。对此，通惠表示强烈不满，声称如果总经理不能自专，大小事件均得与董事会商办，用人行政巨细均须商同董事会，则"直同虚设"④。双方在总经理权限问题上僵持不下。但问题是，如果汉冶萍公司股东能自添股本度过这一难关，则可与政府讨价还价，坚持到底；而当时汉冶萍的处境是，如果不能及时从政府方面得到资金补给，"将有变局"⑤。且通惠亦以此相要

---

① 《调查资料：周叔廉先生谈通惠公司》，见《旧中国汉冶萍公司与日本关系史料选辑》，第577页。

② 《孙宝琦上大总统袁世凯书》，1915年9月15日，见《旧中国汉冶萍公司与日本关系史料选辑》，第584—585页。

③ 《盛宣怀拟定总经理权限及整顿公司办法》，1915年7月25日，见《汉冶萍公司档案史料选编》（上），第374页。

④ 《公司董事会致会长孙宝琦元电》，1915年8月13日，见《旧中国汉冶萍公司与日本关系史料选辑》，第582页。

⑤ 《公司董事会复会长孙宝琦敬电》，1915年8月24日，见《旧中国汉冶萍公司与日本关系史料选辑》，第583页。

挟，表示如总经理权限问题不解决，则借款、垫款不能解决。① 在这种情势下，盛宣怀与汉冶萍公司只得妥协，同意通惠方面提出有关赵椿年的权限：一是"公司员司，归总经理节制进退，但在撤换员司时，应将理由预告董会"。二是"遇有更变章程及重要事项，照章商明董会公决；至经常应办之事，不在此列"。三是"总经理位高责重，自以极优之礼待遇"②。随后，通惠方面还胁迫汉冶萍同意用公司股票对借款进行抵押。③

　　双方经过激烈的较量，最终签订关于通惠借款的草合同，包括合同正文及附件两部分。关于正文，其中最重要者如第五款规定："汉冶萍公司以全部股票并指明陆续新出之货物为第一次抵押。随时按照交款数目，开具货物细数保单，并照抄股册交存通惠公司。"第六款规定："汉冶萍公司如欲续借款项，须先向通惠公司商议。倘不得已，有向他处借款之必要时，商允通惠公司后，方得向他处提出债务条件。"除此之外，双方还签订了一个附件，一是涉及总经理人选推荐及权限问题，"总经理职权应照原电商定有完全用人办事之权，其公司一切组织及章程并须由总经理核定"，"汉冶萍公司总经理一职如有变更，须由通惠公司选荐照推"。二是关于汉冶萍股东主权和股权变更事宜，"汉冶萍公司现属华商自办性质，以后如有变更，或为全体股东主权之变更，应先由通惠公司主持"。"汉冶萍公司股东倘将股票转卖，只准通惠公司经售。如查出卖与非中国人，或将股权私授与非中国人，得由汉冶萍公司取消其股东权利，并照违背本国法律办理。由汉冶萍公司董事负其责任"。三是关于通惠公司的权利行使问题，"汉冶萍公司如须向他处包工采办材料、转运或关于商业上委托办理等事，通惠公司应享有优先承办权，但其价值不得贵于他处"，"汉冶萍公司届时不能按照合同第四款定期还款付息，得展期六个月。倘再不能照还，应由通惠公司交涉收回管理权，交债权人执行管理"④。可见，通惠方面意在通过借款全面控制汉冶萍公司的人事、股票及经营等大权。

---

　　① 《孙宝琦致盛宣怀函》，1915 年 9 月 29 日，见陈旭麓等编《汉冶萍公司》（三），第961 页。

　　② 《公司董事会聘请赵椿年为总经理函》，1915 年 9 月 6 日，见《汉冶萍公司档案史料选编》（上），第 377 页。

　　③ 《孙宝琦、王存善再致盛宣怀艳电》，1915 年 9 月 29 日，见《旧中国汉冶萍公司与日本关系史料选辑》，第 585 页。

　　④ 《汉冶萍公司与通惠公司借款合同》，见《旧中国汉冶萍公司与日本关系史料选辑》，第586—587 页。

三　盛宣怀的讨价还价

盛宣怀对政府利用通惠借款控制汉冶萍公司的图谋极为不满。他在致公司北京谈判代表王存善的函中指出："公司现处绝境，非国家维持，万难独立，但如政府必欲百计侵夺股权，殊非大总统维持公司之初意。"他强调，在中日"二十一条"交涉的最艰难时期，为了支持袁世凯，他本人及公司给予了积极配合，"当日人要求合办之时，大总统嘉纳刍荛，授意董会股东合力抵制，幸借商办公司名义得以保全"。他警告："商办公司各国无强夺之理……今总经理力争行政用人全权而无须预告董事会，则董会直同虚设，股东会而无股权，则股东会如何成立，公司名义亦自然消灭于无形，又岂能执公司名义抵制外人乎？"①但对北洋政府的决策，盛宣怀无力公然对抗，但又不甘心将公司拱手交给袁世凯，乃利用公司股东联合会和日本的力量同政府讨价还价。

在盛宣怀的耸动下，股东联合会向公司董事会长孙宝琦提出质问，要求修改"如此严厉"之条款。其一，对股东股权，股东会认为，股票分散在各股东之手，股东各有自由之权，不能作为"抵押"及"限令一家出售"；对于公司股票，"股东自行买卖系股份公司之通例，只能禁其不卖与非中国人，不能限其专卖于通惠公司"。其二，对总经理权限，认为附件内第一款赋予总经理权限过大，完全忽视了董事会的存在，"查总经理为公司重要之职，照章应归董事会节制；用人办事及组织一切章程，虽系总经理应负之责任，但从无不报告董事会决议之理；今附件内此款于董事会应有权限一字未提"②。股东会被鼓动起来后，盛宣怀一方面声称按商律及公司章程，借款合同草案必须由股东会全体通过；另一方面则称自己因病不能出席股东会，将董事会长孙宝琦和总经理赵椿年推到前台，从而给袁世凯施压。③事实上，借款合同的通过与股东大会召开与否并没有多大实质关系，因为若以股票占有总量计，政府方面和盛氏一派已超过半

---

① 《盛宣怀致王存善函》，1915年10月7日，见陈旭麓等主编《汉冶萍公司》（三），第962—963页。

② 《股东联合会复董事会函》，1915年10月25日，见《旧中国汉冶萍公司与日本关系史料选辑》，第589—590页。

③ 《盛宣怀致孙宝琦函》，1915年10月26日，见《旧中国汉冶萍公司与日本关系史料选辑》，第590页。

数以上，故只要盛氏不加反对，按照少数服从多数的原则，上述条款得到股东会的认可是没有问题的。盛氏此招果然奏效，在股东联合会的压力下，袁世凯一方面表示要"力予维持"借款合同，另一方面则被迫做出对条款中"无理取闹者可删改"的承诺。①

利用日本的干预是盛宣怀迫使袁世凯让步的又一策略。在盛看来，拥有汉冶萍巨大债权的日本绝不会对政府控制公司的企图坐视不管。在通惠借款酝酿时期，盛宣怀和袁世凯政府对日本是保密的，因此当盛宣怀授意心腹王勋将消息转托日本正金银行上海分行经理儿玉谦次郎时，儿玉指责王勋说："如此大事，谅非一两日可成，必商议已久，而始终不稍令敝行与闻。"② 在获知通惠借款消息后，日方立即一方面训令其驻华公使对袁世凯提出交涉，要求北洋政府允许中日合办，另一方面则由儿玉致函公司董事会长孙宝琦，指责通惠借款在精神违背了汉冶萍与日本借款"向来合同之宗旨"，扰乱两者的密切关系，表示对与日本订立借款合同的内容相抵触者"断难承认"③。日方还向孙氏发出通牒，声称"日本资本团不论如何方法及如何程度，不愿使通惠公司干预汉冶萍公司，故应将通惠公司借款，断断乎谢绝"。日本方面相信，"改变汉冶萍公司组织，进行日中合办，对双方均最为安全有利。即希望从速协定合办案，其所需资金，不论若干，日本决心以现金支付。"④ 实际上，日本的阻挠是没有道理的，因为根据公司与日本签订的借款协定："公司如欲由中国以外之银行资本家等商借款项及其他通融资金之时，必须先尽向（日本）银行商借；如银行不能商借，公司可以另行筹借。""汉冶萍公司由中国政府将确实在本国内所得中国自有之资金，即中国政府并非向他国不论直接或间接借用所得之资金，借与公司"⑤。以上表明：日本只是在汉冶萍借款方面享有

---

① 《孙宝琦致盛宣怀密码虞电》，1915 年 11 月 7 日，《旧中国汉冶萍公司与日本关系史料选辑》，第 590—591 页。

② 《盛宣怀致孙宝琦函》，1915 年 10 月 25 日，见《公司档·杂卷》11 号，见湖北省档案馆藏汉冶萍公司档案。

③ 《日正金上海分行经理儿玉致公司董事会正副会长函》，1915 年 10 月 25 日，《旧中国汉冶萍公司与日本关系史料选辑》，第 596 页。

④ 《日正金银行致儿玉电》，1915 年 10 月 30 日，见《汉冶萍公司档案史料选编》（上），第 386 页。

⑤ 《盛宣怀致孙宝琦函》之［附件］：《盛宣怀拟合同缘起》，见《汉冶萍公司档案史料选编》（上），第 387 页。

优先权，但并不排除公司使用国内资金。即通惠借款并不违反与日本历次签订的任何协定。

日本的介入超出了盛宣怀的预想，使其十分被动：如顺从日本，则违抗北京；如顺从北京，则又违背日本。[①] 因此盛的目标就是将其干预限制在所期望的范围，推进通惠借款。盛宣怀十分清楚，当时国内的政治环境不允许中日合办汉冶萍，公司要维持，唯一的选择就是借助政府的力量。鉴于此，盛宣怀对日本的无理阻挠进行了抵制，他指出：内债"只要所借者不是外人间接、息率轻，彼（日本）断无阻挠之理"[②]。对盛宣怀及汉冶萍而言，通惠借款的意义此时已不再限于借款本身，更重要的是为加强公司与政府的关系，从而扩张自身权利的一种策略。因为公司在发展过程中还有如下难题需要得到北洋政府的支持，首先，辛亥革命后公司与鄂、赣官绅关于矿权冲突日趋尖锐化，要求袁世凯明确公司江西高坑煤矿、大冶象鼻山、上珠岭铁矿等开采权利，尤其是高坑煤矿的开采对增加萍乡之采煤额及满足目前大冶炼铁炉之燃料关系重大，"此时即应利用通惠，即利用北京政府，尽量使公司之权利确实"；其次，要求政府明确公司有提供全国铁路铁轨之优先权；最后，要求北洋政府交通部管辖下之各铁路所用枕木完全使用汉冶萍公司提供的钢铁、枕木替代。[③] 显然，上述问题一旦得到解决，对公司的长远发展将十分有利。

四　日本力促中日合办汉冶萍

通惠借款事件出现后，日本的目标就是阻止借款的实现，迫使盛宣怀在资金上完全依赖日本，最终促成中日合办汉冶萍。日本认为，通惠借款实系政府间接借款，用收归"国有"办法，冀抵制合办之举。[④] 为此，日本多管齐下，首先是对北洋政府进行施压。日本根据中日"二十一条"订约后两国政府关于汉冶萍"如公司股东无异议，中日合办也无妨碍"的声明，对袁世凯提出如下交涉：一方面由公司召开临时股东大会，要求

---

① 《高木陆郎自上海向日外务省及正金银行提出的意见书》，1915 年 11 月 26 日，见《旧中国汉冶萍公司与日本关系史料选辑》，第 619 页。

② 夏东元编著：《盛宣怀年谱长编》，第 974 页。

③ 《高木陆郎自上海向日外务省及正金银行提出的意见书》，1915 年 11 月 26 日，见《旧中国汉冶萍公司与日本关系史料选辑》，第 618—619 页。

④ 《孙宝琦致盛宣怀函》，1915 年 11 月 18 日，见《旧中国汉冶萍公司与日本关系史料选辑》，第 612 页。

政府将公司股票全部约 1500 万元（其中政府有 300 万元），以现银 1200万元收购；另一方面，可由日本方面要求北洋政府按照从前声明，借予前项资金，收买公司全部股票，交给通惠公司，迅将公司改为中日合办。在日本看来，此点可"出乎意外地易于解决"，因为袁世凯复辟帝制需要取得其支持。① 在日本的胁迫下，袁世凯被迫同意，但又提出合办"必须众股东同意，政府不能强迫"②，以此进行消极抵制。其次是解决股东的股票问题，日本提出如下对策：第一，股东领得现金后，即放弃股东权利；第二，现在公司当局并不负责直接合办之责；第三，股东领得现金后，不问资金来源如何，自可认为公司已成为"国有"，从而合办条件应完全由日本与北京之间协定；第四，对于以上之事，盛宣怀保证股东无任何异议。③ 最后，为说服盛宣怀并坚定其信心，日本甚至决定对合办所需资金不论若干，以现金支付。④ 但盛仍没有贸然答允。

　　由于合办计划受到了袁世凯与盛宣怀的抵制，日本亦不敢过于急进，担心因汉冶萍问题可能会损害其在南浔铁路的投资。在日本看来，若对盛宣怀强行要求，正好使自己坠入北京政府权术之中，从而使盛独受其苦。因为北京政府曾声明公司为商业股份公司，政府不能强制其合办；如公司自愿合办，政府可立即承认，"以之巧避交涉之锋芒"。⑤ 对袁世凯，除合办汉冶萍问题外，日本在南浔铁路（南昌到九江）的投资问题上也需取得其配合。南浔铁路所在的长江流域本是英国的势力范围，日本早在1907 年利用江西铁路公司资金困难之际借款日资规银 100 万两，奠定了其"多年想望之南清铁路事业组成"一部分之基础。⑥ 成功打开了经济渗透长江流域的大门。辛亥革命时期，为谋取日本的借款，革命党人黄兴和

---

　　① 《高木陆郎自上海致北京日使馆一等书记官小幡酉吉密函》，1915 年 10 月 18 日，见《旧中国汉冶萍公司与日本关系史料选辑》，第 595 页。

　　② 《孙宝琦致盛宣怀函》，1915 年 11 月 18 日，见《旧中国汉冶萍公司与日本关系史料选辑》，第 612 页。

　　③ 《日正金银行上海分行致北京分行电》，1915 年 11 月 23 日，见《旧中国汉冶萍公司与日本关系史料选辑》，第 616 页。

　　④ 《日正金银行致上海分行经理电》，1915 年 10 月 30 日，见《旧中国汉冶萍公司与日本关系史料选辑》，第 613 页。

　　⑤ 《高木陆郎自上海向日外务省及正金银行提出的意见书》，1915 年 11 月 26 日，见《旧中国汉冶萍公司与日本关系史料选辑》，第 622 页。

　　⑥ 《日本外务大臣林董致日本驻华公使林权助函》，1907 年 5 月 10 日，见宓汝成编《中国近代铁路史资料》，第 3 册，第 973 页。

李烈钧同日本东亚兴业会社草签了 1000 万日元的借款契约，作为南浔铁路追加借款，被日本舆论称为 "在江西确立根本政策之难得机会"①。该借款后因日本出于政治方面的考虑加以干预而很快地被废弃，但东亚兴业会社仍向黄兴等提供了 500 万日元的借款。② 1914 年 5 月，应江西铁路公司的要求，东亚兴业会社分两次对南浔铁路借款总计 250 万日元。③ 日本向袁世凯提出 "二十一条" 后，袁、日关系急剧恶化。袁利用通惠公司加大了对南浔铁路的投资。日本担心，若因汉冶萍问题过度压迫北洋政府，将会促使袁利用通惠公司收回日本投资的南浔铁路。"若不幸此等想象之事实果真出现，则我于合办问题上未收成效，在借款交涉（南浔铁路借款——引者注）事件中，将会带来意外之挫折，而且将招致两国之间感情不融洽"④。

通惠借款尽管最终因袁世凯复辟帝制和日本的干预而流产，但在围绕这一问题的互动过程中，汉冶萍公司与袁世凯政府表现出复杂的利益矛盾与冲突。汉冶萍自张之洞始创后，经过盛宣怀的惨淡经营，至辛亥革命前夕，尽管仍存在诸多困难，但解决了长期困扰的如生产技术、设备、缺焦以及产品市场销路等问题，基本上走上了正轨。⑤

辛亥期间战争的破坏和地方的掣肘使得汉冶萍的发展陷入困境。为此，盛宣怀及汉冶萍公司先后向北洋政府提出 "国有" "官商合办" 及 "通惠借款"，意在谋求政府的支持。面对公司处于生死存亡的关头，迫于舆论要求挽救汉冶萍的强大压力，北洋政府不得不采取措施加以维持，但其真正意图则是乘机将其收归 "国有"。在双方博弈过程中，处于弱势地位的盛宣怀及汉冶萍公司在无力抵制政府控制图谋的情势下，只能利用与公司有债权关系的日本同袁世凯间的矛盾，互相牵制，以达到自己的目标。通惠借款最终流产，但体现出来的是，一方面北洋政府仍沿袭了中国古代传统的以国家为本位，以财政为中心的经济政策思想，⑥ 意欲借通惠

① 俞辛焞著：《孙中山与日本关系研究》，人民出版社 1996 年版，第 173 页。

② 许毅著：《从百年屈辱到民族复兴》，第 2 卷，经济科学出版社 2006 年版，第 313 页。

③ 许毅：《从百年屈辱到民族复兴》，第 2 卷，第 313、第 317 页。

④ 《孙宝琦致盛宣怀函》，1915 年 11 月 18 日，见《汉冶萍公司档案史料选编》（上），第 391 页。

⑤ 易惠莉：《盛宣怀在汉冶萍公司成立前的日本借款论析》，《近代中国》2001 年第 6 辑。

⑥ 马伯煌主编：《中国经济政策思想史》，云南人民出版社 1993 年版，第 867—875 页。

借款控制汉冶萍，表现出强烈的国家资本主义和中央集权主义倾向；[1]另一方面，近代中国始终没有产生过保护企业权利的产权法，无法通过法律对企业责任、权利和利益进行保护，故为北洋政府留下了随意干预汉冶萍公司生存和发展的空间。[2]这种利益尖锐的政企关系使汉冶萍无法从政府方面获得有效援助，从而最终使其在政治上和经济上更加依赖于日本，最终为日本所控制，沦为其原料供应基地。

---

①　周叔媜：《周止庵先生别传》，上海书店 1990 年影印本，第 114 页。

②　张忠民：《近代中国社会环境与企业发展》，上海社会科学院出版社 2008 年版，第 249 页。

第五章 汉冶萍公司与国民党政权

汉冶萍公司是近代中国最大的钢铁煤联营企业，辛亥革命后，历届中央政府均对其存觊觎之心，希冀将其收归国有，发展国家资本主义。国民党政权亦是如此。1927—1929 年，武汉国民政府和南京国民政府曾企图接收整理汉冶萍公司，后因日本的干预而流产；抗日战争爆发后，为加强国家抗日的工业力量，国民党对汉冶萍公司采取强拆内迁的政策；抗战结束后，国民党接管汉冶萍，将其改造为国有华中钢铁公司。

第一节 国民党政权整理汉冶萍公司

1926 年 5 月国民革命军从广州出师北伐，不到半年的时间即从珠江流域打到长江流域。1926 年 9 月，革命军占领武汉三镇；1927 年 1 月武汉国民政府成立，3 月成立隶属于交通部的汉冶萍公司整理委员会，随后便公布了《管理汉冶萍公司委员会章程》，着手对近代中国最大的钢铁煤联营企业——汉冶萍公司进行接管 "整理"。汉冶萍公司与国民党政权之间的博弈便拉开了序幕。

一 国民党政权接管汉冶萍公司的原因

鉴于矿冶业在国民经济和人民生活中的重要地位，为加强对其全面控制，国民党在北伐战争过程中就开始接管和掌握军事势力范围内北洋政府遗留下来的所谓 "逆股" 企业。汉冶萍公司作为近代中国乃至远东地区最大的钢铁煤联营企业，成为国民党接管的重要对象，其主要原因有：

首先，整理汉冶萍是国民党统制经济，巩固财政的需要。财政是国家生存和发展的命脉。对一个政权，尤其是新政权而言，在一定时期内实行有效的财政经济政策至关重要。这是因为，要使国家能负担起维持一定数量的常备军，以及一大批国家官吏的开支，"国家财政势必就得成为国家最迫切、最重要的经济工作中心"。因此，国家考虑和制定各项经济政策，"必须会把财政奉为轴心，一切经济政策最后都可以直接、间接地归于这一轴心"①。国民党从广东局部执政开始，就采取经济统制政策以加强自身的经济基础，但窘迫的财政一直威胁着其政权的生存。1925 年 10 月至 1926 年 9 月，广州国民政府财政总收入为 8020 万元，实际开支高达近 7830 万元，其中仅军费一项就达到 6129.5 万元，占 78.3％。② 随着北伐战争的进行，这种情况益趋严重，广州国民政府收支总数均达 1.48 亿元，其中军务费占岁出总额的 90％，③ 因此国民党在北伐过程中就陆续接管了北洋政府遗留下来的矿冶业，如浙江长兴煤矿、安徽烈山煤矿等。④武汉政府时期，由于战事仍在继续，加之承继的湖北财政本身是一个烂摊子，以及后来南京方面的金融封锁，财政极为困难。从 1926 年 9 月至 1927 年 9 月，武汉政府的财政一直处于入不敷出的窘况。⑤ 南京政府建立之初亦面临同样的财政困境，1927—1929 年的岁出总额分别为 1.508 亿元、4.34 亿元和 5.85 亿元，而财政赤字分别占岁出总额的 48.7％、23％和 17.3％。⑥ 汉冶萍公司号称远东第一大钢铁煤联营企业，资产总额达 6000 万元（1918 年统计数字），⑦ 创办之初完全为国家投资（1908 年盛宣怀将其改为完全商办公司），但自清朝覆亡后，一方面在管理上游离于中央政权之外，另一方面又享受政府的诸多优惠政策，这使国民党无法容忍，故国民党在北洋政府垮台后决定对其实施接管，以增强自身统治的经济基础。

其次，整理汉冶萍受到孙中山"国有"思想的影响。国民党政权对北洋政府遗留下来的大型矿冶业进行接管，以改造为国家资本的一部分，显然受到孙中山"国有"思想的影响。在孙中山民生主义思想中，"节制

---

① 马伯煌主编：《中国经济政策思想史》，云南人民出版社 1993 年版，第 868 页。

② 中国第二历史档案馆：《中华民国史档案资料汇编》，第 4 辑，江苏古籍出版社 1986 年版，第 1400 页。

③ 贾士毅著：《民国续财政史》（三），商务印书馆 1933 年 9 月初版，第 124 页。

④ 黄伯逵：《烈山煤矿最近之调查》，载《矿业周报》第 221 号，1933 年 1 月 7 日，见陈真《中国近代工业史资料》第 3 辑，第 706—708 页。

⑤ 贾士毅著：《民国续财政史》（三），第 113—116 页。

⑥ 杨荫溥著：《民国财政史》，中国财政经济出版社 1985 年版，第 70 页。

⑦ 全汉昇著：《汉冶萍公司史略》，香港中文大学 1972 年版，第 221 页。

资本"是其中的核心内容之一。1923—1924 年孙中山在阐释"节制资本"思想时，首次增加了"制造国家资本"的理念。他指出：中国近日单是节制资本，仍恐不足以解决民生问题，"必要加以制造国家资本，才可解决之"。如何"制造国家资本"呢？就是"发展国家实业"①。在他看来，凡本国人及外国人之企业，或有独占的性质，或规模过大为私人之力所不能办者，均应"由国家经营管理之，使私有资本制度不能操纵国民之生计"②。汉冶萍公司无疑属于孙中山所说的上述一类企业。

孙中山节制私人资本和发展国家资本的思想后来成为国民党政权在制定经济政策时奉为圭臬的指导思想。1927 年 9 月南京政府在其成立宣言中，明确国民党民生主义的最大原则，"在平均地权、节制资本，同时并建设国家资本，以发展各种有利民生之实业"③。1928 年的《国民政府宣言》重申："若夫产业之有独占性质而为国家之基本工业者，则不得委诸个人，而当由国家经营之。此类事业乃政府今后努力建设之主要目标"④。1929 年《训政时期国民政府施政纲领》要求工商部从整理旧有国有工业、设立基本工业制造厂两方面"发展国营工业"，其中包括钢铁厂和矿冶业。⑤ 1931 年蒋介石在其《实业建设程序案》中称，孙中山的"实业计划……自当确定为中华民国物质建设之最高原则，竭全国之力以赴之"⑥。而且汉冶萍 30 余年的商办历史表明：对于像钢铁、矿冶等特殊行业，完全依靠私人资本经营难以取得成功；钢铁和矿业涉及国计民生，必须由国家经营。

最后，民众的呼吁是一个不可忽视的因素。汉冶萍公司经过第一次世界大战期间短暂的繁荣后，再次陷入困境。1924 年和 1925 年，汉阳铁厂和大冶钢厂相继停产，公司所属厂矿中只有大冶铁矿在苟延残喘。而且萍乡煤矿及大冶铁矿事实上已处于工人掌握之中。汉冶萍公司的混乱状态直接或间接影响到靠此为生的百余万人；同时，公司所生产钢铁与铁路、轮

---

① 孙中山：《三民主义·民生主义》，1924 年 8 月 3 日，见《孙中山全集》，第 9 卷，中华书局 1986 年版，第 393 页。

② 《总理全集》第 1 集，上海民智书局 1930 年版，第 245 页。

③ 《国闻周报》，第 4 卷第 39 期，1927 年 10 月 9 日。

④ 立法院编译处编：《中华民国法规汇编》，第一编《法源》，上海中华书局 1935 年版，第 43—44 页。

⑤ 同上书，第 113 页。

⑥ 秦孝仪主编：《革命文献》第 79 辑，1979 年台北版，第 224 页。

船、工厂等国家实业的发展息息相关，是有效抵制外国钢铁垄断中国市场的屏障。① 鉴于此，国民革命军占领长江以南的地区后，社会各界强烈要求国民党政权接管并维持汉冶萍。1926 年 12 月湖南总工会派代表向国民政府请愿，要求维持汉冶萍，否则由湖南、湖北、江西三省人民没收自办。1927 年 1 月湖北汉冶萍财产维持委员会由武汉十五个团体组织，派代表到国民党中央党部及国民政府请愿，请政府设法维持。②

二　国民政府整理方案的出台

汉冶萍公司在欧战后经过多年的蹉跎，到了国民革命军北伐成功的时候，已经奄奄一息了。为着要挽救中国近代这个最大的重工业企业的危机，社会各界陆续提出了挽救汉冶萍公司的意见。中国共产党早期领导人刘少奇、萍矿维持委员会委员长共产党人刘义和国民党人胡庶华等均提出了较为中肯的改良意见。

最早对汉冶萍存在的重要意义、失败原因及挽救措施进行全面阐述的要数中国共产党人刘少奇。1926 年 9 月 20 日，刘少奇在《新建设》杂志上发表了 1924 年 6 月写成的《救护汉冶萍》文章，此时汉冶萍公司所属的汉阳铁厂和大冶钢铁厂相继停工。他指出："汉冶萍在东亚，它的存在比平常产业有更深几层的重要。它不独在国民经济上占了极重要之地位；且为发展东方'物质文明'之根据"。一方面，汉冶萍存在关系到百余万人的生计问题。据刘少奇估计，直接倚汉冶萍厂矿为生的工人有四万人，若算上家属，不下十余万人；间接倚厂矿为生的商民各业人等亦达数十万人，联株萍、粤汉铁路，湘江、长江直至上海日本一带之直接或有连带关系之人民，亦不下数十万人。在他看来，能保证这百余万人的生计不发生问题而不沦落为游民土匪，以及收容中国各种游民土匪化为有职业的正当国民，均与汉冶萍的前途有直接关系。

另一方面，汉冶萍的存在与国家自强有重要关系。他认为，中国若要自强，发展实业实为先决条件。而中国实业的发展，修造铁路轮船工程必

---

① 刘少奇：《救护汉冶萍公司》，湖南革命史料选辑：《安源路矿工人运动史料》，湖南人民出版社 1980 年版，第 294—295 页。

② 《日驻长沙领事糟谷廉二致外务大臣币原第四号公函》，1927 年 1 月 6 日；《日驻汉口总领事高尾亨致外务大臣币原第七十二号公函》，1927 年 1 月 25 日，见《旧中国汉冶萍公司与日本关系史料选辑》，第 921—923 页。

需用钢铁，"欲使列强不能把持世界钢铁以阻挠中国实业的发展，及发展中国实业能够得到有力之帮助，均非使汉冶萍永远的存在不可"。有鉴于此，他分析了汉冶萍失败的十一条原因："实为借款与条约铸成之大错，也就是日本人所素来希望的，竭力经营的结果"；"当局人无观察世界市场之远大眼光，在欧战期间没有认真整理，不将所赚的钱留着清偿外债，稳固产业根基，只知道目前利益，决不计战后之恐慌"；"办事人之政客化，毫无工程师实业家之精神和计划"；"太无精密的计划"；"未看明钢铁业在东亚之地位"；"各厂矿之工程负责人员，多非专门人才，无改良工程或整顿工程之本领和计划"；"机器陈旧"；"办事人内讧"；"办事人之个人思想太甚，很多办事人来到汉冶萍办事，非为汉冶萍而来，乃为个人而来"；"组织制度不良"；"工人无公德之涵养"等。由于刘少奇在萍矿生活和工作多年，对其存在的问题有深刻了解，因此能提出救济汉冶萍，并利用美日之间的矛盾使其脱离日本的羁绊而渐渐独立富有远见的措施。[①] 这一点在当时尤为难能可贵。

　　另一个共产党人刘义，即萍乡煤矿维持委员会委员长，在中国共产党湖南区委机关刊物《战士》周刊发表《汉冶萍公司应收归国有》[②] 一文，指出："在国民政府统辖之下，一切工商实业，无论政府经营，或商民承办，国家均有监督保护之责。根据建国方略：凡商办实业企业，政府认为有收归国家经营之必要者，得随时出资收买。"其理由是："借债卖国"；"无计划，敷衍，浪费资本"；"各级机关少数之包办，任用私人侵蚀舞弊"；"压迫工人，摧残工会"；"萍乡工程，已濒临危殆"；"外交、运输、销路均成问题"六大问题，结论是"该公司实无能力与资格，管理该项产业，中央政府应即时收归国有，以救国家产业，而符保护农工之政策"。刘义将汉冶萍收归国有的主张显然受到了孙中山国有思想的影响。

　　除了共产党人，国民党内部也有人对汉冶萍的前途十分关注。特别值

---

　　① 刘少奇：《救护汉冶萍》，1926年9月20日《新建设》第2卷第2期。见长沙市革命纪念地、安源路矿工人运动纪念馆合编：《安源路矿工人运动史料》，第294—303页。

　　② 刘义：《汉冶萍公司应收归国有》，1926年12月28日《战士》周刊第29期。见中共萍乡市委《安源路矿工人运动》编纂组编《安源路矿工人运动》（上），中共党史资料出版社1990年版，第610—612页。

得一提的是，矿冶专家胡庶华① 1927 年 8 月 2 日在《整理汉冶萍的意见》一文中全面提出了整理的办法，共有收归国有、发分股本、处理债务、筹备复工、经费预算、收入预算、出品支配及扩充计算八点，② 为了全面了解胡氏的整理办法，兹抄录如下：

第一是收归国有。钢铁事业和一国的国防有重大的关系，从事业的性质上，本身就有收归国有的可能。再就事实上说，汉冶萍本是前清巨宦权吏如张之洞、盛宣怀等所创办主持，名虽商有，实同官办，所有得相安无事。民国以来，军阀割据，绅士专权，商办的汉冶萍，时时受其压迫牵制，不能自主，以后的纠纷更是有加无已，所以汉冶萍在今日还想维持其商办的地位，已是不可能。况且运输事业，关系于汉冶萍生存甚巨，铁路既归国有，汉冶萍当然应与铁路打成一片，才有办法。再从工潮而论，萍矿工人在三四年前，已是无法应付；大冶铁厂因停工而遣散的几百名工人，现已自由进厂，一样领取工资，毫不工作，然而当局竟无可如何。像这种情形，已断乎不是商办所能为力，非国家出来通盘筹划，是没有办法的了。

第二是发分股本。汉冶萍股本约一千八百万元，股票在今日已毫无价值可言；多数善良股东，对于股份，也早已绝望。只要国家对于他们已投的股本，有一种办法，使他们的投资不至毫无着落，他们当然不致有什么异议；即含有一二野心股东出来阻挠，国家也可以加以制裁。现拟由政府换（原作挨，引者注）给股东们以一种整理汉冶萍公债券，注有以汉冶萍营业余利摊本还息，在本息未清偿以前，该公司委员会内仍许股东代表参加，以表示国家尊重股东的权利，如此，则国家与股东，公私都不吃亏。

第三是处理债务。汉冶萍的债务，分内债、外债两种。内债里面有（1）由公司向各方面借贷而来的，有（2）由汉阳铁厂从应缴还川路（川汉铁路）定货款内挪移而来的，以及（3）向湖北官钱局借

---

① 胡庶华（1886—1986 年），字春藻，湖南攸县人，著名冶金工程学家、教育家。1913 年留学德国，专攻冶金工程，并于 1920 年获冶金工程师学位。1922 年回国后一度出任上海炼铁厂厂长。1929 年，出任中国工程学会会长。曾先后任教于湖南公立工业专门学校、武昌大学、同济大学、湖南大学、重庆大学和西北大学。

② 胡庶华：《整理汉冶萍的意见》，1927 年 10 月，载《现代评论》第 6 卷第 147 期。

的，有（4）萍乡煤矿历年积欠各商家及个人的，统计不下六七百万元。其中如（1）（4）两项可一律换整理汉冶萍公债券，与股东平等待遇；至于（2）（3）两项，因为对手也是国有产业，可以取消，或俟对手方整理对再行办理。至于外债总数达五千万元以上，一部分用之于大冶铁厂的建筑费和各厂扩充的工程费，一部分则属维持费。债主全是日人，在日人投资的意思，无非想以廉价获得我国的生铁和铁砂，所以借款契约，即以铁砂和生铁抵还借款本息。在欧战时期，因契约所定之价远下于当时市价，日人因此所获的利益，已足抵所借之资；况且日人也明知汉冶萍无维持之可能，所以最近借款，有出货照价付款，不扣利息的条文。现在日人看见国民政府着着胜利，至少也应觉悟到，对华外交应当以平等互惠为原则。现拟将历年和日人所订的借款契约，一律公开修正，凡有损害我国主权之点，一律删除，尚未清偿部分，则以铁砂抵充。因为现若将大冶铁矿，湖北官矿局象鼻山矿山所出之铁砂，尽量化成生铁，实无容纳地位，不如将多余的铁砂抵还借款，一则可以免除外交方面的阻碍，一则可以维持工人的生活，于我国还无什么损失。

第四是筹备复工。公司一经收归国有，便应在汉阳设立总办事处，原有的上海总公司应缩小权限，改为驻沪办事处。政府应于八个月内，陆续筹款三百万元，以为开工和开工后周转之需用。此款也应与上述之整理汉冶萍公债券同一方法处理。萍乡煤矿准备每日产煤一千四百吨，煤焦三百二十吨，三个月后，出焦运汉。汉阳铁厂化铁炉二座，一座可用，一座应加修理，先开一座，四个月后出铁，准备每日出二百二三十吨。大冶铁厂暂仍停工，铁矿照常出砂，每日一千吨，除运汉厂外，所余售与日人。汉阳炼钢厂及轧钢厂，因多年未修，损坏颇多，应从速修理，约八个月后出钢，每日一百二十吨。运输所的轮船、驳船，前经政府借用的，应一律发还，以备运矿运焦之用；株萍、湘鄂铁路应由交通部切实整理，使每日能输焦、煤六百吨以上，方可使三处能收联络之效。

第五是经费预算。照上述工作情形，萍矿每月产煤三万六千吨，炼焦九千吨，每月经费预算约十六万元。汉阳钢铁厂每月出生铁六千吨，炼钢三千吨，每月经费约六万元。大冶铁矿每月出铁砂二万八千吨，每月经费六万元。运输费每月约九万元。办事费每月约三万元。

统计每月经费约四十万元。

第六是收入预算。汉厂产铁三千吨，以每吨四十元计算，每月收入十二万元；钢料三千吨，以每吨一百元计算，每月收入三十万元。大冶铁砂一万六千吨，售与日人，以每吨三元计算，每月收入四万八千元。萍矿售与株萍，湘鄂二铁路烧煤六千吨，以每吨五元计算（在山交货），每月收入三万元。以上总计每月收入五十万元。

第七是出品支配。汉阳所产生铁颇合翻砂之用，现在国内翻砂厂林立，每月总可销售三千吨。汉阳所出之钢轨、钢板及建筑钢等，经多年经验，尚属合用，现政府注意建设，此等钢料是建设必需的物品，政府应通令全国各机关一律采用，尽量收买。至于小钢货，如轻便铁轨、钢条、角钢、槽钢等，市面所需尚多。总之，每月三千吨的钢料，国内必能容纳。况关税自主以后，政府尽可应用关税保护政策，使舶来品不能与我自产者竞争。大冶铁砂除供给汉阳化铁炉外，每月余砂一万六千吨，可售与日人。萍矿的煤，除煤焦并供给汉阳、大冶运输所及本矿烧煤外，每月尚可供给株萍、湘鄂铁路烧煤六千吨。其余各项出品价格的计算，已在第六条内说明。

第八条是扩充计算。以上所述的工作情形，是只就目前而言的；至于改良和推广的计划，也应随时进行。萍乡煤矿，按照现在工程，煤量将近完尽，甚至保留的煤柱，都经挖动，时常有倾坍的危险。应该开凿新矿，采掘高冈的煤，以免煤源中断。压气机、打风机、电机用锅炉及拖煤电车等等设备，也应从速添置。旧式的推壁土窑，已无应用的余地，而且费用浩繁，应当装置空中挂线路，输送壁石于相当地点。现用洗煤机，已太陈旧，提洗不净，耗费太多，也应改良。煤焦土炉固然应该废弃，而应用洋炉煤焦，其煤气及副产品均未利用，也属暴殄天物。此项副产品，在国内需用甚切，每年由海外输入甚多。若将洋炉之一部分（如临近电机锅炉的部分）改为副产炼焦炉，并增加蒸汽锅炉，即以炼焦的煤气为燃料，凡一切机器可用电机运动者一律改用电机，每日可省烧煤一百吨，副产品的价值，足抵炼焦费用而有余，焦炭成本可以减轻许多。以上种种改良设施，三年之内，可告成功，所需经费约三百万元，这是第一步。若将全体炼焦炉改为副产炼焦炉，再需三百万元，这是第二步。以上是就萍乡煤矿而言的。

　　汉阳的钢货厂（即制造小钢件者），已属太旧，非全部改造不可，应改用电机转动，并加制造钢筋混合土用的竹节钢，及罐头饼干盒用的薄铁皮，以应市面的需要，兼以抵制外货。汉阳厂内应添设三至五（座）的电气炼钢炉，制造精美钢料，凡马丁钢所不能制造的钢件，即以此项钢料为之。至于汉阳发电机所用的蒸汽，本是由本厂化铁矿的蒸汽锅炉取用的，发电的成本尚轻，所以加制炉件，成本亦不会昂贵。现在汉阳厂内的机器厂、翻砂厂、打铁厂、锅炉厂等，设备还算完全，若将萍矿机器厂内一部分机器合并，便可成一个大规模的制造厂。不独铁轨、桥梁事及小汽船，便于制造，即各项机器制造与修理，也甚便利。将来交通事业发达，如汉口、汉阳间的大桥，汉口、武昌间的大桥，南京、浦口间的大桥等等，所需的桥梁钢料，不知凡几，如都由汉厂制造，其发达正是不可限量。像这种改良和推广的计划，约需二年，即可完成，经费约需八十万。

　　大冶铁厂和铁矿也还有未定工程，其化铁炉每座日出生铁四百余吨，国内尚无处消纳，而且萍矿所产焦煤，还不足供一座化铁炉之用，所以一时不能开炉。应俟萍矿和汉厂工程完竣后，方能议及冶厂，以免蹈铺张扬厉之嫌。

　　从总体而言，作为冶金方面的专家，胡氏在分析汉冶萍必须国有的原因及解决方案方面十分在理，却忽视了在发还股本、处理内外债务及复工等方面需要大量资金，而对当时统治区域只有苏、浙、皖三省的国民政府而言是无法办到的，因此有纸上谈兵之嫌。

　　1928 年 1 月 8 日，胡庶华又写成《再论汉冶萍公司的整理》[①] 一文。在这篇文章中，他说他原来是假定（1）政治有轨道，（2）财政有办法，（3）工人有觉悟的时候做上述的计划的。可是，他这些假定都与事实不符，尤其是在财政方面，当日政府事实上还没有完全统一全国，庞大的军费已经不容易筹措，哪里能够因整理汉冶萍而筹措这一大笔款项呢？由于他草拟的计划的不能实行，胡庶华于文中对筹款的办法、设立全国铁政局主持其事、用人行政完全公开等进行了详细的说明。不过，上述方法存在以下缺陷：一是要求国民政府通过借外债或发行内债以达到筹 4000 万元

----

① 胡庶华：《再论汉冶萍公司的整理》，1928 年 1 月，载《现代评论》第 7 卷第 162 期。

的巨款，而当时全国没有统一，同北洋军阀的战争仍在继续，军费的筹措本身就存在很大问题，更遑论恢复汉冶萍的生产；二是通过成立全国铁政局管理全国铁矿，借此提高大冶铁矿的价格，本意尚好，但忽视了大冶铁矿同日本签订的历次合同所形成的特殊关系，而且国民政府即将发动讨伐奉系军阀的战争还要取得日本的谅解；三是"用人行政完全公开"的方法也很好，但汉冶萍本身已病入膏肓，而且对于派系林立的国民党要做到这一点显然是很难的。

　　1928 年，南京国民政府在借鉴上述意见的基础上，结合实际情况提出了"整理汉冶萍公司委员会整理煤铁厂矿目前着手办法"。上述整理办法共八个部分，主要精神体现在如下几个方面：一是序言，说明了汉冶萍公司的历史沿革、面临的困境及整理的必要性，表明政府的基本立场。二是提高砂价，主要是针对日本而言的。汉冶萍在发展过程中由于资金缺乏，多次以预借矿价和铁价的方式谋求日本的贷款，而日本则极力压低生铁及铁矿石的价格，从中牟取暴利，仅第一次世界大战期间，公司向日方提供生铁约 30 万吨，矿石约百万吨，损失约合华银 11550 万元。① 因此"停止一切债务之息，提高大冶铁矿砂价出售之价，为整理入手办法"。提高砂价的关键是要与日本达成谅解，对此，国民政府乐观地认为，中日两国"唇齿相依，经济之结合，尤为共存共荣必要条件，日既需我之铁砂与生铁；在相当范围内，我亦正愿供给，故此次对于整理汉冶萍煤铁矿厂，双方具有同情。暂停付息，提高砂价至能整理矿厂之程度一事，必能办到也"。三是关于汉冶萍公司厂矿恢复生产及理财和用人等管理层面的问题。四是结论，也是该办法的落脚点。整理的步骤是："先接管冶矿，次及萍矿，萍焦能源源接济，即开汉厂一炉"。第二步"当集全力开拓萍矿"。"萍矿能供相当之焦，冶厂两炉并开，日产生铁九百吨，合之汉厂两炉，共产一千四百吨，再进而制钢，此第二步之希望也。"关于产业所有权及整理的期限问题，"此项办法以整理就绪为限，至产业之所有权，并不因整理而动摇；或曰整理将至何时为止，曰偿还一切内外债务，而矿厂事业实已巩固，则整理之事毕。"② "着手办法"应该说抓住了整理汉冶

---

① 《汉冶萍公司历史的研究》，载全汉昇：《中国经济史研究》（二），中华书局 2011 年版，第 245 页。

② 《国民党政府交通部整理汉冶萍公司委员会整理煤铁厂矿目前着手办法》，1928 年 1 月 11 日，见《旧中国汉冶萍公司与日本关系史料选辑》，第 950—955 页。

萍的关键,但其局限性也显而易见,如对公司股东的权益保障只字未提,而且对所欠日本的债务及可能的反应亦考虑不足。这也是导致汉冶萍公司联合日本抗拒国民党政权整理的一个重要原因。

武汉政府由于存在时间较短,加之当时军事斗争和政治斗争的严峻,未能形成一整套对汉冶萍的方针政策;南京政府时期,国家趋于统一,国民党对接管汉冶萍给予了足够的关注。

三 中日关于汉冶萍"整理"案的博弈

日本与汉冶萍渊源甚深。从 1899 年汉冶萍与日方签订《煤铁互售合同》后,日本便与汉冶萍搭上了关系。此后,由于汉冶萍在经营过程中资金不足,多次向日方举债,日本通过经济渗透,逐渐在政治上控制了汉冶萍公司。1926 年 9 月,国民革命军占领湖南和江西后,汉冶萍所属之汉阳铁厂和大冶钢铁厂已经停工,只有大冶铁矿还在继续为日本提供铁矿石。武汉政府成立汉冶萍公司整理委员会后,拟接管整理汉冶萍,公司明知无法抵抗,遂向与拥有巨大债权关系的日本求援。因此,"整理"汉冶萍案遂转化为国民党政权与日本之间的博弈。

汉冶萍公司整理委员会成立后,致函公司,表示政府必须对其进行整理,并派谌湛溪接收萍矿,"本月十一日本会第三次会议议决,由本会接管汉冶萍煤铁厂矿有限公司各煤铁矿厂,全部实行整理。凡汉冶萍矿厂生产力,专用于巩固及发展中国钢铁及其附带事业,不作别用"①。随后告知日本驻汉口领事,政府拟接管汉冶萍,并要求日本购买铁矿石直接与整理委员会接洽,"查大冶铁矿所产铁砂,向多售与贵国商人;兹值本会接管之初,拟请由贵领事转知贵国购买该矿铁砂商人,径到本会接洽,以便继续交易"②。但公司拒不配合,指责政府此举为"非法行为""绝对不能承认",并请求政府收回成命,撤销接管委员会。③

尽管如此,整理委员会并未直接采取强制措施,希望通过沟通能使公

---

① 《整理汉冶萍公司委员会致公司函》,1927 年 6 月 13 日,见《旧中国汉冶萍公司与日本关系史料选辑》,第 907 页。

② 《武汉政府交通部整理汉冶萍公司委员会致汉口日本总领事函》,1927 年 6 月 21 日,见《旧中国汉冶萍公司与日本关系史料选辑》,第 908 页。

③ 《公司致武汉政府有电》,1927 年 7 月 25 日,见《旧中国汉冶萍公司与日本关系史料选辑》,第 908 页。

司接受整理。交通部长孙科同大冶铁矿会计所所长孙河环等接洽，没有结果；接着政治委员会委员兼办官矿局长潘康时与孙河环交涉砂捐问题，议定先缴 10 万元，保证矿砂出口，但公司轮驳仍被武汉政府扣留；随后，整理会主席黎照寰[①]率谌湛溪等到矿就职、接管；不久，整理会拟派员接管冶矿，并要求调阅公司售砂合同案卷。[②] 对整理会采取的一系列措施，公司一面同其周旋，一面将消息告知日本，请求获得援助。日本不能容忍，即派驻上海副领事加藤访问财政部部长宋子文，意在试探国民政府对汉冶萍的态度。宋子文表示，政府的方针不是没收，而是为复兴汉冶萍，同时希望日方提出具体的方案。[③] 由于难以获知武汉政府的真实意图，日方又训令铁道省北京代办处主任金井清到武汉直接同交通部铁道处处长蔡增基晤谈。日本初步了解到，武汉政府拟分两步解决汉冶萍问题，首先是由中日两国派出全权代表组成委员会，根据国际法原则作政治解决；其次是进入经济解决环节，具体步骤是：恢复大冶熔矿炉一座及萍乡煤矿，再进一步谋求根本解决。对此，金井氏表示满意，认为上述计划"不仅同我从来所想者完全吻合；且其并未提极端'没收'之语，只是说在国民政府限度内实行'没收'"；而且还不拒绝同日本作彻底之妥协，因此对日本十分有利。[④]

　　蒋介石右派集团同武汉决裂后，在南京另立中央，武汉与南京处于严重对立状态。在南京方面的经济、金融封锁下，武汉政府的财政困难进一步加剧。物价飞涨，纸币贬值，工商业主纷纷转移资金，财政部则"库空如洗"，"常被军需人员包围"，濒于绝境。[⑤] 另外，武汉的煤荒也日益严重。武汉用煤一向依靠日本，"四·三"事件后来源断绝，不得不改为依靠萍乡，但汉冶萍又长期停工。在这种情势下，武汉政府的态度趋于强

---

①　整理委员会主席最初是蔡增基，旋即改由黎照寰接任。

②　《公司总、副经理致日本正金银行总经理儿玉谦次函》，1927 年 8 月 17 日，见《旧中国汉冶萍公司与日本关系史料选辑》，第 910 页。

③　《日驻上海商务书记官横竹平太郎致外务大臣币原第 62 号机密函》，1927 年 2 月 15 日，见《旧中国汉冶萍公司与日本关系史料选辑》，第 912 页。

④　《日人鹫泽与四二"汉冶萍整理问题之交涉"报告书》，1927 年 3 月 29 日于汉口，见《旧中国汉冶萍公司与日本关系史料选辑》，第 913—915 页。

⑤　张肇元：《张肇元回忆录》，台北正中书局 1976 年版，第 78—79 页。

硬，决定接管萍乡煤矿和大冶铁矿，以济燃眉。① 武汉政府的活动引起了日本政府的严重不安。日本外务大臣田中义一致函日驻汉口代理总领事田中正一，要求其查明武汉政府的真实意图。② 在与黎照寰等晤谈后，田中正一得知武汉政府"从保护公司事业之立场上，暂时接收整理，一俟适当时机，即退还公司"。黎保证，"公司从来与日本方面所存在之密切关系，均将根据合同，尊重日本之权益，并全部继承之"。黎强调，在整理期间，公司之活动暂时中止，不容犹豫，如果公司拒绝被委员会之整理，则强制执行。田中正一据此推知武汉政府真实意图是，"以救济工人失业为口实，企图劫夺公司铁矿石及矿石等赔偿金"。其对策是"应提出一般性抗议，以确认我方之权益，尤应严加监视形势之变化，于适当时期进行正式交涉，以解决本案"③。但在南京方面及帝国主义的包围下，武汉政府日益右倾，因此在接管整理汉冶萍问题上态度开始软化。

汪精卫发动"七一五"政变后，武汉和南京的国民党合流，南京国民政府交通部成立整理汉冶萍公司委员会，颁布暂行章程，提出前述之"着手办法"八款，还派技佐黄伯遫长期驻大冶铁矿，准备接管。在大冶厂矿长赵时骧看来，"此次调查当系初步办法，若不从速解决，必至夜长梦多，设不幸而至实行接管，恐更难于收拾"④。汉冶萍公司顾问波多野养作与八幡制铁所驻上海代表山县初男访问交通部次长兼整理委员会主席委员李仲公等，向其提出抗议。李氏向其阐明国民政府的三点方针：一是汉冶萍公司为国家重要产业，然积弊甚多，政府只是在组织对其整理，决无收为国有之意，并希望取得日本的合作；二是承认尊重公司与日本债权，但应提高矿石售价；三是对接管大冶铁矿事宜，希望先行与日方进行商议，如日方不允，则断然着手直接接管。而日方蛮横地提出：公司的整

① 《湖北省政府宣言》，1927 年 4 月 10 日，武汉地方志编纂委员会办公室编：《武汉国民政府史料》，武汉出版社 2005 年版，第 67 页。

② 《日外务大臣田中义一致汉口代理总领事田中正一第一〇八号密电》，1927 年 6 月□日，见《旧中国汉冶萍公司与日本关系史料选辑》，第 916 页。

③ 《日驻汉口代理总领事田中正一复外务大臣田中第三七七号密电》，1927 年 6 月□日，见《旧中国汉冶萍公司与日本关系史料选辑》，第 917—918 页。

④ 《大冶厂矿长赵时骧致公司经理函》，1928 年 1 月 4 日，见《旧中国汉冶萍公司与日本关系史料选辑》，第 957 页。

理应由其自己处理，"万难同意"南京政府的整理。① 因此国民党整理汉冶萍被日方认为"借接管之名，实抱没收之图"②。

但整理工作很快因国民党的内讧而无从进行。蒋介石在桂系的逼宫下被迫下野；汪精卫由于遭到桂系和西山会议派的排挤，潜回武汉，重新竖起国民党大旗，演化为新的宁汉对立。而且在汪的鼓动下，汉方的军事首领唐生智与宁方桂系的战争一触即发。由于政局混乱，日方无法找到作为交涉对象之有力负责人，南京政府也无人负责继续对汉冶萍的整理工作。

尽管如此，日方还是为应付可能的不测拟订了一整套应急预案。日方将尽量阻止接收，但万一国民党派委员接管大冶，大冶"便以本案尚未接到本公司之命令为辞，予以拒绝，尽量将本案移归负责交涉之上海总公司，以便临机应变"。如国民党挟武力强迫接管，则"停止该厂之一切支付"；"对于仍有被强夺之虑的现金等，则可预先委托西泽所长保管"；"矿石可以出售于他人"③。但南京政局随着蒋介石的复职而渐趋稳定，为寻求根本解决之策，日本政府决定：（一）派遣驻华财政事务官公森等视察公司，以引起南京政府的重视；（二）访问南京当局，并提出抗议④；（三）派遣军舰浦风号、嵯峨号等游弋于石灰窑江面，进行武力恫吓。同时，日方加紧与南京政府决策人物张群、黄郛等展开交涉，在确信南京政府"总以友好精神与日本之间谋求圆满解决"汉冶萍问题的立场后⑤，日方迅速打开了与湖北地方当局交涉的突破口，得到的承诺是：（一）关于汉冶萍接管问题，湖北服从中央政府的指示；（二）关于船舶问题，由于公司欠省政府 2500 万元的债务，因此湖北将公司所有之一部分船舶提充担保，待债务偿清，即行发还船舶；（三）协商解决砂捐问题。对此，日

---

① 《公司顾问部员波多野养作致顾问吉川雄辅函》，1927 年 12 月 21 日，见《旧中国汉冶萍公司与日本关系史料选辑》，第 959—960 页。

② 《日驻汉口总领事高尾亨致外务大臣田中第六八四号密电》，1927 年 12 月□日，见《旧中国汉冶萍公司与日本关系史料选辑》，第 961 页。

③ 《公司会计顾问吉川雄辅致正金银行总经理儿玉谦次函》，1928 年 1 月 6 日，见《旧中国汉冶萍公司与日本关系史料选辑》，第 962 页。

④ 《日外务大臣田中义一致南京领事田岛昶亚一机密第 3 号训令》，1928 年 1 月 9 日，见《旧中国汉冶萍公司与日本关系史料选辑》，第 965—967 页。

⑤ 《日驻上海总领事矢田致外务大臣田中第 59 号密电》，1928 年 2 月□日，见《旧中国汉冶萍公司与日本关系史料选辑》，第 974 页。

方表示满意，只提出要求湖北当局迅速发还被扣船舶。① 中日关于汉冶萍的交涉之所以能取得进展，主要是因为蒋介石复职后，积极筹划第二次北伐，需要取得日本的支持，故南京政府采取了妥协态度。

蒋介石原以为在汉冶萍问题上的妥协能获得日本在北伐问题上的谅解，但日本最终还是制造了济南惨案，南京国民政府的外交重点遂由日本转向欧美。② 尽管南京国民政府内部 1929 年 3 月再次掀起整理汉冶萍公司的呼声，而且接管该工作的农矿部长易培基坚持要求整理汉冶萍，整理委员会提出了公司厂矿首宜"次第开工"；次宜"提高砂价"；此外还有"修改条约，改良交通，清理账目，裁汰冗员"等一揽子计划。③ 但时值中日间关于济南惨案的交涉处于胶着状态，以及国民党与欧美国家改订新约的关键时期，且蒋介石与冯（玉祥）、阎（锡山）、桂（李宗仁）等矛盾正在酝酿，蒋介石与国民政府无暇顾及汉冶萍事宜。在日本的阻挠下，整理工作无从进行，再次陷入停顿，最终不了了之。可以说，国民党第三次提出整理汉冶萍，主要还是停留在决议层面，并未采取任何实际行动，可视为前两次整理行动之余绪。

四　制约国民党政权整理汉冶萍的不利因素

国民党政权在接管整理汉冶萍过程中，明显受到了如下不利因素的制约。

其一，国内政局动荡和国民党内部派系斗争是影响整理工作顺利进行的最重要原因。1927—1929 年国民党政权接管整理汉冶萍公司期间，正值北洋军阀政权垮台与国民党政权确立的政治转型时期，不仅有新旧政权更替的激烈斗争，而且有国民革命统一战线内部国民党与共产党的矛盾，还有国民党新军阀之间的冲突。在国民党政权确立过程中，中国各种政治力量相互牵制、竞争与内耗，削弱了国家的实力，从而制约和影响对汉冶萍整理及与日本斗争的力量。武汉政府时期，国民党在军事上要对付北洋军阀的进攻，还要在政治上对付日趋反动的蒋介石集团，而且在外交上面

① 《日驻汉口总领事高尾亨致外务大臣田中第 106 号机密函》，1928 年 2 月 22 日，见《旧中国汉冶萍公司与日本关系史料选辑》，第 982—994 页。

② 罗志田：《济南事件与中美关系的转折》，载《历史研究》1996 年第 2 期。

③ 《国民党政府农矿部参事陈郁"关于汉冶萍问题之报告"》，1928 年 4 月 23 日，见《旧中国汉冶萍公司与日本关系史料选辑》，第 998 页。

临帝国主义的巨大压力，政治、经济、军事和外交形势均十分严峻，因此无法集中力量整理汉冶萍。汪精卫集团叛变革命后，宁汉合流，结果是，"武汉政府各机关，大举转移南京，该委员会（即汉冶萍公司整理委员会）亦决议于八月二十五日迁往南京。汉口留一办事员，委员长黎照寰、委员谌湛溪、吴尚鹰、陈延炯相率前后来到南京，只有刘义一人继续留在安源"①。武汉政府的整理工作事实上陷于停顿。宁汉合流后，国民党本应集中力量整理汉冶萍，但随之而来的派系斗争打断了这一工作。蒋介石下野，桂系把持政权，汪精卫集团被排斥而演变为新的宁汉对立，整个政局一片混乱。南京国民政府刚刚启动的汉冶萍整理工作被汪精卫为首的武汉政治分会接管。由此可见，政局动荡与派系之争是影响到汉冶萍整理工作顺利进行的最重要原因。

其二，对日外交影响国民党政权对汉冶萍的接管整理。在接管整理汉冶萍过程中，对日外交是国民党考量的一个重要因素。第一次世界大战期间，日本极力扩张其在华侵略权益；其后在华盛顿会议上虽受到美国的遏制，但发展仍十分迅速。1914 年，日本在华投资次于英（31.3%）、俄（18.8%）、德（16.4%），1930 年则超过英国（33.2%），达到 38.8%，一跃而成为在华最大投资国。② 因而国民党内无论是孙中山还是蒋介石均认识到日本对中国政局的影响力。孙中山早在 1922 年就说过：在列国之中，尤其日本和苏联与我们休戚相关，"假如这两个国家都成为我们的盟友，当然最好，如果不能，至少也要获得其一，我们的革命工作才能顺利进行"。蒋介石在 1926 年 8 月曾明确地指出：国民革命在中国内部首要的对手是奉系，而外部的对手除了在中国拥有广泛殖民权益的英国外，"最大的敌人是日本"。在蒋看来，日本是列强中唯一有可能且有意出兵侵华的国家。③ 武汉政府时期，尽管日本制造了屠杀中国人民的"四·三"惨案，民众反日情绪高涨，但为了集中力量打击对华持积极侵略态度的英国，并拆散可能形成的英日同盟，故"对日不如对英之剧烈"④。为此在

---

① 《公司会计顾问吉川雄辅致日本制铁所长官中井励作函》，1927 年 10 月 4 日，见《旧中国汉冶萍公司与日本关系史料选辑》，第 925—926 页。

② 杨天石主编《中华民国史》第二编第五卷，中华书局 1996 年版，第 719 页。

③ 罗志田著：《乱世潜流：民族主义与民初政治》，上海古籍出版社 2001 年版，第 338—339 页。

④ 《最近半年之湖北党务》，1927 年 6 月，见《武汉国民政府史料》，第 49 页。

汉冶萍接管整理问题上表现出相当程度的克制。

随着国民革命统一战线内部矛盾激化，为分化统一战线，1926 年冬至 1927 年春日本政府展开了拉拢蒋介石集团的活动，日蒋关系有了相当深入的发展。尤其是在 1927 年 3 月 24 日南京事件中，日本不仅未参与英美等国炮击，而且还极力劝阻英美对蒋采取强硬措施，这使得蒋介石对日本的"善意"十分感激。南京政府成立不久，日本政局发生了巨大变化，坚持"协调"外交的日本外相币原因受到国内反对派的指责而下台，对华强硬的田中义一上台。因日本有第一次出兵山东的前车之鉴，故蒋介石利用第一次下野之机访问日本，一方面为了寻求后者在外交上的支持以图东山再起，另一方面则探寻日本政府对国民党北伐问题的真实意图。在与日本首相田中会晤后，蒋介石断定日本"必将妨碍我革命军北伐之行动，以阻止中国之统一"[①]。蒋介石上台后，仍然硬着头皮推行亲日外交路线，幻想能取得日本的谅解，阻止其出兵。正是如此，蒋介石与南京国民政府无法在汉冶萍接管整理问题采取强硬态度。

其三，主管部门及人事的频繁更迭也是一个不可忽视的原因。武汉国民政府成立后，组建隶属交通部的汉冶萍公司整理委员会。由于萍乡煤矿事实已在中共领导的工会掌握之中，故将萍矿作为汉冶萍公司整理的突破口。交通部部长孙科派遣谌湛溪为整理委员会专员；萍矿在其主持下，生产和经营初见成效。宁汉合流后，整理委员会人员全部辞职，工作随即停顿。南京政府成立后，亦设立隶属于交通部的整理委员会。在人员遴选方面，交通部长王伯群考虑颇周，"由于矿厂运输，与铁路关系密切，故派路政司长为一委员；因款项筹措关系，请财政部推荐一人为委员；因与日人又铁砂生铁买卖关系，请外交部推荐一人；因整理各矿厂有赖于地方当局之协助，故于湘、鄂、赣省政府非专门人才及经验宏富者不易奏功，所以仍请谌湛溪担任专任委员"[②]。在整理方案上，交通部提出了前述之八条办法。但随后新的宁汉对峙，汉冶萍整理工作被武汉军事委员接管。武汉军事委员会为继续开办汉阳铁厂，设置汉阳钢铁厂筹备处，任命唐生智系人物胡庶华为处长。蒋介石复职、南京政局稳定后，汉冶萍公司整理委

---

①　古屋奎二编著：《蒋总统秘录》，第 6 册，台北"中央"日报社，第 230 页。

②　《交通部整理汉冶萍公司委员会成立情况》，1927 年 12 月 3 日，见《汉冶萍公司档案史料选编》（下），第 158—159 页。

员会又改隶属于农矿部。农矿部长易培基派遣陈郁、胡博渊等五人组成汉冶萍整理委员会。从总体而言，负责此项工作的孙科、王伯群、易培基等人对接管整理汉冶萍均持积极态度，且整理委员会中也不乏如谌湛溪、胡庶华、陈郁等对汉冶萍发展历史研究颇深的人物，但由于整理委员会隶属于不同的主管部门，且委员会的人事经常处于变化之中，致使整理政策缺乏连续性。另外，汉冶萍整理工作还受到国民党内部派系斗争的影响，如蒋介石下野后，整理委员会自主席李仲公及以下均随之挂冠而去；易培基出任农矿部长则是蒋介石为平衡同其他派系关系的结果。这都在一定程度上阻碍了汉冶萍整理工作的顺利进行。

　　进入民国后，汉冶萍的生存和发展面临前所未有的困境，"国有"化成为其唯一的选择。一方面，汉冶萍面临最大的挑战是如何摆脱地方各省提出的"省有"问题。辛亥革命后，由于清政府的倒台和盛宣怀的失势，公司丧失了政府的庇护，湘、鄂、赣三省官绅以公司久欠地方官款无力偿还为由，乘机提出接管公司，由各省经营；另一方面，公司在辛亥革命期间遭受战火破坏，损失惨重，恢复生产需要一大笔资金。从当时的形势来看，在中日合办的方案被否定后①，汉冶萍要么国有，要么官督商办，继续商办已成为不可能之事。因为：只有中央政权的介入才能阻止地方当局的接管行动，并为公司筹集到足够的资金。鉴于此，公司于1913—1914年先后向袁世凯政府提出"国有"和"官督商办"，但终因北洋政府财政困窘和日本的干预而流产。诚如吴景超后来在分析汉冶萍在民初国有失败的原因时曾一针见血地指出："一因国有之议初起时，便有赣、鄂两省对于汉冶萍的纷争，又兼东南发生二次革命，遂致悬而未决。二因国有须筹资四千五百万或二千五百万，当时的政府无此筹款的能力。三因日人的反对。"②

　　20世纪20年代汉冶萍的发展遇到了与民初类似的困境。汉冶萍经过欧战的短暂繁荣后再次陷入困境，1924—1925年汉阳和大冶两处铁厂相继停产，随着北洋政府的垮台，社会各界强烈呼吁国民党政权将汉冶萍收归国有。可以说，1927—1929年国民党政权接管整理汉冶萍，尽管有扩

---

① 易惠莉：《孙中山、盛宣怀与中日合办汉冶萍借款案》，载《史林》2002年第6期。

② 吴景超：《汉冶萍公司的覆辙》，载《新经济半月刊》第1卷第4期（民国28年1月，重庆）。

充国家资本的意图，但也考虑了汉冶萍的艰难处境及民众的呼吁，在相当程度上顺应了当时的形势，具有积极的意义。但时值近代中国政治处于剧烈转型的过渡期，新旧政权更替的斗争，国民党内部纷争不断，再加上日本的蛮横阻挠，国民党政权最终丧失了这次机会。

第二节　抗战初期和抗战胜利后国民政府与汉冶萍

一　抗战初期国民政府内迁汉冶萍公司

（一）拆迁汉冶萍

如前所述，1926 年国民党政权占领长江中下游流域，拟接收并整理汉冶萍公司，但由于日本的干预而使得接管工作流产。1928 年，日本将历来推行的从公司获得矿石和生铁供应的政策改为"制铁所今后只以汉萍供给矿石为满足，不指望其生铁之供应"[1] 的方针，以保证八幡制铁所的原料供应和贷款的偿还。具体内容：一是"公司今后之事业，今后仅限于矿石之采掘与出售，中止生铁之生产"；二是"公司以扣除生产费用后剩余矿石价格，支付借款利息（分年偿付二六八万四千日元），不足额滚存"；三是日本方面，"从速派遣最高顾问"[2]。事实上完全控制了大冶铁矿。至于萍乡煤矿，由于第一次世界大战结束后，世界钢铁市场衰退，直接导致汉阳和大冶两铁厂的停产，萍矿煤焦缺乏销路。在国民革命时期，国内政局混乱及战争频繁，萍乡煤矿几处于无人管理的地步。1928年 11 月，江西省政府以维持社会治安和萍矿生活为理由，决定对萍乡煤矿进行接管。专员何熙受省政府委派携带现款 5 万元作为周转，维持萍矿生产。1929 年 10 月，江西省政府改组，改派萧家模为萍矿管理处专员，事实上接管了萍乡煤矿。[3]

1931 年，日本发动了侵占中国东北的"九·一八"事变，中日两国

---

[1] 《关于汉冶萍公司今后措施案》，1928 年 4 月，见安藤实著：《日本の对华资本投资》，东京亚洲经济研究所 1967 年版，第 112—114 页。

[2] 《日本政府有关当局决定之"关于汉冶萍公司今后措施案"》，1928 年 4 月，见《旧中国汉冶萍公司与日本关系史料选辑》，第 1040—1042 页。

[3] 江西省政协文史资料研究委员会、萍乡市政协文史资料委员会合编：《萍乡煤炭发展史略》，1987 年，第 33 页。

事实上已成敌国。按理来说，国民党政府将汉冶萍收归国有应该是一个绝好的机会。但是，由于日本在武力占领东北后，又将矛头对准华北，蒋介石与国民政府将主要精力剿灭南方的共产党，所以一直对日本在华北的活动采取妥协政策。正是出于这一原因，汉冶萍公司在日本的支持下肆无忌惮地继续向日本提供铁矿石，引起国人的强烈反对，要求国民政府采取措施。北平市工会、救国联合会致电国民政府，要求制止汉冶萍公司此种"丧心病狂"的资敌行为。① 上海染业协会等四十余团体七十余人强烈反对公司矿石运日，并要求国民政府将汉冶萍收归国营，切实加以整顿，同时请国民政府从严查办汉冶萍总经理盛泽承，及其与日本人勾结之情形等七项主张。② "一·二八"事变日军袭击闸北后，上海国货工人联合会分电中央各部，要求政府禁止汉冶萍将铁砂售与日本，并对其主事者详细彻查，"从严惩办，以为勾结日人者戒"③。

　　与民众强烈呼吁的激愤态度形成鲜明对比的是，国民政府反应却十分缓慢，迟迟没有形成对汉冶萍公司的一套政策。实际上早在1930年的全国工商会议期间，胡庶华就提出要禁止中国的铁矿出口日本，"若不及时设法制止，则今日多输出一吨铁砂，即将来减少半吨钢铁，亦即农工兵缺少一部分利器"④。但直到1933年4月，国民政府实业部在复行政院的函中，仍辩称大冶"铁砂输出，系因履行借款合同之不得已情形"，对其以军火原料资敌的行为，称"事关国家大计，须从长计议"⑤，拿不出积极有效的应对措施。此后，日本不断在华北制造事端，妄图分裂华北，在民众的强烈谴责下，实业部长吴鼎昌在1936年咨湖北省政府文中，才提出"鄂省所属大冶及象鼻山两处铁矿，在本年七月一日以后继续报运铁砂出口时，自应一律呈领本部许可证，始得报关起运"⑥。10月才进而提出限

　　① 《汉冶萍公司出售铁砂于日人，各团体大哗》，《申报》1932年2月23日。

　　② 《上海各团体反对公司矿石运日》，1932年12月22日，见《旧中国汉冶萍公司与日本关系史料选辑》，第1063—1064页。

　　③ 《上海国货工厂联合会反对公司矿石运日》，1932年12月23日，见《旧中国汉冶萍公司与日本关系史料选辑》，第1064页。

　　④ 实业部总务司商业司编：《全国工商会议汇编》，第二编，台北文海出版社1987年版，第34—35页。

　　⑤ 《国民党政府实业部呈复行政院函》，1933年4月19日，见《旧中国汉冶萍公司与日本关系史料选辑》，第1067页。

　　⑥ 《国民党政府实业部部长吴鼎昌咨湖北省政府文》，1936年5月20日，见《旧中国汉冶萍公司与日本关系史料选辑》，第1067—1068页。

制汉冶萍出口铁矿石的数量，即自 1937 年起，将其 1934—1936 年三年平均出口砂数为 514710 英吨作为公司输出铁砂数量标准，不得超过此数。至铁砂出口，每吨应向本部缴纳砂捐国币二角；应缴湖北省政府之砂捐，依照向例，仍应由该公司如数照旧清缴。① 国民政府实业部虽然采取了限制汉冶萍铁矿石出口数量的软弱措施，但实际上仍是一种放任措施，1931 年至 1937 年中国抗日战争全面爆发，汉冶萍仍向日本提供铁矿石 2768815 吨。② 具有讽刺意义的是，抗战爆发后，在大冶铁矿的日本的顾问、技术人员等遁逃后，大冶铁矿仍每月从日本接受以公司总经理盛恩颐的名义，从上海汇出、经转香港汇到汉口浙江兴业银行的 60000 元，给大冶厂矿作为开矿经费，并限令每月至少出矿砂 20000 吨。③ 1937 年 8 月 25 日深夜，武汉行营及武汉警备司令部密令石灰窑驻军第七十七师二三〇旅所属的四六〇团及黄石警察所，以汉奸罪将大冶厂矿卫生股长顾南逵、起卸监工王道平、金润生、事务股职员洪仓、电机科工匠易云鹏及工务所技师金其重、所员冯树等人拘捕。后经厂矿方面多方交涉，取保释放。④

　　1937 年 7 月 7 日，日本发动了全面的侵华战争。在华北战事正酣之时，日本按计划在上海挑起战火，企图摧毁中国的经济中心，进而兵临南京城下，威逼南京政府投降。淞沪会战结束不久，日军将侵略矛头对准华中重镇武汉。武汉素有"九省通衢"之称，地理位置十分重要，是连接沿海与内地的交通枢纽；同时，武汉工商业历来比较发达，列上海、江苏、浙江之后，居第四位。⑤ 日军统帅部攻占武汉的意图是"将蒋政权逐出中原，压迫到边陲地区，以取得战略、政略的有利态势"⑥。

　　淞沪会战刚刚开始，国民政府决定断然对汉冶萍公司所属的汉阳铁厂和大冶铁矿实行征用。1937 年 8 月军政部兵工署"以前方抗战需要，自

---

① 《实业部矿业司司长程义法关于我国铁矿业状况的签呈》，1936 年 10 月 26 日，见《中华民国史档案资料汇编》，第五辑第一编，财政经济（六），凤凰出版社 2010 年版，第 635—637 页。
② 见《旧中国汉冶萍公司与日本关系史料选辑》，第 1122 页。
③ 刘明汉主编：《汉冶萍公司志》，第 173 页。
④ 《汪志翔呈武汉行营、武汉警备司令部文》，1937 年 9 月 14 日，见《汉冶萍公司档案史料选编》（下），第 745—746 页。
⑤ 《国民政府经济部（民国 21—26 年工厂登记统计）》，见陈真编：《中国近代工业史资料》，第 4 辑，北京三联书店 1961 年版，第 92 页。
⑥ 天津政协编译委员会：《日本军国主义侵华资料长编》（上），四川人民出版社 1987 年版，第 424 页。

行铸造钢件甚急，上海炼钢厂在炮火中，不能开工，亟须借用汉阳铁厂"为由，要求汉阳铁厂厂长韩鸿藻"迅造机器、工具、材料暨器具、房地产业等项清册送厂，俾凭点收"。但韩以铁厂停工已久，钢铁需要正谋复工修理，自己仅负保管责任加以推脱，要求兵工署直接与公司接洽接收事宜。① 为此，军政部部长何应钦直接复韩鸿藻，"为避免泄露军事机宜计，现时无庸通知总公司，关于是项不通知之责任由本部完全负之"②。9月3日，实业部复电"不得违抗"，韩鸿藻遂将汉阳铁厂物品清点造册。10月3日，在湖北省政府派员当场监督之下，韩鸿藻和点交员等将厂内所有物品连同清册点交给兵工署接收。另外，为筹划汉阳铁厂的复工，军工部直接将汉阳铁厂厂外之产业纳入接收范围：所有厂外之栈房、渣砖厂、江边各码头及其一切附属设备与空地；修德里房屋；伯牙台第三号至第八号房屋；大昌里房屋。以上产业均与厂屋有连带关系，不便分开，希一并点交张厂长连科借用，统俟战后清算。③

军政部兵工署接收汉阳铁厂后，最初曾计划开炉炼钢，以供军用。不料修复工程开工不久，上海、南京等地相继沦陷，国民政府开始正式筹建战时工业。据载："自工矿调整委员会迁汉以后，时局复有改变，嗣奉军事委员会委员长蒋电令，筹划战时工业，以川、黔、湘为主。当经遵将各厂继续内迁，以策后方生产之安全。"④ 以此为基础，1938年初，为增强中国抵抗日本侵略的经济和工业能力，经济部提出战时应以"工矿业建设"和"军需工业"为中心，决定以冶炼工业、机器工业、化学工业为工业基础，在重庆、四川、昆明及长沙建多个大型炼钢厂和炼铜厂。其中计划建设的四川钢铁厂将以汉口六河沟化铁炉全部的设备和汉阳铁厂的化铁炉、马丁炼钢炉、轧钢炉及其他必要用品为基础，以綦江铁砂为原料，日炼铁能力100吨。⑤

---

① 《韩鸿藻致盛恩颐、赵兴昌函》，1937年8月28日，见《汉冶萍公司档案史料选编》（下），第738页。

② 《军政部致汉阳钢铁厂电》，1937年9月1日，见《汉冶萍公司档案史料选编》（下），第738页。

③ 《军政部致韩鸿藻快邮代电》，1937年10月17日，见《汉冶萍公司档案史料选编》（下），第739页。

④ 陆仰渊、方庆秋主编：《民国社会经济史》，中国经济出版社1991年版，第577页。

⑤ 《经济部"抗战建国之经济建设工作报告"》，1938年6月，见《武汉抗战史料》，第458—459页。

　　1937 年 12 月 13 日，上海被日军占领，首都南京形势危殆，为加快汉冶萍公司内迁至大后方的工作，经蒋介石批准，经济部部长翁文灏、兵工署署长俞大维于 1938 年 3 月 1 日抽调兵工署及资源委员会组成钢铁厂迁建委员会（下简称"钢迁会"），以兵工署制造司司长杨继曾兼任主任委员，上海炼钢厂厂长张连科、资源委员会矿业处处长杨公兆、资源委员会电业处处长恽震、资源委员会专门委员会程义法为委员。钢迁会下设总务、铁炉、钢炉、轧机、动力、建筑、运输七股。其办事大纲为："为谋工作率能迅速，对外得单独行文"；"会计独立但本会、署得随时派员查考"；"职员由该会任用，分报会、署备案"；"日常工作按月份呈报告"①。主要目标是"在后方选择厂址，以便器材迁到后可以着手建设"②。

　　为加快四川钢铁厂的建设，蒋介石十分重视汉冶萍公司的拆迁工作，亲自致电钢迁会："查当此抗战期间，五金材料来源困难，而后方又甚急需要，汉冶萍公司内之化铁炉、打风炉及桁架等，希加雇工人积极拆除，运往后方，以供军需之用。"③

　　在钢迁会的指导下，汉冶萍公司的拆迁工作明显加快。副主任委员张连科即驻汉阳铁厂主持拆迁工作。参加拆迁工作的技术人员，如翁德銮（轧钢）、金其重（炼铁）、唐瑞华（机械）、侯德均（采矿）、黄显淇（土建）等十余人均曾在该厂工作过，十分了解这里的情况。④为加强拆迁进度，资源委员会同时还派遣 4 名德国克虏伯钢铁公司实习回国的工程师参加拆迁。从 1938 年 3 月开始，至 10 月 28 日武汉撤守前截止，在此期内拆卸的重要器材计为下列六项⑤：

　　（1）炼铁炉；拆卸汉阳厂 250 吨及 100 吨炼铁炉机件炉座之一

---

　　① 《钢迁会五周年大事记》，1943 年，见重庆市档案馆、四川省冶金厅、《冶金志》编委会合编：《抗战后方冶金工业史料》，重庆出版社 1988 年版，第 63—64 页。
　　② 《钢铁厂迁建委员会迁建概括（节录）》，1943 年 3 月 1 日，见《汉冶萍公司档案史料选编》（下），第 741 页。
　　③ 《蒋介石致迁建委会快邮代电》，1938 年 7 月 20 日，见《汉冶萍公司档案史料选编》（下），第 739 页。
　　④ 《刘刚回忆撤迁情况》，1985 年，见《抗战后方冶金工业史料》，第 68 页。
　　⑤ 杨继曾：《撤迁汉、冶两厂经过》，1941 年 12 月，见《抗战后方冶金工业史料》，第 66—67 页。

部与谌家矶 100 吨炼铁炉 1 座。

（2）炼钢炉；拆卸汉阳厂 30 吨马丁炉 2 座，35 吨及 50 吨高架起重机各 2 部，暨铸铁炉用模等附属品。

（3）轧钢厂；拆卸汉阳厂之钢轨机、钢板机、钢条机，与所有附属设备：如汽炉房，水力房、竣货厂、车辊厂、钩钉厂等。

（4）动力厂；拆卸汉阳大冶二厂之动力机器，计交流发电机 3 座，直流发电机 3 座，变流机 4 座，水管汽炉 15 座，暨一切配电供电设备。

（5）机器修理厂及翻砂厂等；拆卸汉阳大冶二厂内所有机器修理厂、翻砂厂、打铁厂，钢炉厂等之各项机械及工具。

（6）铁路及运输工具；拆卸汉阳大冶工程之铁路轨道及各种车辆，与修理机车之各种工具。

克服重重困难，最终由武汉运往大后方的器材达到 3400 余吨，损失仅约 760 吨（见表 5 - 1），整个内迁工作是较为成功的。

表 5 - 1　　　　　　　　由汉运输器材统计表[1]

类别	名称	在汉交运吨位	到渝实收吨位	相差吨位	附记
机件	平炉机件	701.454	686.711	14.743	
	煤气炉机件	296.226	286.268	9.957	
	砖厂机件	184.810	不明	不明	此项折交六所接收
	杂件	405.572	392.737	12.835	
	合计	1588.061	1365.716	37.537	
砖	镁砖	54.560	51.428	3.132	
	铬砖	792.050	589.407	202.643	
	矽砖	1061.830	730.334	331.496	
	火管砖	35.460	35.460	0	
	合计	1943.900	1406.629	537.271	

---

① 何维华：《第三制造所（制钢）业务报告》，1943 年 4 月，见《抗战后方冶金工业史料》，第 96 页。

续表

类别	名称	在汉交运吨位	到渝实收吨位	相差吨位	附记
矿	锰矿	59.710	56.710	0	
	镁矿	400.000	327.820	72.180	
	镁灰	155.960	119.941	36.019	
	铬灰	209.760	152.882	56.878	
	火泥	28.800	8.892	19.908	
	合计	854.230	669.245	184.985	
总计		4386.191	3441.590	759.791	

另外，对铁厂其余不及拆除的所有物件一概破坏处理，1938年10月25日晚，武汉卫戍司令部派爆破队对汉阳铁厂进行爆破，炸毁了总公事房、俱乐部、厂巡处、卫生股、物料库、邻德里住宅等。

对大冶铁矿，由于军事委员会军令部接武汉卫戍司令部的谍报，得知汉冶萍公司继续在大冶铁矿开采铁砂，引起了重视。军事委员会军令部随致密函给经济部说："查汉冶萍公司的情形，业经有谍电呈报在案，近闻该厂奉公司之命，仍继续工作，且所掘铁砂，均堆江边，并闻倭方仍汇款接济，显系别有企图，除另案办理侦查该厂之行动外，拟请钧部饬湖北省政府，将该厂接之。又其所出铁砂，如我不需用时，应令停止所掘，并将现存铁砂运走，或于必要时弃入江中，以免资敌人之用。且准备于必要时，将该厂矿全部破坏，则将来纵一时陷于敌手，彼亦不能利用矣……"钢迁会运输股5月底派吴玉岚驻大冶厂矿，主持拆迁。几天后，动力股股长陈东带领9名职员赴大冶厂矿拆卸发电设备。7月20日，交通部派专员刘孝勤率粤汉路工务处工务员杨荣及路工44名来冶拆除大冶铁矿山至石灰窑铁路的钢轨。拆迁任务至8月31日告竣。具体拆迁装运情况如下：

第一，关于器材装运。前后驶往大冶的轮船有二："凤浦"轮于6月5日抵大冶，6月21日装竣离开，计装运各种器材958吨；"三兴"轮于7月7日抵达，7月14日离埠，计装器材945吨。前来装运器材的木驳船先后17批，共51只，装运设备器材1324.5吨。以上两项轮驳共装运器材 3225.502 吨。①

第二，器材选取。大冶铁矿厂前后选取器材约 972 吨，安全运送到后方的 740.700 吨，在三峡洗渔洲遇炸损失 48.1 吨；安全运抵的 183.939 吨。

第三，关于协助拆运路轨。大冶厂五铁山矿区，铁路干线为有 27 千米，有数条岔道系 55 磅铁轨，其余为 85 磅，垫枕约 80% 为钢枕，其余为木枕；钢架桥梁有 20 余座。共拆卸铁厂 1500 千瓦透平汽轮发动机 2 座，得道湾 420 千瓦柴油发电机 3 座及 150 千万柴油发电机 1 座。铁路拆轨 33.97 千米，计钢轨 7434 根，钢枕 19764 条，鱼尾板 12914 块。②

第四，关于已拆未运器材（包括路轨、其他机件和趸船码头）及不便拆除者，一律遵照蒋介石"应准备爆炸为要"的命令处理。③

（1）路轨之处理。从 8 月 10 日至 21 日，共投江钢轨 5521 条，钢枕 19199 条，岔道 10 条，鱼尾板 12914 块；下陆至铜鼓地一段 7.5 千米的路轨，则由爆破队炸毁；余下钢轨 1913 条、钢枕 565 条，则以驻冶炮兵第十一团第五、第六两连征作修筑防御工事。

（2）机件之处理。机件约 559 吨因无船运走，从 8 月 25 日至 26 日，小者一律投江，大者一律施以破坏，以失去效用为度。

（3）趸船码头之处理。由汉阳铁厂至黄石港有大小码头约十余个，均非正式石砌深水码头，而是装卸货物的临时码头，"如不设法破坏，异日不测，资敌堪虞"。因此在离冶前一日将三号铁趸船地步五铆钉铲去，放开线缆，让其漂流江心沉没。

萍乡煤矿的拆迁是在 1939 年 3 月到 5 月。是年 3 月，南昌被日本侵略军占领后，蒋介石多次签发电文，催促萍矿从速迁移。"萍乡煤矿向为倭所垂涎，此次寇军南侵，应即从速准备迁移破坏"④。拆迁工作由资源委员会萍乡煤矿整理局执行，第九战区长官司令部派出高参多人到现场监督。4 月 7 日，矿局全局停工，开始拆迁设备，抢运煤焦。同时，高坑煤

---

① 《吴玉岚呈钢铁厂迁建委员会运输股函》，1938 年 9 月，见《汉冶萍公司档案史料选编》（下），第 740 页。

② 刘明汉主编：《汉冶萍公司志》，第 183 页。

③ 《蒋介石致汉阳铁厂迁建会快邮代电》，1938 年 7 月 28 日，见《汉冶萍公司档案史料选编》（下），第 740 页。

④ 萍乡矿务局编纂委员会：《萍乡矿务局志》，1998 年内部刊印，第 16 页。

矿局亦开始行动：新凿竖井用土填塞，并成立高坑煤矿局留守办事处。拆迁任务至 5 月 29 日全部结束，共有五金器材，包括大小洗煤台和炼焦炉全部设备，修造厂全部设备，发电厂设备和所属锅炉厂设备，八方井所有卷扬、压风、抽风和锅炉设备 5155 吨，装车 162 车；煤焦 26753 吨，装车 856 辆。全部器材、煤焦共 31908 吨，共装车 1018 辆。① 这些设备和物资陆续由资源委员会向江西、重庆、甘肃等地调拨，其中重庆大渡口钢铁厂接收了萍矿的发电设备，湖南矿务局接收了萍矿修理厂的机床等全套设备，其余设备由设在广西全州的萍乡煤矿整理局全州清理处保存。②

（二）重庆大渡口重建钢铁厂

汉阳铁厂、大冶厂矿拆卸下来的设备主要循水路运往四川，拟在四川大渡口重建新铁厂。在抢运过程中，由于"时局紧急，敌机狂炸，船只调用，困难尤多，而大件笨重器材的装卸设备"，尤为困难钢迁会确定"分段抢运"之法，即由武汉起运，沿西运抵宜昌，宜昌以上，又分段转运，最后到达四川。在迁运过程中，钢迁会在汉口岳阳宜昌重庆等地征调了一切可利用的轮驳，总计有海轮 11 艘、江轮 27 艘、炮舰 2 艘、铁驳船 4 艘、拖轮 17 艘、木驳船 280 只、板木船 7000 只等参与了抢运。此外，还陆续交由汉宜、宜渝两段之商轮附带运输。从 1938 年 6 月至 1939 年底，共计迁运之器材 56800 余吨，其中专属钢迁会的有 37200 余吨（内计沿途因战事损失与空袭炸毁的约 2000 余吨），其余的则为兵工署所属各厂、处、库及有关厂所委托代运的约 2 万吨。③

器材运输到重庆后，下一步的当务之急就是选址建厂问题。考虑到铁厂必须靠近煤铁矿，当时有人即提出綦江县三溪场应为理想之地。但该地綦江水浅、滩多，缺乏平地，不适宜于钢铁厂建设和笨重机器的大量运输。经过反复勘测和比较，钢迁会主任委员杨继曾决定将铁厂设在重庆上游约 20 千米扬子江畔之大渡口。该地优点有：（1）笨重机件可自宜昌直接运到；（2）各种烟煤，可自嘉陵江、綦江及扬子江上游各处运来，备供各种用途；（3）重庆为全川工商业之中心，距厂不远，各种工程材料之供给，出品之远销，颇为便利；（4）成渝铁路路线近在厂外，接轨至

---

① 萍乡矿务局志编纂委员会：《萍乡矿务局志》，第 16 页。

② 张后铨著：《汉冶萍公司史》，第 453 页。

③ 《钢铁厂迁建委员会迁建概括（节录）》，1943 年 3 月 1 日，见《汉冶萍公司档案史料选编》（下），第 741 页。

便，将来出品，可由铁路运输达至西南各省；（5）大抵地势高出洪水位约 10 公尺以上，可无淹没之虞；（6）本会主管机关，现亦在渝。监督指导近在咫尺。不过，该地也不是十全十美的，其缺点在于：（1）铁矿及一部分用煤之运输须凭借綦江河及其支流殊多困难，现维由导淮委员会计划，改良航道，但船只多而载量小，水运问题仍不得谓为根本解决。（2）厂址内丘溪纷列，地形不甚平坦，故建筑费之支出势必增多。① 从总体而言，将铁厂设在大渡口无论是从原料和燃料供给出发，还是从管理和产品外运等方面考虑，均比较理想。

1938 年 7 月，钢迁会开始建筑大渡口临时办公室。8 月，正式决定在大渡口设厂。钢迁会最初拟聘请瑞士人立利霍担任新厂设计的总工程师。因其担心在中国停留时间较长，须将家眷接来重庆。谁知一离开中国，海防就被日寇封锁，断绝了其返回之路。钢迁会决定自力更生，由翁德銮任总工程师，设立总工程师室。严恩棫、靳树梁、王之玺和刘刚则在总工程师室协助工作。另外设立七个所管理设备安装和生产。后来又建立第八个所（炼焦）由孙祥鹏负责进行试验炼焦。

不过，在大渡口建厂也遇到了诸多困难。由于平整厂基工程较大，綦江铁矿开采困难，南桐煤矿含硫又高，不易选洗，从矿山到大渡口修建运输铁路也十分艰巨，使得建厂工程进展缓慢。在这种情况下，为了抗战需要，1939 年下半年钢迁会采取了先建小型冶炼设备进行生产。同时将发电厂、机修厂、六河沟公司负责拆迁的 100 吨高炉及中型轧机等装修起来。小型 20 吨高炉由靳树梁工程师负责设计，两座 10 吨平炉则由刘刚负责设计。资源委员会调动工程师郁国城负责建立耐火砖厂。平炉的容量设计，经刘刚与严恩棫研讨后，决定在煤铁原料供应还没有获得充分保证以前和厂房缺乏钢结构屋架情况下，选用容量不太大的 10 吨熔炉。炉体钢架则利用汉阳钢铁厂迁来的两座 30 吨平炉钢架改装。由于抗战以前国内尚无人进行过平炉设计，这是全国第一座自己设计的平炉。平炉车间负责监督建炉的是第三所长何维华，厂房设计则由黄显淇工程师负责。由于厂房是采用钢筋水泥结构，炉前两个钢筋水泥横梁支柱的跨度受到限制，以致后来炉前操作稍有不便。这也可以说是一个美中不足。20 吨高炉及 10 吨平炉建成以后，分别在 1940 年底和 1942 年春投入生产，情况颇为顺

① 《厂址勘定》，1938 年，见《抗战后方冶金工业史料》，第 65 页。

利。100 吨高炉，中型轧机和耐火砖厂也在 1942 年相继投入生产。后来
又进行了炼焦试验。[1]

表 5—2   20 吨炼铁炉和 100 吨炼铁炉产量情况[2]

（1）20 吨炼炉第一、第二次开炉逐月产量表

第一次开炉：（民国 29 年 3 月 2 日至民国 30 年 1 月 2 日）

年	月	名称	单位	产量
29	3	生铁	吨	312.310
	4			345.109
	5			338.395
	6			213.650
	7			279.119
	8			246.796
	9			261.033
	10			345.125
	11			317.568
	12			304.75
30	1			13.072
总计				2977.152

---

① 刘刚：《建设大渡口钢铁厂》，1985 年，见《抗战后方冶金工业史料》，第 87—89 页。
② 马彩佼：《拆迁六河沟铁厂 100 吨高炉入川重建经过》，1986 年 4 月，见《抗战后方冶金工业史料》，第 93—94 页。

20 吨炼炉底第 2 次开炉逐月产量表

（民国 30 年 3 月 22 日至民国 30 年 11 月 20 日）

年	月	名称	单位	产量
	3	生铁	吨	107.969
	4			389.728
	5			269.183
	6			238.316
30	7			164.038
	8			85.718
	9			208.864
	10			161.041
	11			149.445
总计				1774.302

（2）100 吨炼炉底第 1 次开炉逐月产量表

（民国 30 年 11 月 9 日至民国 31 年 8 月 27 日）

年	月	名称	单位	产量
	11	生铁	吨	837.154
	12			1820.101
30	1			2035.680
	2			1561.799
	3			1587.456
	4			1557.193
	5			1626.257
31	6			1709.329
	7			1658.377
	8			1258.377
总计				15651.738

抗战爆发后，国民政府强拆内迁汉冶萍，是加强经济统制，增强中国抗战的工业能力的非常举措。20 世纪 30 年代汉冶萍公司虽名存实亡，但其设备和技术仍代表近代中国钢铁冶炼的先进水平。内迁汉冶萍，在一定

程度增强了后方钢铁工业的基础，提高了经济比较落后的西南地区的工业化程度；从全民族抗战的角度看，拆迁也是为免于工业资敌，因此是一项完全正确的战略举措。

二 抗战胜利后国民政府接收清理汉冶萍公司

1938 年 10 月大冶被日军占领后，汉冶萍公司经理盛恩颐投靠日本并与之通力合作，将铁矿石大量输往日本。日本投降后，国民政府一方面出台相关接收政策，另一方面则采取强力措施接收清理汉冶萍公司。

（一）大冶沦陷后汉冶萍公司与日本的关系

1937 年 7 月 7 日，日本发动全面侵华战争。为增强中国重工业生产和军工生产能力，国民政府曾组织了对汉冶萍所属厂矿汉阳铁厂、大冶钢铁厂、大冶铁矿及萍乡煤矿等设备的强拆内迁。12 月 13 日国民政府首都南京被日军占领，日本陆军便着手组建掠夺华中铁矿的组织机构。1938 年 4 月日本唆使并勾结少数汉奸在上海成立所谓"华中钢铁公司"，由汉冶萍及其他矿山用现物出资，以经营长江下游所在地之矿山。其任务是为"统制华中方面钢铁之开发，以经济上急速利用起见"，因此"务必从速将随着扩大占领区域内所在各矿山（包括汉冶萍公司所属在内）拨归华中钢铁公司经营"。对汉冶萍所属之大冶矿山及桃冲矿山，"在对日本方面借款问题解决之前，委托华中钢铁公司经营"。由于大冶铁矿提供了八幡制铁所的主要原料，故受到日本的特别关注，"华中钢铁公司为了供应帝国缺乏铁矿石之急需，应将大冶矿山之采矿，作为重点"；"至于已设之制铁设施，以暂时保全程度为止"。华中钢铁公司资本总额为 2000 万日元，由日本制铁会社等钢铁企业和汪伪政权各出资一半；公司董事长由日本制铁会社调派矶谷光亨充任。1938 年 12 月该公司改称"华中矿业公司"①。但后来这个方案并未完全落实。为直接开采铁矿，日本军部委托日本制铁会社在大冶成立"大冶矿业所"。1939 年 6 月间，"日铁"大冶矿业所成立，汉冶萍公司经理盛恩颐应日本要求，派襄理赵兴昌和人事课课长盛渤颐到大冶，向日本制铁株式会社办理财产移交手续。② 随后，汉

---

① 《日驻上海代理总领事复藤镒尾致外务大臣宇垣一成第二七〇号机密函》，1938 年 8 月 26 日，见《旧中国汉冶萍公司与日本关系史料选辑》，第 1081 页。

② 《公司大冶厂矿老职员回忆材料》，见《旧中国汉冶萍公司与日本关系史料选辑》，第 1090 页。

冶萍将公司藏于武昌材料栈所的有关档案资料造具清册，交由"日铁"汉口事务所新原所长。① 汉阳和汉口残存的不动产也均交由"日铁"管理。② 汉冶萍完全为日本所控制。

为对大冶铁矿肆意掠夺，并欺骗中国人民，日本的计划就是网罗一批汉奸加入"日铁"。公司经理盛恩颐从华中钢铁公司成立之时，就加入该公司并出任公司的监察人，年支薪金 2400 日元。③ 1938 年 11 月，盛恩颐赴日，日陆军次官东条英机当面告诫"以后冶矿概归军部管理"。"生产、管理等，汉冶萍不能参加与闻，盼公司当局接受遵行"④。随后，盛恩颐向日本制铁会社中井社长，中松常董等表达了与日本"通力合作"的意愿，议定：由"日铁"、正金、汉冶萍三方面协议，汉冶萍委由"日铁"管理，"实为最良之法"；至于将来应如何处理，如有机会即作中日合办；"大冶占领后，愿立即能运出存矿，开工采掘，务请彼时与我方以充分援助"⑤。实际上，盛恩颐及汉冶萍公司一直都十分配合日本的工作。抗日战争爆发初期，大冶铁矿仍每月以公司总经理盛恩颐的名义接受日本的汇款，向日本出售矿砂。⑥

1938 年 10 月大冶沦陷后，日本即着手恢复大冶铁矿的生产。原驻大冶的公司工程襄办小田团次郎，会计部职员江口良吉和工务所技师森口喜之助带着"日本海军陆战队嘱托"袖章出现在大冶。他们立即召集公司留在大冶的老职工，积极筹备恢复铁矿采运工作。日本人能迅速展开掠夺是因为，抗战爆发后，大冶铁矿之日籍人员并没有回国，而是从大冶撤退至上海，匿居在吴淞口外日本兵舰内。上海沦陷后，他们回到上海，由公司继续发给他们薪金。大冶沦陷后，日本制铁会社便在大冶成立"大冶

---

① 《公司驻汉保管员朱庆田致总经理函》，1939 年 12 月 14 日，见《旧中国汉冶萍公司与日本关系史料选辑》，第 1090—1091 页。

② 《公司驻汉保管员朱庆田致总经理函》，1940 年 1 月 13 日，见《旧中国汉冶萍公司与日本关系史料选辑》第 1092 页。

③ 《日驻上海代理总领事复藤镒尾致外务大臣宇垣一成第二七〇号机密函》，1938 年 8 月 26 日，见《旧中国汉冶萍公司与日本关系史料选辑》，第 1081 页。

④ 《随同盛恩颐赴日的公司会计所副所长费敏士回忆材料》，见《旧中国汉冶萍公司与日本关系史料选辑》，第 1082—1083 页。

⑤ 《国民党政府工商部和资源委员会呈行政院长文》，1948 年 9 月 17 日，见《旧中国汉冶萍公司与日本关系史料选辑》，第 1080 页。

⑥ 《汪志翔呈武汉行营、武汉警备司令部文》，1937 年 9 月 14 日，见《汉冶萍公司档案史料选编》（下），第 745—746 页。

矿业所"，立即运走公司原存铁矿石并积极筹备恢复铁矿的开采。小田、森口和江口后来都改任"日铁"大冶矿业所职员。[①]

1939 年大冶铁矿各种必需设备得到修复。为满足侵略战争对钢铁的巨大需求，日铁耗资 7000 余万日元，为冶矿添置补充了一批设备。在采区添置有 50 马力斜坑卷扬机 1 台，凿岩机 30 台，装载设备 3 座，发电设备 750 马力、500 马力、400 马力德色尔发电机各 1 台。空气压缩机配备 200 马力、50 马力德色尔发电机各一台。在新大冶铁厂设发电所，配备 750 马力、300 马力、130 马力德色尔发电机各 1 台，车辆修理工场、模型工场、翻砂及铜工场、锻工场、车床及加工工场各 1 处，以及氧气制造设备、制冰设备等。在铁路运输方面，有矿石车约 1000 辆，矿山至石灰窑的铁路 30 千米，100 吨型机车 5 台，30—50 吨机车 10 台，40—50 吨矿石火车 110 两，平货车 100 辆。江岸设备有：皮带卸矿机 2 座，储矿仓 3 处，可储矿 62 万吨。船舶运输设备：150—180 吨小汽船 6 艘，600—700 吨铁驳 15 艘，900 吨铁艘 2 艘，200 吨木驳 10 艘，用于江内联合拖带船只的发动机船 3 艘。[②] 1940 年 4 月恢复铁路通车，10 月开始采矿。日本预定计划每日采运 5000 吨，以全年工作 300 天计，每年采运 150 万吨。至 1942 年，大冶铁矿石年产达 144.5 万吨，为年运最高纪录。此后因运输困难，矿砂无法运日，产量因而减少，至 1943 年 2 月全部停工。日方鉴于战局不能早日结束，华中又无大规模之炼焦厂以与大冶铁厂配合，乃拟拆炼铁炉移设于石景山，无奈战局急转直下，未克告成。[③] 从 1937—1943 年，日本从大冶共掠夺的铁矿石达到 500 万吨。[④]

（二）国民政府接收汉冶萍公司的政策依据

1945 年 8 月日本投降，统筹组织"接收"所有沦陷区的敌伪产业成

---

① 《公司大冶厂矿老职员回忆录》，见《旧中国汉冶萍公司与日本关系史料选辑》，第 1083 页。

② 以上数据转引自张后铨：《汉冶萍公司史》，第 500 页。

③ 《严恩械、郑翰西视察汉冶萍公司大冶厂矿报告》，1945 年 12 月 20 日，见《汉冶萍公司档案史料选编》（下），第 756 页。

④ 在抗日战争期间，日本掠夺大冶铁矿石数量如从 1939 年算起，至 1944 年结束，总计为 4999000 吨。如从 1937 年算起，至 1945 年结束，总量为 5000000 吨，其中包括少量的鄂城铁矿产量和汉冶萍积存的数量。因此 1938 年矿山尚未恢复开采，而已有矿石装运日本。见《旧中国汉冶萍公司与日本关系史料选辑》，《国民党政府华中钢铁公司"关于日人劫夺大冶铁矿砂数量调查"》，第 1104—1105 页。

为国民政府面临的一项重要任务。国民政府制定《行政院各部会署局派遣收复区接收人员办法》，其主要内容是：行政院各部会署局为办理接收收复区直属各机关及事业机关，可派遣特派员或接收委员；接收任务繁重地区可分区派遣特派员，接收委员应受特派员指导；以各区受降军事长官地为特派员办公地点；特派员及接收委员由各机关呈请行政院核转中国陆军总司令部委派并受其指导监督。[①] 但在具体运作过程中，因军、政双方矛盾突出，旋改为除军事方面的接收由陆军总司令部负责外，其余划归行政院负责。行政院"于各省市成立党政接收委员会外，为接收有全国性而不属于一省市区，或一部会业务范围之事业，于南京设立行政院收复区全国性事业临时接收委员会"[②]。由行政院副院长翁文灏主持。这样，便形成了由陆军总司令部负责接收军事，行政院收复区全国事业接收委员会负责全国性政治、经济接收，各省市敌伪物资产业处理局负责接收各省市地方性事业的三条接收渠道。

　　实际上早在抗战最艰难的时期，对敌伪产业的处理，国民政府在政策和组织上就做了相当的准备。1941 年 12 月 7 日，日本偷袭珍珠港，太平洋战争爆发，美、英等国相继对日宣战。国际形势的演变更加坚定了蒋介石及国民党预计日本必败的信心，"敌我双方的胜负之数，只要用极普通的数字常识，两相比较，敌我之间优劣得失，已可不言而喻"[③]。为作好战后接收准备，1942 年国民政府就公布了《敌伪处理条例》；后又于1943 年 3 月，根据《敌伪处理条例》第十二条规定，在行政院下设立了敌产处理委员会，颁行了《敌产处理委员会组织规程》。1944 年 3 月，敌产处理委员颁布《沦陷区敌国资产处理办法》及《敌产处理条例》，作为执行此类事件的依据。其中规定："凡敌国在中国工矿事业之资本财产，及一切权益，一律没收作为国有，由中国政府经营处理之。""凡与敌人合办之事业，不论公营或私营，一律由中国政府派员接收，分别性质，应归国营者移交国营事业机关，应归民营者移交正当民营事业组织接办。"[④]

---

　　① 魏宏运主编：《中国现代史》，高等教育出版社 2002 年版，第 463 页。
　　② 《何应钦总司令为派任接收委员呈蒋委员长电》，民国 34 年 9 月 11 日。见秦孝仪主编《中华民国重要史料初编——战后中国》，中国国民党党史委员会 1981 年，第 19 页。
　　③ 张其昀：《党史概要》，第 3 册，台北中华文物供应社 1979 年版，第 1194 页。
　　④ 《沦陷区敌国资产处理办法》，民国 33 年 3 月 14 日，见秦孝仪主编《中华民国重要史料初编——战后中国》，第 40—41 页。

同时还颁布了《沦陷区工矿事业接收整理办法》，进一步明确了经济部为收复失地工矿事业，"得在部内设立沦陷区工矿事业整理委员会，筹拟处理一切接收恢复事宜"。要求"各区工矿整理处迅速查明接收之资产及原来之状况，开具目录及说明，呈报经济部"，并由此确定国营民营的各项办法。① 1945 年 3 月行政院修正通过、国防最高委员会备案的《沦陷区敌国资产处理办法》和《沦陷区工矿事业接收整理办法》。这两个办法再次强调："凡敌国在中国之公私事业资产及一切权益，一律接收由中国政府管理或经营之"，"凡与敌人合办之事业，不论公营或私营，一律由中国政府管理派员接收，分别性质，应归国营移交国营事业机关，应归民营者移交正当民营事业组织接办"；同时规定："经济部为收复失地工矿事业，得在部内设立沦陷区工矿事业整理委员会筹拟处理一切接收恢复事宜。"② 从上可以看出，汉冶萍公司属沦陷区中日"合办"事业，应由国民政府接收，但究竟是"国营"还是"民营"，上述政策显然不够明确。

1945 年 6 月国民党第六次全国代表大会通过《工业建设纲领实施原则案》，纲领六更是详尽地划分了国营与民营的范围："凡工业之可以委诸个人或其较国家经营为适宜者，应归民营，由国家奖励而以法律保护之；至其不能委诸个人及有独占之性质者，应归国营。国营与民营之种类，政府应予以列举之规定。"对于工矿交通事业经营方式，可采取国营、民营、政府与人民合营、中外合营及特许外资独营。同时强调有下列情形者不能委诸民营者应归国营：（1）"直接涉及国防秘密者，其种类为海陆空军器弹药等制造事业"。（2）"有独占性质者，其种类为铁路、邮电、公用事业及动力工业"。（3）"其原料为有限之国防资源不能任人开采致妨国防安全者，其种类为冶金、焦煤、石油、铁、铝、铜、锌、铅、镁、镍及硫"③。据此，汉冶萍由于涉及钢铁和工矿，行业十分特殊，国民政府将其接收并发展为国有企业。汉冶萍先由经济部接收，后移交资源

---

① 《沦陷区工矿事业接收整理办法》，民国 33 年 3 月 14 日，见秦孝仪主编《中华民国重要史料初编——战后中国》，第 42—43 页。

② 张忠民等著：《南京国民政府时期的国有企业（1927—1949）》，上海财经大学出版社 2007 年版，第 62—64 页。

③ 张忠民等著：《南京国民政府时期的国有企业（1927—1949）》，第 71—72 页。

委员会继续保管。① 1945 年 12 月，国民政府行政院特派严恩棫、郑翰西等到原汉冶萍公司的大冶厂矿视察，编写了《汉冶萍公司大冶铁厂视察报告》，准备利用汉冶萍公司厂矿基地建设新的钢铁厂。② 经济部湘鄂赣区特派员李景潞对汉冶萍的处理办法是，"查大冶象鼻山铁矿及大冶铁厂、铁矿日人增益部分资产，应由华中钢铁有限公司筹备处接管，大冶、汉阳及武汉附近汉冶萍厂矿有限公司资产亦暂由该处接收代为保管，听候处理。除分电该处迳洽接收并电湖北省政府"③。汉冶萍所属汉阳和大冶钢铁厂尽管废弃多年，但仍属规模较大、设备精良、市场前景看好的大型企业，因此被划入了国民政府的国有企业系统。"资源委员会为奠立长江中区钢铁工业之基础，战时已拟有方案，战后曾约请美国专业设计钢铁厂之麦基专家多人来华协助检讨设计，咸以在大冶建厂为最佳，资源委员会爰成立华中钢铁公司筹备处，利用大冶旧有厂基积极筹建新厂"④。

（三）国民政府接收清理汉冶萍公司

1924—1925 年汉阳铁厂与大冶铁厂相继停火及 1928 年萍乡煤矿为江西地方政府接管后，汉冶萍公司实质上名存实亡。抗战初期，国民政府对汉冶萍所属厂矿拆卸内迁，有价值的器械已是所剩无几；但为掠夺铁矿石，日本在抗战期间曾对大冶铁矿进行了恢复，故抗战后对汉冶萍公司的接收清理工作主要集中于大冶铁矿。抗战结束后，国民政府经济部委托湘鄂赣区负责汉冶萍公司的接收清理工作，1945 年 10 月 31 日，"日铁"矿业所所长松村时次向该区特派员李景潞递交《日铁大冶矿业所引继书》，资产清单为：固定资产包括土地、房屋、船舶、车辆、机械装置等在内共计 217270928.24 元，棚卸资产包括贮藏品、矿石共 72176933.70 元，当

---

① 抗战胜利后，资源委员会仍然隶属于经济部，1946 年年初，国民政府立法院修正了《资源委员会组织法》，同年 5 月，资源委员会由原隶属经济部改为直辖行政院，由钱昌照任委员长，孙越崎任副委员长，委员 11—15 人，由行政院聘任，"专任国营基本生产事业之责"，实为"国营工矿事业之专管组织"。

② 《严恩棫、郑翰西视察汉冶萍公司大冶厂矿报告》，1945 年 12 月 20 日，见《汉冶萍公司档案史料选编》（下），第 756—757 页。

③ 《李景潞致华中钢铁公司筹备处电》，1946 年 9 月 3 日，见《汉冶萍公司档案史料选编》（下），第 757 页。

④ ［附件］：《清理汉冶萍公司资产节略》，见《汉冶萍公司档案史料选编》（下），第 762—763 页。

座资产 198576722.77 元，假拂勘定 23822124.64 元，全部资产共计512846710.45 元。[①] 为对大冶铁矿资产状况有一个详细具体的了解，钢迁会委员严恩械与郑翰西奉命对大冶厂矿进行调查，并于 1945 年 12 月 20日提出《视察汉冶萍公司大冶厂矿报告》，提供了大冶厂矿的战时变迁、铁矿储量、矿上设备、运矿铁路及卸矿码头、铁厂方面的详细情况（表5—3）。

表5—3　　　　　　　　　大冶厂矿的设备情况[②]

设备类型	设备名称	设备能力	单位	数量
探矿设备	试钻机		具	3
	抽水机		具	3
	石油发动机	7 马力	具	1
	石油发动机	5 马力	具	1
开掘矿井设备	卷扬机		具	4
	吊式电力抽水机		具	5
	钻孔机		具	若干
采矿设备	电力空气压缩机	50 马力	具	1
	电力空气压缩机	200 马力	具	1
	电力空气压缩机	500 马力	具	1
	电力空气压缩机	100 马力	具	2
	柴油空气压缩机	100 马力	具	1
	钻孔机		具	319
	修钻机		具	10
	钻孔机		具	2
	铲土机		具	2

---

① 《日铁大冶矿业所引继书》，1945 年 10 月 31 日，LS56－10－32，湖北省档案馆藏汉冶萍公司档案。

② 《严恩械、郑翰西视察汉冶萍公司大冶厂矿报告》，1945 年 12 月 20 日，见《汉冶萍公司档案史料选编》（下），第 756 页。

续表

设备类型	设备名称	设备能力	单位	数量
搬运设备	斜坡卸矿道	1 吨	处	9
	铁制箱车	2 吨	具	138
	铁制箱车		具	200
选矿设备	碎石机、输送机		处	2
动力设备	柴油发电机	220V30 马力	具	1
	柴油发电机	400V50 马力	具	1
	柴油发电机	3300—3500V400 马力	具	1
	柴油发电机		具	1
	柴油发电机	3300—3500V750 马力 160 马力	具	1
修理设备	大小车床		具	6
	大小钻床		具	5
	牛头刨床		具	1
	磨轮机		具	1
	空气锤		具	1
	电焊机		具	1
	锯木机		具	1
	送风机		具	1
	电钻机		具	3
	空气压缩铆钉机		具	3
房屋设备	职工宿舍	2 栋	间	102
	职工住宅	22 栋	间	172
	小工宿舍医院	容纳 6500 人	所	1

1946 年 2 月，资源委员会直接介入了接管汉冶萍的工作，称经济部资源委员会大冶厂矿保管处，刘刚任主任，保管处下设秘书、总务、会计、运输、材料、工务六组，保管处还颁布了《接收日铁办法》。[1] 9 月 3

---

[1] 《资源委员会钢铁厂接收日铁办法》，1946 年 2 月 1 日，转见张后铨著：《汉冶萍公司史》，第 512 页。

日又直接交由华中钢铁公司筹备处（简称"华钢筹备处"）接管。至此，华钢筹备处便正式展开接收日铁大冶矿业所事宜。12 月 24 日，"关于华中钢铁厂接收大冶日铁株式会社产业座谈"在行政院特派员办公处举行，达成三项协议，其第三条规定："船舶、房地产及机器等日人增益部分，由华中钢铁厂遵照行政院命令，整个估计转账，但船舶及房地产应分别造册送行政院特派员办公处转发长江区航政局及中信局汉口分局。"① 由于汉冶萍在大冶苦心经营了几十年，日铁为掠夺铁矿资源也耗巨资添购设备，故大冶厂矿设备、材料、房产数量众多，项目繁杂，"日铁株式会社及其他敌遗产业，包括工厂、房地、物资、船舶、汽车、火车、矿厂设备等，为数甚多，亟待全盘清理"。截至 1947 年 3 月，华钢筹备处接收的大冶矿业所房地产、设备、材料的清点并估计清册。（表 5 - 4）

表 5 - 4　　　　　　　　　　　**大冶矿业所财产清册②**

清册名称	份数	清册内容
接收财产清点暨估价清册	3	日铁在汉冶萍大冶财产增益部分
接收财产清点暨估价清册	3	日铁移交湖北官矿局大冶财产部分
接收财产清点暨估价清册	3	日铁移交汉冶萍大冶财产部分
接收财产清点暨估价清册	3	日铁在大冶材料部分
接收武器清点暨估价清册	3	日铁在大冶武器部分
接收化验药品清点暨估价清册	3	日铁在大冶化验药品部分
接收西药清点暨估价清册	3	日铁在大冶西药部分
接收资产清点暨估价清册	3	日铁在汉口出张所资产部分
盘盈接收财产估价清册	3	日铁在大冶财产部分
盘盈接收财产估价清册	3	日铁移交汉冶萍大冶财产部分

大冶厂矿保管处会同经济部湘鄂赣区特派员接收日铁大冶矿业所资

① 《关于华中钢铁厂接收大冶日铁株式会社产业座谈记录》，1946 年 12 月 24 日，黄石市档案馆藏华中钢铁公司（简称"华钢"）档案。参见张后铨《汉冶萍公司史》，第 514 页（以下关于"华钢"档所引均出自该著，不再注明出处）。

② 《华中钢铁公司筹备处呈资源委员会文》，1947 年 3 月 11 日，档案号：L2 - 84，黄石市档案馆藏华钢档。

产。保管处代表朱若萍和原日铁大冶矿业所日籍经管人员就房屋、器材、设备等初步交涉，造具清册，于 7 月底办理完毕。保管处嗣后奉经济部特派员办公处之命接管汉阳铁厂和日铁汉口出张所资产，先后于 9 月 15 日和 10 月 15 日交接竣事。①

为顺利清理汉冶萍公司，1947 年 4 月 22 日，国民政府经济部和资源委员会指令专门成立由孙越崎任主任的汉冶萍资产清理委员会（下简称"清理委员会"），会议就如何处理汉冶萍资产做出如下决议：（1）"该公司一切资产自即日起不得为任何之处分，并应指定负责人员将所有资产及其契据、账册档卷等一律点交本会接管，以凭清理"。（2）"自抗战起迄本会接管之日止，该公司在此期内对其资产如有任何处分及移动等情事，应逐项叙明详情及理由，并检同证件移交本会并案清理"②。5 月 12 日，清理委员会将行政院令饬汉冶萍遵办事项，以该会第一号公告登载于南京的《中央日报》《和平日报》，上海的《中央日报》《申报》《新闻报》及汉口《武汉日报》各三天，并令其克日遵照办理。③ 面临清理委员会的压力，在盛恩颐的唆使下，公司董事会于 5 月 23 日向国民政府行政院呈文，在述及汉冶萍历史的同时表示："胜利之初，政府关垂钢铁事业，曾令经济部湘鄂区特派员办公处派员接收，并令知公司静候核示。正拟呈请发还，俾资整理而策复兴，兹奉钧院及清理委员会先后训令，饬将公司所有资产及其契据、账册、档卷等一律点交接管，而对于公司原有员工生计及股东权益之如何处理，均尚未蒙明示。自清理委员会登报公告成立以后，各股东纷来质询，群情惶急。伏念钢铁事业收归国有原为已定之国策，人民自应拥护。至煤矿民营，法令在所不禁，与国策亦无抵触，拟恳俯念商公司创业艰难，在接管汉冶厂矿资产之前准将萍矿部份划归民营，俾商公司名义仍得继续存在，同时准将前所征用汉冶厂矿之机器、材料及此次准备接管之资产，按市估值酌予贴补，以便萍矿复兴之用。如蒙俯允所求请，则商公司自当即日召开股东临时大会，请求通过，一面再遵照训令将汉冶厂矿现所留存之资产及其契据、档卷一律移交清理委员会接管，以符

---

① 《接收经过及目前概括》，1946 年，L2－90，黄石市档案馆藏华钢档。

② 《汉冶萍公司资产清理委员会第一次会议记录》，1947 年 4 月 22 日，见《汉冶萍公司档案史料选编》（下），第 757—758 页。

③ 《汉冶萍公司资产清理委员会公告》，1947 年 5 月 12 日，见《汉冶萍公司档案史料选编》（下），第 758 页。

国策而完手续。"①

汉冶萍董事会企图用恢复萍矿以保存汉冶萍商办公司名义作为前提条件，实质上是抗拒政府的接收。在这种情况下，清理委员会态度趋于强硬，先是派委员宋作楠及法律顾问孙治公前往上海当面将接收训令当面交给公司经理盛恩颐，但盛以董事会未议决移交以前，"未便擅自办理"进行搪塞；后又派委员卜昂华赴沪，责成该公司遵令确定移交日期。在多次交涉中，盛均以"各董事之意须交付股东大会讨论方可决定"相推脱。

鉴于此，清理委员会决定采取强制措施，公布盛恩颐父子擅借日债、依赖日方势力阻挠政府整理、勾结敌人充任伪职三大罪行，并明确宣告公司、董事会及盛恩颐之经理职位已失效，（1）"该公司原有之董监事系远在战前多年股东会所选出，为期已久，已无合法地位"。（2）"盛恩颐曾参加伪华中矿业公司，为监察人，依照呈院成案，已不能担任任何重要事业之董监、经理各职，故总理地位已不存在"。（3）"该公司所有厂矿资产已全部抵押于日本，胜利后此项债权依照敌伪产业处理办法应归政府所有"。（4）"该公司各厂矿在前清及民国从未依法取得正式矿照，大冶、萍乡两矿矿权亦不存在，按照现行矿业法应收归国有，改设国营矿业权"。为此确定具体清理办法是：（1）关于该公司在抗战以前向日本财阀多次所借债务，"自日本无条件投降后则此项债权应按照行政院颁布之《收复区敌伪产业处理办法》第四条第四项，敌伪产业之负债应就各该资产总值范围以内分别清偿，其欠日伪之负债应偿还中央政府之规定，一律收归国有。所有之抵押品，拟呈行政院准予全部拨交资源委员会华中钢铁公司筹备处接管"。（2）关于资产与负债原有价值之清算，"当按民国26年上半年之物价标准折合计算，其应折旧者亦应按年数扣除"。（3）该公司解散后，"所有未有附逆证据股东，其合法权益照例仍承认之"。在清算后，"如资产超过负债而有剩余时，将任剩余部分摊还未附逆之各股东，并记录在案"②。汉冶萍公司不仅涉及鄂（象鼻山官矿）、赣（萍乡煤矿）地方的利益，而且涉及商股、官款和日债的清理问题，因此整理工作进展缓慢，严重影响了华中钢铁公司的建立。同时，资源委员会在战

---

① 《公司董事会呈行政院文》，1947年7月10日，见《汉冶萍公司档案史料选编》（下），第758—759页。

② 《汉冶萍公司资产清理委员会呈资源委员会、经济部文》，1947年7月17日，见《汉冶萍公司档案史料选编》（下），第759页。

时拟有在长江中游建立钢铁工业基础的方案，因此战争甫一结束，就约请美国专业设计钢铁厂麦基专家多人来华，在大冶成立华中钢铁公司筹备处，以利用其旧有厂基积极筹建新厂。规定将公司之汉阳、大冶厂矿资产及日本制铁所在大冶铁矿增益之设备等，均交由华中钢铁公司筹备处分别接管整理。① 为此，资源委员会主任翁文灏致函国民政府最高经济委员会委员俞鸿钧，要求"亟应迅予清理完竣，以期新公司得早日成立"②。

对于清理委员会提出的接受方案，行政院基本上表示同意，并作出了两点指示："一、关于接收方面，可由汉冶萍煤铁厂矿公司资产清理委员会径向该公司洽接清理，如该公司延不点交册据，可由清理委员会径行接管；二、关于清理方面，萍乡煤矿部分准一并接管清理，已由院饬知该公司未附逆股东部分公司承认其合法权益。"③ 1948 年 2 月 16 日，上海警察局派警察协助清理委员会，迫使盛恩颐负责移交。同日，在公司总事务所原地设立了清理委员会上海临时办事处，开始了对汉冶萍公司的清理。④ 清理的档案共有：档案钤章合同类、资产契据账册表报公债股票类、器具图书类三种，至 4 月 13 日，除抵押在正金银行后被中国银行接收的契据未接收清点外，"所有各种资产账册文卷等均经点收完竣并造具移交清册 11 种"⑤。经过近一年半时间的工作，至是年 8 月，最终完成了对汉冶萍公司资产的接收和清理工作，其资产状况如下：

一是关于汉冶萍公司账册所列该公司股本。截至 1937 年抗战全面爆发，发出股票 374263 股，每股国币 50 元，共计收足股本国币 18713150元。为保护公司股东之股权，清理委员会曾于京、沪、汉、津、穗、长沙、南昌等地登报公告，自 1937 年 5 月 5 日起至 6 月 30 日止，凭股票举办股权登记，除该公司原有工商部官股 29504 股，合计股本 1475200 元外，经照本会规定前来声请登记者，共 505 户，计 136050 股，合计股本6802500 元。

---

① ［附件］：《清理汉冶萍公司资产节略》，见《汉冶萍公司档案史料选编》（下），第762—763 页。

② 《翁文灏致俞鸿钧函》，1947 年 12 月 25 日，见《汉冶萍公司档案史料选编》（下），第761 页。

③ 《资源委员会训令》，1947 年 9 月，档案号：L2－84，黄石市档案馆藏华钢档。

④ 刘明汉主编：《汉冶萍公司志》，第 187 页。

⑤ 《呈送接收汉冶萍公司上海总公司移交清册五份敬祈鉴核存转由》，1948 年 8 月，档案号：L2－84，黄石市档案馆藏华钢档。

二是关于公司债务。抗战前公司擅借日债十余批，积欠日本正金银行等债款共达 3800 余万日元，另上海规元银 250 万两，按照借款合同规定之利率结算，截至 1937 年抗战时应付利息 2400 余万日元及上海规元银 160 余万两。

三是关于固定资产。抗战初期，兵公署为应军事需要，曾征用该公司汉阳铁厂设备，根据华中钢铁公司筹备处接收汉冶萍公司大冶、汉阳等地资产清册之估计，共计 740802951.40 元（系按 1945 年 11 月市价八折计算）。至于萍乡煤矿方面，仅存地基，资产荡然无存。现大冶铁矿及萍乡煤矿二处，已奉工商部设定国营矿业权由华中钢铁公司及赣西煤矿局分别经营。① 对于该公司前经理人盛恩颐战前既擅举日债，丧失国权，战时勾结敌寇担任伪职，其本人名义下之股份，自应全部没收。对其余未附逆股东，拟仍应遵照行政院三月六日令内规定，承认其合法权益。对于已登记而未附逆之股东，许其以原有股份参加资源委员会公平规定价格，收回其股票。此次股权登记逾期未办者，仍由新公司登报赓续办理。②

清理委员会向资源委员会和行政院提出了处理相关资产的三条办法。主要内容如下：

> 一、公司所欠日债之债权一律收归国有，公司全部厂矿资产拟请拨交资源委员会，积极运用以利工矿生产。撤销汉冶萍公司之名义，汉阳铁厂及大冶厂矿一部分设备材料在战时由政府征用，萍乡煤矿资产亦在战时损失殆尽，无法查明，拟均请免于清理。

> 二、该公司剩余资产虽不足以抵偿负债，为维护未附逆股东合法权益，拟在资源委员会华中钢铁公司股份总额中划出一部分股权，作为对于公司合法股东核换之股份，其详细办法由资源委员会拟定实施，如有股东不愿加入新公司，请准由资源委员会作价收回。此次举办股权登记逾期未登记者，拟再登报催告，如系合法未附逆之股东，由资源委员会随时依照上开办法或承认其加入新公司股东，或出价收回股票，此项工作即由新公司负责办理。

---

① 《汉冶萍公司资产清理委员会呈资源委员会、工商部文》，1948 年 8 月 30 日，见《汉冶萍公司档案史料选编》（下），763 页。

② 《工商部、资源委员会呈行政院文》，1948 年 9 月 17 日，见《汉冶萍公司档案史料选编》（下），第 765 页。

三、汉冶萍公司所欠日本正金银行上海规元银 250 万两借款，其债权亦一并收归国有，存于上海日本正金银行代为保管之抵押品，包括汉阳地契 87 通，汉口地契 2 通及浦东地契 1 通，已由上海中国银行接收移交苏浙皖区敌伪产业清理处接管。此项欠款，呈请转饬财政部准予转账并将上列提供担保之地契抵押品交由资源委员会一并接收。①

9 月 29 日，清理委员会所拟之上述办法基本上得到了行政院的同意。② 随后清理委员会将汉冶萍公司相关账册契据等移交至华中钢铁公司。华中钢铁公司委派会计处处长李家麟赴上海负责接接收，所有"档案器具租赁房屋等及接收汉冶萍公司上海总事务所内之档卷、账册、地契、股票、钤章、合同、图表、器具、租赁房屋等，连同上海浦东 24 堡码头基地一方一并移交资源委员会华中钢铁公司接收"。股票补办登记及换股或作价、日债及接收资产折算转账及各地房屋地亩查等未了事宜由华中钢铁公司赓续办理。③ 清理完毕后，汉冶萍公司名称从历史上正式消亡。

---

① 《为呈报本会办理汉冶萍公司清理情形及应行请示事项祈鉴核转呈核示由》，档案号：L2 - 84，黄石市档案馆藏华钢档。

② 《汉冶萍公司资产清理委员会公告（公字第 4 号）》，1948 年 11 月 16 日，见《汉冶萍公司档案史料选编》（下），第 766 页。

③ 《汉冶萍煤铁厂矿公司资产清理委员会公函》，1948 年 11 月，L2 - 290，黄石市档案馆藏华钢档。

第六章 汉冶萍公司与地方官绅

第一节 汉冶萍公司与湖北官绅间之矿权案

汉冶萍公司地跨鄂、湘、赣三省，其初创资金绝大多数是湖广总督张之洞在任期间通过各种途径筹集官款而来。在官办及官督商办时期，由于公司"国有"性质，清政府及地方督抚给予大力支持和配合，因此与地方政府的关系还算融洽。即使公司转为完全商办后，因盛宣怀亦官亦商的特殊身份，使公司在相当长时期享受着很多商办公司不能享受的特权。辛亥革命后，清政府垮台，盛宣怀被迫逃亡日本，湖北官绅①与汉冶萍的关系日益紧张。两者围绕大冶象鼻山铁矿和鄂城灵乡铁矿矿权展开激烈的争夺。这一斗争从1912年开始至1925年，经历了北洋政府统治时期，北洋政府农商部、陆军部、内务财、财政部及交通部等卷入了这一场纷争，最重要的是还有日本的参与。在围绕矿权、铁捐和砂捐的较量过程中，双方动用所能用到的资源，尽可能为自己争取更多权益。

一 汉冶萍与湖北官绅矛盾产生的原因

（一）地方主义的影响

地方主义在中国古代历史上一直长期存在。这是因为农业社会的封闭性，宗法制度与儒家思想的墨守成规，以及语言隔阂、经济物产、风俗习

---

① 这里的"官绅"一词是笼统的称呼。"官"，主要包括湖北省各级行政官员及省咨议局或省议会中的相当一部分议员；"绅"，省咨议局或省议会中一部分议员同时还是地方的士绅。根据民国时期的议员选举法，省咨议局或省议会的议员人数都有限制，而且只有在财产和学识方面符合条件的社会精英才具有选举和被选举的资格。省议员和省议会具有很大的权利和权力。参见钱端升《民国政制史》（下），上海：上海世纪出版集团2008年版，第433—435、442、444—445页。

惯的差异等乡土性的地域差异。地域观念本只是情感上的，一旦与地区性经济利害合拍，就会形成政治上的所谓"地方主义"①。地方主义在近代中国出现的明显标志是太平天国运动。经过太平天国运动，清中央集权逐渐遭到破坏，出现了外重内轻的政治局面。另外，传统的士绅阶层在镇压太平天国运动中借助督抚的力量开始壮大。② 在随后的洋务运动中，新式的工商业逐渐转向专业化活动，更强化了不同区域之间，经济利益上的差异和区域本身的凝聚力，助长了地方主义的倾向。洋务运动期间，在各省督抚的号召下，各地士绅以资本家的身份参与新式工商业实业活动，使得地方督抚与士绅阶层互相支持，互为奥援，两者在政治上均获得进一步升高。

如果说地方主义倾向在清末是通过中央的国会和地方的咨议局含蓄地表现出来，那么辛亥革命期间则得到了公开的鼓吹和践行。武昌起义爆发后，地方主义者出于权力既得的自保心理，"在其乡土自组政府，握有军权，控制财源，建立起自主权力为基础的统治基础"，以对抗可能使其丧失既有权力的中央集权。③ 如1911年10月7日川督赵尔丰在成都交出军政大权宣布四川自治的声明中，为迎合当地官绅的自治愿望提出："今日以后，四川归四川人自治，军队多为四川子弟，应有保全四川全体之责而为四川全体尽捍卫之义务。"沈秉堃在广西独立后的演讲中亦提出所谓"广西地方乃广西人之土地，本应由广西人主持"④。那么革命党人对地方主义是如何反应呢？事实上，为抵制清廷的中央集权，革命党人在宣传革命过程中所办期刊的名称就表现出十分浓厚的地域观念。而欧榘甲说得更直白，"爱国者，不如爱其所生省份之亲。人情所趋，未可如何也"⑤。这是南京临时政府时期国民党人倾向地方分权的重要思想来源。另外，武昌起义后的各省陷于各自为政的事实，助长了革命党人的地方主义意识。⑥ 在镇压"二次革命"后，袁世凯强力推行中央集权，使得地方主义暂时偃旗息鼓，但并不意味其销声匿迹，一旦遇到合适的政治氛围又会卷土重

① 胡春惠：《民初的地方主义与联省自治》，中国社会科学出版社2001年版，前言，第2—3页。
② 李剑农：《中国近百年政治史》，第106页。
③ 胡春惠：《民初的地方主义与联省自治》，第37—38页。
④ 同上书，第42页。
⑤ 同上书，第32页。
⑥ 同上书，第40页。

来。袁世凯死后，中国陷入了军阀割据的混乱局面，在湖北的地方主义后来演化为1920年的驱逐鄂督王占元的联省自治运动便是明显的例证。

在地方主义的影响下，在各省强调本省利益的政治环境下，湖北在辛亥革命期间就迫不及待地欲接管汉冶萍。这从民国副总统兼鄂督黎元洪给汉冶萍的信札中表现得十分明显。信中说，满清政府既已推翻，新政府已成立，所有公家及满奴汉奸等一切权利、财产亟应分别褫夺没收，以示惩警。"查该公司股本以盛奸暨满汉奴等最占多数，自不能详细调查，收归国有。惟汉冶二厂均隶鄂属，早经划归管理"。拟委派湖北理财部财务副科长陈再兴赴沪调查，将所有一切出入账目，及与日人订立合同及股东名目、股份数目等切实查报。① 因此，武昌起义后的湖北官绅要求将汉冶萍公司所属在汉阳铁厂和大冶铁矿收回自办则是顺理成章的事情。

（二）财政困难与利益驱动

清代之初，国家财政收支亦采取中央集权，即户部有制天下之经费之权，各省所有一切收入，均可视为国家收入，一切支出均可视为国家支出。② 为保证国家财政收入，清代沿袭了前代由地方向中央解送税款的政策。1880—1896年，湖北每年解款大约440万两（包括奉命购枪械在内），如果此期间之全部旧税岁入平均以550万两计，则解款占80%，而存留地方者仅占20%，约110万两而已。如果将此期间之海关收入（平均约200万两）一并计算，则存留款降为15%。（表6-1）③

表6-1　　　　　湖北每年解款大概（1880—1896年）④

解款项目	银两数
解北京政府	450000
解北京旗人	150000
解北京军防费	180000

---

① 《黎元洪给汉冶萍公司札》，1912年1月13日，王尔敏等编《盛宣怀实业函电稿》（下），第898—899页。

② 彭雨新：《清末中央与各省财政关系》，李定一等编《中国近代史论丛》第2辑第5册，台北正中书局1963年版，第11页。

③ 苏云峰著：《中国现代化的区域研究：湖北省，1860—1916》，央研究院近代史研究所专刊（41），第218页。

④ 同上书，第219页。

续表

解款项目	银两数
解京官	20000
助闽省解京款（1883 年）	16000
甘肃协款	330000
解东北边防费军	100000
购械（1881 年）	3000000
江汉关解天津淮军	50000
江汉宜昌关解海军部	60000
解湖北旗兵勇营	150000
合计	4506000

　　经过太平天国运动的沉重打击，清廷财政集权趋于瓦解和地方督抚的财权逐渐扩大，但并未改变晚清湖北财政一直较为困难的状况。原因在于：从外部来看，主要是西方列强通过各种手段对湖北农业、手工业、交通运输业、海关等侵略和掠夺。从内部来看，主要是甲午战败后清廷为筹措赔款，举借四国外债；为偿还外债，初由各省海关摊派；海关之摊派不足，又以各省厘金抵偿。湖北为全国税源充沛省区之一，其分摊之数，居全国第二位。[①] 在 1900 年以前，湖北新政建设尚在起步阶段，收支基本上尚能相抵；此后，湖北新政发展迅速，尤其是军事、教育等方面的开支越来越多。教育开支从 1901 年 68 万两增至 1905 年约 128 万两，至 1907 年达到 200 万两。军事支出则增长更快，从 1902 年前约 50 万两增至 1904 年近百万两；1906 年因整军购舰擢为 450 万两，1908 年军政费占 600 万两。换言之，1908 年仅军政教育三项支出，已接近旧税收入的 80%。[②] 袁世凯统治时期，为加强财政上的中央集权，通过划分国税与地方税以厘清中央与地方的财政关系。[③] 结果是，凡是收入可靠的盐、关等大宗税均划入中央，只把微细零星或财源不稳不易征收的杂税，划归地方，使得湖

---

①　罗福惠著：《湖北通史·晚清卷》，华中师范大学出版社 1999 年版，第 330—333 页。

②　苏云峰著：《中国现代化的区域研究：湖北省，1860—1916》，第 220—221 页。

③　民国元年 12 月 1 日《东方杂志》第九卷第六号。

北财政收入减少近500万元。[①] 民国时期，尽管湖北的现代经济有一定的发展，但长期的巨额财政赤字成为困扰湖北发展的一个大问题。尤其是庞大的军政费成为省财政支出的最大一项，是造成湖北财政巨大赤字的根本原因（表6-2）。

表6-2　　　　　　　　1913—1924年湖北财政收支情况[②]

年份	收入	支出/军政费	盈（＋）亏（－）
1913	4730099	10417266/7855294	－5687167
1914	10542366	8993028/4537511	＋1549338
1915	13234046	13083056/5360500	＋150990
1916	12372854	13202039/5358603	－829185
1917	9034152	10407549/5563303	－1373397
1918	10364741	11251834/5202027	－887093
1919	9090336	10102130/3953757	－1011794
1920	8728095	9063999/3728526	－335904
1921	6690484	8775165/4352097	－2084681
1922	10174925	12016808/5162157	－1841883
1923	12039277	13040506/5258800	－1001229
1924	8703547	10373774/3501675	－1670227

民国时期，财政困难加剧了湖北官绅同汉冶萍公司对矿权的争夺。大冶铁矿不仅储量丰富，而且含铁量高。据汉冶萍公司总矿师赖伦在1910年估计，大冶铁矿矿藏量约为1.39亿吨，其中水平面以上约为1.04亿吨，水平以下约为0.35亿吨。[③] 大冶铁矿从1893年正式出矿，到1912年民国元年，共采铁矿石2280739吨，其中汉阳铁厂用1203936吨，运销日

① 田子渝、黄华文著：《湖北通史·民国卷》，华中师范大学出版社1999年版，第106—108页。

② 贾士毅：《湖北财政史略》，上海商务印书馆1937年版，第22—32、44—54、43、61、62页。

③ ［英］丁格兰著：《中国铁矿志》（下），谢家荣译，第127页。

本 962702 吨。① 其中内销价在每吨 2.68—3.10 银元之间，价值达 350 万
左右；外销日本虽长期保持在 3 日元的低价，价值亦达 290 万左右。需要
注意的是，民国期间，由于在生产设备和技术方面有很大的改进和提高，
大冶铁矿产量逐年上升，除 1926 年因受北伐战争的影响，只有 85732 吨
外，其余年份一般均在数十万吨，从 1912—1938 年，大冶铁矿共开采矿
石 11729250 吨，所获利润极厚。可以说，当时湖北地方当局增加财政收
入的途径很多，但开办矿务利润丰厚，不失为致富的一条捷径，却为有识
的湖北官绅所承认。②

（三）晚清收回矿权运动的刺激

甲午战后至日俄战争，是西方列强竞相争夺中国矿权时期。③ 随着西
方资本主义国家相继进入帝国主义时期，投资于中国矿山，掠夺矿产资
源，成为其资本输出的一种重要方式。因此，甲午战后，中国人民（主
要是绅商）掀起了收回矿权的高潮。当时位于长江流域的大冶铁矿成为
日本、德国、比利时等列强激烈角逐的目标。1890 年，张之洞开发大冶
铁矿是为同时兴建的汉阳铁厂提供原料。可以说，1900 年之前大冶铁矿
与日本无任何关系。从 1889 年《煤铁互售合同》开始，日本即利用汉阳
铁厂资本困难的机会，不断地向汉冶萍提供借款，最终达到政治控制的目
的。上述借款名义上是商业借款，实质上多以汉冶萍厂矿作担保，具有明
显的政治意味。日本就是通过不断的经济渗透达到政治上的控制，使汉冶
萍成为日本的原料供应基地。

汉冶萍公司尽管在性质上既非外资独办亦非中外合资，其主权归属问
题却一直为中国朝野人士所关注。实际上，湖北地方当局很早就注意大冶
矿权的保护问题。1904 年，署湖广总督端方在所上奏折中称：“欲求设法
保全（矿权），莫若先勘矿山，购归公家。盖一时即无款兴办，独可存为
后图，失今不为，必至利权尽失，是以购地一事，又为今日开办矿务第一
要者。鄂省矿山，惟大冶一县早经由官圈购，其余各县产矿之区，尚属不

---

① 刘明汉编：《汉冶萍公司志》，第 50—51、54 页。
② 李恩涵著：《晚清的收回矿权运动》，第 7—8 页。
③ 台湾学者李恩涵将中国新式开矿事业的发展分为三个时期：甲午战争以前，系中国自办
矿业时期；甲午战后，以迄日俄战争，是欧美列强竞夺中国矿权时期；日俄战争后，以迄清社鼎
革，是中国官绅进行收回矿权时期。见李恩涵：《晚清的收回矿权运动》，《绪论》，第 1 页。

少，应即查明大冶办法，先行派员查勘优价购回，然后次第筹款，自为开办"①。同年2月，张之洞回湖广任总督，并于8月改铁政洋务局为鄂省洋务局，又于1906年10月专设湖北矿务总局。② 张之洞尤对盛宣怀以大冶铁矿作抵押向日本借款表示警惕。1907年8月，张之洞在致盛的信中指出：铁厂若必须扩充开采铁矿，必须按原价购买，但"不得将矿售与外人"。他还对日本文武官商常借游历之辞到石灰窑以上屡勘官山表示忧虑，指示盛"严切杜绝，以顾中国权利"③。针对汉冶萍公司名为中国所有，实为日本控制的不利局面，舆论纷纷指责盛宣怀甘当日本傀儡出卖汉冶萍。④ 因此湖北官绅强烈要求收回汉阳铁厂和大冶铁矿，明显具有收回利权的意义。⑤

二　矿权案的提出与交涉

为保证汉阳铁厂拥有丰富的优质原料，张之洞开采大冶铁矿时，利用政府的权力陆续圈购了一些矿山，后随着开采规模的扩大，矿山逐步达到40余处。1896年，张之洞将汉阳铁厂交由盛宣怀招商承办时，移交有尖山（部分）等8处锰、铁矿山，康中等14处煤矿及金银坡、陈家山2处铅矿。象鼻山等14处矿山仍归鄂省所有。其中象鼻山矿区不仅蕴藏量丰富，而且矿质优良，所含磷等杂质甚少。显然，张之洞一方面要表示对盛宣怀工作的支持，为大冶铁矿的持续发展及将来可能兴办铁厂提供充分的原料保障，使其开创的铁厂兴旺发达，另一方面也不能考虑鄂省及地方官绅的利益，因此对该地的矿权界限做了明确规定。1907年，盛宣怀以矿山不敷开采为由，提出将大冶官山拨给汉阳铁厂承购开采，遭到了张之洞的拒绝。张指出，"官发归商之山，厂商自购之，应归于商，官不过问，至官家另购之山，应归于官，商亦不能觊觎"。他还表示，铁厂如果商购矿山矿脉确实挖尽，即深挖也不敷冶炼，"应俟官家矿山开办，购取官家

---

① 《署鄂督端方奏陈筹办矿务并酌筹官本先购矿山折》，《东方杂志》第1年第6期。

② 许同莘辑：《张文襄公年谱》卷9，台湾商务印书馆1969年版，第184—200页。

③ 《张之洞咨盛宣怀饬铁厂商人勿再蹈卖矿与外人之辙文》，光绪三十三年七月，见《汉冶萍公司档案史料选编》（上），第174页。

④ 《贺良朴揭露盛宣怀勾结日本出卖汉冶萍》、《盛宣怀甘当日本傀儡出卖汉冶萍》等，见陈真：《中国近代工业史资料》，第3辑，第502—506页。

⑤ 周锡瑞著、杨慎之译：《改良与革命——辛亥革命在两湖》，中华书局1982版，第95页。

矿石添炼，届时可以由地方官与厂商另议矿石价值"①。这是公司第一次要求湖北地方当局拨给大冶官矿。1914 年，湖北旅京同乡官绅金永炎等在北京组织清查汉冶萍事务所，派代表魏景熊回鄂联系。魏在省议会的委派下赴沪面晤汉冶萍公司董事会副会长盛宣怀，提出清偿官款，填给股票，盛乘机提出将大冶象鼻山官矿拨给公司以为交换条件，湖北以铁矿国有为由拒绝了。由于公司对日本负有大量债务，每年对日交售铁矿石和生铁的负担大大增加，迫切需要提高铁矿石产量，1916 年，公司向湖北第三次提出象鼻山矿权问题。

1916 年 9 月，公司董事会正式致函湖北省财政厅，要求将大冶象鼻山官矿作价交给公司，理由有二：一是张之洞有若铁厂矿山乏用，可由官按照原购价值售与铁厂之承诺。二是经过长期大规模开采，公司矿山储量日益减少；而且铁厂三号、四号两炉建成后，需矿日多；此外，抵还日债矿石交售额亦逐年增多，遂有"供不应求之势"②。随后，公司董事会会长孙宝琦致函湖北官矿公署，提出类似要求，内称：根据矿章"矿区大者三十里，小者十五里，区内不能两矿并开"之规定，象鼻山官矿与公司开采狮子山矿"近在咫尺"，"属同一矿区之内"，因此拨给公司开采"毫无疑义"。他强调，在全国大规模使用钢铁的情况下，公司要供应汉阳兵工厂和各铁路轨件之钢铁，因此"除扩充开采外"，别无善策。他还极力反对湖北设局开采象鼻山矿山，声称若由官设局，不仅"经始之费甚巨"，而且前途之利益亦"未可预料"；同时一区内官商两矿并开，工人还容易发生矛盾和冲突。在他看来，将象鼻山铁矿拨给公司"固不仅为敝公司计也"，而且对地方及国家也有利，因为公司能多采铁矿，全国之军械及路轨材料既有赖以供给，而官商两矿并开之畛域，亦可藉以化除。③

对此，湖北官矿公署逐条加以批驳，最后强调，国体改革之前之咨案"决无约束最近命令之效力"；公署是奉民国政府令而成立，其职责就是

---

① 《张之洞咨盛宣怀饬铁厂商人勿再蹈卖矿与外人之辙文》，光绪三十三年七月，见《汉冶萍公司档案史料选编》（上），第 174—175 页。

② 《公司董事会致湖北省财政厅函》，1916 年 9 月，见《汉冶萍公司档案史料选编》（下），第 163 页。

③ 《孙宝琦致湖北官矿公署函》，1916 年 11 月 11 日，见《汉冶萍公司档案史料选编》（下），第 164 页。

"摒除一切阻力","遵章设置矿区,办理官矿"。明确表示准备在大冶设局,开采象鼻山官矿。①对此,公司不能同意,于是将此事申诉到北洋政府农商部,农商部做出裁决,认为官矿公署答复公司的理由"系正当办法"。"铁矿关系重要,且既属鄂省矿产,自应由该督办就近接洽商办,当经咨行湖北省长察酌办理"②。公司试图通过农商部来压制湖北地方当局索取象鼻山铁矿的目的未能实现。

公司转而把重点放在鄂城的纪家洛(今大冶灵乡)铁矿的争夺上。纪家洛铁矿蕴藏量大,品位高,因此早在清末精明的盛宣怀在接办汉阳铁厂后就以上海"广仁善堂"的名义在鄂城圈购鸡子山、小宝山、广山、城山四处矿山,以为公司长期发展的后盾。在公司决策者看来,纪家洛矿山由盛宣怀购买,公司开采是理所当然的事情。不仅于此,公司还以"广仁善堂"的名义谋求购买毗邻之玉屏、大宝、刘岱、神山等民产。但此时湖北官矿公署也注意到了这一点,也派人在调查,"眈眈注视"。为同湖北展开竞争,公司经理李维格采取先发制人的策略,调冶矿铁山主任殷静甫(在冶多年,人地熟悉)在鄂城设局,并以"广仁善堂"的名义成功购买到大汪对面的两山。但在购买玉屏山问题上,却出现了官府与公司强有力竞争。对公司而言,因玉屏与原有之鸡子和现买之大汪两矿山相连,"为我所必争之矿"。结果是,官矿公署愿意出10万串钱的高价购买玉屏山,以致"业主居奇",公司原先与业主讲好3万串的成交价即告泡汤。公司最后虽以8.8万串的高价与业主"成交立契",但由于官府的阻挠,使得"至今两契存县未税"。更糟糕的是,有省议员不断煽动地方士绅到官矿公署告状,要求政府维持官矿,公司不仅没买到矿山,而且还身缠多起官司。公司不得停止鄂城购山,"以免酿成将来不可收拾"的局面。③

在竞购纪家洛矿山严重受挫的情势下,公司董事会会长孙宝琦以广仁堂董事名义,致函内务、农商两部及湖北省长王占元,要求保护广仁善堂

---

①　《湖北官矿公署致公司驻京事务所函》,1916年11月14日,见《汉冶萍公司档案史料选编》(下),第164—165页。

②　《农商部指令》,1916年12月3日,见《汉冶萍公司档案史料选编》(下),第165页。

③　《夏偕复、盛恩颐致公司董事会函》,1917年3月12日,见《汉冶萍公司档案史料选编》(下),第165—166页。

的"合法"权益。① 得到两部"照准"的回复。王占元也复函，表示已
"函知官矿局，并令该县谕各业户照原议商购"②。但是不久，农商部不仅
改变了先前的态度，而且还提出民国颁布的矿业条例中矿权与地主权的问
题，明确指出，政府批准广仁善堂购买矿产，只是"特为保存其地主之
权，并未准其开采"。而官矿公署为特别矿务机关，其勘选官矿、购置矿
地，为职务范围内应有之事，"绝无訾议之余地"③。

事情走到这一步，孙宝琦不得不直接向大总统黎元洪申诉，要求黎
"饬令国务院核议，分行京外各衙门，体念商艰，格外保护，对于种种困
难务使设法解除，予以特别之利便"④。黎元洪尽管名义上贵为大总统，
但实际上没有任何权力，且自袁世凯死后，中央对地方的控制更趋削弱，
因此黎也无法命令各省，只是向鄂督王占元提出了一个不疼不痒的建议，
由在京代表李宗唐与在省鄂绅黎大钧等协商处理，"实为公便"⑤。有了黎
元洪的这支"令箭"，公司加紧做王占元的工作，以同意1913年鄂绅丁
中立所提出的"公司在大冶矿山附近设炉，所有官家铁山允许公司开采，
但每出砂一吨，抽费二分五厘之议"，要求王将象鼻山官矿先行租归公司
开采。⑥ 对此，王占元授意湖北官矿公署告知公司，政府拟开采大冶象鼻
山铁矿，理由是：（一）"铁矿尽数留为国有之明令"；（二）"前清光绪
三十三年张文襄最后之咨案"；（三）"民国四年部筹开办官矿弥补官亏
案，自应及早着手，于官购最美富之矿为地方，力图发展"，且"也已遴
选技师、工程师，分别统系，按照程序预备一切，即行自采"⑦。

正当与湖北的交涉一筹莫展之际，北京政府对德参战似乎给公司提供
解决该问题的一个千载难逢的好机会。1917年，第一次世界大战进入关
键时期，段祺瑞政府在日本的怂恿下决定对德宣战，急需大量枪炮。汉阳

① 《上海广仁善堂董事会致农商部函》，1917年3月12日，见《汉冶萍公司档案史料选
编》（下），第166页。
② 同上。
③ ［附件］：《农商部致上海广仁善堂董事会公函》，见《汉冶萍公司档案史料选编》
（下），第167页。
④ 《孙宝琦呈大总统文》，1917年4月，见《汉冶萍公司档案史料选编》（下），第167页。
⑤ 同上。
⑥ 《公司董事会致王占元函》，1917年5月28日，见《汉冶萍公司档案史料选编》（下），
第168页。
⑦ 《湖北官矿公署致公司董事会函》，1917年6月11日，见《汉冶萍公司档案史料选编》
（下），第168页。

兵工厂是北洋政府枪炮的重要供应商之一。而生产枪炮必须是酸性铁矿石生产出的钢铁，鄂城的铁矿正好符合这一要求。在公司看来，与其与鄂省僵持不下，倒不如利用这个机会请段祺瑞政府对湖北施加压力。公司决定请汉阳兵工厂督办刘庆恩以"非得鄂矿汉厂实无以制供"①，出面要求北京政府将鄂城铁矿拨给公司。②刘致电段祺瑞，称"欧战未已，购料无获，枪厂已多半停工，下月全停，现建马丁钢炉约三月内完工，祈先商汉冶萍孙督办，转饬铁厂拨酸性铁，以便炼枪炮钢，免使军械缺乏"③。但是段祺瑞并未因此而同意公司的要求，一方面在国务会议上"坚持铁矿国有政策，不允租采，所有决议仍照上年农部所复办理"，另一方面则要求公司"即行遵照筹拨，以济亟需"④。结果公司不仅未得到鄂城矿山的开采权，而且还要承担给汉阳兵工厂提供酸性铁的义务，得不偿失。⑤

三　矿权案与铁捐、砂捐案的纠缠

大冶矿权问题无法突破的关键原因在于公司与湖北间的债捐、铁捐和砂捐⑥案未获解决。如前所述，辛亥革命期间，湖北官绅曾拟订接管大冶和汉阳铁厂，但由于北洋政府的介入和日本的干预而未果。但湖北并未因此而放弃。1913年4月3日鄂绅丁立中、时象晋因公司未清偿湖北官款向盛宣怀提出事权、财权和地权的要求，盛以湖北拨给公司大冶官矿开采作为条件。这样，大冶官矿与铁捐和砂捐问题便纠缠在一起。

汉冶萍公司与湖北地方官绅关于事权、财权和地权问题经过多轮交涉，因双方分歧过大而无法取得共识，因此陷入僵局。对此，盛宣怀十分清楚，"此时笔墨愈多，恐误会愈甚"，决定和丁立中私下沟通，结果取得了初步协议："大冶四炉，全在官山供我取用。至于地方捐款，如果多

---

① 《吴健致夏偕复函》，1917年8月10日，见《汉冶萍公司档案史料选编》（下），第170页。

② 《夏偕复、盛恩颐致吴健电》，1917年8月6日，见《汉冶萍公司档案史料选编》（下），第170页。

③ 《刘庆恩致段祺瑞电》，1917年8月11日，见《汉冶萍公司档案史料选编》（下），第170页。

④ 《国务院致孙宝琦函》，1917年8月25日，见《汉冶萍公司档案史料选编》（下），第171页。

⑤ 《孙宝琦致夏偕复函》，1917年8月26日，见《汉冶萍公司档案史料选编》（下），第171页。

⑥ 债捐，即汉冶萍欠湖北官款及利息；铁捐，即张之洞在公司招商时规定的出铁一吨抽银一两。砂捐，即出售矿砂应缴纳的税款。

用，不放随时酌加，但必须予一实在凭据。"① 在盛宣怀的奔走下，公司董事会决定妥协，议决：（一）截至1913年底，将预缴银107.2万余两抵销之外，先行改给股票银400万两，从1914年至1925年底，按汉冶两处每年出铁之数，填发股票。其余50余万两，或再援发股票，或于1925年之后，仍按一两缴捐，悉听再议；（二）股票填发400万两，则以出铁400万吨抵销完竣，此外出铁如不须再填股票，仍照前案每吨纳捐银一两，永远不改；（三）明确预填股票以是年出铁抽捐之数为准。鄂省所执之公股票到期一年后，即享有与其他股东相同之股息和股权；（四）因公司只使用过湖北官款60余万两，故此次改掣股票之议，须请省议决并报中央政府同意。② 为表明解决问题的诚意，公司随后拟订了官本改填股票预算账单，决定从1914年至1925年分年度对所欠官款填发股票。③ 同时还有一份要求鄂政府将官山拨给公司开采的条议。④

铁捐问题得到了解决，意味着矿权交涉案将迎刃而解。但问题是，上述方案必须得到湖北省议会的认可方能付诸实施。结果是，省议会不仅将方案全盘否定，还提出"原有官本一律作为实股，换给股票，与公司新旧股东同享平等之权利"的要求。⑤ 并照请顾问官李钟蔚并委任丁中立，再行赴沪磋商办法。平心而论，汉冶萍公司在诸方面均做出了让步，并在财政极端困难的条件下诚心希望解决官款偿还问题，从而获得官矿交涉的突破。但主导湖北议会官绅的态度则越来越强硬。1914年，鄂省议会派魏景熊赴沪面晤汉冶萍公司董事会副会长盛宣怀，魏提出《申明旧案五条》，分别就铁山、兴国锰矿、铁捐、事权、官本问题提出缘起、依据及鄂省的态度。汉冶萍据此也表达相应的观点和态度⑥。为更好地梳理双方

① 《盛宣怀致李维格函》，1913年4月21日，见《汉冶萍公司档案史料选编》（上），第400页。

② 《公司关于铁捐改填股票之条议》，1913年4月21日，见《汉冶萍公司档案史料选编》（上），第400—401页。

③ 《官本改填股票预算账单》，1913年4月21日，见《汉冶萍公司档案史料选编》（上），第401页。

④ 《请拨官山归商开采函》，1913年4月21日，见《汉冶萍公司档案史料选编》（上），第402页。

⑤ 《湖北民政府致孙武函》，1913年6月14日，见《汉冶萍公司档案史料选编》（上），第402—403页。

⑥ 《魏景熊对于公司申明旧案五条》（1914年4月1日）、《汉冶萍公司致湖北代表函》（1914年4月10日），见《汉冶萍公司档案史料选编》（上），第408—409、410—415页。

的主张及分歧所在，列表以示（表6-3）。

表6-3　湖北官绅与汉冶萍公司争论的问题、依据及各自的态度详情

	湖北官绅			汉冶萍公司		
	问题	依据	态度	问题	依据	态度
铁山	官购归商矿山有尖儿山、纱翅帽、铁门坎等18处未开，得道湾、狮子山已开；象鼻山、尖山儿等14处官购未交；纱帽山等31处为官封未开	光绪三十三年张之洞咨复汉冶萍公司文；大冶县署历年报告	明确与汉冶萍公司矿山的界限；商购之山应出示契约	盛宣怀购：铁门坎、铁山铺、纱帽翅、龙洞等6处；商局添购：得道湾、狮子山、尖儿山、铁山等17处；官拨归商或厂商自购：纱翅帽、得道湾、金山店	契约、光绪二十二年招商承办章程、光绪三十年盛宣怀咨外务部、商部、湖广总督；光绪二十九年张之洞元电等	要求拥有铁山开采权
兴国锰矿	开采权不属汉冶萍公司	省议会决定	如属公司自购，应有契约；如由官局移交，应有合同	兴国锰矿系官本中一项	无契约合同，但有光绪二十二年招商章程第二条、光绪十八年7月30日张之洞札饬铁政局文等奏案	要求拥有兴国锰矿开采权
铁捐	光绪二十三年至民国2年，开采矿石540余万吨，矿砂250余万吨，合生铁254万吨。公司短报矿石290万吨	宣统元年大冶铁矿总办王锡绶报告推算	应折算成生铁，按张之洞奏案补齐铁捐	"夸张之言而生推测，自不能符事实。"汉厂出铁82万8千吨	招商承办章程第四条	每吨铁捐银1两，地税、均税在内

续表

| | 湖北官绅 | | | 汉冶萍公司 | | |
	问题	依据	态度	问题	依据	态度
事权	湖北省政府未享受事权	汉冶萍1896年招商章程第十条及张之洞札饬	遵照旧章，查核各事宜归鄂省政府查核；至公司每届常会前，由鄂省公举监查员，稽查公司所办之事		张之洞奏案第十条、第十二条	湖北省提出的要求"均可酌办"
官本	公司预付100万两扣清之后，每吨1两再行按年汇缴	张之洞奏定章程第五条	提自何年，分作几次，在何款内提拨，有无细数，公司须考核精确，开单具报，听候核准	出铁1吨，捐银1两	光绪二十二年张之洞奏案	共缴银110余万两，核计出铁82.8万吨，尚余缴铁捐将及30万两

从上可以看出，双方只在事权上有所共识，其他四点均存在分歧。原因在于，在汉阳铁厂招商承办后，张之洞对公司和湖北地方当局各自的权利和义务不是通过法律，而是奏案和札饬等界定的，且前后还有自相矛盾之处，给交涉造成了困难。1914年2月，省议会因袁世凯和黎元洪的插手，因不足法定人数而被迫停止活动，双方交涉遂寝。

1916年9月，汉冶萍公司再次向湖北官绅提出拨给象鼻山官矿的交涉。此时，湖北省议会已经恢复。主导省议会的官绅再次提出股权和地权交涉：（一）股权：（1）股本，鄂省创办之官本一律填给股票，与老股东享同等权利；（2）股息，股本既经填票，所有股息应照公司章程办理；（3）事权，事权由股权发生，鄂省为开始创办之老股，填给股票后，所有一切亦应照公司章程办理。（二）地权：（1）铁捐，以出铁一吨缴银一两，以为酬谢；（2）砂捐，公司售砂亦应按照汉厂化铁成分折合，一例缴纳。① 由于条件过苛，公司董事会只能退一步，遂于1917年5月28日致函湖北督军兼省长王占元，提出以同意前述之民国2年湖北民政长丁立

---

① 《湖北代表开列条件请汉冶萍公司查议》，1917年10月5日，见《汉冶萍公司档案史料选编》（下），第172—173页。

中所议条件，要求租采象鼻山官矿。鉴于公司未能履行偿还官款的诺言，报效地方，反而提出索要象鼻山官矿，湖北官绅"揆之法理之情，均觉不平"，"咸深愤懑"[1]，决定采取进一步措施，成立以省议员李宗唐、张国恩、李法、胡潜为代表的武昌汉冶萍公司鄂产清理处事务所，专事调查公司的经营状况及清偿官款的具体事宜。[2] 从 1917 年 10 月 2 日至 12 月 24 日，公司与湖北代表进行五轮谈判[3]，并有农商部官员居中调停，但双方分歧较大，无法取得一致意见。债捐问题仍集中于官款填股和砂捐问题上。在这种情况下，会长孙宝琦请北洋政府农商总长田文烈居中调停，提出让步大纲为：（一）官款除以铁捐缴还外，余分六年归还现款；（二）此项分年未还之款，认付年息 5 厘；（三）自本年起停缴铁捐 6 年；（四）砂捐俟日后另辟新矿，再照矿章办理；（五）所有鄂城、象鼻山两铁矿，均归公司开采。但湖北不仅否定了上述条件，而且还增加了两条：（一）自公司改为商办日至填股日止，将官款照商股 8 厘计息，结还现金；（二）汉厂地基，议给时价。[4] 公司对此表示拒绝接受。

四　日本的介入与矿权案交涉的破产

大冶铁矿的矿石有 2/3 是供给日本八幡制铁所，其产量多少直接关系到日本钢铁等重工业的兴衰。自张之洞开办大冶铁矿后，日本就一直通过各种途径进行渗透，企图控制并使之成为供应日本制铁所的原料基地。1913 年，湖北地方当局与公司关于偿还官款问题的交涉，尤其是涉及象鼻山矿权问题出现后，日本政府一直密切注视事态的发展。在公司的要求屡遭拒绝后，日本就想方设法介入，企图协助公司获得象鼻山矿山的开采权。1915 年 1 月，日本向袁世凯政府提出臭名昭著的"二十一条"，其中第三号第二款就是关于汉冶萍公司的矿山问题。[5] 就在这一年，湖北设立

---

① 《湖北省长公署致汉冶萍公司函》，1917 年 9 月，见《汉冶萍公司档案史料选编》（下），第 172 页。

② 《湖北省议会致汉冶萍公司函》，1917 年 9 月 5 日，见《汉冶萍公司档案史料选编》（下），第 171 页。

③ 分别见《汉冶萍公司档案史料选编》（下），第 172、173—174、177—178、179—180、180 页。

④ 《夏偕复致公司董事会报告书》，1918 年 1 月 25 日，见《汉冶萍公司档案史料选编》（下），第 182 页。

⑤ 王芸生编著：《六十年来中国与日本》，第 6 卷，第 76 页。

官矿公署，拟自行开采象鼻山铁矿，遭到日本多方阻挠。段祺瑞上台后，明确灵乡矿山为"国有"，使公司另辟矿区的最后一线希望落空。在公司看来，仅仅依靠自身力量，无论如何是得不到象鼻山及灵乡铁矿，因此唯一一途就是使拥有公司巨额债权的日本出面干预。公司遂向北洋政府提出，请求将公司收为"国有"，意在"促使北京政府反省，以便依靠日本援助，获得采掘权"①。公司进而与日本拟订三套内迫外压段祺瑞政府就范的方案：第一套是由公司向北洋政府申诉汉冶萍公司经营困难状况，要求政府接受公司之一切债权债务，但"政府当难接受"；第二套是由"公司向政府议实行中日合办"；第三套则由日本以提出给段政府提供相当数量之金钱为诱饵，以求达到此目的。② 而此时段祺瑞政府在日本的引诱下，决定对德参战，因而不仅需要从日本贷款，而且还急需日本大量的军械以武装所谓的"参战军"。日正金银行驻北京支行认为这是一个绝好的机会，遂向本国政府提出，以允诺军械借款要挟段政府解决象鼻山及灵乡矿山问题。③ 但日本政府担心，此举有可能使段祺瑞对日本产生疑虑，并由此损害刚刚建立起的段日关系，因此否决了上述提议。随着"西原借款"的渐次展开，段祺瑞已入日本彀中，决定死心塌地投靠日本，日本政府认为时机成熟，决定在象鼻山及灵乡铁矿上采取强硬态度。

日本政府认为，日方在军械问题上"排除内政上之障碍"，给予北京当局全力支持，以"符合中国方面之希望"，而段政府却对日本迫切希望解决的铁矿问题"缺乏诚意"，特别对与汉冶萍公司关系甚深的灵乡矿山，不仅"托词不予许可"，而且还"特许汤化龙一派开采"。因此决定对段政府发出最后通牒，使其彻底了解："铁矿问题对于我方如何紧要迫切，该政府不能徒事拘泥于枝节问题，而应顾及日、中关系大局，尽最大努力，改变其过去对铁矿问题之态度，从速设法解决纪家洛及其他铁山采掘问题，以符合我方之希望"④。随后，日代理公使芳泽会见北洋政府农

① 《公司会计顾问笠原实太郎致正金银行经理井上准之助》，1917 年 9 月 11 日，见《旧中国汉冶萍公司与日本关系史料选辑》，第 714—716 页。

② 《日驻中国公使林权助致外务大臣本野密函》，1917 年 9 月 6 日，见《旧中国汉冶萍公司与日本关系史料选辑》，第 724 页。

③ 《日正金银行驻北京董事小田切致横滨总行电》，1917 年 9 月 26 日，见《旧中国汉冶萍公司与日本关系史料选辑》，第 725 页。

④ 《日外务大臣本野致驻中国代理公使芳泽密电》，1918 年 2 月 3 日，见《旧中国汉冶萍公司与日本关系史料选辑》，第 729—730 页。

商总长田文烈，并提出警告，如不特许公司两矿开采权，"将引起如何事件，请中国当局预为考虑"。但这种威胁也未能奏效，使芳泽认识到铁矿问题涉及多方利益，要"从速解决，颇为困难"①。与此同时，芳泽得到农商部指令湖北省处理象鼻山及灵乡铁矿的情报：鄂城矿山由农商部筹办；象鼻山铁矿由湖北省迅速开采。②另外，湖北官矿公署正在与美国慎昌洋行接触，协商合办灵乡铁矿的问题。

上述情况迫使日本不得不作出"妥协"，以汉冶萍公司与湖北官绅合办灵乡铁矿为突破口，迅速解决这一问题。由于有日本的干预，在农商部的调停下，鄂督王占元、省议会拟订了合办灵乡铁矿公司办法。包括（一）灵乡铁矿由湖北官厅及绅界与汉冶萍公司三方合办。资本由官厅、汉冶萍公司各认四成，绅界认二成，矿照即归公司收执；（二）矿局经理或总办，由湖北官绅方面选任，总工程师由汉冶萍公司方面选任；（三）铁砂售与汉冶萍公司，在矿局火车码头交货，由汉冶萍自运，其盈利每吨至多不超过 1 元；（四）鄂城至大冶铁路，由汉冶萍公司自行修筑管理；（五）官矿局及广仁善堂地主权，应照矿业条例第五十九等条使用他人土地之规定办理。③日本政府亦委托汉冶萍公司最大债主正金银行拟订并经其同意的解决象鼻山铁矿及合办灵乡铁矿的对案，其要点是：（一）关于汉冶萍同灵乡两公司间之关系，汉冶萍公司须持有灵乡铁矿公司总股份半数或半数以上；灵乡铁矿公司采掘之全部矿石，由汉冶萍公司承受；汉冶萍公司对灵乡铁矿按其每年出产吨数，给以相当之采掘费；矿石采掘与运输，以及铁道敷设等一切工程，概由汉冶萍公司担任。（二）对象鼻山铁矿，"应使中国政府根据相当条件"，使公司获得官矿局所经营该山之采掘权。（三）对公司与湖北的关系，公司对湖北要求额（约 600 万元），一部分（半数以下）付以股票，其余付以现金，且从湖北方面选出一人为董事；铁捐减半；砂捐限于新矿，遵照条例缴纳；铁捐及砂捐等问题须得中央承认；公司对象鼻山须交付相当采掘费与湖北，湖北对于公司应付

①《日驻中国代理公使芳泽复外务大臣本野密电》，1918 年 2 月 10 日，见《旧中国汉冶萍公司与日本关系史料选辑》，第 730—731 页。

②《日驻中国代理公使芳泽致外务大臣本野密电》，1918 年 2 月 29 日，见《旧中国汉冶萍公司与日本关系史料选辑》，第 737 页。

③[附件二]：《官款缴捐办法》、[附件三]：《合办灵乡铁矿公司办法》，见《汉冶萍公司档案史料选编》（下），第 191 页。

与矿石采掘与运输以及铁道敷设等一切工程经营权。日本政府在必要时可给予公司财政上的援助。① 以此为指导，日公使林权助加紧与湖北官绅磋商，双方首先在公司官款填股方面初步取得一致意见。双方虽然在象鼻山铁矿问题上存在较大分歧，但由于日本改变策略，撇开象鼻山铁矿优先解决灵乡矿山问题，② 很快便取得重大突破，取得与湖北官绅达成由湖北官、绅及汉冶萍三方合办灵乡铁矿的共识。另外，汉冶萍公司与湖北官绅还就官款偿还办法"大体亦均得谅解"③。

为使上述成果迅速得到贯彻，日本政府一方面在财政上给予汉冶萍公司大力支持，拟提供包括偿还湖北的官本541万元及合办灵乡铁矿140万元共计681万元的贷款；另一方面则训令林权助加紧同王占元及湖北官矿公署进行交涉。林即于13日派船津同留京的王占元进行交涉，以后又派武内金平于1919年1月初到达武汉，会同汉口领事濑川，向湖北官矿局局长金鼎、湖北督军王占元进行强硬交涉，结果湖北抢先一步，与美国慎昌洋行签订了合办的合同④，宣告矿权交涉的破产。

第二节 汉冶萍与湖北官绅间之官款、铁捐和砂捐交涉

汉冶萍与湖北地方政府除了矿权交涉外，官款和铁捐、砂捐也成为两者矛盾冲突的重要内容。官款，即张之洞创办汉阳铁厂的580余万用款；铁捐，即铁厂招商承办时所规定的出铁一吨抽银一两；砂捐即汉冶萍开采大量的矿砂而形成的砂捐。辛亥革命后，两者关于官款、铁捐和砂捐的斗争尖锐起来。

一 官款、铁捐和砂捐的由来

铁厂创办之初，其性质为官办企业，完全为国家投资，因此花费了清政府巨额资金。据张之洞于1890年所作的预算，铁厂的开办经费需

---

① 《日正金银行总经理井上致北京分行副经理武内金平函》，1918年2月25日，见《旧中国汉冶萍公司与日本关系史料选辑》，第733—736页。

② 《日外务大臣后藤新平致驻中国公使林权助密电》，1918年7月17日，见《旧中国汉冶萍公司与日本关系史料选辑》，第752页。

③ 《日驻中国代理公使芳泽致外务大臣内田密电》，1918年12月20日，见《旧中国汉冶萍公司与日本关系史料选辑》，第763页。

④ 见《旧中国汉冶萍公司与日本关系史料选辑》，第756页，注释3。

2468000 两，1892 年初又增补预算 324600 两，合计需 2792600 两。① 至
1896 年汉阳铁厂招商承办时，张之洞经办湖北铁政局共实收库平银
5586415 两，实支 5687614 两，收支相抵实不敷 101199 两。但据后来学者
孙毓棠的统计，自 1898 年在以闸姓商人饷款订购机器起，到 1896 年招商
承办，张之洞所经手的各项经费共 31 笔，实收库平银 5829629 两。② 其
中，户部所拨的官款就达 200 万两，湖北枪炮厂及织布局借款 1843384
两，江南拨款及借款 850000 两，湖北省拨款及借款 700000 两，海署拨款
28551 两。③ 即官款（包括地方政府的借款）即占整个经费支出中
的 93%。

　　1896 年铁厂招商承办时，关于官款偿还问题，章程规定："凡关涉铁
厂之铁山、煤矿、炼钢炼铁制造修理烧焦各炉座各机器……以及存积在厂
之钢铁煤炭材料什物各项，皆系官局成本，均于承接之日，由官局交付商
局，逐项接收。"同时对于官款偿还办法，章程亦作了规定："从前用去
官本数百万，概由商局承认，陆续分年抽还。"但又说，"俟铁路公司向
汉阳厂订购钢轨之日起，即按厂中每出生铁一吨抽银一两，即将官本数百
万抽足还清，以后仍行永远按吨照抽，以为商局报效之款"④。上述规定
似乎十分明确，但实质上是模棱两可的。另外，该规定尽管并未明确偿还
的官款和报效款的所有者是清中央政府还是湖北地方政府，但从晚清的财
政体制来看应该属于中央政府。⑤ 正是如此，1900 年 5 月，户部责成湖北
铁政局归还除拨湖南岳州府地方开设通商口岸银 10 万两外，还应按期归
还官本银 30 余万两。⑥ 在盛宣怀的授意下，铁厂总办郑观应等回应称，
铁厂自商办之日至光绪二十五年年底止，共计炼出生铁 80471 吨，但已在

---

　　① 许涤新等主编：《中国资本主义发展史》，第 2 卷（上），第 436 页。
　　② 同上书，第 435 页。
　　③ 孙毓棠编：《中国近代工业史资料》，第 1 辑，第 885—887 页。
　　④ 《铁厂招商承办议定章程折并清单》，光绪二十二年五月十六日，见《张之洞全集》，第
2 册，第 1168 页。
　　⑤ 张之洞创办汉阳铁厂时，曾借拨湖北省款 70 万两，而非湖北投资；另外，汉阳铁厂招
商承办时，张所用 560 余万两的官款分别由户部、兵部和工部共同核销，因此这三部也就成为汉
冶萍的债权人，湖北虽然借拨了 70 万两，但并非核销认账单位之一，因此不能算是汉冶萍的债
权人，只能算是户部的债权人。见谢上兴《民初汉冶萍公司的所有权归属问题（1912—1915）》，
台北："中央研究院"近代史研究所集刊，第十五期（上），1986，第 193、196 页。
　　⑥ 《户部责成湖北铁政局按期归还官本折》，光绪二十六年五月，见陈旭麓等编《汉冶萍
公司》（二），第 198—199 页。

卢汉路局预付轨价之内先缴银 50 余万两，因此比出铁吨数多至六七倍。同时保证，每年缴还官本多少，"必照奏案以每年出铁多少为衡"，并可由铁政局随时确查出铁数目。[①] 此后，铁厂由于燃料问题未解决，同时资金极度缺乏，因此出铁并不是很多，谈不上官款偿还。在盛宣怀的运动下，1905 年载振向朝廷说情，称铁厂自商办至光绪三十年十一月底止，共计用款洋例银 41 笔 5078600 余两，存款 18 笔洋例银 3224000 两，实结亏洋例银 1854600 余两。萍矿自光绪二十四年三月开办起，截至光绪三十年十一月底止，该款项下 23 款，共该库平银 5079200 余两；存款项下 9 款，共存库平银 1235700 余两；该存两抵，实结亏库平银 3843500 余两。统计厂矿两项，结亏至 5690000 余两之巨。"历年收支款目，头绪纷繁"[②]。1908 年，盛宣怀将汉阳铁厂、大冶铁矿和萍乡煤矿组建为汉冶萍煤铁厂矿有限公司，公司由先前的官督商办性质转变为一个完全商办的企业。尽管如此，汉阳铁厂创办期间的官款在没有偿还的前提下，官款和官股被不断追加。1908 年公司成立时，资本 2000 万元，实收 636.8 万元，1911 年实收 1308.5 万元，内农工商部公股 138 万元，湖南省公股 72.5 万元。又预收邮传部轨价 200 万两，四川等铁路公司轨价约 125 万两，又大清银行、交通银行 70 余万两，湖北、湖南、裕宁官钱局 90 余万两。[③] 问题是，公司体制发生了变化，但不能由此将国家财产私有化，必须对清廷有一个交代。为保证官款的偿还，清廷委派孙武为督办，盛宣怀为总理。盛同时为邮传大臣，亦官亦商，因此，汉冶萍实际上仍是官督商办。由于有"官"的监督和保护，官款偿还问题在晚清时期并没有发生多大的障碍。清政府覆亡后，关于官款偿还问题便成了汉冶萍公司与湖北地方当局交涉的中重要问题之一。湖北官绅认为，尽管张之洞在招商承办时规定公司吨铁抽银一两以偿还汉冶萍欠湖北 560 余万两官款，但公司并未及时偿还，因此所欠官款本金及利息并转化为铁捐。另外，由于受资金、燃料、技术等多方面的影响，汉冶萍在相当长的一个时期所炼生铁并不多，但向日本出售铁砂便成为其重要经济来源，而售砂并不需要纳税，湖北官绅因

①　《郑观应等保证每吨生铁缴银一两之甘结》，光绪二十六年六月初一日，见陈旭麓等编《汉冶萍公司》（二），第 199—200 页。

②　《载振奏汉阳铁厂用款情形折》，光绪三十一年四月十二日，见《汉冶萍公司档案史料选编》（下），第 172 页。

③　许涤新等主编：《中国资本主义发展史》，第 2 卷（下），第 818 页。

此提出砂捐交涉。

二　官款、铁捐和砂捐的交涉

铁厂官款偿还办法在当时均得到了清政府和盛宣怀的认可的。盛宣怀接办后，除拨还织布局股本银 27 多万两外，未用现款缴纳过铁捐，而是把官方筑江堤的派款，汉阳枪炮厂和钢药厂取用公司钢铁的欠款用来划抵铁捐。据汉冶萍公司自报，从 1896 年招商承办起至 1913 年 6 月底止，共解缴铁捐总数洋例银 112 万两，而这时期出铁总数只有 80 万吨，所缴铁捐总数还多了 28 万两。[①]

民国时期，官款偿还和铁捐问题被湖北官绅提了出来。1913 年，鄂绅丁立中等向公司董事会提出事权、财权和地权问题。所谓事权，是指汉冶萍厂矿之起源于湖广总督张之洞，湖北应享有参与管理其权力；所谓财权，是指铁厂与大冶铁矿所用 560 余万两款项皆张之洞从湖北固有款中筹拨，而公司将湖南欠款发给股票，对湖北财权置之不理；所谓地权，是指公司厂矿有两处在湖北。[②] 湖北由此向公司提出，因财权关系，公司应将所欠官款改为股本；因地权关系，一两铁捐永远报效。[③] 对此，公司回应称，对于事权，湖北可特设一矿局，并派专员驻公司，薪水按月由公司支付。对于财权，铁厂初创时实际只用鄂款 60 余万两，结至宣统三年为止共缴银 130 余万两，因此无财权可言；出铁一吨抽银一两之规定，应包括地税等在内，并无另外捐款；若一两铁捐按年填股，即不能再行缴捐。[④] 由于双方观点针锋相对，因此交涉陷于僵局。盛宣怀认为若过多地打口水仗，不仅于事无补，反而误会更深，提出以官款填股换取湖北的官矿开采。为此，公司还拟订了"官本改填股票预算账单"。结果遭到了湖北省议会的否定。1916 年因汉冶萍公司再次向湖北地方政府索取大冶象鼻山官矿开采权，后者提出以前者偿还官款（包括官本和铁捐两部分）为先决条件，双方关于官款、铁捐和砂捐问题展开了斗争。

---

① 刘明汉主编：《汉冶萍公司志》，第 155—156 页。

② 《丁立中、时象晋致公司董事会函》，1913 年 4 月 3 日，见《汉冶萍公司档案史料选编》（上），第 396—397 页。

③ 《丁立中致公司董事会函》，1913 年 4 月 16 日，见《汉冶萍公司档案史料选编》（上），第 397—398 页。

④ 《公司董事会致丁立中函》，1913 年 4 月 19 日，见《汉冶萍公司档案史料选编》（上），第 398—399 页。

1917 年 5 月 28 日，公司董事会致函湖北督军兼省长王占元，提出以同意民国 2 年湖北民政长丁立中所议的"公司在大冶矿山附近设炉，所有官家铁山允许公司开采，但每出砂一吨，抽费二分五厘"为条件，要求租采象鼻山官矿。① 鉴于公司未能履行偿还官款的诺言，报效地方，反而提出索要象鼻山官矿，湖北官绅"揆之法理之情，均觉不平"，"咸深愤懑"②，决定成立以省议员李宗唐、张国恩、李法、胡潜为代表的武昌汉冶萍公司鄂产清理处事务所，专事调查公司的经营状况及清偿官款的具体事宜。③ 随后，鄂产清理事务所提出公司填五百数十万股票作为对湖北官款的偿还。对此，公司态度强硬，"勿稍让步"，以张之洞之奏案相对抗。

公司认为，对于所欠湖北五百数十万的官款，张之奏案早有明确规定，即"每出铁一吨还银一两"，因此湖北提出股权的问题完全没有根据。至于所提到的地权问题，公司认为奏案中也有明确说明，即公司将官款还清后，仍每出铁一吨提捐银一两，以伸报效，"地税均纳在内，并无另外捐款"。在公司看来，湖北方面若欲推翻奏案，是动摇公司根本，"当为法律所不许可"④。公司同时也发出警告，如果湖北执意要求填给五百数十万虚股，则会因与日人的债权关系而引起日本的干涉。⑤ 从上看出，公司事实上拒绝了湖北的要求。

湖北官绅也有自己的根据。湖北认为，公司所欠湖北的官款实际上包含股权、地权两方面的内容。一是股权。股权分为股本、股息和事权三项。对股本，在公司官督商办时期，就有吨铁两银归还官本的奏案，而公司现为完全的商办公司，因所欠官款不能一时归还，"自应遵照公司章程"，将其全部转为股票，并与老股东享有同等权利；对股息，"股本既经填票，所有股息应照公司章程办理"；对事权，"事权由股权发生"，湖

---

① 《公司董事会致王占元函》，1917 年 5 月 28 日，见《汉冶萍公司档案史料选编》（下），第 168 页。

② 《湖北省长公署致汉冶萍公司函》，1917 年 9 月，见《汉冶萍公司档案史料选编》（下），第 172 页。

③ 《湖北省议会致汉冶萍公司函》，1917 年 9 月 5 日，见《汉冶萍公司档案史料选编》（下），第 171 页。

④ 《吴健致夏偕复函》，1917 年 9 月 27 日，见《汉冶萍公司档案史料选编》（下），第 172 页。

⑤ 《吴健致夏偕复函》，1917 年 9 月 9 日，见《汉冶萍公司档案史料选编》（下），第 171—172 页。

北方面显然因股权的占有数量而应在公司拥有相应的事权。二是地权。地权分为铁捐和砂捐。对铁捐，根据民国的矿业条例①，"使用他人土地，应给予地主及关系人以相当之偿金"，大冶矿山、汉阳铁厂均建在湖北，因此根据奏案，将铁捐和砂捐合并，仍以每出一吨缴银一两，以为酬偿；对砂捐，"砂者铁之母，无砂则无铁，铁既抽捐，公司售砂亦应按照汉厂化铁成分折合，一例缴纳"②。从上看出，公司完全以奏案为依据，而湖北则以民国的矿业条例和公司律中的有关规定为根据，由于两者对此问题的依据迥异，因此得出的结果完全不同。

双方就官款偿还问题举行了五轮会谈，并展开了激烈交锋（表6—4）。公司声称以奏案为"切实之保证"，"始终一线到底"。在公司看来，尽管公司的性质及名称一再发生变化，但"奏案之性质不变"。因此对官本的偿还，仍以一两铁捐缴还。若改为填股，"是变更奏案，即变更性质，此法理上之难于承认也"。而且，"填股必先有收款，一收一付，方为正办。今若填股，有付无收，使股票处与银钱处不能针锋相对"，是违法行为。湖北官绅认为，公司反复声称遵守奏案，其实早就违反了奏案。"查奏案内所有用人用款均须报鄂督核查，虽由商办，而鄂省实操监督之权，矿砂亦只准自挖自炼，不准售与外人"。而公司不能遵办，故"奏案已失其效力"。而湖北因"地利关系，利害切身"而要求改股，在法律、法理上均是站得住脚的。公司"以接受官交五百六十万之财产为填付股票之根据，一收一付，极为正当"。关于地权，公司认为，地税本身包括在吨铁两银之中；而公司在商办时期添置地产等项，均系由商价购，立契投税，手续甚备，则"所有权完全属于公司"，既"非使用他人土地，亦非他人所能干预"。另外，关于矿捐问题，公司坚持奏案只有铁捐，并无砂捐名目，因为铁为砂所从出，铁既纳捐，再抽砂捐，公司无法承认。而湖北官绅则认为，矿捐是因售砂而起，公司"如开大冶之砂，完全在汉厂炼铁"，这是没有任何问题的，但事实却是矿砂"外售逐年加多，售去之砂无铁可炼，即无捐可缴"，显然是"售鄂地之所产，鄂人不与其利"，因此要求

---

① 1914年颁布的《中华民国矿业条例》第五十二条之规定，矿业开采人对土地所有权人要付一定地价租金。参见傅英主编《中国矿业法制史》，中国大地出版社2001年版，第184页。

② 《湖北代表列列条件请汉冶萍公司查议》，1917年10月5日，见《汉冶萍公司档案史料选编》（下），第172—173页。

砂捐"亦非过当"①。

表6-4　湖北官绅与汉冶萍公司有关官款、铁捐和砂捐五轮交涉详情②

	湖北官绅		汉冶萍公司		分歧
	问题	诉求	问题	诉求	
第一次会谈纪略（1917年10月2日）	"望公司推诚布公，将代表等来意速予协商"		请开示条件		
会谈纪略（1917年10月19日）	若以奏案为准，1) 公司所有用人用款均须报鄂督查核；2) 矿砂不准售于外人。公司已违背奏案，故奏案已失去效力	1) 官款填股在法理上无问题；2) 要求砂捐	1) 若改为填股，是变更奏案，法理上不成立；2) 对于地权，奏案规定吨铁抽银1两包括地税、均税；3) 奏案只有铁捐，并无砂捐	"以奏案为切实保证，始终一线到底"。拒绝官本填股和缴纳砂捐	1) 坚持依据（汉冶萍坚持奏案，湖北坚持民国公司律和矿冶条例）；2) 官款填股；3) 砂捐
第二次会谈纪略（1917年12月15日）	1) 官款填股；2) 有地权而征收砂捐；3) 公司不炼铁而售砂，由铁捐及砂捐		1) 如湖北拒绝拨给象鼻山、鄂城两处矿山，则公司将破产；2) 若收砂捐，则系推翻奏案；3) 铁捐究竟是归鄂省，还是归中央	1) 要求开采象鼻山、鄂城两处铁矿；2) 拟将剩余未偿官款分10年摊还，此间应停缴铁捐，以后仍照吨铁抽银1两，一切捐税在内	1) 官款填股；2) 砂捐
第三次会谈纪略（1917年12月19日）		如能填股，鄂省尚可让步		如绝对必要填股，便无可再议	填股
第四次会谈纪略（1917年12月24日）	官款还现或填股	如还现，不能分年		自商办之日起，官款起息不能承认，惟可就原拟分期归办法再行让步	还现时间

———————————

①　《公司代表与湖北代表会议纪略》，1917年10月19日，见《汉冶萍公司档案史料选编》（下），第173页。

②　分别见《汉冶萍公司档案史料选编》（下），第172、173—174、177—178、179—180、180页。

由于双方在上述问题上各执一词，无法调和，因此只能交由北洋政府农商部来裁决。经过农商部的调解，公司决定做出让步，愿意将官款中除历年已缴纳铁捐归还一百数十万两外，"其余分作十年摊还"；但同时提出在摊还本金期间，停缴铁捐十年；"以后仍照每出生铁一吨缴银一两，一切捐税在内"。湖北官绅亦在策略上做出了调整，同意公司不填股票，但不允许分十年偿还，而要"一总还现"。其理解就是，如在十年还现期间停缴铁捐，鄂省"不但已失从前二十年之利益，尚须失去股东权利及以后十年铁捐之利益"；对砂捐，则坚持如公司不炼铁而售卖砂，"乃由铁捐争及砂捐"，因为大冶矿山均系湖北之钱所买，照矿章使用他人土地之条，"尤不能不纳捐"①。由于双方分歧严重，问题最后还是又回到起点，结果是，湖北方面仍坚持官款填股的原方案。② 农商部尽管作为双方的上级主管部门负有裁决的责任和义务，但在涉及双方根本利益的问题上无法说服任何一方，无能为力。

显然，汉冶萍公司同湖北官绅的交涉已经走入了死胡同。鉴于此，公司认为，汤化龙、夏寿康等人为省议会中坚持官款填股的中坚分子，若能使王占元控制省议会，则问题便可迎刃而解。③ 于是，公司三管齐下，软硬兼施，一方面以股东联合会对王占元施加压力，要求官款偿还问题按奏案办理，对其他问题则"概不承认"④；另一方面则对王贿赂 15 万元⑤；另外还请日本出面"调停"，实际上是从侧面施加压力。这一招果然奏效，王占元最后压迫省议会同意：对于官款 500 余万元，除历年已由一两铁捐缴还外，其余之款填给股票 200 万元；除上述已偿还的及填股票的外，其余的"分四年缴现归还，不计利息"；现汉阳铁厂所出生铁，铁捐

---

① 《公司代表与湖北代表第二次会谈纪略》，1917 年 12 月 15 日，见《汉冶萍公司档案史料选编》（下），第 177 页。

② 《公司代表与湖北代表第四次会议记录》，1917 年 12 月 24 日，见《汉冶萍公司档案史料选编》（下），第 180 页。

③ 《夏偕复、盛恩颐致吴健函（节录）》，1918 年 2 月 1 日，见《汉冶萍公司档案史料选编》（下），第 184 页。

④ 《公司股东联合会致王占元电》，1918 年 2 月 5 日，见《汉冶萍公司档案史料选编》（下），第 184 页。

⑤ 《王占元致汉冶萍公司函》，1918 年 4 月 17 日，见《汉冶萍公司档案史料选编》（下），第 186 页。

暂照每吨一两缴纳，待大冶新炉告成，每年汉、冶两厂所出生铁各 30 万吨，即永远统照减半缴捐（即每吨纳铁捐五钱，连地捐在内）；砂捐除自用矿砂外，凡售与日本，按照矿业条例附刊准探采铁矿办法第四条，每吨缴捐银元四角。① 但结果是，省议会不断有议员将此事告到农商部。农商部对这一问题提出了前后矛盾的意见，一方面认为湖北官矿公署提出的填股票之事，"言之成理，于情事亦属允协"，公司应"查照办理"②；另一方面又认为公司所纳地税已"包括在一两铁捐之内，自无改填股票之理"③。因为填股和铁捐密切关联，上述提议不能起到任何调解作用，农商部的调停遂无果而终。

三　武力索捐

对于这项复杂且纠缠多年的官款偿还案，在王占元的主导下，似乎终于有了一个了解。但结果却并非如此，一方面，尽管王占元对省议会采取压制措施，暂时平息多数议员对该问题的异议，但省议会仍不断有人将此事上诉到北洋政府农商部，以致农商部对王行为的合法性产生质疑；另一方面，更为重要的是，王占元本人十分贪敛，因多次克扣军饷而被激起的兵变驱赶下台。而且从当时的情况来看，汉冶萍公司根本无力偿官款，所达成协议最多不过是一纸空文。随着王占元的倒台，公司与湖北所取得的"成果"随之化为泡影，斗争随之变得愈加复杂而尖锐。

王占元下台后，直系军阀萧耀南在其首领吴佩孚的支持下出任湖北督军兼省长，公司又面临直接与萧耀南的较量。就在此时，鄂产清理事务所经过调查，发现公司以前向日本售砂 1500 万吨，漏铁捐竟达 900 万两，因此向萧耀南建议在大冶"特设专局""派员监视"抽收铁捐。④ 对湖北的决定，公司态度强硬，仍声称只缴纳奏案中所涉及的铁捐，"地

---

① 《夏偕复致公司董事函》之［附件二］：《官款缴捐办法》，1918 年 12 月 7 日，见《汉冶萍公司档案史料选编》（下），第 191 页。

② 《农商部批，第 194 号》，1918 年 3 月，见《汉冶萍公司档案史料选编》（下），第 185 页。

③ 《农商部训令，第 269 号》，1918 年 4 月 13 日，见《汉冶萍公司档案史料选编》（下），第 196 页。

④ 《时象晋呈萧耀南文》，1923 年 5 月，见《汉冶萍公司档案史料选编》（下），第 198 页。

税一切均包在内";而对鄂产清理事务所提出改抽砂捐之方案"万难承认"①。

萧耀南决定在大冶设局,改抽砂捐,先拟每砂一吨抽收捐银五钱,随后又定为每吨矿砂改抽捐银六钱。②公司表示不能接受,要求湖北收回成命。③但问题是,湖北在大冶开局征收砂捐已成为不可移易的事实,如果公司继续公开抗拒下去,就会直接与萧耀南发生正面冲突,这显然会使公司陷于极为不利的局面,因为萧耀南为直系中坚分子,掌握着相当的军队,且有控制北京政权的直系首领曹锟和吴佩孚为之后盾。在既成事实面前,公司董事长孙宝琦认为"势难再为抗拒"。在他看来,如果湖北方面确实免收铁捐,即使按现在的一吨砂抽银六钱,与以前的铁捐相比亦"毫无增加",表示可以接受。他对该问题的思考是,"与其空言无补,徒增恶感,何若就彼范围,以冀易于磋商";至出售矿砂,倘每吨纳四角之税,较纳矿产税不相出入,"似应委曲求全,以冀先行解决";至于官本、灵乡铁矿等问题,"即提议接续双方协定,但不必要求同时解决"④。显然,在公司处于被动的不利形势下,孙宝琦"退一步"的态度及策略对于打破同湖北严重僵持的局面,占据主动,不失为一种解决问题的方案。但他同时也建议,若公司不愿接受,唯一一途就是请求日本出面干预,"以冀补救"⑤。对于孙的建议,公司既没有表示拒绝,亦没有表示同意,但也没有拿出良好的对策。

对于湖北的决定,公司一再迁延,这使得萧耀南十分震怒,决定采取断然措施,强制索还官款。首先是鄂产清理处"议决扣留煤铁抵偿捐款",命令汉阳和大冶两县及各该地驻军长官强制执行;其次是两县"已实行提货,并收管轮驳,连日查点废铁、焦末,又借去四码头煤栈

---

　　①《公司董事会致萧耀南函》,1923年5月10日,见《汉冶萍公司档案史料选编》(下),第199页。

　　②《公司董事会致农商部函》,1923年6月9日,见《汉冶萍公司档案史料选编》(下),第200页。

　　③《孙宝琦致公司董事会快邮代电》(1923年7月24日)、《公司董事会致萧耀南电》(1923年6月25日),分别见《汉冶萍公司档案史料选编》(下),第202、200页。

　　④《孙宝琦致公司董事会快邮代电》,1923年7月24日,见《汉冶萍公司档案史料选编》(下),第202页。

　　⑤《孙宝琦致公司董事会函》,1923年7月9日,见《汉冶萍公司档案史料选编》(下),第201页。

一所"；最后由湖北军、省"加派蒋秉忠、恽畏三两员，警厅亦奉令来厂调查产业，并将军、省两长会衔训令内载清理陈请扣货抵捐办法六条"送交公司。① 但因日本拥有公司巨额债权，萧耀南担心会由此引起日本的干预，因此一方面令鄂产清理处致电正在与汉冶萍洽谈合办九州钢铁厂的日本财阀安川敬一郎，告知汉冶萍与湖北存在债捐和铁捐纠纷，其财产不能抵押借款，并表示若"系以汉厂冶铁作抵，我鄂人以地权所在，誓不承认"②。另一方面萧耀南致函日驻汉口领事高尾，说明事件原委，希望取得日本的谅解，最后强调，日本来电"所云正金银行及安川等款项，与该公司固属之债权债务问题"，但论时间先后则"鄂在正金先，论权利则鄂省有优先创办关系"。而湖北今所"取于该公司者，首先不过废铁煤末，其次则该公司厂外之不动产业及未用之轮驳等件，与该公司营业决无妨碍，与贵国债权前途更不相涉"。"似请贵领事转达沪领事开诚布公，警告该公司，俾速履行债务，此为正当办法"③。

在湖北的高压下，公司不得不让步，表示愿意配合偿还官款。"此不得不恳请贵省长毅然独断先将捐额照每吨洋五角核定者也。"公司还承诺在阴历年前拿出偿还官款的方案，表示"竭诚奉商遵命办理"④。但湖北方面并不相信公司的承诺，不仅不予归还所扣留的轮驳和物资，而且迅速采取措施，将公司准备运往上海销售的汉厂所存的钢轨1.55万吨和各种钢铁约计3000余吨，及大冶铁厂所存的片铁约千吨左右先行封存；随后还将公司所存汉阳之各种轮驳"概行收回"，拟全部用来偿还砂捐欠款。⑤

1926年6月，国民党领导的国民革命军在广州誓师北伐，11月便占领湖北武昌和江西南昌，吴佩孚和孙传芳两大军阀势力被消灭，国民党逐

① 《公司董事会致孙宝琦函》，1925年12月10日，见《汉冶萍公司档案史料选编》（下），第204页。

② 《鄂产清理处致九州制铁所电》，1924年12月24日，见《汉冶萍公司档案史料选编》（下），第203页。

③ 《萧耀南致高尾电》，1925年12月，见《汉冶萍公司档案史料选编》（下），第204页。

④ 《公司董事会致萧耀南函》，1926年1月28日，见《汉冶萍公司档案史料选编》（下），第205页。

⑤ 《詹大悲致汉阳铁厂运输所函》，1926年12月3日，见《汉冶萍公司档案史料选编》（下），第206页。

渐统一长江流域以南的广大地区。公司与湖北地方政府的铁捐、砂捐案由
北洋军阀转到国民党政府。在此期间，国民党武汉政权和南京政权拟对汉
冶萍公司接收"整理"，后因日本的干预而未果。但湖北地方政府与汉冶
萍公司之间的铁捐、砂捐的交涉仍在继续。迫于湖北的压力，公司同意先
向湖北缴纳砂捐 10 万元，同时就铁捐、砂捐达成如下协议：（1）以每吨
砂纳引 0.425 两暂定税率，吨铁则以原案两银为准，自炼者抽铁捐，售卖
者抽砂捐；（2）从前积欠捐款照账清算，已缴铁捐者不算砂捐，未缴铁
捐者照铁捐计算，未缴砂捐者照砂捐计算；（3）日前卖砂即须缴捐，以
暂定税则为准，在冶过磅在汉缴捐，并每吨附缴四角，以还积欠铁砂捐
款；（4）每至一万吨缴捐一次，由孙河环携案报由总公司承认。结果因
公司的否定而流产。① 1929 年何成浚出任鄂省政府主席后，加强了对公司
铁捐和砂捐的追缴力度，1931 年 3 月，何致电公司董事会，以剿灭共产
党"需款万急"为名，要求公司速将历年欠缴捐款 56 万余两一并提前汇
拨，否则"惟有取断然处置"②。于是湖北省长何成浚及夏斗寅又开始采
取了几近武力索款的强制措施。12 月 12 日，湖北省财政厅采取了有可
能导致公司破产的措施，将汉阳铁厂已抵押给四明银行的钢轨再次作抵
向其他银行借款；③ 1932 年 4 月 30 日，湖北省政府肯定了财政厅的行
为，还声称，公司积欠鄂省铁捐为数甚巨，迭经令催，迄未遵缴，汉阳
铁厂纯系本省官股创办，本省债权实居优先地位，"此项钢轨本府自应
予以处分，藉资抵偿"④。1932 年，夏斗寅取代何成浚出任湖北省主席
后，命令清理汉冶萍湖北债捐处对公司所欠铁捐和债捐进行清理（表 6 - 5
和表 6 - 6）。

———————

　　① 《湖北公矿局十六年度之报告（节录）》，1928 年，见《汉冶萍公司档案史料选编》
（下），第 210 页。

　　② 《何成浚致公司董事会电》，1931 年 3 月 16 日，见《汉冶萍公司档案史料选编》（下），
第 215 页。

　　③ 《公司董事会致盛恩颐函》，1931 年 12 月 12 日，见《汉冶萍公司档案史料选编》
（下），第 216 页。

　　④ 《湖北省政府批》，1932 年 1 月 30 日，见《汉冶萍公司档案史料选编》（下），第
217 页。

表 6 – 5　　　清理汉冶萍湖北债捐处对大冶矿厂历年出砂及应解缴砂捐统计①

年份	矿砂吨数	捐额银数（两）	说明
1896（光绪二十二年）	15931.800	9559.080	
1897	20093.900	12056.340	
1898	29119.000	17471.400	
1899	24980.700	14988.420	
1900	57293.000	34375.000	
1901	109289.800	65513.880	
1902	89327.300	53596.380	
1903	10819.100	64691.460	
1904	113032.785	67819.671	
1905	151168.500	90701.100	
1906	18561.023	111367.214	
1907	178478.100	107092.260	
1908	230675.400	183405.240	上项捐数按吨砂捐银
1909（宣统元年）	306599.300	183959.580	六钱计算，后仿此。
1910	343076.400	205845.840	此系稽征所所长查得
1911	359467.000	215680.200	漏报之数
1912（民国元年）	268685.000	161211.000	
1913	416340.000	249804.000	
1914	488258.100	292954.860	
1915	544577.900	326734.740	
1916	571203.900	342722.340	
1917	541699.200	325019.520	
1918	628878.600	377227.160	
1919	686888.146	412132.888	
1920	824490.768	494694.461	
1921	346316.453	207789.872	

①　《清理汉冶萍湖北债捐处对大冶矿厂历年出砂及应解缴砂捐统计》，1932 年 9 月，见
《汉冶萍公司档案史料选编》（下），第 219—220 页。

续表

年份	矿砂吨数	捐额银数（两）	说明
1922	384284.676	230570.806	上项捐数按吨砂捐银六钱计算，后仿此。此系稽征所所长查得漏报之数
1923	490690.163	294414.098	
1924	496192.192	297715.315	此系稽征所所长查得漏报之数
1925	358631.203	215178.722	
1926	101453.913	60872.348	
1927	158300.000	94980.000	
1928	136390.000	81834.000	
1929	350658.358	157284.000	
1930	379702.534	210395.015	
1931	314359.643	227821.5204	
1932		188615.7858	
1—8 月	223361.846	134017.1076	
总计	11295355.703	6777213.4218	

表 6-6　　　大冶铁矿运交制铁所矿砂吨数及应付湖北砂捐[①]

（自民国 12 年 7 月起至民国 23 年 3 月底止。砂捐每吨四钱二分五厘计算）

年份	运日冶砂吨数	应付湖北砂捐银数（两）
1923（民国 12 年 7 月起至 12 月底止）	211250	89781.250
1924	257200	109310.000
1925	232960	99008.000
1926	102500	43562.500
1927	140300	59627.500
1928	398530	169375.250
1929	381330	162065.250
1930	392640	166872.000

---

① 《大冶铁矿运交制铁所矿砂吨数及应付湖北砂捐》，见《汉冶萍公司档案史料选编》（下），第 222 页。

续表

年份	运日冶砂吨数	应付湖北砂捐银数（两）
1931	273895	116405.375
1932	330370	140407.250
1933	351130	149230.250
1934年3月止	261220	11101.000
共计	3098225	1316745.625 六九四合洋 1879327.99

以上仅是公司应缴湖北砂捐数额，另外还有铁捐未计算入内。按照清理汉冶萍公司债捐处的统计，张之洞创办汉阳铁厂时，共动用湖北官款5687614两，自光绪二十二年移交该公司起至民国20年年底，计36年，仅作单利年息6厘计算，计欠息金12285246两，本息合计达17972860两。[1]

在湖北与公司的铁捐和砂捐案中，南京政府对前者采取了默认甚至是支持的态度。1933年，公司董事会致电国民党最高领导人蒋介石，控诉湖北再次抵押公司已抵押给四明银行的铁轨及扣押轮驳等事宜，希望取得支持，但没有得到蒋的回应。[2] 国民政府对日本在汉冶萍公司问题上的让步并没有换来其支持，相反，日本为阻止蒋介石统一中国，在国民党北伐过程中，制造了"济南惨案"，屠杀了包括国民党山东外交特派员蔡公时等。这一事件大大刺激了蒋介石及其他国民党要员。至1933年，由于日本在武力夺取中国东三省后，又将魔爪伸向华北，华北告急，蒋介石及南京政府急于同日本妥协，命令湖北将所扣押轮驳全数发还公司，砂捐问题就此不了了之。

四　纠葛难以解决的原因

汉冶萍公司是晚清洋务派的殿军人物张之洞首创，经过盛宣怀等人的

---

[1] 《清理汉冶萍湖北债捐处对大冶矿厂历年出砂及应解缴砂捐统计》，1932年9月，见《汉冶萍公司档案史料选编》（下），第220页。

[2] 《公司董事会致蒋介石快邮代电》，1933年4月17日，见《汉冶萍公司档案史料选编》（下），第221页。

惨淡经营，发展为当时中国乃至远东地区最大的钢铁煤联合企业。汉冶萍创办和发展正值中国由统一到分裂，再到统一的政治剧烈转型期，中央权威旁落，地方势力崛起，因此其前途面临前所未有的挑战。

其一，矿权、官款、铁捐和债捐的交织是问题难以解决的根源。1896年，汉阳铁厂在交由盛宣怀招商承办时，章程中明确官商之间关于大冶矿权的界限，其中规定："大冶铁矿、锰矿，兴国锰矿，李士墩、马鞍山煤矿，以及厂内外凡关涉铁厂之铁山、煤矿"属于公司。① 1907年，盛宣怀第一次要求将官矿拨付铁厂使用时，张之洞又有前述之补充说明。两者共同构成了解决矿权案的法理依据。尽管晚清时期汉冶萍公司与湖北地方当局在矿权问题上存在矛盾，但由于晚清仍能维系传统的政治格局，同时张之洞、盛宣怀在清廷担任要职，因此矿权矛盾并未凸显。民国时期，两者间的矿权争夺开始激化，除了前述之地方主义倾向、财政困难所引发的利益驱动，以及维护本省的矿权等对湖北官绅的影响，更重要的是与铁捐和砂捐交织在一起。在招商承办时，张之洞规定官款偿还办法，即"生铁每吨提银一两"，"俟官用还清之后，每吨仍提捐银一两，以伸报效。地税均税在内，并无另外捐款。"② 由此可见，当时并无砂捐之说。同时也规定，公司签订任何合同必须告知湖北当局，并不能将矿砂售于外人。而当时在生铁和钢轨质量不过关的情况下，售卖矿砂是汉冶萍公司的主要经济来源。从这一点来看，公司首先违反了奏案的精神。另外，汉阳铁厂初建时所用官款560余万，真正属于湖北的只有60万，因此铁捐所有权的绝大部分应属中央政府。而湖北在清政府垮台后利用中央政府的软弱无力强行完全继承了这一笔遗产。湖北官绅提出所谓的事权、财权和地权应只是一种托词，其目的就是以此作为接管汉冶萍在湖北的汉阳铁厂和大冶铁矿的理由。这一点可以从交涉过程中汉冶萍屡屡作出让步均不为湖北官绅所接纳中窥见一斑。由于债捐和铁捐问题难以解决，矿权问题则更是无法解决了。

其二，政治环境变迁加剧了汉冶萍公司与湖北官绅之间的利益矛盾。汉冶萍所经营的钢铁和矿冶属于国计民生的特殊行业，本应得到中央和地

---

① 《商局承办湖北铁厂酌议章程》，光绪二十二年五月十六日，苑书义等主编《张之洞全集》，第2册，第1170页。

② 同上书，第1171页。

方的鼎力支持，然而在辛亥革命后，中央集权遭到破坏，地方势力尤其是
地方官绅崛起，在矿权、铁捐和砂捐问题加强了同汉冶萍公司的争夺。湖
北士绅阶层通过省咨议局参预国政，不仅提升了自身的政治地位，而且对
于与其有切身利害的地方事务尤多表关切，并求其目标的实现。[①] 由于具
有相近的态度、兴趣和价值观（尤其是儒家的价值观），因此有一种阶级
意识或一种集团归属感。这一认识支撑了湖北士绅的共同情感和集体行
动。[②] 另外，政府的行政官员都来自士绅阶层，因而为了共同的利益，官
绅往往结合在一起。[③] 在北洋政府和国民党统治期间，甚至很多军阀亦参
与其间，形势对汉冶萍公司更加不利。据统计，晚清湖北咨议局议员共计
98 人，其中包括议长汤化龙，副议长夏寿康、张国溶等 77 人均有功名，
另有 18 人虽未有功名，但当选前均有一定的官职。[④] 民国时期的第一届
湖北省议会共 104 人，自正副议长覃寿堃、屈佩兰、王信敷及以下议员亦
多为地方官绅。[⑤] 由于士绅阶层与家乡的关联是永久性的，从而造就了其
对家乡的情感归附。在民国时期象鼻山和纪家洛矿权交涉过程中，以官绅
为主导的省议会就成为维护地方利益的堡垒。湖北省地方势力的强大，本
身就使汉冶萍公司处于不利地位。另外，政治环境的变迁也使汉冶萍在矿
权之争处境不利，一是公司在追求利润过程中，损害了地方官绅的利益。
由于近代中国巨额的赔款及日益恶化的地方财政，使得中央无暇顾及地
方，地方政府通过自开矿山或以矿山为抵押借款生存成为当时的一种普遍
现象。因此，在涉及根本利益时，即使面临鄂督王占元和日本的压力，湖
北官绅也表现出毫不妥协的态度。

其三，中央政府的矿产国有政策使汉冶萍公司处于不利地位。北洋政
府时期，政府坚持矿产国有政策，旨在防止洋人攘夺中国的矿权。[⑥] 在袁

---

① 李恩涵著：《晚清的收回矿权运动》，第 158—159 页。

② 瞿同祖著，范　、晏锋译：《清代地方政府》，法律出版社 2003 年版，第 292—293 页。

③ 张仲礼著、李荣昌译：《中国绅士——关于其在 19 世纪中国社会中作用的研究》，上海
社会科学院出版社 1991 年版，第 4—5 页。

④ 张朋园著：《中国民主政治的困境 1909—1949：晚清以来历届议会选举述论》，吉林出
版集团有限责任公司 2008 年版，第 269—274 页。

⑤ 苏云峰著：《中国现代化的区域研究 1860—1916，湖北省》，台北"中央研究院"近代
史研究所 1987 年版，第 320—323 页。

⑥ 《易容膺条陈促矿务之发达上国务卿书》，1915 年 8 月 23 日，见《中华民国史档案资料
汇编》第 3 辑（工矿业），江苏古籍出版社 1991 年版，第 121 页。

世凯统治期间，政府制定了详细的矿业条例，严格限制洋人在中外合办矿业公司中股份所占的比例①；段祺瑞执政期间，更是明确矿产国有，主张由政府主导开采。在这种大背景下对公司争取官矿的开采极为不利。而公司在保护国家利权成为全国风潮的大背景下冒天下之大不韪，以公司厂矿作抵押，屡屡向日本举债，这在当时被视为"卖国"举动。故当公司要求取得两地的矿权时，舆论要求政府对此采取坚决抵制的态度。② 所以，即使是以亲日著称的段祺瑞政府也不得不拒绝承诺将象鼻山及灵乡铁矿拨给公司开采。双方经过多年的博弈，结果问题不仅没有解决，反而加深了彼此间的矛盾。汉冶萍公司为自身的生存和发展，在争取矿权过程中由于得不到中央和地方政府的支持，在政治上和经济上更加深了对日本的依赖，从而使后者对前者的控制进一步加深。

第三节　汉冶萍公司与江西地方官绅

一　近代以前的萍乡煤矿概况

萍乡煤矿位于距江西省萍乡县城 7.5 千米东南安源镇，开采点为天磁山支脉安源山，矿区占地约 504 方里 373 亩，与湖南省的醴陵、浏阳、攸县等县接壤。③ 萍乡煤田为湘赣煤带之一部分。湘赣煤带属下侏罗纪，由"湘之衡州东北经醴陵入赣之萍乡，沿宜春新喻清江至丰城余江迄于乐平之鄱阳，完全走向东北"。煤带以产无烟煤和烟煤为主。萍乡煤田处煤带中枢，主要集中于安源煤田和高坑煤田；其又可分为西南区、西区、东北区和东南区，西南区和东南区则是煤矿的富集区，以产炼焦烟煤著称。④

萍乡煤矿不仅储量大，而且品位高。1896 年，盛宣怀接手汉阳铁厂后，曾委恽积勋陪同德国矿师马克斯、赖伦等人赴萍乡勘查，赖伦作出"如每年采用一百万吨，可供五百年之用"的预测报告。1900 年盛宣怀又

---

① 《袁世凯关于公布矿业条例令》，1914 年 3 月 11 日，见《中华民国史档案资料汇编》，第 3 辑，第 40 页。
② 《中国实业研究会致函北洋政府参议院反对盛宣怀出卖汉冶萍》，见陈真：《中国近代工业史资料》，第 3 辑，第 504—506 页。
③ 刘明汉主编：《汉冶萍公司志》，第 59 页。
④ 江西省政府经济委员会丛刊第五种：《萍乡安源煤矿调查报告》，第 1—4 页。

请开平煤矿前德国总矿师克利马履勘萍矿，估计储量为 3 亿吨。1913 年前，先后有北洋大学美籍教授德拉克及日本地质调查所长井上禧之助到萍进行勘探。德氏估计煤炭储量为 3.5 亿吨，井上氏认为 3 亿吨。[①] 在汉冶萍公司时代，日本矿师估计为 2 亿吨以上，萍乡煤矿总矿师估计为 5 亿吨。[②] 1916 年安源煤矿的报告中估计高坑煤炭储量约为 3150 万吨。1922 年安源煤矿对上海总公司报告中称萍乡煤矿全部煤量为 2800 万吨。[③] 萍乡煤矿的另一特点是品位高。1904 年，经英国化学师史戴德化验，高坑、安源一带煤的成分如下：炭 65.89%，浮轻炭质 28.09%，硫 0.62%，灰 5.40%，水 0。灰内含硫 0.2%。土炉焦炭成分：炭 83.81%，硫 0.62%，灰 15.57%，水 0。认定萍乡煤质甚洁净，极合炼焦炭，用洋炉炼焦炭可与英国上等焦炭一样。[④]

萍乡煤矿的采煤区主要集中于安源。安源煤矿位于萍乡县属东路距县城东南 15 里安源地方，交通便利，水路可由袁江转入赣江，达南昌九江以至长江。陆路有公路和铁路之便利。南萍公路修通后，可由萍乡东经芦溪宜春，北过万载，再东北行经上高安以至南昌牛行，自牛行至萍乡的东门车站，汽车直通只需 7 小时。铁路方面则通过公司自修的株萍铁路（长 58 英里，合 180 华里），由矿区西行至湘潭县属株州湘江之滨，株州站为株萍粤汉两路交叉点，由此转粤汉路之湘鄂段，经长沙出武汉，或由湘江轮驳直去武汉，再转平汉路或长江，通达全国。[⑤]

萍乡煤矿开采的历史十分悠久。早在汉代，萍乡人民就发现了煤炭，并取炭代薪。到唐宋，煤业大兴，或官自卖，或税于官，与盐铁并重。宋代祝穆所著《古今事类全书续集》记载："丰城、萍乡两县皆产石炭于山间，掘土黑色可燃，有火而无焰，作硫黄气，既销则成白灰。"[⑥] 宋诗人戴复古回老家浙江，路过萍乡时，在《萍乡客舍》一诗中写下了"地炉燃石炭"之句。乐雷亦有"拨残石炭西窗冷"的记载。[⑦] 这里所记之"石炭"即煤炭。清胥绳武在乾隆年间所修的《萍乡县志》中记载："村

① 萍乡矿务局志编纂委员会编：《萍乡矿务局志》，1998 年内部编印，第 60 页。
② 刘明汉主编：《汉冶萍公司志》，第 60 页。
③ 江西省政府经济委员会丛刊第五种：《萍乡安源煤矿调查报告》，第 8 页。
④ 萍乡矿务局志编纂委员会编：《萍乡矿务局志》，1998 年内部编印，第 60 页。
⑤ 江西省政府经济委员会丛刊第五种：《萍乡安源煤矿调查报告》，第 1 页。
⑥ 刘明汉主编：《汉冶萍公司志》，第 61 页。
⑦ 罗晓主编：《萍乡市地方煤炭工业志》，江西人民出版社 1992 年版，第 46 页。

家捣煤碎之，微和泥曝干，堆炉中烧之。"① 可见古代萍乡煤炭已广泛应用于做饭、烧水和取暖了。

　　由于萍乡煤炭"随处可见"②，因此顺着露头煤层俯拾即得。唐宋时萍民开始建土窿小井进行浅部开挖。明朝时，萍煤的开采兴盛起来，并开始使用直井开拓，到煤再沿煤层掘巷道开采的技术。而且还能够用竹筒排放瓦斯和综合利用煤伴生矿物。③ 表明萍乡煤炭的开采利用在明朝时已经达到较高的水平。因此，萍煤已不再限于本地使用，开始批量外销至长沙，湖北等地。清朝初年，出现了具有一定规模的私营土窿，但技术比较简单，生产难以持久。④ 清中期已由一家一户发展为几家几户集股开采，或由资金雄厚的乡绅出面组织开采。康熙年间不仅大量开采煤炭，而且掌握了把煤炭炼成焦炭的技术，安源成为华南最早的炼焦地。⑤ 据有关资料记载，雍正时，荷尧乡绅邓宗生曾在金鱼石开山办矿，取名为"洪字号"。嘉庆年间在小坑办矿的有李少白的福大煤井、福来煤井，甘成清的合顺煤井，宋志寿的福多煤井，等等。这些煤井都生产烟煤，有的炼成焦炭。⑥ 同治、光绪年间，西方殖民者在华的工厂和舰船需煤日益增多，同时国内洋务派开设的企业也需要大量燃料，因此刺激了萍煤的大量开采，萍乡地方的土煤井也越来越多。光绪年间，形成高坑与安源、青山与湘东、上栗和赤山几个采煤地区，年产煤量 20 万吨左右。产煤首推高坑、安源，青山、湘东次之。高坑、安源一带，煤井和通风水巷多达 315 处。"各山土井林立，密如蜂房"。当时土煤井最深者达 390 多尺（130 多米），有的垂直达 240 多尺（80 多米）。这些土法开采的煤井，由于竞争加剧，逐变由多家集资、乡绅出面组织开办、山主自开、商人向山主租山开业等形式。⑦ 需要说明的是，在近代萍乡小煤窑的开采仍停留于土法技术，对近代的先进技术使用甚少。

---

　　① 罗晓主编：《萍乡市地方煤炭工业志》，第 47 页。
　　② 江西省政府经济委员会丛刊第五种：《萍乡安源煤矿调查报告》，第 1 页。
　　③ 常世英主编：《江西省科学技术志》，中国科学技术出版社 1994 年版，第 483、475 页。
　　④ 华文、罗晓：《萍乡煤炭发展概况》，见江西省政协文史资料研究委员会、萍乡政协文史资料研究委员会合编：《萍乡煤炭发展史略》，1987 年内部编印，第 1—2 页。
　　⑤ 罗晓主编：《萍乡市地方煤炭工业志》，第 47 页。
　　⑥ 华文、罗晓：《萍乡煤炭发展概况》，见《萍乡煤炭发展史略》，第 5—6 页。
　　⑦ 萍乡矿务局志编纂委员会：《萍乡矿务局志》，1998 年内部编印，第 59 页。

二　晚清时期江西地方当局与汉冶萍①

（一）萍乡县保护汉阳铁厂进驻萍乡

萍乡煤矿的开采进入近代化阶段缘于汉阳铁厂的建设。汉阳铁厂竣工后，分有"炼生铁、炼熟铁、炼贝色麻钢、炼西门士钢、造钢轨、造铁货六大厂；机器、铸铁、打铁、造鱼片钩钉四小厂"②等。铁厂的两座生铁炉全开，每日可产生铁 100 余吨；贝色麻钢厂、西门士钢厂、熟铁厂三厂并炼，每日可产精钢、熟铁 100 余吨，每年可产精钢、熟铁 3 万余吨。③铁厂投产后，首先遇到的便是燃料不合用。由于先前在湖北勘查的王三石、马鞍山等处煤矿因煤质含磺过重，"不甚适用"④，以致所炼煤焦，耗多质松，"煤铁不能相辅为用"⑤。到了 10 月间，终"因焦炭炉工未成，又因经费不能应手，既未能多购湘煤，又未便多买洋炭"，不得已"暂行停炼"⑥。后购得开平煤矿焦炭，"始将生铁大炉重复开炼"，勉强支持了一段时间。又因开平煤焦不仅价格昂贵，而且还不能随时运济，以致不敷使用，"今日封炉，留火候煤到再开"⑦，对炼铁炉损坏极大。从1894 年 5 月开工到 1895 年 10 月，在将近一年半的时间里，仅仅生产了生铁 5660 余吨，熟铁 110 吨，贝色麻钢料 940 余吨，马丁钢料 550 余吨，钢板、钢条 1700 余吨。⑧

如前所述，在汉阳铁厂进驻萍矿之前，萍乡地区已形成地方乡绅自主挖窿开采的局面。1892 年 9 月，张之洞派欧阳柄荣赴萍乡设煤务局，收买商井油煤，运往汉阳铁厂，与马鞍山的煤炭分别试炼焦炭，但由于船户

---

① 肖育琼在《近代萍乡士绅与萍乡煤矿（1890—1928）》（南昌大学 2006 年硕士学位论文）一文中详细论述了这一时期萍乡士绅与汉阳铁厂针对萍乡煤矿矿权的矛盾和冲突产生的缘起、过程和结局，为本部分的撰写提供了有益的思路和借鉴。

② 张之洞：《炼铁全厂告成折》，光绪十九年十月二十二日，见苑书义等编《张之洞全集》，第 2 册，第 895 页。

③ 张之洞：《查覆煤铁枪炮各节并通盘筹画折》，光绪二十一年八月二十八日，见苑书义等编《张之洞全集》，第 2 册，第 1031—1032 页。

④ 转引自严中平主编：《中国近代经济史》，第 1294 页。

⑤ 张之洞：《铁厂、煤矿拟招商承办并截止用款片》，光绪二十一年八月二十八日，见苑书义等编《张之洞全集》，1039 页。

⑥ 《张之洞致蔡锡勇电》，光绪二十一年六月初四日，见孙毓棠主编《中国近代工业史资料》，第 1 辑，第 806 页。

⑦ 《萍乡煤矿》，顾琅：《中国十大厂矿调查记》，第 7 页。

⑧ 转引自严中平主编：《中国近代经济史》，第 1395 页。

途中偷去好煤矿，掺杂过重，未能成功。① 接办汉阳铁厂后，为保证燃料供应，盛宣怀派江苏候补巡检文廷均、候补县丞许寅辉到萍乡，督促萍煤采运事宜。1896 年 8 月，盛宣怀派浑积勋护送德国矿师马克斯和赖伦赴萍勘矿，遭到了萍乡士绅的强烈反对。一份署名为杞忧子的投函递到萍乡知县顾家相的手上，内称不应引洋人来萍，其害有七②：

近闻吾萍有人在湖北勾引洋人来萍，开取煤矿，且已与洋人私立合同包办十年，十年之外岂不更立合同？似此满而复更，更而复满，就煤炭一项而论，则吾萍之精华尽元气伤矣。大害一也。

方今洋人凶横已极，一至该山开矿，邻境势必遭其鱼肉，无敢言。且其取煤之巧，无可思议，由此山入手，偷取他处，势所必然。数年之内，能令煤根净尽，本地必至无煤可烧。其害二也。

更有甚者，田园庐墓所有，一经洋人挖煤，田园固成废物，庐墓亦必迁徙。试问房屋可迁否？祖坟可迁否？不迁则庐墓地陷，心必不忍，迁则恐于子孙之不便。至于伤龙脉、碍风水姑不具论。其害三也。

取煤之处意其必先在水口官山动手，此地为合邑风水所关，一经开禁，受祸尤烈，且在显达者多受之。即于此处系属公地，均皆哑忍不言，岂不能蔓延他处乎？吾萍汉奸最多，现既有人为之作俑，他人更必效尤。且洋人长技惟在以利诱人，明德者尚且为利所惑，则无赖者所借口，从此引其游历十乡，恐煤矿之开层见叠出，处处遭其残毒。其害四也。

挖煤一事，因奉官样文章而来，恐注意却不在此，实欲于白竺地方重开银矿。昔陈子元曾经契卖，连日即更数主，幸俞明府追销各契，遏乱未萌。此次来萍必是暗度陈仓之计，果尔则铁矿更不难开矣。及之用机器以炼铁炉不待人力矣。利之所在一网打尽。萍民无业谋生，其饥饿将有胜于去岁之旱灾矣。其害五也。

洋人素无人伦，各矿一开，彼族来萍势必日多一日。人既众甚，见人家妇女调笑尚其次之，甚至穿房入户任意强奸。金陵、苏州各处

<hr />

① 《汉阳铁厂》，参见顾琅《中国十大厂矿调查记》，第 7 页。

② ［附件］：《萍乡县匿名书函童生揭帖、联合公禀及萍乡县匿名呈文》，光绪二十二年八月初二日，见陈旭麓等编《汉冶萍公司》（一），第 230—231 页。

即其殷鉴，试问吾萍能受此惨酷乎？不校则不甘心，校则官置不理，诉冤无路。其害六也。

抑尤可虑者，矿务既开，将来必创立天主教堂，诱人入教。凡教外之人，近教学居信者，均不得聊生。盖以教民倚势凌人，不一而足。即有正人不愿入教，一与毗邻屡为欺压，不得已而入圈套，谅不能免。由是渐推渐广，教堂不止一处，吃教将不公愚民。况此中男女混杂，种种恶习，难以枚举。其害七也。

这只是事件的导火线。他们将矛头指向因参与维新变法而被青铜罢黜的萍乡士绅文廷式，"指斥不遗余力，汹汹疑惧"①。引机器来萍开采煤矿本是文廷式在武昌与张之洞会晤时提出来的。一份名为《汉报》的报纸对文廷式进行了激烈的批评，"邑人被革之员文某邀同矿师来萍取煤，此系吸萍之髓而煎萍之膏也。而尚宾堂竟闻允借公所假馆洋人，以作育人才之区，为拔本涸源之举，于事为不祥，于人为犯顺，于地方为陷害，于土产为竭空。诸公乃瞻徇情面，甘为洋奴招附腥膻，污我清净。且后萍人踞此，始则崩坏陵谷，绝断地脉，继则铲伤庐墓，永绝人文，竭本地之精华，绝士民之出路"。怂恿一旦洋人来萍，"各家出一丁人，执一械，巷遇则巷打，乡过则乡屠，一切护从通事之人皆在手刃必加之例。"② 由于此时正值萍乡、宜春两县的童试在萍乡举行，众多童生聚集于县城，在《汉报》的鼓动下，童生张布揭帖，言辞异常激烈。同时又值中秋节令，各士绅都未能来萍乡，顾家相"诚恐棍徒倡闹，童生附和，势必酿成事端"③。因此形势对汉阳铁厂极为不利。

为保护洋矿师的安全，萍乡县令顾家相采取了一系列措施。为防止童生聚众闹事，故 8 月 25 日迅速结束考试。在洋矿师来萍途中，袁州府及宜春、萍乡两县派拨练军兵勇一百数十人沿途护送保护。④ 及洋矿师入住县城尚宾堂，童生纷纷提出异议，几乎殴辱堂董，在顾家相的力辩之下，

①　[附件]：《恽积勋致郑观应函》，光绪二十二年九月上旬，见陈旭麓等编《汉冶萍公司》（一），第 228 页。

②　《童生揭帖》，光绪二十二年八月初十日，见陈旭麓等编《汉冶萍公司》（一），第 232 页。

③　[附件]：《恽积勋致郑观应函》，光绪二十二年九月上旬，见陈旭麓等编《汉冶萍公司》（一），第 228 页。

④　同上。

才使冲突平息。①

　　与其说童生聚众闹事因不明事情原委受人鼓动，那么紧接着联名向顾家相呈递联名公禀的郑汝阳等地方士绅才是事件真正的利益关切者和幕后操纵者。公禀内称有招洋人来萍有"十不宜"："脂膏刮尽"，"伤庐墓县脉"；占民房以为巢穴，"反客为主"；"易生祸乱，约束为难"；"异服异言，溃乱中国"；"山崩瓦解"，元气大伤；舍本逐末，"奸徒并集"；开坝放水，影响农耕；"有膻可附，自蚁日多"；"扼要塞地"，"便于营利为害者必分人踞守"；增加差使等。② 其目的是借此阻止洋人及机器来萍开采煤矿。此外，公禀还吁请顾相发兵饬止洋人入境，"以培一邑元气，免生无穷祸端"。上述公函或投函在当时全国反洋教运动高涨和反列强侵略中国矿权斗争十分激烈的背景下无疑对风气闭塞的萍民具有一定的煽惑力，但不可否认的是，萍矿采用机器大规模开采无疑会对夺"借煤为业之人""现成之利"③。因为地方士绅担心文廷式所经营广泰福商号依靠机器采煤而一家独大，损害了他们的既得利益。

　　顾家相尽量为文廷式辩解，"此次来萍之洋矿师，乃系湖北铁政局常年雇用之人。该局系张香帅（张之洞）创设，自光绪十九年起，收买萍邑煤炭不下数百万担，连岁歉收，贫民借此糊口，是香帅有恩于尔贫民实非浅鲜。期整顿以废之窭，振兴未尽之利。此系张香帅一番美意，如果有碍地方，断不能勉强。况洋矿师仅止看视，不能久留，将来如何办法，全在委员与本县督同地方绅士妥议"④。

　　为此，萍乡县令顾家相还发布谕令，对上述指责进行了一一解释：

　　　　一、辨勘矿与开矿不同。勘者，勘视情形之谓。洋矿师一勘之后究应如何办理，并不与闻。况该矿师在湖北铁厂日日有应办之事，薪式甚厚，不能日久远离，并非见矿即挖，何必疑虑？

　　　　二、辨并不堪金、银、铁矿。洋人讲求矿务者，以煤铁矿为上，

---

　　① ［附件］：《恽积勋致郑观应函》，光绪二十二年九月上旬，见陈旭麓等编《汉冶萍公司》（一），第229页。

　　② ［附件］：《萍乡县匿名书函童生揭帖、联合公禀及萍乡县匿名呈文》，光绪二十二年八月初二日，见陈旭麓等编《汉冶萍公司》（一），第233—234页。

　　③ ［附件］：《恽积勋致郑观应函》，光绪二十二年九月上旬，见陈旭麓等编《汉冶萍公司》（一），第229页。

　　④ 华文、罗晓：《萍乡煤炭发展概况》，见《萍乡煤炭发展史略》，第7页。

金、银矿为下。缘金银产少利微，用费太巨，最易亏本；惟煤、铁两项出产多，销路广，反为大利。现在铁政局用铁亦复不少，但湖北各县张香帅已劝开铁矿多处，不必取之远地。此次洋矿师并铁矿尚且不开，况金银乎？

三、辩明与风水无碍。凡有碍田园庐墓之处，交不伤害，善后局宪告示业已叙明，而本县更进一层。自古业由主便宜，所有产矿之区，即使无碍风水，如业主不愿开挖，仍劝民开矿，并不勒民开矿也。

四、辩明与传教无涉。外洋之人并非人人习教，亦由中国并不人人读书。其出外传教，亦由出外授徒，系专以传教为事者。然往来内地，多系中国从教之人辗转传习，其实真正洋人罕有深入内地者。此与勘矿之事风马牛不相及，杞忧子信内之语直梦呓耳。①

其实，在得知洋矿师要萍堪矿的消息后，顾家相早在六月间就将此在全县布告周知了；随后江西省善后局又为此发下了刊板布告。"告诫不可谓不详，开导不可谓不烦。"② 但是，在既得的利益面前，萍乡士绅还是以此作为发难借口。鉴于此，顾家相一方面安排提前结束考试，散去童生，免得再生事端；③另一方面则立即去信宜春、分宜要求在散考前暂行阻止洋人。还撰就释疑四条，"及辨明机器情形，并将《汉报》加以评论分给绅士传谕开导"④。经多方努力，事件终于逐渐平息下去。

（二）利用官府力量扩张矿权

汉阳铁厂在萍乡官府的保护下进驻萍矿，总算站稳了脚跟。在最初时期，由于缺乏足够的资本和考虑到与地方士绅关系的处理，汉阳铁厂不得不委托萍乡势力最强大的广泰福商号为其经营煤炭的开采和运输工作。继而广泰福在萍试炼焦，后由官局分督各商井厂仿造外国圈式高炉及开平河南等土炉，经营年余，炼出焦炭。但所炼之焦炭生熟参半，质地泡松，仍不能一律合用。张赞宸奉命到萍后，由矿局自购土井，采用平底炉法炼制

---

① ［附件］：《萍乡县顾令谕令》，见陈旭麓等编《汉冶萍公司》（一），第236—237页。
② 同上书，第234页。
③ ［附件］：《恽积勋致郑观应函》，光绪二十二年九月上旬，见陈旭麓等编《汉冶萍公司》（一），第228页。
④ ［附件］：《萍乡县顾令谕令》，见陈旭麓等编《汉冶萍公司》（一），第236页。

焦炭。① 在同官局竞争过程中，广泰福却将自有煤井煤炭炼焦销售给其他商号，不能按合同供给汉阳铁厂，"所包焦炭未能按月解厂，欠焦甚多"。双方还加价争收煤斤，"业户居奇"②。1896 年 11 月，盛宣怀正式遣卢洪昶赴萍与广泰福订立分办合同，在上栗购买矿山，自炼焦炭。③ 由于广泰福本是由文、张、钟、彭几家控制的商井临时拼凑起来的，内部矛盾重重，④ 因此经营不利，亏折过重，至 1897 年 9 月间已是一蹶不振了。"款绌内停"，"其往来各厂无煤，多由局收运"⑤。广泰福被迫将煤井、焦厂等作价并给官局。"开来厂井，各名如紫家冲、同源两厂，并同庆、同福、同茂、同泰五井；王家源厂并广泰、广生、四和三井；太平山中国大中坑厂并平富、森盛、鸿福、全福、德福、升福六井、善竹林厂并同德井、张公塘厂并三多井；双凤冲厂并安全、协字两井。共炼厂七处，煤井十八处"⑥。广泰福归并到官局后，表明汉阳铁厂在萍矿的开采权方面取得了决定性的胜利。

当然，兼并广泰福商号只是问题一方面，另一方面为防止土窿的恶性竞争，保证铁厂在该地对煤矿开采的绝对垄断权，盛宣怀要通过政府的力量取得主导地位。1898 年，盛宣怀会同张之洞上奏清廷："萍乡煤矿现筹大举开办，运用机器、延订矿师以及筑路设线，工役繁难，目前需费约百万有余，收效在数年以后"。"诚恐萍煤运道开通，经营有序，复有商人别立公司，纷树敌帜，多开小窿，抬价收买以坏我重费成本之局"。因此"拟请嗣后萍乡县境援照开平，不准另立煤矿公司。土窿采出之煤，应尽厂局照时价收买，不准先令他商争售。广济厂用，而杜流弊"⑦。随后，清政府批准了盛宣怀与张之洞的会奏。7 月，萍乡知事顾家相遵旨发布告示，规定在矿区范围内"不准另开商井，已开商井全部封闭"；同时矿局

① 《萍乡煤矿》，参见顾琅《中国十大厂矿调查记》，第 7—8 页。

② ［附件］：《恽积勋致郑观应函》，光绪二十二年九月上旬，见陈旭麓等编《汉冶萍公司》（一），第 229 页。

③ 《郑观应致盛宣怀函》，光绪二十二年十月二十一日，见陈旭麓等编《汉冶萍公司》（一），第 269 页。

④ 李为扬：《李寿铨与安源煤矿》，参见《萍乡煤炭发展史略》，第 59 页。

⑤ 《长沙来电》，光绪二十三年九月二十日，见陈旭麓等编《汉冶萍公司》（一），第 902 页。

⑥ 李为扬：《李寿铨与安源煤矿》，参见《萍乡煤炭发展史略》，第 60 页。

⑦ 《张之洞、盛宣怀会奏开办萍乡煤矿禁止另立公司片》，光绪二十四年三月二十六日，见《汉冶萍公司档案史料选编》（上），第 200—201 页。

对圈定的矿区范围内的商井、商厂优价收买，对圈定在矿区范围外的商井、商厂，设保合公庄，举派董事，严令开井界限，订立章程，其生产之整齐焦炭，由矿局收买。① 并规定"在观仙、观清、观崇之一二图境内，在五月建矿以前，既经开挖民窿，应准照原开挖；在五月建矿以后，不准另开新窿；已停已废各窿，要全部封闭。愿意出售的当酌给优价，并列出名单，准备复顺等十四井，禁开全裕等十六处废井"②。后两江总督和江西巡抚又依据湖南奏定矿务章程，规定："大矿以机器开采者，四至依脉十里内，无论何人之业，均不准另开窿口。" 如有违禁私开，或将废弃井重复开挖，希冀扰乱矿章者，由地方官严拏治罪，并分行县局遵照在案。至是各商井厂归并到局，由绅商出具公禀，自归并后，无论矿局开挖与否，其井口四至三里内，俱应遵照矿章，无论何人之业，俱不得阑入境内另开窿口。③ 上述措施保证萍乡矿局对煤炭开采的绝对垄断地位。

在政府的保护下，汉阳铁厂开始在萍乡大规模的扩张矿权。1898年夏季，矿局先后在安源购得宋家山、桐梓婆子、大冲尾、蟹行嘴、罗家坡、栎树下等处1700余亩山田。④ 由于萍民向以开煤为生，各山土井林立，密如蜂房，甚至数丈之内并开两井。窿内挖穿，则灌水熏烟，持械聚众以致酿成巨案。因奉谕旨不准多开小窿，矿局乃先将逼近安源的各商井酌给优价收回，以重民生。此外，尚有商井商厂数十家，煤质极佳，合炼焦炭，矿局遂于1899年2月帮他们组成"保合公庄"，举派董事，严令开井界限，立章程以整齐之。公庄生产的焦炭，由矿局收买，按照灰磷轻重，秉公办理。⑤ 为加强对矿区的控制，矿局派卢洪昶会同保甲局长王化行和公庄员董，根据矿章，进行一次安源机矿十里四里的查勘工作。初步调查了矿区范围。计："东至观化乡清江里二图，毗连名惠乡三保二图，地名张公塘尾赖姓屋后之山岭为界。……东偏南至长

① 《张赞宸：奏报萍乡煤矿历年办法及矿内已成工程》，光绪三十年十二月，见《汉冶萍公司档案史料选编》（上），第206页。

② 李为扬：《李寿铨与安源煤矿》，参见《萍乡煤炭发展史略》，第61页。"里""图"相当于"保""甲"。

③ 《张赞宸：奏报萍乡煤矿历年办法及矿内已成工程》，光绪三十年十二月，见《汉冶萍公司档案史料选编》（上），第206—207页。

④ 《萍乡煤矿》，参见顾琅《中国十大厂矿调查记》，第8页。

⑤ 同上。

丰乡二保一图，地名王家源钟能公祠门首河为界。南偏东至长丰乡五保一图，地名紫家冲的横冲山为界。南至长丰乡七保一图，地名双凤冲新桥苏家屋后之杉木岭为界。南偏西至观化乡仙桂里一图，地名五陵下牛屎宕，亦名大罗坪之笔山岭为界。西至钦风乡、萍城大西门外教场坪为界。西偏北至观化乡仙桂里二图岭下冲杨姓门首为界。北至观化乡清江里三图，地名白源之荷田拗为界。北偏东至观化乡清江里二图过云居埠的乱石岭为界。"①

　　保合公庄在萍矿开发初期对协调汉冶萍与地方士绅间的利益关系起到了十分重要的作用。在萍乡煤矿的经营过程如协助矿局勘定矿区范围、买山购地、买井造炉、组织土煤井普查工作，等等。"务使一井之开停批顶及其坐落、牌号、山主井户之姓名，无一不由公庄达之，局中纤毫无所隔阂，其开在机矿以前之井，有愿售局者比酌给相当之价，两无偏枯。"1903年，由于受到北方义和团运动的影响，市面银根奇紧，销场不旺，同时汉阳铁厂长期停炉，萍矿的土窿商井难以为继，纷纷请求归并矿局。7月，保合公庄以文国华、黄士霖等30人经过公议，认为要挽救危机，只有归并才能解除困境。经过再三请求，矿局同意以20余万元的代价收并天滋山等处发顺等32井，并保留紫家冲等处发顺等13井，供售居民烧煤。9月，矿局派查井委员俞燮堃，会同萍乡县所派委员王存忠、萍绅公庄首士黄显章进行了全矿收并商井后第一次普查工作，共计收并商井276口。1906年7月，根据萍乡各境绅耆堪造清册，矿局委派俞燮坤，文从读、张德煌第二次商井普查工作，前后共收并商井321口，界内已无一口私井。② 9月，矿局正式进行堪界，并绘制了地图，计"从萍乡城外教场坪起，中经大罗坪、竹篙坡、双凤冲、社上、黄泥塘、许家坊、大塘下、周家坊、燕塘里、乱石岭、荷田拗等处，复环绕至教场坪止，周围共长92.7165亩，面积504.506平方里"③。

　　在控制萍乡煤矿后，盛宣怀将势力范围扩张到了袁州府属宜春县。在获知江西宜春县射鹏等处产煤甚佳，适合锅炉之用，盛遂派解茂承带领洋矿师赖伦顺道勘察宜春煤矿，结果发现射鹏煤窿以茅窝里、石栏下两处为

　　① 李为扬：《李寿铨与安源煤矿》，参见《萍乡煤炭发展史略》，第62页。
　　② 《盛宣怀咨端方、瑞良文》，光绪三十三年二月二十三日，见陈旭麓等编《汉冶萍公司》（二），第581页。
　　③ 李为扬：《李寿铨与安源煤矿》，参见《萍乡煤炭发展史略》，第62、63页。

最，新井每日出煤达 600 万石。赖伦表示，两山煤窿的矿质均与萍乡相埒，因此必须招集商股大举兴办。此际，已为汉阳铁厂效力的丁忧江西候补知县蒋家骏表示已招集商股 1 万两，拟前往宜春县选择出煤佳旺之处，先行仿照萍乡土法开挖，运往九江交招局收买，按吨给价，以资周转，"俟有成效，再用机器推广办理"。随后，盛宣怀致函江西巡抚德寿，要求对蒋家骏"务当妥为照料，会商办理"，"毋任地痞人等稍有挠阻"。①另外，宜春林田煤矿"煤块质美，无磺无磷，堪炼焦炭之用"，且"现存生煤不下千余吨，水路运解亦称便捷"。盛又要求德寿仿效萍乡煤矿，不准他人另设公司，由蒋家骏会同办理或分办。②

江西九江的优质铁矿也在盛宣怀控制之列。1899 年盛宣怀得知江西德化县属大胜门、小胜门等处产铁丰富，质性颇佳，且与铁厂"一水可通"的消息后，要求九江关道诚勋行知该县"传集业主领价立契"，归铁厂开采。③ 其理由是近来洋人来华寻觅铁矿，"踵趾交错"，不如归铁厂自办，"庶免彼族觊觎"④。至于价格，按照光绪十七年大冶知县林佐制定的有关章程，查照民间税契田产价值，所购矿山田地分为上中下三等，每亩分别给钱 36 千文、26 千文和 20 千文。⑤ 1907 年又致江西巡抚瑞良书，要求对所属铁矿"一体饬禁"，并声明铁厂当立即派员赴江西"给价立契，妥速购买"⑥。

（三）江西地方当局在税厘方面的保护

萍乡煤焦在运往汉阳铁厂过程中，其中对其危害最大的是沿途各卡征收的厘金。厘金自 1853 年 7 月清廷江北大营帮办军务大臣雷以諴为筹军饷首先在扬州一带临时开设厘局后，继推行于长江用兵各省，最后则逐渐普及于全国；厘金也逐渐由临时税种成为经常税种。按照规定，厘金最初

① 《盛宣怀咨德寿文》，光绪二十四年四月初五日，见陈旭麓等编《汉冶萍公司》（二），第 22 页。

② 同上书，第 27 页。

③ 《盛宣怀咨诚勋文》，光绪二十五年二月二十日，见陈旭麓等编《汉冶萍公司》（二），第 90 页。

④ 《盛宣怀咨诚勋函》，光绪二十五年二月二十二日，见陈旭麓等编《汉冶萍公司》（二），第 92 页。

⑤ 《盛宣怀咨诚勋文》，光绪二十五年三月初二日，见陈旭麓等编《汉冶萍公司》（二），第 110—111 页。

⑥ 夏东元编著：《盛宣怀年谱长编》，第 858 页。

值百抽一，至光绪年间，浙江、江西和福建等省的税率甚至达到值百抽十，而且是两起两验，[1] 严重阻碍了国内商品经济的流通。在萍安（萍乡至安源）、株萍（株洲至萍乡）铁路和南萍（南昌至萍乡）的公路修竣之前，萍乡的煤焦最初由铁厂委托给广泰福商号走水路运输，即由萍河起运，经渌江转入湘江到湘潭，再转载汉阳。广泰福的船只经常在湘潭厘卡受阻，据许寅辉致盛宣怀的函中称："今接湘潭广泰福来函，云及湘潭厘卡诡词谓奉到抚宪行知，坚欲完厘。计船八十余支，均被扣留，内有萍乡煤局数张运单向不完厘者，亦被扣阻。其萍煤局之运单数张，有人云只须转运局盖一小戳，即可放行，而俞委员又不许。""商家现已亏本，欲罢不能，再经厘卡有意刁难，难免克日停运而后已，于铁厂局面大有妨碍"。广泰福不得不向盛宣怀求援，盛只得请张之洞出面，电咨湖南巡抚行知相关各厘局，"凡有萍乡煤炭运单，照旧免厘，毋得再行阻滞需索"[2]。

宜春煤矿归铁厂开采后，亦同样面临税厘过重的问题。在盛宣怀的干预下，九江关道诚勋表示同意"验免船税"，但不同意免常税大宗的船料税。[3] 由于诚勋态度强硬，盛宣怀只得求赣抚德寿从中协调，要求援引福建基隆、直隶开平、湖北广济、安徽贵池各煤矿奏准"减收煤厘"之例，每吨总计交纳厘金一钱五分；宜春射鹏等处出产的煤炭"减半"完纳厘金，以轻成本。[4] 最终诚勋同意按照福建基隆等处矿煤减半抽厘，由牙厘总局通融办理。[5]

即便如此，由于新式机器的使用大幅度增加了萍矿的产量，煤炭外运的数量日益增多，这对铁厂而言仍是一个不小的负担，因此盛宣怀要求江西继续降低税厘。为此，盛致函赣抚翁曾贵，要求萍矿外运的烟煤仿柴煤例，只交纳十分的税厘。翁表示对烟煤从未如此办理，建议盛援两湖煤厘

---

[1]　罗玉东：《中国厘金史》，商务印书馆2010年版，第22、67页。

[2]　《许寅辉致盛宣怀函》，光绪二十二年六月十三日，见陈旭麓等编《汉冶萍公司》（一），第137页。

[3]　《盛宣怀致诚勋函》，光绪二十四年五月二十二日，见陈旭麓等编《汉冶萍公司》（二），第36页。

[4]　《盛宣怀咨呈德寿文》，光绪二十四年五月二十二日，见陈旭麓等编《汉冶萍公司》（二），第37页。

[5]　《诚勋咨复盛宣怀文》，光绪二十四年六月十五日，见陈旭麓等编《汉冶萍公司》（二），第46页。

全免和苏、皖各省减厘案，与江西巡抚磋商，将袁州至湖口烟煤厘金暂予免除，等试办两三年后，再定章程。或先将煤厘酌减几成，"以示体恤，俾轻成本，可敌洋煤，收回利权"。"一俟办有成效，禀明宪台咨会江西抚宪，援案奏定，或免或减，永远遵行。"翁还派守备廖宝臣前往采办，将萍矿外运的煤炭均按官物例"免税验收"。在盛宣怀的多方协调之下，萍乡煤炭免厘的问题似乎有一个很好的解决，但随后发生的事情使得江西地方当局改变了先前的态度。据瑞袁临分局所属秀山、昌山、新喻等卡禀告，6月间经过煤船 23 号，装煤 5100 余石，于 10 月间又过煤船 23 号，装煤 2700 余石，各船均系满装，但私煤夹带甚多，且家丁不服查量，"闻有串通商贩包揽情事"。于是翁向盛宣怀明确表示，以后来赣采办烟煤，"一律照章完厘"。因为近年赣省厘收短绌，除拨解京协各饷，"人不敷出"；同时赣省承担清廷摊派的巨额赔款，完厘也是为"节流之计"。翁驳斥了盛要求宜春煤矿免税的要求，称蒋家骏在宜春开设的煤矿虽供汉阳铁厂之用，但仍系招集商股兴办，不能与安徽贵池煤矿每吨减收税银一钱之例相比，其减税是指洋关税，而不是内地厘金。翁强调，由于江西需饷太急，各厘卡办公十分艰难，因此只要经过袁河的煤炭，必须交纳秀江卡三分，昌山初验二分，新喻二护三分，樟树二验二分，"所请碍难准行"。不过，对宜春烟煤，翁还是同意蒋家骏、朱葆成所请，"所有宜春县属兴办矿产烟煤，无论官、绅办运，均请一律将内地应完十分厘金统减四成，以昭公允"[1]。

为保证来之不易的成果，盛宣怀咨文赣抚松寿，"运煤必须按船给发护照，兼之此后禀报情形，及移县护助等事，时有公牍往还，若非盖用关防，不足以昭信守"。于是自刊"江西宜春孙宝兴煤矿局"关防一颗，于三月十五日启用。[2] 但随后又遇到了问题，朱葆成所办宜春之煤运抵九江关，仍按照土煤出口章程，每吨先完正税银三钱，至沪再完半税银一钱五分，合共去银四钱五分，较新章受亏不小。加以运沪水脚银一两六钱，核计每吨成本需银六两数钱之谱，未免吃重。但蒋家骏所办宜春之煤，在九江却援照湖广总督张之洞奏定新章，无论洋煤、土煤，每吨只完出口正税

　　① 《翁曾桂咨复盛宣怀文》，光绪二十四年八月二十八日，见陈旭麓等编《汉冶萍公司》（二），第 65 页。

　　② 《盛宣怀咨松寿文》，光绪二十五年四月初四日，见陈旭麓等编《汉冶萍公司》（二），第 120 页。

银一钱，半税银五分。鉴于此，朱向盛宣怀报告，要求赣抚赐转咨九江关道宪饬行税务司，嗣后"凡遇宜春宝兴局运煤到浔，应请洋关循照新章，每吨准完正税银一钱，半税银五分"。"再此后出煤稍旺，即当分运湖北铁厂及江南各处机器局试用，以广销路，必须专雇民船装运，沿途各卡应完厘金，除江省已蒙宪恩咨请江西抚宪核减四成外，其余湖北、安徽、江南等省，业经蒋令同出一辙，伏祈俯允转咨各省厘局，仍照减半章程完厘，庶几成本借以稍轻，转运可期扩充矣。"松寿同意盛宣怀和朱葆成的请求。①

（四）军事镇压萍浏醴起义

1906 年发生的萍浏醴起义，是辛亥革命全过程中的重要组成部分，是孙中山创立中国同盟会之后的第一次大规模的武装起义。导致这次起义的根本原因是帝国主义的苛索、封建主义的暴敛所造成的湘、赣各阶层人民的贫困和破产；直接的导火索则是严重的自然灾害。1906 年夏，中国中部严重水灾，江西南部、湖北西部、湖南北部、四川东南部，"皆陷饥馑"，尤以"湘、赣两省接壤之萍乡、醴陵、浏阳等县为甚"②。从政治方面的因素而言，萍浏醴地区有着光荣的反清革命斗争传统，这里曾是哥老会党徒十分活跃的场所，湖南醴陵、浏阳，江西萍乡、万载等县，"向为湘、赣两省哥老会党聚会之渊薮"③。黄兴、刘揆一、马福益等在湘潭会晤之后，在进行全面部署、着手武装起义的同时，一直把工作的重点放在萍浏醴一带。他们具体做了如下几个方面的工作：一是马福益"即拟派其党员中谢寿祺、郭义庭，组织浏阳、醴陵军队"；二是由黄兴派遣"陈天华、姚宏业，游说江西防营统领廖名缙，届时响应"；三是由马福益推荐"熟悉军务之会党如刘月升、韩飞等数百人，陆续加入湘鄂赣军队"；四是刘揆一"则应醴陵中学监督之聘，藉可调度会党与湘、赣军队联合"；五是确定在中秋节前夕，利用浏阳普迹市牛马交易大会，举行马福益的少将授衔仪式，承认马福益的合法地位，把哥老会众组织到革命队伍

---

① 《松寿咨盛宣怀文》，光绪二十五年六月二十二日，见陈旭麓等编《汉冶萍公司》（二），第 153 页。

② 冯自由：《丙午萍浏醴革命军实录》，见冯自由：《革命逸史》（下），九州出版社 2009年版，第 1071 页。

③ 转见饶怀民：《狂飙突起，震惊中外——丙午萍浏醴大起义始末记》，见萍乡市政协、浏阳县政协、醴陵市政协合编：《萍、浏、醴起义资料汇编》，湖南人民出版社 1986 年版，第 6 页。

中来。① 通过革命党人的精心安排和策动，萍浏醴地区的革命运动大有一触即发之势。

萍浏醴起义于 1906 年 12 月 4 日正式爆发。革命分三路进兵：一据浏阳、醴陵，进窥长沙；一据萍乡之安源路矿为根据地；一由宜春、万载东出瑞昌、南昌诸郡，以攻略苏、皖。② 起义首先在萍乡打响。廖叔宝很快占领麻石。龚春台即将高家台所储少数军械分给各部，并指定先占上栗市为老营。萍矿道员林志熙和上海商约大臣急电湖广总督张之洞，称江西萍乡有会匪四起抢劫，占据上栗市，声势浩大，恳请张之洞"派兵越境会剿"。张之洞在致军机处电中强调，"萍矿及路已值银数百万，若成燎然，为患更大，不止路矿而已"③，要求清廷派兵镇压。同时，盛宣怀直接致电军机处，为防止萍醴铁路为革命军所毁，要求督促湘、赣、鄂各省迅速派兵进剿。④ 为镇压起义，清政府严旨两江总督端方、湖广总督张之洞、湖南巡抚岑春蓂、江西巡抚吴重熹，著诸人迅派得力营队飞驰会剿，认真搜捕，毋任勾结，蔓延为患。并著吴速饬臬司秦炳直选带精兵，前往萍乡一带扼要驻扎。"倘有贻误，惟该督是问。"⑤ "自洪杨以来，清军出兵之众，以是役为最。"⑥ 至 12 月 17 日起义失败，清廷前后调动了湖南、湖北、江西、江苏四省总计 4 万—5 万人的兵力，具体布置如下⑦：

湖南方面：计有巡防队管带梁国桢、徐振岱两队，常备军管带李文升、吴经武两营驰往浏阳；巡防营队官吴廷瑞一队、常备军标统吴绍璘率管带崔朝俊一营、李振鸿一队，驰往醴陵，协同原驻该县之巡防队管带赵春廷一队分途剿办。复委协同准补辰永沅靖道俞明颐前往浏阳驻扎督办，并令先经派往浏阳会审的知府王寓生、通盘刘钱随同筹防，电商长江水师

---

① 饶怀民：《狂飙突起，震惊中外——丙午萍浏醴大起义始末记》，见《萍、浏、醴起义资料汇编》，第 6 页。

② 冯自由：《丙午萍醴革命军实录》，见冯自由：《革命逸史》（下），第 1075 页。

③ 《湖广总督张之洞致军机处请代奏电》，光绪三十二年十月二十四日，见《萍、浏、醴起义资料汇编》，第 99 页。

④ 《商约大臣盛宣怀为萍浏会党夺踞上栗市致军机处等电》，光绪三十二年十月二十四日，见《萍、浏、醴起义资料汇编》，第 100—101 页。

⑤ 《军机处寄两江总督端方、湖广总督张之洞、湖南巡抚岑春蓂、江西巡抚吴重熹电旨》，见《萍、浏、醴起义资料汇编》，第 104—105 页。

⑥ 冯自由：《中华民国开国前革命史》，见冯自由：《革命逸史》（下），第 1074 页。

⑦ 饶怀民：《狂飙突起，震惊中外——丙午萍浏醴大起义始末记》，见《萍、浏、醴起义资料汇编》，第 23—24 页。

提督程文炳派拨舢板三十号来湘，分布湘潭及省一带扼要驻泊，饬按察使庄赓良会同在籍绅士新授法部左参事余肇康等举办长沙、善化两县各乡团练，共同进剿。

湖北方面：在湖广总督张之洞的统一调度之下，计有第十五协统领王得胜、第二十九标统带李襄邻等率带张长胜、戴均南、张正基领步队三营，卓占标领炮队二队，续派第三十二标统带白寿铭率参谋官叶丙勋，管带朱文友、黄銮鸣、李汝魁领步队三营、并炮队一队；另派管带戴寿山一营，标统吴元泽率杨赞绪一营分赴平、岳等处驻扎。共计鄂省派出赴湘、赣兵力前后共计六千余人。

江西方面：由两江总督端方和江西巡抚吴重熹统一调度，计有吉安巡防队左军统领袁坦督率原驻萍乡、安源的巡防队左军前营管带胡应龙，驻袁州之左军后营管带朱鼎炎。常备军一标第二营管带刘清泰由临江前往；原驻新昌县的常备军一标第二营管带董作泉由瑞州向上高、万载前往，并特派巡防内河水师右军统领候补道张季煜，节制各军。清廷又复令臬司秦炳直亲往堵剿，并带常备军一标第二营，而以标统刘槐森统之，并继续征调驻瑞金巡防队左军后营赵春芳，驻吉安右营管带许登云、巡防队左营管带李国斌、常备军二标二营袁楚英，分途合攻。

江苏方面：由两江总督派出陆军步队三营、马队辎重各一队，共两千余人，而以第九镇统制徐绍桢为司令官，溯流而上，至九江上岸，由南昌前进。[①]

起义发动后，革命党人在短短数日内便集结了数万人义军，占据三四县，声势之大，与清军交战二十余次，"为历次义师所未有"[②]。起义被镇压后，在江西地方当局的支持下，萍乡矿局对安源煤矿采取了许多防范措施。江西地方当局饬秦炳直会同矿局道员林志熙设立巡警局，派员认真清查矿井内外工人，并矿人以外街市居民。为达到防范的目的，巡警局还强迫所有矿工取"连环保结"，并由此开除无保可取的一百余湘籍矿工。宁军统制徐绍桢抵萍后，将所部步队两营，以一营分赴铜鼓、万载等厅县，以一营连马、炮、工等队分扎于攸、醴、浏三县交接之赣省边界。江西地方当局还委派道员张季煜驻萍、宜、万三县适中之地，往来访查纠督，俾

---

① 邹鲁：《丙午萍乡浏阳醴陵之役》，见《萍、浏、醴起义资料汇编》，第66页。
② 冯自由：《中华民国开国前革命史》，见冯自由：《革命逸史》（下），第1077页。

期早日肃清。① 清乡完竣后，张之洞又留步队一营、炮队一队在萍。②

为将此次起义镇压下去，萍乡煤矿基本上承担了清军所有的费用。据现有的资料掌握，从起义爆发到光绪三十二年十二月二十九日，萍矿共计有 21 笔收、付军费，耗费煤炭约 3000 吨之巨，是萍乡煤矿 1898 年建矿以来最大的军费收付账目。具体细目如下③：

1. 付江宁军　　　焦头　　四十七吨二十四启罗四两

　　　　　　　　　　　　湘平银一百八十两零九分六厘

2. 付鄂军　　　　焦头　　十七吨，白煤八吨，块煤二十八吨

　　　　　　　　　　　　湘平银八百六十八两零四分四厘

3. 付鄂军　　　　用煤　　十吨　长沙　湘平银八十两

4. 付鄂军　　　　用焦　　株局　四五九二九启罗

5. 付鄂军　　　　用煤　　接鄂军鸿运商轮煤五吨

　　　　　　　　　　　　湘平银二十二两九钱五分

6. 收回鄂、湘军　器具　　湘平银四百七十一两零六分八厘

7. 付鄂军　　　　器具价　湘平银三百八十七两九钱二分八厘

8. 付宁军　　　　器具价　湘平银七百三十一两一钱七分四厘

9. 收鄂军　　　　器具　　湘平银九百十两零四钱六分二厘

10. 付鄂军　　　器具　　湘平银九百十两零四钱六分二厘

11. 收防营　　　　　　　湘平银一千一百零二两九钱五分一厘

12. 收拿匪费　　　　　　湘平银三千三百五十八两正

13. 收各军杂用　　　　　湘平银二千九百五十两零八钱五分四厘

14. 收各营勇煤焦煤　　　湘平银一千二百四十七两四钱四分五厘

15. 付拿匪费　内车站酬劳五百元　洋四千六百元

16. 付洋员赴长沙川资及装兵船价　洋二千九百三十四元八角之四厘

17. 付洋员赴长沙川资及装兵船价　钱四百五十一千四百文

18. 付各军杂用　　　　　　洋二千八百二十三元四角零二厘

---

① 《邮传部右侍郎、前江西巡抚吴重熹，江西巡抚瑞良致外务部请代奏电》，光绪三十二年十二月初七日，《萍、浏、醴起义资料汇编》，第 130 页。

② 《张督之洞致长沙岑抚台春蓂》，光绪三十三年二月二十四日，见《萍、浏、醴起义资料汇编》，第 198 页。

③ 《萍乡煤矿军费收付账目》，光绪三十二年十二月二十九日，见《萍、浏、醴起义资料汇编》，第 441—442 页。

19. 付各军杂用　　　　　　　钱一千三百四十一千七百六十二文
20. 付各军杂用　　　　　　　湘平银十七两六钱三分六厘
21. 收鄂军炮队步队营房　　　湘平银三千三百十六两九钱七分一厘

三　民国时期江西官绅与汉冶萍的矿井、矿界交涉

武昌起义后，汉冶萍公司董事长盛宣怀因受到革命打击而逃亡日本，公司群龙无首，一片混乱。公司因为资金短缺，停工停产。鄂、赣两省以其为盛宣怀之私产乘机谋划将其分割接管。湖北任命蔡绍忠和纪光汉分别为汉阳铁厂和大冶铁矿监督，并约请江西省对公司进行调查，准备接管。理由是：湘鄂赣所属汉冶萍三厂矿经盛宣怀承办十数年后，"盛氏强占民地，私借外款，控案累累"，因此武昌起义后，将汉冶萍没收作为公产，鄂军政府派员充汉冶两厂监督，全国之人莫不称快。在他们看来，汉冶萍不是商办公司，完全是盛氏"假造股票，贿人充当股东，或添借外款，倒填年月"所致。他们从来没有听说公司有股东和股份的任何佐证。因为南京临时政府拟与日本人合办，当时只有孙文、黄兴、盛宣怀与日本人订立草约，不闻有股东出面干涉；参议院鄂省议员与鄂军政府据理愤争，亦不闻有股东向参议院陈情。"总观各项情形，股东会之发生，纯系盛宣怀之诡计。"① 显然，汉冶萍属于商办公司，这应该是一个不争的事实，就连当时的工商部也忍不住为公司说话，证明其曾作为商办公司在工商部注册过。② 对此，舆论对湖北否认公司为商办之说进行了激烈的批评。有一位不具名的作者著文向鄂省议会提出质问，"天下有股本已达千余万，股数已达数十万，可由数人伪造者耶"③。汉口报纸称，"今硬指为盛氏私产，实属无理取闹。盛宣怀诚民国之罪人，只当没收其本身所有股本"。"至千余万商股更何能因盛宣怀一人之故全体没收，古今中外无此蛮理也"④。应该指出的是，湖北、江西地方当局绝非不知道公司的商办性质，其目的是借国民对盛宣怀的痛恨，制造舆论，为自己找一个接管公司的理

---

① 《湖北省临时议会咨军政府文》，1912 年 2 月下旬，见陈旭麓等编《汉冶萍公司》（三），第 220—222 页。

② 《汉冶萍公司特别股东大会记录》，1912 年 8 月 12 日，见陈旭麓等编《汉冶萍公司》（三），第 314 页。

③ 全汉昇著：《汉冶萍公司史略》，第 160 页。

④ 《鄂省议会议决没收汉冶萍公司》，1912 年 6 月下旬，见陈旭麓等编《汉冶萍公司》（三），第 284—285 页。

由。因为在很多人看来，盛宣怀不仅为公司董事会长，而且一切事权、人权均由其独断，其实质就是盛之私产。

面对鄂、赣两省的接管活动，盛宣怀决定以湘督谭延闿为突破口，疏通赣督李烈钧和鄂督黎元洪，稳定局面。谭延闿虽一封建官僚，因投机革命而攫取了湖南都督之职，但与革命派和立宪派均关系交好，因此盛以谭为调停人，通过其阻止江西和湖北接管萍乡煤矿和汉阳铁厂不失为明智之举。谭延闿致函赣督李烈钧，对江西提出的所谓湖南欲霸占萍矿的事由进行反驳，陈述了湖南在救济萍乡煤矿所作的努力，"查敝省起义之初，以萍乡界连湘省，煤矿工人近万，饥溃堪虞。……敝省委顾全大局起见，不分畛域，于万急之际，勉拨五万金与该矿订立借款合同，以济眉急。该款将煤作抵，即借此煤以济鄂省军用。……是敝省于该矿并无丝毫权利思想，专尽借款义务，已可概见。"总之，"敝省于萍矿，一方面因其为实业商务公司权限，只以保护为止"①。

湖北在汉、冶厂矿派驻监督的同时，还令官绅叶懋康和邹梦麟前往调查萍乡煤矿的情况，以便接管，后由于江西的抵制而未成功。但是，湖北并未因此而放弃接管整个公司的决心。谭延闿在致鄂督黎元洪的函表示：萍矿为汉冶萍公司的一部分，全局凭据均掌握在盛氏手中，而股东大多数在上海，因此"若遽行占领，消息传出，盛氏素倚外援，必将全权寄托洋商"，这样有可能使萍矿为洋人控制。提议目前暂时可不动声色，先由湖北调查汉阳铁厂和大冶铁矿，江西调查萍矿，"俟将盛氏股份调查清楚，先将其股份充出，然后再以股东名义邀集众股东，晓以利害，实行保全之策"。后调查的结果是，"汉冶萍三厂向系一家，所集之股均系汉冶萍总公司名义，萍矿并无单独股份。又该矿为债亦均由总公司经理，此间并无直接之外债"。因此建议仍由萍矿总办林志熙极力维持。至于查收盛股及外债数目，宜由三省会同派员，到沪查明酌商办理。还推荐张謇和伍廷芳就近在沪将该总公司已经填发股票存根，截算股款数目，暂停续招。对查截之日起所填股票，概不承认。"俟将盛股、外债查清，召集股东开会，另举总理，再行示期续招，以清界限"②。

---

① 《谭延闿咨李烈钧文》，1912 年 2 月上旬，见陈旭麓等编《汉冶萍公司》（三），第207—208 页。

② 《谭延闿咨黎元洪文》，1912 年 2 月上旬，见陈旭麓等编《汉冶萍公司》（三），第205 页。

在谭延闿的周旋下，湖北停止了接管汉冶萍的行动。江西虽不便采取公开的武力行动，但在巨大的利益诱惑下（表6-6），暗中支持所谓的"民间"力量进行开采。在赣督李烈钧的支持下，赣人龙天锡、段鑫等人成立集成公司，并致函工商部，要求开采萍矿，"萍乡为产煤最富之区，土人借采煤为生活者十居六七"，因此天锡等"关系实业，思保治安以为谋萍人之生计，图国家之富强"，决定组织集成公司，"于安源官矿之外，无碍坟墓田庐并无碍官矿之处采买矿山，自行开采"。为此还绘具了开采地图。对集成公司的要求，工商部表示，只要是"所请之地确与该公司不相妨碍，亦应划分清晰，俾得领照开采，以尽地利。本部为民兴利，以该公司办有成效，固必力予保护。然邻近未开各矿，亦必极力提倡，免致有货弃于地之叹"。①

表6-7　　　　　　　　萍乡煤矿焦产额（1898—1928年）②　　　　　单位：吨

年份	煤炭产量	焦炭产量
1898（光绪二十四年）	10000	29000
1899	18000	32000
1900	25000	43000
1901	31000	63000
1902	56000	82000
1903	122000	93000
1904	154000	107000
1905	194000	114000
1906	347000	82000
1907	402000	119000
1908	702447	105281
1909（宣统元年）	1017843	118134
1910	332914	215765

① 《工商部令》，1912年6月15日，见陈旭麓等编《汉冶萍公司》（三），第279页。
② 《萍乡煤矿焦产额表（1898—1928）》，见《汉冶萍公司档案史料选编》（下），第509页。

续表

年份	煤炭产量	焦炭产量
1911	1115614	166062
1912（民国元年）	243923	29834
1913	693411	176824
1914	687956	194413
1915	927463	249164
1916	992494	266418
1917	946080	239797
1918	694433	216012
1919	794999	249015
1920	806331	24919
1921	772971	206087
1922	827870	254973
1923	666739	208918
1924	648527	190100
1925	512300	
1926	75715	
1927	183349	
1928	168821	

　　集成公司的活动遭到了汉冶萍公司的强烈反对。汉冶萍指责集成在国家政体改革之际，借机故意破坏萍乡煤矿章程，从而"使人人有在萍矿附近开窿采煤之权"。"现乘时变，又以垄断之名加诸萍矿，设煤破坏，不特萍矿千万商本将遭危险，即商业契约性质亦被借端消灭，实使购产者人人自危，影响于社会者甚大"。要求赣督令萍乡县知事"勒令一律停闭，以维矿章而免侵扰"①。其根据是，萍乡煤矿章程是根据湖南奏定矿

①　《汉冶萍公司咨李烈钧、谭延闿文》，1912年6月17日，见陈旭麓等编《汉冶萍公司》（三），第280页。

务章程而制定的，规定"遇有大矿用机器开采者，仿开平例，依脉十里内，无论何人之业，均不得另开窿口，小矿用人力开采者，依脉三里内，无论何人之业，不得另开窿口，均要指定一窿起算，不得游移"。另外，根据前清湖广总督张之洞奉谕饬江西巡抚随时禁止商人另立公司多开窿口，请李烈钧令萍乡县知事取消集成公司牌号，并将其新开各井一律停闭。① 由于有副总统黎元洪作为坚强的政治后盾，李烈钧一方面决定在萍乡设立分银行，筹备公股，"投入萍矿公司，以为扩张地步"；另一方面则拟派周泽南再度驰往萍矿实地调查，以筹善后之策。② 并表示虽遭各处极端反对，决定"一意坚持到底，不为其危言所动"③。

　　汉冶萍一方面对江西省的竞争活动进行抵制，另一方面则向北洋政府工商部申诉，要求取消以集成公司为首的江西官绅破坏其权益的行为，并咨明湖南、江西都督令饬萍乡县知县，即时封禁。④ 对此，李烈钧进行了驳斥，指出集成公司创办煤矿是经前政事部核准批准成立的，但其并未侵入安源官矿，"查照定例，用人力开采小矿，用机器开采大矿，非系确违禁例，未便遽令取消牌号，封闭井口"⑤。同时，李烈钧还委任欧阳彦谟为萍矿总理，周泽南、刘树堂为协理，意在接管萍矿。鉴于此，汉冶萍公司不得不向大总统袁世凯求援，并得到大总统饬令工商部要求李烈钧收回成命的批示。另一方面，因湖南省持有公司公股，因此湘督谭延闿亦成为汉冶萍寻求支持的对象。在和平接管受挫后，李烈钧决定诉诸武力。在公司请求下，谭延闿出面调停，建议汉冶萍股东与欧阳、周二人接洽，⑥ 结果接管期限由9月5日展限至12月。这为双方彻底决裂提供了转圜的时间，同时也为公司筹划对策赢得了一定的余地。因为此时

---

　　① 《公司董事会咨李烈钧文》，1912年6月17日，见《汉冶萍公司档案史料选编》（上），第283页。

　　② 《李烈钧咨汉冶萍公司股东会文》，1912年6月29日，见陈旭麓等编《汉冶萍公司》（三），第286—287页。

　　③ 《江西都督府政务会议第十一次议案》，1912年8月24日，见陈旭麓等编《汉冶萍公司》（三），第322页。

　　④ 《公司董事会呈工商部文》，1912年7月5日，见《汉冶萍公司档案史料选编》（上），第284页。

　　⑤ 《李烈钧咨汉冶萍公司文》，1912年7月6日，见《汉冶萍公司档案史料选编》（上），第285页。

　　⑥ 《谭延闿致公司董事会电》，1912年9月4日，见《汉冶萍公司档案史料选编》（上），第287页。

公司正在向北洋政府申请"国有"，而袁世凯拟派员来赣调查，故公司与赣省之间的矛盾便转化为中央政府与赣省之间的矛盾。在北洋政府的压力下，李烈钧表示愿意协商，和平办理。[①] 同时明确表明分享萍矿利益的要求，"接收矿局后新旧如何办理，权利如何分配，尽可派员来萍与赣员协议"，萍矿"或由国家收回，或由地方接办，似未便始终放弃"[②]。

袁世凯原拟顺水推舟，乘机将汉冶萍收归"国有"，但由于日本的阻挠而未果。接管活动在北洋政府的干预下虽未成功，但赣省又向汉冶萍公司提出矿界交涉。李烈钧在萍乡成立了"江西省萍乡煤矿总局"（简称官矿），投资13.7万元，在王家源以东锡坑、高坑、张公矿一带，收买土井山田。预定投资200万元，借以和汉冶萍公司竞争。[③] 又根据1907年清廷颁布的矿务章程，委文启为划界员，对公司矿区切实丈量，划界立标，限定萍矿的面积不得超过960亩。在"官矿"的鼓动、支持和直接参与下，萍矿矿界以内和以外土井越来越多，增至60多口，还纷纷设炉炼焦。这在公司看来是"有意破坏"[④]。为抵制土井的剧烈扩张，湘督谭延闿应公司的请求派军队进驻萍矿。[⑤] 北洋政府工商部向赣省表示，即使公司放弃权利，无论是"国有"还是"加以指导"均应由工商部调查之后再行定夺。[⑥] 随后，公司利用工商部派张轶欧、张景光、余焕东三人赴萍调查之机，多次要求工商部压迫李烈钧取消官矿。工商部明确表示要保护萍矿"已成之业不至垂败为要"[⑦]。同时，公司还请孙中山出面制止李烈钧的行

---

① 《公司董事会致李寿铨电》，1912年9月9日，见《汉冶萍公司档案史料选编》（上），第288页。

② 《李烈钧致北洋政府大总统、国务院电》，1912年9月11日，见《汉冶萍公司档案史料选编》（上），第289页。

③ 刘明汉主编：《汉冶萍公司志》，第159页。

④ 《张轶欧致工商部电》，1912年10月11日，见《汉冶萍公司档案史料选编》（上），第291页。

⑤ 《李寿铨致公司董事会电》，1912年9月11日，见《汉冶萍公司档案史料选编》（上），第289页。

⑥ 《北洋政府国务院致李烈钧电》，1912年9月14日，见《汉冶萍公司档案史料选编》（上），第289—290页。

⑦ 《工商部致余焕东电》，1912年11月1日，见《汉冶萍公司档案史料选编》（上），第292页。

动。① 在多方的压力下，李烈钧再度妥协，表示愿意和平解决。② 谭延闿加紧做李烈钧的工作，称赣省欲收萍矿创办兵工厂，但绝对不能由湘赣两省所有，应交部办。另一方面，民国以实业为命脉，地方政府应保商而不应与商争利；即使与商争利而获巨款，"而大信既失"，建议与公司商办为宜。③

民初汉冶萍公司与赣省之间的矿界交涉虽因"二次革命"失败李烈钧的下台而告一段落，但事情并未了结，1920 年赣绅黎景淑推翻与汉冶萍达成的协议，提由省议会咨请省长派员重新勘定双方的矿界。随后，江西实业厅委派技术员邹邦珏与调查员廖尔焱及汉冶萍所派测绘员陈鹤清同黎景淑所请之技术员胡嗣鸿会一同前往勘界。对此，汉冶萍抱定的态度是，省厅"无论所派何人，应请转商董会万不可承认"。"视省厅如何办法，再图解决之方。"④ 不过，这只是公司权宜之计。若矿界问题久拖不决，会直接影响到公司的煤炭生产，因此公司向北洋政府农商部寻求支持，称：翕和公司不遵原领矿区，侵入萍矿界内灵溪冲地方开挖井口，希望"迅令江西实业厅，仍饬萍乡县知事将翕和越界新井查封，以维矿界，而杜效尤"。⑤ 此时，在黎景淑的运动下，江西省议会表示，萍矿矿图除非由矿会所测，其余所测矿界图一概不予承认，意在"推翻前案"⑥。

显然，矿界问题短期难以取得实质性进展，但公司新建之大冶新铁厂即将竣工，若汉冶四炉齐开，无疑需要更多的煤焦，因此汉冶萍决定扩充萍矿工程计划，并委任公司日籍大岛顾问和金正矿师为洗煤台委员会正、副委员长，冶厂黄副厂长、萍矿制造处处长李福几、萍矿工程师范永增和

---

① 《赵凤昌致孙中山函》，1912 年 10 月 11 日，见《汉冶萍公司档案史料选编》（上），第 291 页。

② 《李寿铨致公司董事会电》，1912 年 9 月 15 日，见《汉冶萍公司档案史料选编》（上），第 290 页。

③ 《谭延闿致李烈钧电》，1912 年 10 月 5 日，见《汉冶萍公司档案史料选编》（上），第 290 页。

④ 《夏偕复、盛恩颐致公司董事会函》，1920 年 5 月 4 日，见《汉冶萍公司档案史料选编》（下），第 486 页。

⑤ 《汉冶萍公司致农商部函》，1920 年 11 月 22 日，见《汉冶萍公司档案史料选编》（下），第 487 页。

⑥ 《公司董事会致夏偕复、盛恩颐函》，1920 年 12 月 7 日，见《汉冶萍公司档案史料选编》（下），第 487 页。

技术课课员刘君朗为委员。① 为此，萍矿矿长李寿铨设立公庄收买各土井煤焦，意在"明为收买煤焦，隐为消弭界案"，并请赣省财政厅委员萍籍绅士张汉民担担任公庄首士一席。② 拟订章程八条：（一）在安源设立公庄收买各土井煤焦。（二）各土井自查明造册后不得添开。（三）与各土井订约，所出煤焦归公庄收买，以五年为限。（四）各土井所出煤焦既归公庄收买，不得私售他人，如有以上情事查出，立即请县封停。（五）各土井煤焦应分别等次公平定价。（六）矿局从前原案承认之井，另定收买煤焦条约。（七）公庄经费在煤焦项下按吨提充。（八）以上办法，除由汉冶萍公司萍乡煤矿咨县立案外，并由公庄取具各井度约呈县立案。③

上述计划似乎十分完备，但面临的根本问题是矿界纠葛。"萍矿根本之障碍在于矿界问题"。以此悬而未决，故对于"窿工必要之扩充亦不能开始进行"。汉冶萍原以为能利用张汉民财政厅委员和萍乡籍绅士的身份笼络萍乡官绅，结果张不仅不为所用，而且还不断运动省会，派遣代表来矿争执矿界。不仅如此，张还多次挑唆地方无赖，专在本矿安源境内广开土井之事，三年之间开井达二百余口。张明确要求萍矿给予一月薪二百元之位置，并表示"彼即设法疏通各处，不令与矿为难，否则彼将实行捣乱"，但遭到了拒绝。张氏"如果危害本矿，当以法律对付"。结果遇到了更大的麻烦。萍矿九里坪一带土人鸣锣，阻止汉冶萍工人在山割茅，后经保卫团解围才没出事；不久，萍乡有数百辆煤车欲强行通过马路，另有人在小坑窿口纵火，所幸矿警驻军协力弹压，并拿获多人解请官厅惩办，才告平安。张汉民还威胁株萍路局，将鼓动地方士绅要求路局速修萍乡湘东大桥，以保旅客之安全，如因财力不及，即向萍矿增加运费。④

问题还不止于此。工人运动在中国共产党的领导下也高涨起来。1921年中共成立，在党的第一次全国代表会议上，决议全党当前的"基本任

---

① 《公司董事会委任书》，1921年5月27日，见《汉冶萍公司档案史料选编》（下），第488页。

② 《李寿铨致杨学沂、盛恩颐函》，1922年4月18日，见《汉冶萍公司档案史料选编》（下），第490页。

③ ［附件］：《遵拟设立公庄收买各土井煤焦章程》，见《汉冶萍公司档案史料选编》（下），第490页。

④ 《黄锡赓致公司说帖》，1924年8月25日，见《汉冶萍公司档案史料选编》（下），第494页。

务是成立产业工会"①。稍后，中共中央局通告又进一步指明：全党首先
要"以全力组织全国铁道工会"，并制订 12 个地方的党组织要"尽力于
此计划"②。当时江西还没有共产党组织，所以跨越湘赣两省的株萍铁路
的工会，便只能由中共湖南支部单独负责筹建，而湖南支部正是上述被指
定的 12 个地区党组织之一。为了解安源工人阶级的情况，毛泽东自 1921
年多次到安源考察，并于次年 2 月 12 日协助李立三创立了安源路矿工人
俱乐部。随后李立三还在安源创办了安源工人学校，建立了共产主义青年
团和中共安源路矿支部，李立三任支部书记。1922 年 9 月在刘少奇、李
立三等人的领导下，成功组织了安源路矿工人大罢工。1925 年，中共
"四大"召开，安源路矿工人运动在其指引下继续深入发展的时，汉冶萍
公司总经理盛恩颐于 1925 年 9 月 21 日凌晨指挥赣西镇守使李鸿程所派军
队与矿警配合，突袭安源路矿工人俱乐部，制造了震惊全国的安源"九
月惨案"。在这次事变中，工人当场被打死 3 人，打伤数十人。中共安源
地委委员、工人俱乐部副主任黄静源等 70 余人被捕，工人俱乐部被封闭，
工人消费合作社和工人学校被洗劫一空。随后，11000 多名工人被解雇，
其中约 2000 多名工人俱乐部骨干分子被武力押解处境。共产党员和共青
团员大多数被迫离开矿山，党、团组织因而溃散。安源工人革命运动第一
次遭到惨痛失败。③ 这一事件，是汉冶萍公司买办集团在日被帝国主义指
使和支持下，经过长时间精心策划，勾结湘赣两省军阀制造的。一方面是
为表示对赣督方本仁的谢意，另一方面向其行贿，对萍矿仍按旧统税税率
征收，同时乘机要求其解决悬而未决的私井查封问题。④

　　1926 年 9 月，国民革命军北伐到达萍乡，北洋军阀方本仁在萍乡的
统治摇摇欲坠，萍乡一片乱象。在败逃之前，赣西唐镇军以就地筹借军饷
为名，决定大捞一把，当即令萍商会即筹款洋 6 万元，商会因款无所措，

　　① 参见《中共中央关于工人运动文件选编》（上），第 1 页。
　　② 《中共共产党中央局通告》，1921 年 11 月，见《中共中央关于工人运动文件选编》
（上），第 4 页。
　　③ 萍乡市史志工作办公室著：《中共萍乡地方史》，第一卷，中共党史出版社 2003 年版，
第 167 页。
　　④ 《盛渤颐致夏借复函》，1926 年 1 月 25 日，见《汉冶萍公司档案史料选编》（下），第
500 页。

拟以萍矿所欠商款补偿军需。① 接着，唐镇军又以检查军械和维持警饷为名，要求萍矿借拨警士一百名，步枪一百枝，并配子弹，即派员带兵来局点收。9 月 5 日，国民党飞机开始在萍乡安源上空散发传单，唐镇军又嘱将矿警余枪全数借用，意盖"防备后患"。结果只许留枪 30 支，余数命令悉交安源江西一师一团第三营点收。6 日，国民革命军第二军第四师、第六师和第三军第七师、第八师顺利占领萍乡，同日方本仁归顺国民革命军，任国民军十一军军长，驻节老关。②

　　1925 年 9 月安源路矿工人俱乐部被武力封闭后，大批路矿工人被赶出境，萍乡煤矿一片凋零景象。汉冶萍公司对萍乡煤矿的接济也极少。矿局只有通过向长沙、萍乡、安源等地商人借款，勉强维持。到 1926 年 9 月，欠债累计达 120 万元。由于生产和运销基本上陷于停顿，将近一年没有领到全饷，纷纷要求工会帮助索饷；"九月惨案"后，失业的达万余人，许多人一直留在矿山难以度日，流落到外地的工人则纷纷返回矿山，要求工会帮助复业。但当时汉冶萍公司一直置萍矿于不顾，矿山生产停顿，株萍铁路无煤可运。因此不解决开工问题，在矿山的四五千工人无法复工，2000 多在业工人索饷也很难奏效。鉴于这种情况，路矿两工会领导工人一面向当局索饷，一面积极进行开工运动。

　　9 月 14 日，北伐军总司令蒋介石来到安源时，萍矿总工会委员长刘义向他陈述了路矿萧条情况，并以"萍矿有利可图，如能设法开工，一方面可以救济一万余名失业工人，一方面可以增加国家税收，救济国家产业"为由，要求尽快恢复萍矿生产。蒋介石当即令萍矿总工会与矿局两方面通力合作，从速拟出开工计划，并答应尽快设法促其实现。然而这时整个矿局，如散沙一盘，矿长、矿师及各处处长、工程师、工头等重要职员早已逃离矿山，重要职责无人主持，留矿负责的职员对于发欠饷和开工都始终拿不出办法。9 月中旬，工会曾准备与地方商绅合组开工委员会，以维持矿山生产，但最终未果。正在这时，粤汉铁路发生煤荒，火车不能正常运行，严重妨碍革命军的交通，而安源路矿的不景气，对湖南社会经济和政府财政的不利影响甚大。为此，国民党湖南省党部多次派员来矿调

---

　　① 《盛恩颐、潘灏芬致公司董事会函》，1926 年 7 月 8 日，见《汉冶萍公司档案史料选编》（下），第 502 页。

　　② 《潘灏芬致公司董事会函》，1926 年 10 月 16 日，见《汉冶萍公司档案史料选编》（下），第 505 页。

查，催促开工，并声言如果汉冶萍公司无款可达，可由国民政府垫款。9
月23日，刘昌炎和朱少连分别以党部常委和工会委员长的身份，赴矿局
与负责的职员商定，由矿局拟订一个工程计划书，交市党部转呈总司令蒋
介石核夺，并呈报汉冶萍公司审议，但事后矿局迟迟拿不出计划书。在开
工运动的酝酿过程中，工人几乎天天零散地向矿局索饷，工会也多次与矿
局交涉此事，然而"矿局负责者对于工饷前途，仍无具体计划及确实把
握，一天一天只是敷衍"①。于是工会下令工人聚众索饷，围至下午一点，
始由安源市党部出面调停作证，工会与矿局签订数条协议，规定："矿局
一切经济出纳、账目支付、卖煤订约、工程计划、用人行政等，均得由工
会、萍矿同人协会共同监督处理，此外发全饷一关，以后设法发给全
饷。"② 从此，工会开始参与矿山生产运销的管理，萍矿同人协会与工人
合作，"主持一切"③。

为了发动社会各界力量促成萍矿开工，萍矿总工会与同人协会共同拟
就了开工、工程运输、销售、外交、还债等计划。10月20日，邀集赣西
地区24个团体，成立"赣西人民维持萍矿运动委员会"，通过各项开工
计划，发表宣言。会后，推派刘义为代表，往湖南、湖北等地联络，促成
实施。12月31日，湖南人民维持萍矿开工委员会成立，推派湖南省总工
会委员长郭亮等工人为代表，向武汉国民政府请愿，要求维持萍矿。1927
年1月22日，湖北人民汉冶萍财产维持委员会在武汉成立，与湘赣两省
民众团体相呼应，开展整理汉冶萍公司运动。此间，萍矿总工会委员长刘
义任矿局事务处处长，后又兼保安科科长，株萍铁路总工会委员长朱少连
任矿局株洲转运局局长，与萍矿同人协会合作，进一步加强了对矿山生产
和运销的管理。在路矿两工会的参与管理下，原煤日产量由原来的100吨
左右，增加到了700多吨，复业工人增加到4100多人，④ 对于改善工人的
经济生活，团结工人进行革命斗争，缓解武汉国民政府面临的煤荒和财政
困难，支援革命战争起到了一定的积极作用。

1928年5月，株萍铁路湘东大桥被洪水冲断，萍乡的煤炭运销不出
去，堆积如山，5000多名工人生活无着，每人每日五分至一角钱的生活

---

① 《萍矿总工会报告》，1926年12月7日，见《安源路矿工人运动》（上），第599页。
② 同上。
③ 同上书，第601页。
④ 萍乡市史志工作办公室著：《中共萍乡地方史》，第一卷，第203页。

费，也因资金无来源而不能发给，工人们处于"停工待毙"的困境。11月，江西省政府以维持社会治安和萍矿员工生活为由，决定对萍矿进行维持（实际上是接管）。11 月 30 日，江西省政府委派何熙曾督管萍乡煤矿专员，并携带现款 5 万元作为周转，以扶持萍矿生产。

何熙曾到矿后，便将萍矿改为江西省政府"萍矿管理处"。为稳定局势，恢复生产，何接管后，对原有的机构和职员都照原未动。并一再声称，省政府对萍矿毫无"接管"之意，只是"维持"，这是万不得已之举。汉冶萍公司留在萍矿的负责人凌永善等人，守着这个烂摊子，进退两难，毫无办法。1929 年 3 月，职员黄绍南得知汉冶萍公司总经理盛恩颐要求日本延期偿还债务，筹集资金恢复萍矿和汉阳铁厂生产，便上陈公司"萍矿现状及救济办法"，提出要求公司筹集资金 50 万元，恢复萍矿生产，"不仅可保矿长存，而且有红利可获"。盛恩颐虽对此表示赞赏，但也无能为力。①

同年 10 月，江西省政府改组，改派萧家模为萍矿管理处专员。萧到矿后，一方面重申省政府断无接管萍矿之意，完全以维持为宗旨；另一方面着手对原萍矿管理处进行改组。管理处下设总务、工务、会计三科，负责管理生活、生产、收支等日常事务。除工务科科长变动外，原有职员全部留用。② 此时，萍矿进入了江西省政府名为维持，实为接管的时期。

---

①　《萍乡煤炭发展史略》，第 32—33 页。

②　江西省政府经济委员会编：《萍乡安源煤矿调查报告》，第 157—161 页。

结论　政企关系与汉冶萍公司的历史命运

政府是人类进入阶级社会后主导社会发展无可争辩的最权威、最重要的力量。企业则是近代资本主义生产关系发展的产物。政府与企业的关系实质上就是政治与经济的关系。经济是基础，政治是上层建筑；经济基础决定上层建筑，上层建筑又反作用于经济基础。这是马克思主义哲学对经济与政治关系的深刻分析。它具体表现在经济行为的主体——企业与上层建筑的表现形式——政治环境之间的互动关系上。从某种意义上说，企业是在"政治环境"的"包围"之下生存发展的。政府的行政管制，法律、政策的规范，政治事件的影响构成了左右企业生存的"制度体系"[①]。而近代中国汉冶萍公司正是这样一个与政府关系十分密切的典型例子。

1840 年鸦片战争西方殖民者用坚船利炮打开了中国的国门，主观目的是倾销商品、使中国沦为其原料产地和肆意掠夺财富的殖民地或半殖民地，但同时在客观上为近代中国带来了资本主义生产方式和社会形态，并在一定程度上促动了国家的资本主义化（或现代化）。由于这种现代化从一开始就是在殖民主义者的控制和影响下进行的，而不是真正根据近代中国的本身需要而展开的，因此只是一种依附型、畸形的、难以完善的现代化。这种现代化不能形成结构合理和完善的经济体系，只能沦为殖民者的原料产地、商品加工场和销售市场，即依附型的经济体系。[②] 汉阳铁厂是在近代中国已经半殖民地化的大背景下创办而起的，创办者张之洞旨在通

---

① 席酉民主编：《企业外部环境分析》，高等教育出版社 2001 年版，第 91 页。
② 《绪论》，虞和平主编：《中国现代化历程》第一卷，江苏人民出版社 2007 年版，第 27 页。

过自办钢铁工业，以抵制西方钢铁在中国的泛滥，从而达到自强的效果。汉阳铁厂的创办最初完全由国家投资，这是后发赶超型国家在现代化过程中普遍使用的方法。由于钢铁工业需要政府长期的巨额投资才能获益，但问题是，就在汉阳铁厂建成投产之际，清政府在甲午战争中败于日本，巨额的战争赔款完全断绝铁厂向国家融资的可能。出于万般无奈的情势下，张之洞才被迫将铁厂交由盛宣怀招商承办，由"官办"体制改为"官督商办"体制。何为"官督商办"？按照李鸿章的设想，官督商办的基本原则是："由官总其大纲，察其利病，而听该商董等自立条议，悦服总商"[1]；"所有盈亏，全归商认，与官无涉"[2]；"商为承办，官为扶持"[3]。这就是说，"官督"之意在于官方保护、扶持和监督、稽查；"商办"之意在于商人经理业务和承担盈亏。应该说，在中国近代工业发展初期还比较稚嫩的条件下，"官"的扶持和保护对于官督商办企业克服经营困难，在不利的环境下得到发展，能起到一定的促进作用；同时对于支持一些企业与外国资本竞争亦能产生某种积极影响。当然，官督商办企业大量垫借官款，接受官方提供的优惠待遇，也增强了对官府的依赖，为后来官僚控制企业创造了条件，即所谓"官商一体，商得若干之利，官亦取若干之息"[4]。这种管理体制易导致政企矛盾尖锐，更多的是难以达到预期的效果，成为企业发展的桎梏。鉴于此，盛宣怀在1908年正式将汉阳铁厂、大冶铁矿和萍乡煤矿组建为完全商办的汉冶萍煤铁厂矿有限公司，中国历史上首先出现了使用新式机器设备进行大规模生产的钢铁联合企业。它集勘探、冶炼、销售于一身，"兼采矿、炼铁、开煤三大端，创地球东半面未有之局"[5]。"大冶之铁，既为世界不可多觏之产，而萍矿又可与地球上

---

①　李鸿章：《论试办轮船招商》，同治十一年十一月二十三日，见《李鸿章全集》，第7册，第4079页。

②　李鸿章：《试办招商轮船折》，同治十一年十一月二十三日，见《李鸿章全集》，第2册，第923页。

③　《直隶总督李鸿章片》，光绪七年二月十一日，见中国史学会编：《洋务运动》（六），第61页。

④　同上。

⑤　《炼铁全厂告成折》，光绪十九年十月二十二日，见苑书义等编《张之洞全集》，第2册，第896页。

著名煤矿等量齐观，是汉冶萍不独为中国大观，世界之巨擘也。"① 但结果却是，汉冶萍公司并未成为中国钢铁工业崛起和近代中国自强的象征，更谈不上成为世界的"巨擘"，却因与政府（中央政府和地方政府）存在尖锐的利益矛盾而得不到政府支持，最终依靠日债求发展，完全沦为日本八幡制铁所的原料基地的不归之路。汉冶萍公司自1890年创办到1948年退出历史舞台，存在了58年，历经晚清政府、南京临时政府、北洋政府及国民党政府四个时期。这一时期是近代中国政治由统一到分裂，再趋于统一的一个最不稳定的时期，中央集权遭到破坏，政权更迭、军阀割据、战乱频仍，而汉冶萍正是在这种政治环境下谋求生存和发展的。通过汉冶萍公司与政府关系的历史考察，可以得出如下启示。

一　稳定的政治环境是企业生存和发展的前提条件

晚清民国是中国近代政治从统一到分裂，再到统一急速转型的过渡时期，对汉冶萍公司的发展造成了不利的影响。晚清时期，经过太平天国的沉重打击，虽中央大权旁落和地方势力崛起，但清政府仍是能有效控制整个政局的中央政府，汉冶萍公司在创办和发展过程中尽管面临种种困难，但获得了清政府的政治、资金、产品销售等方面的支持，发展相对比较顺利。辛亥革命后，中央集权的政治体制遭到破坏，分裂割据的状态已经形成，尤其是在袁世凯死后的北洋军阀统治时期，中央政权名存实亡，国家分崩离析，地方军阀割据，混战不断。在这种情况下，汉冶萍公司不要说发展，就是连生存都存在问题。至为关键的是，汉冶萍地跨湘、鄂、赣三省，涉及区域广，在军阀割据时代更是处于极为不利的地位。辛亥革命期间，湘、鄂、赣三省地方政府的接管活动以及频繁的战争对公司的发展造成严重摧残，如辛亥期间南北双方在汉阳展开激战，汉冶萍厂矿遭受重创；北洋军阀时期，1920年南北军队对峙萍乡，互相争夺铁路；1921年湘鄂战争造成萍乡煤矿交通断绝；汉冶萍在国民革命军进入两湖和江西前后几陷入停顿。汉阳铁厂和大冶铁厂于1924年和1925年相继停火，萍乡煤矿在1928年被江西省接管，只有大冶铁矿还在勉强生产。处于这种政治环境下的汉冶萍公司，由于得不到中央和地方政府扶植和保护，只能将

---

① 《汉冶萍公司及其档案史料概述（代序）》，见《汉冶萍公司档案史料选编》（上），第1页。

希望寄托于拥有巨大债权的日本。这也是后来汉冶萍为日本所控制的一个重要原因。

二　国家强有力干预经济的政策和手段是企业发展的重要条件

世界后进国家的现代化历程表明，凡是比较迅速地实现现代化的落后国家，都是由强而有力的高效政府合理部署和统一领导各方力量进行现代化建设。在近代历史上从农业文明向工业文明的转化，特别是像近代中国这样的后发国家从封建主义生存方式向资本主义生存方式的转化进程中，国家干预经济对其近代化的方向和成败常常发挥极大的影响，有时甚至起着决定性的作用。① 因此，一个具有强烈现代化意识的权力集中的政府无疑是领导一个国家的现代化建设的最重要的条件。19 世纪 60 年代兴起的洋务运动，主要是晚清政府中的洋务派和主张西学的知识分子为维护清政府的统治而推动的"洋务"新政。从洋务运动的兴起和实施来看，中国现代化的启动不是中央政府统一决策进行的，而是由地方政府各自为战进行的。即其真正领导和推进者是以在镇压太平天国运动中崛起的地方督抚势力，而不是中央政府，因此不是一场完全自上而下的运动。这就直接导致清政府权力中枢对洋务企业的支持并非有组织的系统性行为。② 在洋务运动中，由于存在满汉矛盾、中央与地方的权力之争、顽固派同洋务派之间的矛盾及洋务派内部之间的矛盾，使得中国兴办的洋务企业具有如下特点：（一）洋务派兴办的近代厂矿企业都是地方级的，其兴办和兴衰往往与某一个地方督抚大员的名字和命运紧紧相随；（二）重大的建设措施，督抚无权决定，常常在迁延争议中使之无法进行；（三）因洋务企业的兴办常常与地方利益而不是国家利益相联系，必须使洋务企业的兴办对于增大地方督抚的权利和地位具有潜在价值，从而使洋务企业在兴办中产生种种的利害和矛盾冲突。由此洋务运动始终形成不了统一的坚强的领导核心和全盘统筹的局面，实际上处于地方割据和权力飞散状态下的一个松散活动。③ 这种由地方级官员推动的洋务运动，决定了改革的层次较低。许多事情说明："政治结构与追求现代化的目标明确的行动太不相称，政治结

---

① 朱荫贵著：《晚清国家干预与中日近代化》，东方出版社 1994 年版，第 1—2 页。

② 方一兵著：《中日近代钢铁技术史比较研究：1869—1933》，第 244 页。

③ 朱荫贵著：《晚清国家干预与中日近代化》，第 10—11 页。

构的衰败是中国现代化起步缓慢的主要原因。"① 在北洋军阀统治时期，因中央政府力量的削弱和军阀忙于战争而使这种政府与民争利的现象暂时中断，同时政府也失去了对现代化领导的能力和作用，国家的现代化进程处于无序自流的畸形状态。在国民党统治时期，政府的力量虽然加强，但是政府与民争利也日益严重，而且是超越市场之外的利用政权的力量，使现代化逐渐步入国家资本和官僚资本垄断的一种畸形状态。与中国现代化形成鲜明对比的是，日本在 1868 年发动明治维新后，确立了以天皇为首的领导核心，在全国范围内制定、颁布和实施一系列向西方学习的法律规章，利用国家权力，从上而下地强力推行资本主义近代化运动，为日本资本主义的顺利发展提供了坚强的政治前提。从总体而言，近代中国政府对汉冶萍公司的支持的缺失主要体现在：

第一，财政支持。晚清洋务运动时期，清政府重点发展的是军工企业，对兴办基础性的钢铁工业并不感兴趣。有学者估计，清政府的岁入在 19 世纪六七十年代只有六七千万两，当时每年政府拥有的企业支出约几百万两；90 年代政府岁入只有八九千万两，每年办企业的支出将近 1000 万两。② 清政府虽然对汉阳铁厂的创办投入 200 万两，但对于一个高投入、风险大、效益短期难以彰显的大型企业还是十分有限的。甲午战后，清政府由于财政拮据，无力继续对汉阳铁厂投入资金，决定改为官督商办或完全商办，实际上是甩掉了继续投入资金的包袱。正是如此，汉冶萍在无法得到政府支持和无法调动社会资金参与的情况逐渐走上了依靠外债（尤其是日债）求生存和发展的道路。数据表明，至 1905 年春，也就是盛宣怀接手的第十个年头，汉阳铁厂实际欠洋例银 6988573 两（含股款和债欠），其中股款仅 544849 两，资金用度绝大部分源于借款。至 1913 年，汉冶萍股本为 15326702 元（含历年股息入股），约合银 10217801 两，其债欠竟高达 25346975 两，债务约为股本的 2.5 倍。③ 而日本图谋控制汉冶萍，则极力压低铁矿石价格和规定不准用现金偿还债务，使得汉冶萍被牢牢控制在日本债务的枷锁之中难以自拔。

---

① ［美］罗兹曼：《中国的现代化》，江苏人民出版社 1988 年版，第 274 页。
② 罗荣渠著：《现代化新论——世界与中国的现代化进程》（增订本），中国出版集团、商务印书馆 2009 年版，第 296 页。
③ 数据参见李海涛《清末民初汉冶萍公司与八幡制铁所比较研究——以企业成败命运的考察为核心》，载《中国经济史研究》2014 年第 3 期。

表7—1　　　　　　1913 年汉冶萍公司借款总数概表①　　　　　单位：两

名目	数额	名目	数额
产业抵押借款	13166234	预收钢轨价	3202097
煤焦、铁抵押借款	526800	应作股票款	1700156
预收生铁价	4500000	钱庄行号款	2127976
预收矿石价	123711	总计	25346975

据统计，1896—1913 年汉冶萍公司的资金成本支出总计 1396.7 万两洋例银，年均 82.1 万两，其中债息 985.6 万两，股息 411.2 万两。② 对于一个处于起步发展阶段的钢铁企业而言，这几乎是无法承受的财务重压。

同样与八幡制铁所相比，由于日本政府在资金方面全力支持，情况则迥异。创建比汉冶萍晚数年的日本八幡制铁所，在原料极端匮乏的条件下，却得到了日本政府在财政、金融、税收，甚至国家政权等方面的支持。从 1870 年至 1885 年，日本明治政府全力推行殖产兴业政策，在铁路、矿山和机器制造业等方面投入资金 2.1 亿日元，相当于日本政府正常财政支出的 1/5—1/4③。在这种政策的引导下，日本政府对八幡制铁所在资金上的支持可谓不遗余力（表 7-2）。不仅如此，政府还出面协助其长期获得了大冶铁矿稳定的原料来源。日本政府对八幡制铁所创建和壮大的作用，G. C. 艾伦曾有如是评价：当日本钢铁工业开始需要以近代面目出现的时候，它的发展将依赖于政府的首创性，并且在很长一段时期内，它的生存取决于从国家所获得的帮助，是政治需要为日本钢铁工业发展提供的动力，而非经济发展要求。④

---

① 《汉冶萍公司借款总数单》，上海图书馆藏盛宣怀档案，档号 054739 - 2，转见李海涛前揭文。

② 《汉冶萍公司历年支出利息清单》，1914 年 6 月，见《汉冶萍公司档案史料选编》（上），第 581 页。

③ 《总理衙门奕劻等奏》，光绪十五年八月初一日，见中国史学会编：《洋务运动》（六），第 259 页。

④ G. C. Allen：*A Short Economic History of Modern Japan*，New York，St. Martin's Press，1981，pp. 81 - 82. 参见李海涛前揭文。

表 7—2 八幡制铁所创立以来的政府投资① 单位：日元

项目	金额（日元）	备注
创立工事费	19936810	
临时事件费	4786825	1896 年，最初预算为 409 万日元
第一期扩张费（1906 年起）	10880000	日俄战争时期的军需设备投资
第二期扩张费（1911 年起）	16150029	为期 3 年，1906 年议会批准，1909 年竣工
第三期扩张费（1916 年起）	71930838	为期 5 年，1911 年议会批准 1239 万日元，1915 年
赈灾费	900000	追加经费，次年竣工
		为期 6 年，1916 年预算 3451 万日元，延至 1929 年竣工
若松筑港补助费	500000	
设置运转资本支出金	4500000	1923 年关东大地震后复兴费用
预备金等支出（截至 1924 年）	957382	
		1899 年通过
合计	130541884	

第二，政策保护。汉阳铁厂创办之时，中国关税主权已丧失殆尽，为永远霸占中国钢铁市场，西方殖民者利用在中国的政治和经济特权不断对其进行排斥和打击，而清政府却对此无能为力。对此，1913 年李维格在《中国钢铁实业之将来》一文中指出，"一政府不能保护鼓励；……中国税则则反是，进口税只值百抽五，而汉厂并此亦不能得其益处，盖各铁路材料，进口税一概豁免，得与汉厂竞争，此中国之铁业，不能发达一也。"② 保护性关税是近代各国普遍采取的对本国幼稚工业的支持和保护措施，由于钢铁业的重要性，欧美各国在钢铁业发展初期大都对进口钢制品征收高额关税。而近代中国近代关税权的丧失以及铁路让与权的外移，使政府在保护新兴钢铁行业上没有作为。同样与日本相比，日本政府提高进口钢铁制品的关税，同时还推行生铁奖励政策，利用补贴的形式推动钢铁工业的发展。结果是，日本八幡制铁所成为其工业化的基础，而中国的汉冶萍却沦为日本原料的供应基地的可悲结局。晚清时期，清政府在政治、资金、税收、产品销售等方面给予了汉冶萍一定的支持；民国时期，袁世凯政府时期曾给予资金和产品销售的支持；③ 1921 年 3 月，大冶铁厂

---

① 参见李海涛前揭文。
② 转引自刘国良：《中国工业史》（近代卷），江苏科技出版社 1991 年版，第 170 页。
③ 《公司董事会致孙宝琦函》，1916 年 6 月 22 日，见《汉冶萍公司档案史料选编》（下），第 663 页。

建成后，北洋政府财政部税务处核准，凡大冶铁厂所炼生铁出口，概予免纳捐税。1926 年 10 月，财政部税务处赓续前案，准汉冶萍公司铁砂运销中外，展免关税厘金 5 年。从 1912 年至 1926 年，民国政府对汉冶萍公司的捐税都是一律减免，从未征收。[①] 然而这些相对于一个庞大的钢铁企业仍远远不够。有学者统计，截至 1922 年，中国已通车铁路约 19962 里，其中使用汉阳铁厂钢轨铺设的铁路约为 6696 里，约占 1/3。[②] 进入民国后，汉冶萍钢轨销售在总收入中的比重越来越低，从 1910 年的 51.5% 下降至 1918 年的 5.9%，低附加值的生铁逐渐成为公司最主要的销售收入来源，1918 年达到 66.0%。[③]

表 7—3　　　　　1914 年、1915 年八幡制铁所与汉冶萍公司
钢铁产品销售情形比较表[④]

		1914 年		1915 年	
	产品去向	数量 （单位：吨）	价额 （单位：日元）	数量 （单位：吨）	价额 （单位：日元）
八幡制铁所	铁道院	44263	3583212	64570	5286403
	陆军	10705	1783828	17426	3912810
	海军	25511	2417207	19263	1871232
	其他官署	12879	1028990	26431	2375861
	官方总计	91359	8813236	127691	13446306
	民间	124941	9196861	147613	13788250
	总计	216300	18010097	275304	27234555
汉冶萍公司	铁路钢轨料价	洋例银 1488531		洋例银 1320377	
	各户生铁料价	洋例银 1727568		洋例银 2003836	
	各户钢料价款	洋例银　142041		洋例银　456229	
	总计	洋例银 3358140		洋例银 3780442	

---

　　① 刘明汉主编：《汉冶萍公司志》，第 151 页。

　　② 方一兵、潜伟：《汉阳铁厂与中国早期铁路建设——兼论中国钢铁工业化早期的特征》，载《中国科技史杂志》2005 年第 4 期。

　　③ 刘明汉主编：《汉冶萍公司志》，第 31 页。

　　④ 参见李海涛前揭文。

　　第三，法律保护。晚清时期，在洋务运动的刺激下，中国民族资本主义开始起步；甲午战后，清政府允许民间设厂对资本主义的发展有所促进；1901 年清政府推行"新政"，资本主义的发展进入了一个高潮期。在这一时期，处于社会末秩的商人地位有所提高，尽管如此，由于缺乏保护商人利益的法律，商人的力量在这一时期仍较幼弱，且缺乏组织，无法有力反抗官府的公开勒索和剥夺，至多只是在口头上表示愤怒和不满。正如郑观应所说："中国尚无商律，亦无商法，专制之下，各股东无如之何。"① 更重要的是，处于封建专制集权的体制之下，晚清时期中国的工商业者的地位迄未得到法律的正式承认，始终受到封建势力的严密控制和任意摧残，因此他们只能寄希望于"善良之政府""实行保护产业之政策"，从而"有所怙恃而获即安"②。直至 20 世纪初，仍有一些商办企业主动地公开表示："本公司虽系商办，全赖官家维持保护。"③ 基本法律法规应该是对已有社会政治经济活动的承认和规范，而近代中国的统治者没有把基本法律法规建设作为经济现代化的主要引导和推动工具，因此对于近代商人而言，在其政治地位和经济利益法律法规缺失的条件下，无法使得每一种新生的经济活动从一开始就在有关法规的指导下得以健康、有序、广泛和迅速的发展。④ 汉冶萍公司的发展历程表明：由于特殊的身份、管理体制的多次变迁及晚清民国政治体制的丕变，这一时期政府没有针对该类企业制定专门的法律，缺乏有效对企业与政府（包括中央政府和地方政府）权利和义务的明确界定，结果是与政府发生利益冲突，对处于弱势地位的汉冶萍极为不利。若无法律对企业权益的维护，仅凭企业的主事者张之洞、盛宣怀、孙宝琦等与政府间的私人关系来支持企业的发展，从长远来看是难以为继的。在缺乏法律保护的环境下，汉冶萍与政府间的种种利益纠葛及结局即可证明这一点。

---

　　① 郑观应：《致总办津沪电线盛观察论招商办电报书》，见夏东元编：《郑观应集》（下），上海人民出版社 1988 年版，第 1003 页。

　　② 梁启超：《为国会期限问题警告国人》，《饮冰室文集》，第 23 卷，第 23 页。

　　③ 《商办山东峄县中兴煤矿公司添招新股章程》，见汪敬虞等编《中国近代工业史资料》，第 2 辑，科学出版社 1957 年版，第 1111 页。

　　④ 章开沅、罗福惠等编：《比较中的审视：中国早期现代化研究》，浙江人民出版社 1993 年版，第 193 页。

三　与政府利益关系的不和谐是汉冶萍失败的重要原因

严格地说，像汉冶萍这种从事钢铁等特殊行业的企业应该与政府建立密切的关系，只有如此，政府担当"推销员"角色的可能性就越大，政府购买当地企业产品的可能性也越大，即缘于政府的市场潜力越大。① 这一点在晚清和袁世凯政府时期做得相对比较好。晚清时期，在张之洞和王文韶等人的政治庇护下，加之盛宣怀本人在邮传部兼职，因此汉冶萍公司的产品，尤其是钢轨销售在政府的保护下获得了极大的效益。进入民国后，公司董事会会长孙宝琦兼任袁世凯政府税务处督办、审计院院长、财政总长等职，因此公司在资金、铁轨销售等方面获得了北洋政府一定的支持。另外，汉冶萍在1908年变为完全的商办公司后，其创办时期的官款偿还问题并未解决，因此在清朝覆灭后的历届中央政府均以债权人的身份企图将其收归国有，发展国家资本主义。如此一来，汉冶萍公司与中央政府就产生了控制与反控制的矛盾。对汉冶萍而言，中央缺乏主持维护之人，地方势力复又乘机敲诈勒索，以致处处束手，难有作为。对此，盛宣怀曾大发牢骚："清朝不过不能相助，而民国之初专事摧残，辄曰此某某个人之事，毋庸帮他，于是某某用十分工夫不能得一分效力。"② 最为糟糕的是，辛亥革命后，"军阀割据，南北哄争，政府命令，不出都门，当局惟知卖国自肥，竞进分利……时局糜烂日甚"③，各地军事将领则纷起效尤，拥兵自雄，北京中央政府名存实亡。在这种背景下，汉冶萍公司与鄂、赣两省地方政府因利益矛盾关系极不和谐，对其生存和发展产生了巨大的消极影响。有学者指出，当企业（尤其是国有企业和大中型企业）发现政府可能威胁到自身的生存和经营稳定性时，可采用讨价还价的策略。就汉冶萍而言，其策略具体表现为：（1）调和型：避免强权意识，企业与政府保持克制，争取妥协；（2）合作型：企业与政府都考虑对方利益，达成共识。④ 针对与湖北地方政府的矿权、铁捐、砂捐，江西地方

① 席酉民主编：《企业外部环境分析》，第95页。

② 《盛宣怀致于焌年函》，1914年9月1日，见陈旭麓等编《汉冶萍公司》（三），第866页。

③ 谢彬：《民国政党史》，见章伯锋主编：《近代稗海》，第6辑，四川人民出版社1987年版，第142页。

④ 席酉民主编：《企业外部环境分析》，第102页。

政府的矿界、土井和官矿等问题，汉冶萍公司的策略应是兼顾双方利益，争取与地方妥协和合作，而不是对地方官绅的诉求采取消极甚至抵制态度。以铁捐和砂捐偿还为例，从1914年至1919年，正是欧战时期钢铁销售的黄金时代，即使受到低价向日本出口铁矿石及生铁合同的限制，公司盈利仍超过了2900万元。而此间也是公司与湖北地方当局因为利益问题闹得最激烈的时期。应该说，湖北地方当局提出的铁捐、砂捐不是完全没有道理，而公司也不是完全没有财政能力履行一定的义务。但公司从一开始就没有偿还的考虑，而是"贪目前之利，将盈余概用之于分红利，买废矿"（表7—4）[①]。结果是得不偿失，不仅在矿权、矿界方面得不到地方的支持，甚至还出现了武力索捐的结局。因此，汉冶萍公司在与政府关系方面的失策也是导致其失败的一个十分重要的原因。

表7—4　　　　　　　　1914—1919 年盈余总额及分配情况　　　　　　　单位：元

1914 年盈余总额分配情况	29406408.88
报效以往亏损	6653467.88
提存公积金及准备	7838028.14
填发息股	1906541.40
发现金股息	7296283.20
发酬劳及奖金	1055582.31
盛公祠建筑费	400000.00
拨充扩建工程费	4224000.00
盈余滚存入下届	32505.58
合计	29406408.51

---

① 许涤新等主编：《中国资本主义发展史》，第2卷（下），第826页。

主要参考文献

一 资料类

1. 武汉大学经济系编：《旧中国汉冶萍公司日本关系史料选辑》，上海人民出版社 1985 年版。

2. 湖北省档案馆编：《汉冶萍公司档案资料选编》（2 卷），中国社会科学出版社 1992 年、1994 年版。

3. 陈旭麓等主编：《汉冶萍公司》（3 册），上海人民出版社 1984 年、1986 年、2004 年版。

4. 陈旭麓主编：《辛亥革命前后》，上海人民出版社 1979 年版。

5. 陈真等主编：《中国近代工业史资料》（4 辑），生活·读书·新知三联书店，各辑出版时间不同。

6. 宓汝成主编：《中国近代铁路史资料》（3 册），中华书局 1963 年版。

7. 中国史学会主编：《洋务运动》（6—8 册），上海人民出版社 1961 年版。

8. 苑书义等主编：《张之洞全集》，河北人民出版社 1998 年版。

9. 盛宣怀著：《愚斋存稿》，沈云龙主编：《近代中国史料丛刊续编》（十三），第 122—125 册。

10. 王尔敏等编：《盛宣怀实业函电稿》（上、下），"中央"研究院近代史研究所 1993 年。

11. 陈维等编：《萍乡安源煤矿调查报告》，江西省政府经济委员会编印，民国 24 年初版。

12. 中共萍乡市委资料编纂组：《安源路矿工人运动》（上、下），中共党史资料出版社 1990 年版。

13. 夏东元编著：《盛宣怀年谱长编》，上海交通大学出版社 2004 年版。

14. 《李鸿章全集》，时代文艺出版社 1998 年版。

15. 王云五编、胡钧重编：《张文襄公年谱》，台湾商务印书馆 1978 年版。

16. 陈旭麓等编：《湖北开采煤铁总局、荆门矿务总局》，上海人民出版社 1981 年版。

17. ［美］丁格兰：《中国铁矿志》（下），谢家荣译，地质专报甲种第二号，1923 年 12 月农商部地质调查所印行。

18. 顾琅：《中国十大厂矿调查记》，商务印书馆 1916 年版。

19. 萍乡市政协等编：《萍、浏、醴起义资料汇编》，湖南人民出版社 1986 年版。

20. 徐义生主编：《中国近代外债史统计资料》，中华书局 1962 年版。

21. 邹念之译：《日本外交文书选译——关于辛亥革命》，中国社会科学出版社 1980 年版。

22. 广东省社会科学院历史研究室、中国社会科学院近代史研究所编：《孙中山全集》，第 2 卷，中华书局 1982 年版。

23. 辛亥革命武昌起义纪念馆、政协湖北省委员会文史资料研究委员会合编：《湖北军政府文献资料汇编》，武汉大学出版社 1986 年版。

24. 张孝若编：《张季子九录·政闻录》，上海书店影印本 1991 年。

25. 千家驹编：《旧中国公债史资料》，财政经济出版社 1955 年版。

26. 沈云龙主编：《三水梁燕孙先生年谱》（上），台北文星书店 1962 年版。

27. 沈家五编：《张謇农商总长任期经济资料选编》，南京大学出版社 1987 年版。

28. 中国第二历史档案馆编：《中华民国史档案资料汇编》，第 4 辑，江苏古籍出版社 1986 年版。

29. 武汉地方志编纂委员会办公室编：《武汉国民政府史料》，武汉出版社 2005 年版。

30. 重庆市档案馆、四川省冶金厅、《冶金志》编委会合编：《抗战后方冶金工业史料》，重庆出版社 1988 年版。

31. 秦孝仪主编：《中华民国重要史料初编——战后中国》，中国国民党党史委员会 1981 年。

二　专著类

1. 李剑农：《中国近百年政治史》，复旦大学出版社 2002 年版。

2. 全汉昇：《汉冶萍公司史略》，香港中文大学出版社 1972 年版。

3. 郑润培：《中国现代化历程——汉阳铁厂（1890—1908）》，台湾新亚研究所、文星图书有限公司 2002 年版。

4. 夏东元：《盛宣怀传》，上海交通大学出版社 2007 年版。

5. ［美］费维恺：《中国早期工业化——盛宣怀（1844—1916）和官督商办企业》，虞和平译，中国社会科学出版社 1990 年版。

6. 张国辉：《洋务运动和中国近代企业》，中国社会科学出版社 1979 年版。

7. 冯天瑜、何晓明：《张之洞评传》，南京大学出版社 1991 年版。

8. ［美］陈锦江：《清末现代企业与官商关系》，王笛等译，中国社会科学出版社 1997 年版。

9. 朱荫贵：《国家干预经济与中日近代化》，东方出版社 1994 年版。

10. 李细珠：《张之洞与清末新政》，上海书店 2003 年版。

11. 许涤新、吴承明等主编：《中国资本主义发展史》，第 2 卷，人民出版社 2005 年版。

12. 夏东元：《洋务运动史》，华东师范大学出版社 1992 年版。

13. 朱训主编：《中国矿业史》，地质出版社 2010 年版。

14. 严中平主编：《中国近代经济史（1840—1894）》，人民出版社 2001 年版。

15. 庞淞：《中国商战失败史（1876—1915）》，文海出版社 1982 年版。

16. 皮明麻主编：《武汉通史·晚清卷》（上），武汉出版社 2006 年版。

17. 罗玉东：《中国厘金史》，商务印书馆 2010 年版。

18. 周志初：《晚清财政经济研究》，齐鲁书社 2002 年版。

19. 张继煦：《张文襄公治鄂记》，湖北通志馆 1947 年版。

20. 金士宣等编著：《中国铁路发展史（1876—1949）》，中国铁道出版社 1986 年版。

21. ［英］肯德：《中国铁路发展史》，李抱宏等译，生活·读书·新知三联书店 1958 年版。

22. ［美］雷麦：《外人在华投资》，蒋学楷、赵康书译，商务印书馆 1959

年修订版。

23. 方一兵：《汉冶萍公司与中国近代钢铁技术移植》，科学出版社 2011年版。

24. 刘明汉主编：《汉冶萍公司志》，华中理工大学出版社 1990 年版。

25. 宋亚平：《湖北地方政府与社会经济建设（1890—1911）》，华中师范大学出版社 1995 年版。

26. 石泉：《甲午战争前后之晚清政局》，生活·读书·新知三联书店 1997 年版。

27. 申学锋：《晚清财政支出政策研究》，中国人民大学出版社 2006 年版。

28. 曾鲲化：《中国铁路史》，燕京印书局 1924 年版。

29. ［日］西川俊作、阿部武司编：《日本经济史》，第 4 册（上），生活·读书·新知三联书店 1998 年版。

30. 吴廷璆主编：《日本近代化研究》，商务印书馆 1997 年版。

31. 代鲁：《汉冶萍公司史研究》，武汉大学出版社 2013 年版。

32. 李国祁：《张之洞的外交政策》，"中央研究院"近代研究所专刊（27）。

33. ［美］马士、宓亨利：《远东国际关系史》，姚会廙译，商务印书馆 1975 年版。

34. ［苏］耶·马·茹科夫：《远东国际关系史（1840—1949）》，世界知识出版社 1959 年版。

35. 王芸生编著：《六十年来中国与日本》，第 6 卷，生活·读书·新知三联书店 2005 年版。

36. 曹汝霖：《一生之回忆》，香港春秋杂志社 1966 年版。

37. 俞辛焞：《辛亥革命时期中日外交史》，天津人民出版社 2000 年版。

38. 张孝若编：《南通张季直先生传记》，上海书店 1990 影印本。

39. 段云章编：《孙中山与日本史事编年》，广东人民出版社 1996 年版。

40. 俞辛焞：《孙中山与日本的关系研究》，人民出版社 1996 年版。

41. 彭泽周主编：《近代中日关系研究论集》，台湾艺文印书馆 1978 年版。

42. 张后铨主编：《招商局史（近代部分）》，中国社会科学出版社 2007 年版。

43. 汪敬虞主编：《中国近代经济史（1895—1927）》，经济管理出版社 2007 年版。

44. 许毅：《从百年屈辱到民族复兴》，第 2 卷，经济科学出版社 2006
年版。

45. 马伯煌主编：《中国经济政策思想史》，云南人民出版社 1993 年版。

46. 周叔媜：《周止庵先生别传》，上海书店 1990 年影印。

47. 贾士毅：《民国续财政史》（三），商务印书馆 1933 年 9 月初版。

48. 杨荫溥：《民国财政史》，中国财政经济出版社 1985 年版。

49. 全汉昇：《中国经济史研究》（二），中华书局 2011 年版。

50. 杨天石主编：《中华民国史》第二编第五卷，中华书局 1996 年版。

51. 罗志田：《乱世潜流：民族主义与民国政治》，上海古籍出版社 2001
年版。

52. 萍乡矿务局编纂委员会：《萍乡矿务局志》，1998 年内部刊印。

53. 张忠民等：《南京国民政府时期的国有企业（1927—1949）》，上海财
经大学出版社 2007 年版。

54. 张后铨：《汉冶萍公司史》，社会科学文献出版社 2014 年版。

55. 胡春惠：《民初的地方主义与联省自治》，中国社会科学出版社 2001
年版。

56. 苏云峰：《中国现代化的区域研究：湖北省，1860—1916》，"中央研
究院"近代史研究所专刊（41）。

57. 罗福惠：《湖北通史·晚清卷》，华中师范大学出版社 1999 年版。

58. 田子渝、黄华文著：《湖北通史·民国卷》，华中师范大学出版社
1999 年版。

59. 贾士毅：《湖北财政史略》，商务印书馆 1937 年版。

60. 瞿同祖：《清代地方政府》，范忠信、晏锋译，法律出版社 2003 年版。

61. 张仲礼：《中国绅士——关于其在 19 世纪中国社会中作用的研究》，
李荣昌译，上海社会科学院出版社 1991 年版。

62. 张朋园：《中国民主政治的困境 1909—1949：晚清以来历届议会选举
述论》，吉林出版集团有限责任公司 2008 年版。

63. 萍乡市史志工作办公室：《中共萍乡地方史》，第一卷，中共党史出版
社 2003 年版。

64. 罗荣渠：《现代化新论——世界与中国的现代化进程》（增订本），中
国出版集团、商务印书馆 2009 年版。

65. 杜恂诚：《民族资本主义与旧中国政府》，上海社会科学院出版社

1991 年版。

66. 张忠民等：《近代中国的企业、政府与社会》，上海社会科学院出版社 2008 年版。

67. 席酉民主编：《企业外部环境分析》，高等教育出版社 2001 年版。

68. 李玉勤：《晚清汉冶萍公司体制变迁研究》，中国社会科学出版社 2009 年版。

三　期刊论文类

1. 张国辉：《论汉冶萍公司的创建、发展和历史结局》，载《中国经济史研究》1991 年第 2 期。

2. 代鲁：《张之洞创办汉阳铁厂的是非得失平议》，载《中国社会经济史研究》1992 年第 3 期。

3. 代鲁：《汉冶萍公司的钢铁销售与我国近代钢铁市场（1908—1927）》，载《近代史研究》2005 年第 6 期。

4. 代鲁：《再析汉阳铁厂的"招商承办"》，载《近代史研究》1995 年第 4 期。

5. 代鲁：《南京临时政府所谓汉冶萍借款的历史真相》，见《近代中国》第 7 辑，1997 年 8 月。

6. 袁为鹏：《清末汉阳铁厂之"招商承办"再探讨》，载《中国经济史研究》2011 年第 1 期。

7. 袁为鹏：《经济与政治之间：张、李之争与汉阳铁厂之厂址决策》，载《学习与实践》2006 年第 6 期。

8. 袁为鹏：《盛宣怀与汉阳铁厂（汉冶萍公司）之再布局试析》，载《中国经济史学研究》2004 年第 4 期。

9. 袁为鹏：《张之洞与湖北工业化的起始：汉阳铁厂"由粤移鄂"透视》，载《武汉大学学报》2001 年第 1 期。

10. 袁为鹏：《清末汉阳铁厂厂址定位问题新解》，载《中国历史地理论丛》2000 年第 6 期。

11. 汪谦干：《论安徽寿县孙家鼐家族对中国近代经济发展的贡献》，载《民国档案》2004 年第 2 期。

12. 夏东元：《盛宣怀与袁世凯》，载《历史研究》1987 年第 6 期。

13. 易惠莉：《盛宣怀在汉冶萍公司成立前的日本借款论析》，《近代中国》2001 年第 6 辑。

14. 易惠莉：《孙中山、盛宣怀与中日合办汉冶萍借款案》，载《史林》（增刊）2002 年第 6 期。

15. 李海涛：《清末民初汉冶萍公司与八幡制铁所比较研究——以企业成败命运的考察为中心》，载《中国经济史研究》2014 年第 3 期。

16. 张国辉：《论汉冶萍公司的创办、发展与历史结局》，载《中国经济史研究》1991 年第 3 期。

17. 赵晓雷：《盛宣怀与汉冶萍公司》，载《史学月刊》1996 年第 5 期。

18. 谢国兴：《民初汉冶萍公司的所有权归属问题（1912—1915）》，载《中研院近代史研究所集刊》（1986 年）第 15 期（上）。

19. 车维汉：《论近代汉冶萍公司的衰败原因》，载《辽宁大学学报》1990 年第 1 期。

20. 孙立田：《民初汉冶萍公司中日"合办"问题探析》，载《历史教学》（高校版）1998 年第 3 期。

21. 杨华山：《论南京临时政府期间汉冶萍"合办"风波》，载《学术月刊》1998 年第 11 期。

22. 赵葆惠：《张之洞与汉阳铁厂》，载《齐鲁学刊》1988 年第 2 期。

23. 李培德：《汉冶萍公司和八幡制铁所——中日近代科技交流的努力与挫折》，载《日本研究》1989 年第 1 期。

24. 方一兵、潜伟：《汉阳铁厂与中国早期铁路建设——兼论中国钢铁工业化早期的若干特征》，载《中国科技史杂志》2005 年第 4 期。

25. 徐元基：《荆门矿务总局停办原因简论》，载《社会科学》1981 年第 5 期。

26. 朱荫贵：《试论汉冶萍发展与近代中国资本市场》，载《社会科学》2015 年第 4 期。

四　学位论文类

1. 李海涛：《近代中国钢铁工业发展研究（1840—1927）》，苏州大学 2010 年博士学位论文。

2. 肖育琼：《近代萍乡士绅与萍乡煤矿（1890—1928）》，南昌大学 2006 年硕士学位论文。

后　记

在华中师范大学攻读硕士和博士学位期间，我对汉冶萍公司实际上是一无所知。后来之所以与汉冶萍公司的研究结缘，还得得益于在黄石举办的第一届国际矿冶文化节。在了解到黄石在近代还有这么一个了不起的大型工业企业，我决心由我攻读博士期间的近代中日关系史方向转向汉冶萍公司。我是一个急性子（这点后来证实对做学问是极为不利的），立即着手了解学界对此研究的大致情况，虽然是肤浅的，但还是发现有很多问题值得深入探讨和研究。从 2010 年开始，在选择研究方向问题上徘徊了近两个年头后，我决定正式从事汉冶萍公司的研究工作。尽管有许多师友曾经告诫我：学界有关汉冶萍研究的前期成果十分丰富，在缺乏足够资料的情况下难以深入，但我还是抱着试一试的态度。毕竟这事关黄石地方矿业文化建设的重大问题，同时还与我以前从事的近代中日关系史研究也有一定的契合度。

此后，我就开始广泛搜罗有关汉冶萍方面的书籍，无论花多少钱也在所不惜。记得有一次为购买到民国版的丁格兰《中国铁矿志》一册，一下子竟花费了五百元。还有一次购买盛宣怀《愚斋存稿初刊》的复印本花去了近三千元。在这一点我还得感谢我夫人吴秀平女士的宽容和理解。因为我当时刚博士毕业不久，工资待遇不是很高，一方面要维持一家四口人（包括赡养年迈的母亲）的生计，另一方面还要省吃俭用攒钱买房。说实在的，在购买图书方面，如我夫人对我有些微词，我心里还好受一些，如她抱以宽容和理解，我从内心里相反感到更多的是愧疚和不安。对此，我经常对她戏言："我没有其他嗜好，就是喜欢买一点书，买书搞研究是好事，将来一旦申请到了国家级大项目，用小钱赚大钱难道不是划算的买卖？"权当聊以自慰。到目前为止，尽管我购买了有关汉冶萍的图书二千余册，价值近六万元，但我的付出获得了相应的回报，由于有了一个感兴趣的研究方向，我在《中国文化研究》《历史教学》《湖北社会科学》《近代史学刊》等期刊上发表了相关论文二十余篇，同时获得了2012年度教育部青年课题、2012年度湖北省社科基金及2015年度湖北省教育厅哲学社会科学重大项目等近10项。这些虽然在一定程度是为"稻粱谋"，但我更加关注的则是如何通过汉冶萍的研究以丰富和充实自己的生活。

　　本书的出版是对我在近五年汉冶萍公司研究工作的一个小结，也是很多领导、老师和朋友给予帮助和支持的一个结果。湖北理工学院、湖北师范大学历史文化学院、黄石市政协文史办、黄石市档案馆、黄石市文化局等单位的领导对我的研究给予了大力支持和帮助。在研究过程中，本书受到了湖北理工学院科技创新团队项目（13xtr04）、湖北理工学院省级人文基地项目（2015kyz04）、湖北师范大学汉冶萍研究中心和湖北理工学院学报（人文社科版）"矿冶文化"栏目的资助。需要指出的是，我夫人利用在校图书馆工作的便利，在资料整理和搜集方面不辞辛苦、任劳任怨，做了大量枯燥却又十分基础性的工作，凝结着她的辛勤劳动和无私付出。特别值得一提的是，我的导师、华中师范大学中国近代史研究所罗福惠教授，70高龄仍应我的请求为本书赐序，为本书增色不少。在本书即将付梓之际，我还要向中国社会科学出版社领导和责任编辑表示感谢，感谢他们付出的辛勤劳动。

左世元

2016年3月2日